广东社会统计年鉴

GUANGDONG SOCIAL STATISTICAL YEARDOOK

2019

广 东 省 统 计 局

Statistics Bureau of Guangdong Province

图书在版编目（CIP）数据

广东社会统计年鉴. 2019 / 广东省统计局编. -- 北京 : 中国统计出版社, 2019.11
ISBN 978-7-5037-9068-3

Ⅰ. ①广… Ⅱ. ①广… Ⅲ. ①社会统计－统计资料－广东－2019－年鉴 Ⅳ. ①C832.65-54

中国版本图书馆 CIP 数据核字(2019)第 255088 号

广东社会统计年鉴-2019

作　　者/ 广东省统计局
责任编辑/ 陈东清　钟　钰
装帧设计/ 广州九禾教育信息咨询有限公司
出版发行/ 中国统计出版社有限公司
地　　址/ 北京市丰台区西三环南路甲 6 号
邮政编码/ 100073
电　　话/ 邮购（010）63376909　书店（010）68783171
网　　址/ http://www.zgtjcbs.com
印　　刷/ 广州星河印刷有限公司
经　　销/ 新华书店
开　　本/ 890mm×1240mm　1/16
字　　数/ 1130 千字
印　　张/ 33
版　　别/ 2019 年 11 月第 1 版
版　　次/ 2019 年 11 月第 1 次印刷
定　　价/ 360 元

如有印装差错，由本社发行部调换。

《广东社会统计年鉴 2019》
编辑委员会和编辑部

编 者 说 明

《广东社会统计年鉴2019》（以下称《年鉴》）是广东省社会综合统计资料，主要收录了全省及各地级以上市、县（区）2013—2018年和部分1978年以来社会各方面的主要统计数据，是一部全面反映广东社会发展情况的资料性年刊。

《年鉴》分为12个篇章，包括：一、基本情况；二、教育；三、卫生；四、文化；五、劳动就业和社会保障；六、社会安全；七、民政；八、体育；九、广播电影电视、出版、档案；十、社会参与；十一、基本公共服务主要指标；十二、分县（区）部分指标和主要指标全国对比。

《年鉴》由广东省统计局主编，共38个省有关单位参编，各篇章数据资料收集分工为：第1章主要由省统计局和国家统计局广东调查总队等部门负责；第2章由省教育厅和省人力资源和社会保障厅负责；第3章由省卫生健康委、省农业农村厅、省水利厅负责；第4章由省文化和旅游厅、省委办公厅负责；第5章由省人力资源和社会保障厅、省社会保险基金管理局、省医疗保障局负责；第6章由省委网络安全和信息化委员会办公室、省公安厅、省检察院、省人民法院、省司法厅、省应急厅、省消防救援总队、省信访局负责；第7章由省民政厅、省退役军人事务厅负责；第8章由省体育局负责；第9章由省委办公厅、省委宣传部、省广电局负责；第10章由省人民代表大会工作部门、中国人民政治协商会议广东省委员会工作部门、省民族宗教委、省总工会、团省委、省妇联、省残联负责。第11章由省财政厅、省教育厅、省卫生健康委、省人社厅、省民政厅、省文化和旅游厅、省住房城乡建设厅、省广电局、省药品监管局、省扶贫办等单位负责提供指标数据表，省统计局负责综合；第12章由省教育厅、省卫生健康委、省民政厅负责。

《年鉴》统计表中的符号使用说明：1. 数据表原则上只保留1位小数，但特殊情况除外；2.“…”表示数据不足本表最小单位数；3.“#”表示其中主要项；4.“空格”表示该项统计指标数据不详或无该项数据；5.“①”表示本表下有注解。本书中因小数取舍而产生的误差均未做配平处理。

编辑部谨向各参编单位和参编人员表示衷心感谢。由于《年鉴》涉及面广，数据收集审核难度大，疏漏不足在所难免，敬请读者批评指正。

目　　录

七、民政和退役军人事务

八、体育

九、广播电影电视、新闻出版、档案

十、社会参与

十一、基本公共服务主要指标

十二、分县（区）和全国各地区部分指标

一、基本情况

简要说明

1．本篇资料主要反映广东省经济社会基本概况。

2．本篇资料主要包括：

(1)行政区划、人口、经济、人民生活、社会综合等资料，主要包括人口数、地区生产总值、学生数、卫生机构数、社会保险人数等指标。

(2)地区分全省和21个地级以上市。

(3)年份有当年、近5年和1978年以来连续年份。

3．统计资料来源：本篇资料由广东省统计局、国家统计局广东调查总队等部门负责整理、审核、综合、提供。

1-1 行政区划（2018年）

单位：个

市别	地级市	县级市	县	自治县	市辖区	市辖镇	乡	#民族乡	街道
全省合计	**21**	**20**	**34**	**3**	**65**	**1123**	**11**	**7**	**467**
广州	1				11	34			136
深圳	1				9				74
珠海	1				3	15			9
汕头	1		1		6	32			37
佛山	1				5	21			11
韶关	1	2	4	1	3	93	1	1	10
河源	1		5		1	94	1	1	6
梅州	1	1	5		2	104			6
惠州	1		3		2	48	1	1	22
汕尾	1	1	2		1	44			10
东莞	1					28			4
中山	1					18			6
江门	1	4			3	61			12
阳江	1	1	1		2	38			10
湛江	1	3	2		4	82	2		37
茂名	1	3			2	86			23
肇庆	1	1	4		3	91	1	1	12
清远	1	2	2	2	2	77	3	3	5
潮州	1		1		2	41			9
揭阳	1	1	2		2	61	2		20
云浮	1	1	2		2	55			8

注：本行政区划截止2018年底。

1–2 人口主要指标

项　　目	2000	2010	2015	2016	2017	2018
年末常住人口　（万人）	**8650.03**	**10440.94**	**10849.00**	**10999.00**	**11169.00**	**11346.00**
男性比例　（%）	50.90	52.15	52.29	52.40	52.49	52.18
女性比例　（%）	49.10	47.85	47.71	47.60	47.51	47.82
0–14岁人口比例　（%）	24.17	16.90	17.37	17.23	17.21	17.18
15–64岁人口比例　（%）	69.78	76.30	74.15	74.22	74.17	74.20
65岁及以上人口比例　（%）	6.05	6.80	8.48	8.55	8.62	8.62
城镇人口比例　（%）	55.00	66.17	68.71	69.20	69.85	70.70
人口密度　（人/平方公里）	486	581	604	612	621	631
户籍人口						
年末总户数　（万户）	1901.91	2296.61	2415.90	2452.26	2468.29	2519.56
年末总人口　（万人）	7498.54	8521.55	9008.38	9164.90	9316.91	9502.12
性别比　（女=100）	106.70	106.20	106.08	106.06	105.75	105.47
人口变动情况　（‰）						
出生率	12.91	11.18	11.12	11.85	13.68	12.79
死亡率	4.77	4.21	4.32	4.41	4.52	4.55
自然增长率	8.14	6.97	6.80	7.44	9.16	8.24
迁入率	16.59	12.07	8.34	9.72	14.40	17.02
迁出率	12.94	8.35	7.45	8.13	9.30	10.12
总迁移率	29.53	20.42	15.79	17.84	23.70	27.14
净迁移率	3.65	3.72	0.89	1.59	5.11	6.91
跨省净迁移率	1.01	2.52	0.80	2.14	4.69	6.61

1-3 各市年末常住人口数

单位：万人

市别	2000	2005	2010	2013	2014	2015	2016	2017	2018
全省	**8650.03**	**9194.00**	**10440.94**	**10644.00**	**10724.00**	**10849.00**	**10999.00**	**11169.00**	**11346.00**
广州	994.80	949.68	1270.96	1292.68	1308.05	1350.11	1404.35	1449.84	1490.44
深圳	701.24	827.75	1037.20	1062.89	1077.89	1137.87	1190.84	1252.83	1302.66
珠海	123.65	141.57	156.16	159.03	161.42	163.41	167.53	176.54	189.11
汕头	467.78	494.45	539.62	547.91	552.37	555.21	557.92	560.82	563.85
佛山	534.05	580.03	719.91	729.57	735.06	743.06	746.27	765.67	790.57
韶关	273.65	292.26	283.02	289.27	290.89	293.15	295.61	297.92	299.76
河源	226.78	278.24	295.82	303.76	306.32	307.35	308.10	309.11	309.39
梅州	380.52	411.84	424.46	430.70	432.33	434.08	436.08	437.43	437.88
惠州	321.80	370.69	460.11	470.00	472.66	475.55	477.50	477.70	483.00
汕尾	245.71	279.87	293.90	298.62	300.66	302.16	303.66	297.76	299.36
东莞	644.84	656.07	822.48	831.66	834.31	825.41	826.14	834.25	839.22
中山	236.47	243.46	312.27	317.39	319.27	320.96	323.00	326.00	331.00
江门	395.24	410.29	445.08	449.76	451.14	451.95	454.40	456.17	459.82
阳江	217.20	232.14	242.53	247.96	249.95	251.12	252.84	254.29	255.56
湛江	603.43	668.95	700.38	716.71	721.24	724.14	727.30	730.50	733.20
茂名	524.82	584.04	582.64	601.25	604.90	608.08	612.32	620.41	631.32
肇庆	337.69	367.60	392.22	402.21	403.58	405.96	408.46	411.54	415.17
清远	314.98	359.37	370.38	379.11	381.91	383.45	384.60	386.00	387.40
潮州	240.44	252.01	267.21	271.21	272.04	264.05	264.60	265.08	265.66
揭阳	524.61	559.69	588.30	599.47	603.54	605.89	609.40	608.60	608.94
云浮	215.49	233.99	236.29	242.84	244.46	246.05	248.08	250.54	252.69
按经济区域分									
珠三角	4289.78	4547.14	5616.39	5715.19	5763.38	5874.27	5998.49	6150.54	6300.99
东翼	1478.54	1586.02	1689.03	1717.21	1728.61	1727.31	1735.58	1732.26	1737.81
西翼	1345.45	1485.13	1525.55	1565.92	1576.09	1583.35	1592.46	1605.20	1620.08
山区	1411.42	1575.7	1609.97	1645.68	1655.91	1664.07	1672.47	1681.00	1687.12

注：1.2000年全省数据含根据普查误差率推算的漏登人口。
2.2006—2009年年末常住人口根据2010年第六次全国人口普查快速汇总数据进行平滑调整。
3.2017年开始，深圳市包含深汕合作区人口数。

1-4 各市就业人员年末人数

单位：万人

市别	2010	2011	2012	2013	2014	2015	2016	2017	2018
全省	**5870.48**	**5960.74**	**5965.95**	**6117.68**	**6183.23**	**6219.31**	**6279.22**	**6340.79**	**6508.65**
广州	711.07	743.18	751.30	759.93	784.84	810.99	835.26	862.33	896.54
深圳	758.14	764.54	771.20	899.20	899.66	906.14	926.38	943.29	1050.25
珠海	103.02	104.09	104.93	106.32	108.79	108.92	109.55	112.37	115.97
汕头	237.91	238.55	239.05	239.67	238.26	238.50	239.24	239.76	240.11
佛山	443.46	445.13	437.25	437.29	438.09	438.41	438.81	435.51	440.91
韶关	142.51	142.65	143.10	143.78	144.13	144.17	144.48	144.67	145.04
河源	133.15	135.47	136.59	135.19	134.63	136.52	138.42	141.02	141.38
梅州	208.07	209.48	211.00	211.93	213.01	213.52	214.34	216.55	215.63
惠州	260.14	267.94	270.04	277.27	280.62	281.51	285.57	289.10	290.33
汕尾	119.15	119.23	119.45	119.68	119.36	119.86	121.10	120.21	120.76
东莞	626.25	628.54	631.40	633.25	660.46	653.41	653.97	660.39	667.17
中山	207.34	208.64	208.84	210.30	211.76	210.51	213.01	212.18	212.99
江门	249.55	253.03	248.34	244.30	243.24	242.92	244.07	244.94	247.13
阳江	131.34	137.87	131.98	128.97	128.35	128.79	129.02	129.22	129.16
湛江	319.78	329.13	331.64	336.37	340.76	340.85	343.75	344.51	343.76
茂名	273.18	275.58	278.30	280.54	281.00	281.78	282.52	284.06	285.70
肇庆	213.05	215.13	215.55	216.22	217.79	218.44	220.31	221.31	225.30
清远	196.07	197.49	197.68	200.14	203.98	210.67	205.75	205.42	208.81
潮州	138.48	138.80	134.98	131.02	127.68	124.94	124.55	124.71	123.43
揭阳	270.26	273.55	271.94	273.64	274.16	275.07	274.97	274.94	273.25
云浮	128.57	132.73	131.41	132.66	132.67	133.37	134.15	134.31	135.03
按经济区域分									
珠三角	3572.01	3630.21	3638.83	3784.09	3845.25	3871.26	3926.93	3981.41	4146.60
东翼	765.79	770.13	765.42	764.01	759.46	758.37	759.87	759.62	757.54
西翼	724.30	742.58	741.92	745.88	750.10	751.42	755.29	757.79	758.62
山区	808.37	817.81	819.78	823.70	828.42	838.26	837.13	841.96	845.89

注：2010年就业人员人数，根据“六普”资料作了相应调整。

1-5 各市城镇单位就业人员工资总额和在岗职工年平均工资（2018年）

市 别	就业人员工资				在岗职工工资			
	合计	国有单位	城镇集体单位	其他单位	合计	国有单位	城镇集体单位	其他单位
总额（亿元）								
全 省	**17717.16**	**4158.23**	**245.33**	**13313.60**	**17232.72**	**4096.16**	**234.67**	**12901.89**
广 州	3803.52	1043.97	34.60	2724.95	3700.59	1029.24	32.05	2639.31
深 圳	5381.49	675.66	9.02	4696.80	5236.48	668.23	8.99	4559.25
珠 海	665.53	112.17	5.96	547.40	645.30	111.12	5.82	528.36
汕 头	396.03	159.39	17.36	219.28	382.45	154.47	16.51	211.48
佛 山	1310.75	216.46	22.62	1071.67	1294.07	213.97	22.54	1057.56
韶 关	229.66	122.76	9.13	97.77	223.34	120.58	8.96	93.80
河 源	196.26	98.99	3.53	93.74	194.32	98.75	3.30	92.27
梅 州	214.16	133.03	6.25	74.89	203.12	131.90	6.06	65.16
惠 州	742.83	190.92	4.30	547.60	719.18	187.62	4.27	527.29
汕 尾	122.80	56.25	6.07	60.49	119.91	54.83	5.70	59.38
东 莞	1746.79	209.60	38.93	1498.26	1715.25	205.92	38.35	1470.97
中 山	567.68	104.96	4.82	457.91	550.87	103.32	4.81	442.74
江 门	440.62	117.10	11.05	312.47	417.72	112.81	10.12	294.78
阳 江	129.16	76.86	7.11	45.19	125.14	76.10	6.55	42.49
湛 江	358.66	191.16	17.61	149.90	336.06	187.08	17.55	131.43
茂 名	302.25	153.35	15.87	133.03	287.90	151.95	15.52	120.43
肇 庆	271.12	136.02	8.56	126.54	265.79	133.02	8.49	124.28
清 远	264.35	135.57	3.08	125.69	255.55	134.56	2.89	118.09
潮 州	118.79	60.98	8.02	49.80	113.49	59.89	5.22	48.38
揭 阳	166.55	90.23	8.53	67.79	163.01	88.50	8.13	66.39
云 浮	127.13	72.81	2.91	51.41	122.12	72.29	2.84	47.00
平均工资（元）								
全 省	**88636**	**111464**	**58514**	**84057**	**89826**	**113316**	**59896**	**85005**
广 州	109879	146502	57820	101333	111839	148640	59912	102980
深 圳	110304	170676	66744	105089	111709	172466	67768	106353
珠 海	86216	125148	107302	80887	87032	126494	110006	81497
汕 头	68100	87872	38591	61741	68899	89604	38093	62316
佛 山	79824	118017	74621	75030	80288	119179	75085	75420
韶 关	73193	93399	54225	59075	75531	96136	54634	60962
河 源	67823	85798	52022	56061	68940	86159	51929	57347
梅 州	71599	83401	56896	58219	72469	84589	58439	57165
惠 州	76662	105418	53795	70219	77634	107064	53996	70946
汕 尾	63048	67402	43361	62147	64288	69482	47003	62191
东 莞	69610	135464	88963	64834	69937	136364	90588	65110
中 山	74030	131694	62394	67398	74484	134521	62403	67587
江 门	70095	93330	62090	64382	71371	97286	62912	65041
阳 江	65611	73947	39321	60383	66999	74686	39359	62265
湛 江	69258	74028	58899	65245	70118	75396	59336	65203
茂 名	65674	77368	58824	56598	67843	78722	59438	58681
肇 庆	70489	92783	67100	56173	71451	95682	67802	56376
清 远	75594	108358	80148	56943	77341	109639	98541	57677
潮 州	65301	81884	43421	55963	67431	84069	45653	56499
揭 阳	54599	62707	34314	49737	54855	63076	34330	49843
云 浮	70237	84224	67665	56962	72525	85143	67562	59277

1-6 教育、科技主要指标

指　　标	2000	2010	2015	2016	2017	2018
在校学生数　（万人）						
普通本专科	29.95	142.66	185.64	189.29	192.58	196.32
成人本专科	20.14	46.40	66.45	65.20	65.31	73.99
中等学校	541.72	939.23	736.79	705.05	700.12	697.18
#普通中学	460.69	709.05	560.72	545.22	545.37	556.18
高等教育毛入学率(%)	11.35	28.00	33.00	35.10	38.71	42.43
高中毛入学率　(%)	38.70	86.20	95.70	96.00	96.48	96.70
小学毕业生升学率(%)	96.15	95.51	95.85	95.88	96.04	96.18
学龄儿童入学率　(%)	99.70	99.95	99.98	100.00	99.99	99.97
每万人口普通高校在校学生数　（人）	41.19	148.02	171.11	172.10	175.09	186.05
科技研究机构数　(个)		4452	8164	14311	23318	25484
研究与实验发展(R&D)人员　（万人）		44.66	68.02	73.52	87.99	102.31
R&D人员全时当量（万人年）	7.11	36.47	50.17	51.56	56.53	
研究与实验发展(R&D)经费内部支出(亿元)	107.12	808.75	1798.17	2035.14	2343.63	
#基础研究		16.72	54.21	86.02	109.42	
应用研究		37.32	165	164.5	215.6	
试验发展		754.70	1478.96	1784.62	2018.61	
#政府资金	101.38	65.76	145.85	186.60	240.40	
企业资金	86.44	708.93	1606.21	1795.78	2047.59	
R&D经费支出占地区生产总值比例　(%)	0.99	1.74	2.43	2.52	2.61	
研究与实验发展(R&D)课题（项目)数　(个)		72747	112680	135652	170214	184118
省级及以上科技奖励成果　（项)	289	296	269	272	284	216
专利申请受理量　(件)	21123	152907	355939	505667	627819	793819
#发明专利	1760	40866	103941	155581	182639	216469
专利申请授权量　(件)	15799	119346	241176	259032	332648	478082
#发明专利	261	13691	33477	38626	45740	53259
技术合同成交额(亿元)	48.21	242.5	663.53	789.68	949.48	1387.00

注：1.全省小学毕业生升学率，按照教育部统一口径，根据教育统计报表，当年本省初中招生数除以小学毕业生数计算，不考虑学生跨省流动。
2.R&D经费支出占地区生产总值比例指标历史数据，已根据修订后的地区生产总值数据进行调整。

1-7 文化、体育主要指标

指　　标	2000	2010	2016	2017	2018
电影放映单位　(个)	1626	1392	1974	2323	2490
艺术表演团体　(个)	138	133	72	74	74
文化馆　(个)	118	129	146	146	145
公共图书馆　(个)	125	133	142	143	143
公共图书馆藏量　(万册、件)	2330	4615	7900	8708	9548
博物馆（含美术馆）　(个)	131	169	192	197	199
博物馆藏品数(含美术馆)(万件)	49.09	84.46	101.27	106.81	110.49
档案馆　(个)	161	205	192	192	188
利用档案　(万卷次)	36.32	301.00	560.00	510.00	560.00
图书出版量　(万册)	26978	23133	31195	30202	35257
杂志出版量　(万册)	26299	21201	12270	11428	10753
报纸出版量　(亿份)	34.63	45.59	29.88	27.42	22.12
广播电台　(座)	106	22	22	22	22
电视台　(座)	67	24	24	24	24
广播综合人口覆盖率　(%)	96.0	98.0	99.9	99.9	99.9
电视综合人口覆盖率　(%)	96.4	98.0	99.9	99.9	99.9
举办全民健身活动次数　(次)		9477	5350	4680	4700

注：1. 由于统计口径出现变化，已对2012年全省公共图书馆藏量数进行了调整。
2. 由于文化部门改制，2012年起只统计事业单位和省直企业中的文化部门艺术表演团体。自2013年起，艺术表演团体口径进行调整，分为公有制艺术表演团体(事业)和公有制艺术表演团体(企业)。

1-8 卫生、社会福利和其他主要指标

指　　标		2000	2010	2016	2017	2018
医疗卫生机构数	(个)	8984	44880	49124	49926	51527
#医院、卫生院		2426	2444	2581	2666	2745
医疗卫生机构床位数	(万张)	16.81	30.01	46.52	49.21	51.70
#医院、卫生院床位		15.72	27.71	42.84	45.30	47.75
卫生技术人员数	(万人)	26.50	45.55	66.75	70.99	75.78
#执业(助理)医师		11.12	17.51	24.41	25.89	27.74
平均每千人口有卫生机构床位数	(张)	1.94	2.87	4.23	4.41	4.56
平均每千人口有卫生技术人员数	(人)	3.07	4.36	6.07	6.36	6.68
#执业(助理)医生		1.29	1.68	2.22	2.32	2.44
优抚收养性单位收养人数	(人次)	1785	3179	3410	3745	4102
社会救济总人数	(万人)	154.70	288.00	209.75	211.48	177.62
登记结婚件数	(对)	562118	857146	786123	758123	713814
离婚总数	(对)	47521	127048	211858	220343	228815
执业律师人数	(人)	7292	20228	32380	37478	43434
公证人员数	(人)	1380	1694	2208	2309	2512
人民调解委员会调解人员数	(人)	250117	194224	178052	181441	170775
亿元生产总值生产安全事故死亡率		1.08	0.15	0.05	0.04	0.03
交通事故发生数	(起)	66072	30480	24876	24138	24293
交通事故损失折款	(万元)	27526	8051	7414	10553	7977
火灾事故发生数	(起)	8622	6065	16923	16501	13064
火灾事故损失折款	(万元)	10065	17500	40838	28017	27172

注：2010年起医疗卫生机构、人员数总数含村卫生室数，千人口数据分母为常住人口。

1-9 全省常住居民家庭基本情况

指　　标		2013	2014	2015	2016	2017	2018
调查户数	**(户)**	**7795**	**7825**	**7972**	**8154**	**8082**	**7900**
平均每户常住人口	(人)	2.88	2.92	2.99	3.06	3.08	3.26
平均每户就业人口	(人)	1.67	1.69	1.74	1.76	1.77	1.75
人均住房建筑面积（平方米）		**31.81**	**34.29**	**35.44**	**36.30**	**36.94**	**38.46**
人均可支配收入	**(元)**	**23420.75**	**25684.96**	**27858.86**	**30295.80**	**33003.29**	**35809.90**
1.工资性收入		17282.35	18439.35	19878.15	21361.90	23052.87	24749.04
2.经营净收入		3094.25	3458.11	3748.05	4101.77	4420.89	4734.49
3.财产净收入		1977.29	2376.20	2683.22	3096.49	3602.02	4131.44
4.转移净收入		1066.87	1411.30	1549.43	1735.64	1927.50	2194.94
人均消费支出	**(元)**	**17421.00**	**19205.50**	**20975.70**	**23448.42**	**24819.63**	**26053.98**
1.食品烟酒		6097.33	6589.77	7236.65	8015.09	8317.04	8480.76
2.衣着		951.06	1014.62	1103.37	1209.90	1230.32	1135.31
3.居住		3962.71	4300.16	4677.06	5247.05	5790.91	6643.30
4.生活用品及服务		999.30	1116.53	1245.27	1401.95	1447.45	1440.79
5.交通通信		2400.12	2795.14	3020.19	3296.50	3380.02	3423.87
6.教育文化娱乐		1810.95	1964.98	2117.29	2451.16	2620.37	2750.89
7.医疗保健		728.89	890.45	976.08	1144.87	1319.46	1520.81
8.其他用品和服务		470.63	533.85	599.79	681.91	714.05	658.23
全省常住居民每百户							
主要耐用消费品拥有量							
家用汽车	(辆)	19.46	20.71	24.58	29.36	31.58	36.94
摩托车	(辆)	50.22	57.61	60.75	62.78	64.24	67.25
电动助力车	(台)	16.93	19.66	23.05	27.17	30.88	34.60
洗衣机	(台)	60.62	64.06	69.28	75.09	78.18	89.73
电冰箱(柜)	(台)	67.56	70.79	76.10	80.69	84.44	94.41
微波炉	(台)	31.83	32.62	33.96	36.11	38.13	39.16
彩色电视机	(台)	97.92	102.85	104.27	104.84	106.91	109.07
空调	(台)	104.91	109.39	122.24	136.18	145.24	176.07
热水器	(台)	74.33	77.31	81.98	85.23	88.72	99.43
排油烟机	(台)	47.19	48.68	49.98	52.67	55.35	65.54
移动电话	(部)	209.69	220.78	233.72	241.86	248.76	268.23
计算机	(台)	64.54	67.88	70.90	73.94	75.83	69.34
照相机	(台)	30.14	29.81	28.36	24.74	24.61	15.88

注：2013年国家统计局实行城乡住户一体化调查改革，将过去城镇与农村分别开展的调查体系，按照统一指标、统一方法、统一标准、统一调查、统一程序的原则，整合为城乡一体化住户调查新体系。从2013年开始正式对外发布全省常住居民人均可支配收入与支出数据。

1−10 城镇、农村常住居民家庭基本情况

指 标		2013	2014	2015	2016	2017	2018
城镇居民人均可支配收入	**(元)**	**29537.29**	**32148.11**	**34757.16**	**37684.25**	**40975.14**	**44340.97**
城镇居民人均消费支出	**(元)**	**21621.46**	**23611.74**	**25673.08**	**28613.33**	**30197.91**	**30924.31**
食品烟酒		7254.04	7850.17	8533.35	9421.58	9711.65	9780.22
衣着		1283.22	1344.75	1453.68	1583.42	1587.10	1415.27
居住		4987.86	5291.47	5715.35	6410.37	7127.84	8147.75
生活用品及服务		1235.16	1365.10	1526.29	1721.85	1782.84	1726.24
交通和通信		3139.02	3625.42	3905.05	4198.09	4285.55	4107.31
教育文化娱乐		2315.55	2468.37	2671.54	3103.40	3284.28	3335.67
医疗保健		793.62	988.32	1096.42	1304.48	1503.56	1591.33
其他用品和服务		612.98	678.14	771.41	870.14	915.10	820.52
人均住房建筑面积	**(平方米/人)**	**30.27**	**31.88**	**32.25**	**32.74**	**33.09**	**34.49**
城镇居民每百户主要耐用消费品拥有量							
家用汽车	(辆)	23.10	25.53	29.67	34.65	36.69	42.92
摩托车	(辆)	32.56	39.21	40.15	41.38	42.62	46.42
电动助力车	(台)			20.20	24.00	28.10	34.08
洗衣机	(台)	63.44	67.57	70.91	75.32	78.08	91.84
电冰箱	(台)	68.06	71.67	75.30	79.17	83.18	95.04
微波炉	(台)	36.98	38.52	39.40	41.49	43.69	44.28
彩色电视机	(台)	92.61	98.68	99.53	99.57	101.97	105.94
空调	(台)	125.63	132.26	144.26	155.97	164.88	202.39
热水器	(台)			83.50	85.30	88.88	101.71
排油烟机	(台)			57.50	59.30	61.90	72.47
移动电话	(部)	200.43	210.70	221.45	228.18	234.79	258.88
计算机	(台)	77.45	81.55	84.45	86.96	88.29	83.66
照相机	(台)			37.10	32.20	32.00	20.50
农村居民人均可支配收入	**(元)**	**11067.79**	**12245.56**	**13360.44**	**14512.15**	**15779.74**	**17167.74**
农村居民人均消费支出	**(元)**	**8937.76**	**10043.21**	**11103.03**	**12414.84**	**13199.62**	**15411.31**
食品烟酒		3761.23	3968.92	4511.34	5010.47	5303.94	5641.17
衣着		280.23	328.15	367.13	411.96	459.47	523.56
居住		1892.33	2238.82	2494.84	2761.88	2902.43	3355.77
生活用品及服务		522.97	599.65	654.65	718.56	722.83	817.03
交通和通信		907.84	1068.68	1160.44	1370.48	1423.58	1930.41
教育文化娱乐		791.85	918.22	952.41	1057.80	1185.96	1473.04
医疗保健		598.17	686.95	723.15	803.88	921.72	1366.73
其他用品和服务		183.15	233.82	239.09	279.81	279.70	303.60
农村居民人均住房建筑面积	**(平方米)**	**34.92**	**39.32**	**42.14**	**43.92**	**45.27**	**47.13**
农村居民每百户主要耐用消费品拥有量							
家用汽车	(辆)	8.97	7.48	10.67	14.63	17.57	22.73
摩托车	(辆)	101.20	108.06	116.95	122.27	123.63	116.73
电动助力车	(台)			30.80	36.00	38.50	35.84
洗衣机	(台)	52.45	54.43	64.82	74.43	78.46	84.71
电冰箱	(台)	66.10	68.36	78.29	84.90	87.93	92.94
微波炉	(台)			19.10	21.10	22.90	27.01
彩色电视机	(台)	113.24	114.28	117.22	119.49	120.47	116.51
空调	(台)	45.04	46.67	62.15	81.17	91.33	113.53
热水器	(台)	64.98	69.36	77.71	84.93	88.49	94.02
排油烟机	(台)			29.50	34.30	37.30	49.07
移动电话	(部)	236.45	248.41	267.18	279.89	287.12	290.44
计算机	(台)	27.23	30.40	33.93	37.73	41.61	35.29
照相机	(台)			4.50	4.10	4.20	4.88

1-11 历年城镇居民人均收支增长及恩格尔系数(老口径)

年 份	人 均 可支配收入 (元)	实际增长 (%)	人 均 消费支出 (元)	实际增长 (%)	恩格尔系数 (%)
1978	412.13	-3.4	399.96	1.5	66.6
1979	416.33	-3.4	424.96	1.5	67.0
1980	472.57	3.7	485.76	4.5	65.5
1981	560.69	11.6	517.44	0.2	65.8
1982	631.45	9.8	592.08	11.5	64.2
1983	714.20	10.0	660.12	8.5	64.5
1984	818.37	12.4	744.36	10.7	63.6
1985	954.12	-0.4	889.56	2.1	58.3
1986	1102.09	10.3	998.88	7.2	58.6
1987	1320.89	6.3	1215.84	7.9	56.7
1988	1583.13	-7.4	1506.99	-4.3	56.7
1989	2086.21	8.1	1921.05	4.6	56.5
1990	2303.15	13.3	1983.86	6.0	57.2
1991	2752.18	16.8	2388.77	17.7	53.1
1992	3476.70	16.5	2830.62	10.4	51.5
1993	4632.38	9.2	3777.43	10.3	48.9
1994	6367.08	13.6	5181.30	13.4	46.4
1995	7438.68	3.3	6253.68	6.7	48.0
1996	8157.81	2.3	6736.09	0.5	47.3
1997	8561.71	2.8	6853.48	-0.3	46.0
1998	8839.68	5.0	7054.09	4.7	44.1
1999	9125.92	4.9	7517.81	8.3	40.6
2000	9761.57	4.7	8016.91	4.3	38.6
2001	10415.19	7.6	8099.63	1.8	38.1
2002	11137.20	10.6	8988.48	12.6	38.5
2003	12380.40	10.4	9636.24	6.5	37.2
2004	13627.65	7.3	10694.79	8.2	37.0
2005	14769.94	6.3	11809.87	8.2	36.1
2006	16015.58	6.5	12432.22	3.4	36.2
2007	17699.30	6.6	14336.87	11.2	35.3
2008	19732.86	5.7	15527.97	2.7	37.8
2009	21574.72	12.0	16857.51	11.3	36.9
2010	23897.80	7.5	18489.53	6.4	36.5
2011	26897.48	6.9	20251.82	4.0	36.9
2012	30226.71	9.3	22396.35	7.6	36.9

注：1978—2012年数据来源于城镇住户调查，老口径。

1-12 历年农村居民纯人均收支增长及恩格尔系数(老口径)

年 份	人 均 纯收入 (元)	实际增长 (%)	人 均 消费支出 (元)	实际增长 (%)	恩格尔系数 (%)
1978	193.25		184.89		61.7
1979	222.72	13.6	205.18	10.1	59.9
1980	274.37	19.4	222.22	3.9	60.4
1981	325.37	11.4	266.05	12.1	59.3
1982	381.79	12.7	312.44	16.2	58.4
1983	395.92	7.0	328.76	6.3	60.3
1984	425.34	7.2	346.19	5.0	59.3
1985	495.31	9.8	388.00	5.7	60.4
1986	546.43	7.6	454.06	11.1	58.8
1987	662.24	11.1	545.25	9.5	57.3
1988	808.70	2.7	684.67	3.2	55.2
1989	955.02	2.0	870.59	7.3	53.7
1990	1043.03	1.6	932.63	-0.3	57.7
1991	1143.06	9.4	942.40	1.2	57.4
1992	1307.65	10.4	1060.29	8.8	54.0
1993	1674.78	6.1	1391.01	6.8	52.8
1994	2181.52	3.8	1882.00	3.6	55.6
1995	2699.24	6.5	2255.01	5.3	54.5
1996	3183.46	7.6	2584.16	6.9	51.6
1997	3467.69	4.2	2617.65	0.3	52.3
1998	3527.14	3.4	2683.18	3.8	51.1
1999	3628.93	6.2	2645.94	1.7	50.7
2000	3654.48	0.9	2646.02	…	49.8
2001	3769.79	3.5	2703.36	2.5	49.9
2002	3911.91	5.1	2825.01	6.0	47.6
2003	4054.58	3.4	2927.35	3.4	47.9
2004	4365.87	4.0	3240.78	6.7	48.8
2005	4690.49	4.5	3707.73	11.4	48.3
2006	5079.78	6.4	3885.97	3.2	48.6
2007	5624.04	6.5	4202.32	4.5	49.7
2008	6399.77	7.6	4872.96	9.6	49.0
2009	6906.93	10.7	5019.81	5.3	48.3
2010	7890.25	10.3	5515.58	6.5	47.7
2011	9371.73	11.9	6725.55	15.5	49.1
2012	10542.84	9.3	7458.56	7.8	49.1

注：1978—2012年数据来源于农村住户调查，老口径。

1-13 常住居民人均可支配收入及生活消费支出（2013-2018年新口径）

年 份	人 均 可支配收入 (元)	实际增长 (%)	人 均 消费支出 (元)	实际增长 (%)	恩格尔系数 (%)
全体常住居民					
2013	23420.75	7.4	17421.00	6.2	35.0
2014	25684.96	7.2	19205.50	7.7	34.3
2015	27858.86	6.9	20975.70	7.6	34.5
2016	30295.80	6.3	23448.42	9.3	34.2
2017	33003.29	7.3	24819.63	4.2	33.5
2018	35809.90	6.2	26053.98	2.7	32.6
城镇常住居民					
2013	29537.29	6.9	21621.46	5.3	33.6
2014	32148.11	6.4	23611.74	6.7	33.2
2015	34757.16	6.4	25673.08	7.0	33.2
2016	37684.25	5.9	28613.33	8.8	32.9
2017	40975.14	6.9	30197.91	3.7	32.2
2018	44340.97	5.9	30924.31	0.2	31.6
农村常住居民					
2013	11067.79	7.8	8937.76	9.0	42.1
2014	12245.56	8.3	10043.21	10.1	39.5
2015	13360.44	7.7	11103.03	9.2	40.6
2016	14512.15	6.5	12414.84	9.6	40.4
2017	15779.74	7.8	13199.62	5.5	40.2
2018	17167.74	6.8	15411.31	14.6	36.6

注：2013年国家统计局实行城乡一体化调查改革，由于新老调查体系在调查范围和对象、城乡划分标准、样本抽选方法、计算和汇总方式、指标名称和口径等都发生了一定变化，前后数据存在不可比因素。2013年用新口径计算。

1-14 各市城乡常住居民人均可支配收入和消费支出(2018)

单位：元

市别	全体居民人均可支配收入	全体居民人均消费支出	城镇居民人均可支配收入	城镇人均消费支出	农村居民人均可支配收入	农村人均消费支出
广州	55276.1	39467.1	59982.1	42181.0	26020.1	20633.9
深圳	57543.6	40535.0	57543.6	40535.0		
珠海	48107.1	35081.4	50713.0	36818.8	26198.4	20474.7
汕头	24428.0	19186.8	29077.3	21998.3	16246.1	14054.2
佛山	49629.5	34052.6	50736.9	34803.5	28764.7	19905.6
韶关	23676.0	17207.8	30287.3	20808.0	15433.7	12719.5
河源	19397.1	14593.5	25491.8	17343.1	14620.3	12438.4
梅州	21217.0	15912.5	27385.3	18659.0	15173.3	13221.5
惠州	33929.9	24461.9	39573.6	27772.5	21039.1	16900.2
汕尾	21001.1	16414.2	26012.3	19800.8	14851.5	12258.2
东莞	49331.0	33208.9	50721.3	33675.1	32276.9	25354.5
中山	46865.0	31057.9	48803.6	32180.4	32263.3	22603.3
江门	29546.9	19751.6	35465.8	23237.4	18153.6	13041.6
阳江	23281.8	17850.1	29360.1	21782.2	16799.1	13656.4
湛江	21426.9	15302.6	29046.3	20214.0	15888.9	11732.8
茂名	21349.9	15440.7	27163.4	18022.0	16950.8	13487.4
肇庆	24070.9	15505.6	30679.6	19984.4	17695.7	11358.5
清远	22369.4	16709.5	29377.0	20270.2	15162.9	13047.7
潮州	20895.1	15616.1	24170.2	17386.4	14944.5	12399.6
揭阳	20042.3	14574.3	25425.2	16907.5	14421.7	12138.1
云浮	19239.1	13672.1	24946.5	16398.4	15240.3	11761.9

注：农村因深圳完全城市化，无相关数据。

主要统计指标解释

总人口　指一定时点、一定地区范围内有生命的个人的总和。按不同的统计范围可分为常住人口和户籍人口，统计时点通常为每年 12 月 31 日 24 时。

城镇人口比例　指城镇人口与同期总人口之比，反映该区域人口的城镇化水平。通常以百分比表示。

国内(地区)生产总值　指按市场价格计算的一个国家(或地区)所有常住单位在一定时期内生产活动的最终成果。国内(地区)生产总值有 3 种计算方法，即生产法、收入法和支出法。3 种方法分别从不同的方面反映国内生产总值及其构成。

二、教育

简要说明

1．本篇资料主要反映广东省教育概况。

2．本篇资料主要包括：

(1)高等教育、成人教育、中等职业教育、普通高中、义务教育及幼儿学前教育，主要包括学校数、在校生数、招生数、毕业生数、教职工数和专任教师数等。

(2)地区分全省和 21 个地级以上市。

(3)年份有当年、近 5 年和 1978 年以来连续年份。

3．统计资料来源：本篇资料由广东省教育厅负责整理、审核、提供。

教育公平日益彰显　教育质量明显提高

——新中国成立70周年广东经济社会发展成就系列报告

新中国成立70年来，广东教育事业发生翻天覆地的变化，取得令人瞩目的成就。教育领域坚持解放思想、实事求是的思想路线，坚持“教育要面向现代化、面向世界、面向未来”的指导方针，实行多项改革措施，全方位推进教育事业的发展。全省教育规模不断扩大，教育质量明显提高，各类教育入学率持续提升，教育经费大幅增加，办学条件逐步改善，教师水平明显提高。

一、教育规模不断扩大

新中国成立70年来，广东各级各类教育蓬勃发展，教育种类逐渐齐全，办学规模不断扩大，目前，广东义务阶段教育在校生规模已经占全国的十分之一，成为名副其实的教育大省。

广东的教育事业在旧中国的废墟上艰难起步。1949年，全省有小学22419间，在校学生134.6万人，中学有454所，学生12.2万人，职业学校56所，学生0.4万人，中等师范学校46（1952年的时候为38）所，学生1.5万人（1952年为1.26万人），幼儿园没有统计数字，但据1946年记载，全省幼儿园45所，在园幼儿0.78万人，成人教育几乎空白。1978年党的十一届三中全会召开，广东教育事业坚持解放思想、实事求是的思想路线，实行多项改革举措，教育事业焕发勃勃生机。2018年，全省有学校34798所，在校生人数2435.48万人。其中，全省普通高校、成人高校、中职学校、技工学校、普通中学、小学、幼儿园、特教学校分别达到153所、14所、444所、162所、4627所、10308所、18953所、135所，在校生分别为196.3万人、74.9万人、86.7万人、54.3万人、556.2万人、988.4万人、449.1万人、4.8万人。与新中国成立初期相比，全省普通高校、中职学校、普通中学数量分别增加10.8倍、15.4倍和9.2倍，在校生分别增加150倍、90.6倍和44.6倍。

改革开放以来，广东成人高等教育从无到有，各种形式的夜大、电大、函大等如雨后春笋般涌现，激励着一批批学子自强不息，奋发图强，为中华崛起而学习，成为改革开放南粤大地上的一道靓丽景色。2018年，全省成人本专科在校生达74.92万人，是1980年的12.9倍。进入新世纪，广东教育紧跟时代步伐，网络教育异军突起，规模迅速扩大，目前全省网络本专科在校生超过10万人。

新中国成立70年来，广东与世界各国的教育交流不断加深，在广东的外国和港澳台地区的学生与日俱增。2017年，广东有46所高校招收来自世界175个国家和地区的2.5万名学生。2018年，粤港姊妹学校721对，粤澳姊妹学校69对，在广东就读的港澳学生规模超过10万人。

二、教育质量明显提高

新中国成立70年来，伴随着改革开放的不断推进，广东教育质量迈上一个又一个台阶。1985年，广东基本普及小学阶段教育，在全国处于领先水平。1996年，广东基本普及初中教育，并全部扫除青壮年文盲。1999年开始，高等学校扩大招生规模，广东高校录取率迅速提升，更多的有志青年有机会接受大学教育。

2002 年，广东开始进行示范高中建设，目前全省已经基本普及高中阶段教育。2007 年，广东颁布《广东省大力发展职业技术教育实施纲要（2006-2020）》，全省职业技术教育加快发展。2018 年，全省推进教育现代化先进县（市、区）覆盖率达 87.4%，全省教育强镇、教育强县（市、区）、教育强市覆盖率均达 100%。教育信息化步伐加快，2018 年全省各级各类学校网络宽带接入率达 100%。

新中国成立 70 年来，广东始终把提高学校教育质量放在首要位置，各级各类教育质量均取得突破性进展。高等教育取得跨越式发展，已成为广东改革开放的靓丽名片。2018 年，广东高等学校已经有 69 个学科入围 ESI 全球排名前 1%。中山大学、华南理工大学等入选国家建设世界一流大学；暨南大学、华南师范大学、广州中医药大学等上述 5 所高校 18 个学科入选国家世界一流学科建设名单。全省高等教育毛入学率提升到 42.43%。高校毕业生初次就业率稳定在 95%左右，一直位居全国前列。高等教育已经从改革开放初期居于全国边缘地带变成为全国的中心之一。高中教育“瓶颈”现象得到有效缓解，高中阶段教育毛入学率上升到 96.70%，示范高中建设成效显著，全省普通高中省一级学校占比达到 48%。2018 年，全省高考录取率达到创纪录的 86.5%，65.6 万多考生顺利进入大学读书，这与改革开放初期全省高考只有个位数的录取率相比发生翻天覆地的变化。职业院校学生在全国技能竞赛上屡获佳绩，广东已成为全国职业教育最发达、成果最显著、就业机会最多的地区。到 2018 年，全省公办义务教育学校标准化覆盖率达 99%，优质民办初中规模进一步壮大，全省学龄儿童入学率达 99.97%，有力地保障了全省适龄儿童能够普遍接受小学教育。2018 年，全省学前教育毛入园率达 112.46%，规范化幼儿园所占比重达到 74.6%，公办幼儿园和普惠性民办幼儿园所占比重达到 73.86%。

三、教育经费大幅增加

新中国成立 70 年来，广东不断加大教育投入力度，教育经费大幅增加，教育保障水平大幅提高，办学条件得到明显改善。1978 年，全省教育经费支出仅 19.9 亿元；2018 年，全省地方教育经费总投入 4414 亿元，连续 20 多年居全国首位，是 1978 年的 221 倍。其中，地方财政性教育经费为 3282 亿元，比上年增长 10.6%，占总投入的 75%。到 2018 年，广东教育经费支出占国内生产总值的比重达 4.53%。

巨大的投入显著改善办学条件。改革开放之初，面对长期的历史欠帐造成的学校破旧、设备简陋、教师待遇低、教育经费投入不足、百废待兴等问题，广东多方筹集资金，积极想办法加以解决。1988 年，针对学校基础设施落后的局面，省政府批准成立广东省教育基金会，并拨出专款用于加强学校的基本建设。1990 年，省政府要求各级党委和政府争取在两年内解决全省中小学校舍危房的问题。1995 年，全省有 109 个县（市、区）通过了省实验室建设和教学仪器配备的达标验收，占全省县（市、区）总数的 90%。1995 年，广东开始实施教师住房“广厦工程”，加快教师住房建设速度，提出用五年时间实现每户带眷教职工能住上省规定标准住房，省财政每年拿出专款补助中小学教职工住房建设，各地多渠道筹措资金，到 1997 年底，全省全年投入教师住房建设的资金达 27.7 亿元，竣工住房 4.02 万套，建筑面积达 343 万多平方米，相当于前 16 年的总和。2003 年，为促进高等教育跨越式发展，广东仅用 19 个月时间就建成了广州大学城，十几所高校进驻，省财政先后拿出 150 多亿元支持广州大学城建设。2006 年，广东又全面启动农村义务教育学校 C、D 级危房改造工程，省财政拨出专款，要求用一年时间全部完成农村义务教育学校 C、D 级危房改造。2011 年，广东出台《解决中小学代课教师问题的工作方案》，对长期以来农村中小学校的民办代课教师待遇等历史遗留问题积极采取措施予以全部解决。近年来，通过全面实施山区和农村边远地区学校教师生活补助政策，生活补助从2013年人均每月不低于500元，逐年提高到2018年不低于1000元。

目前，广东已全部免除农村义务教育阶段学生的学杂费和课本费，提高农村困难家庭义务教育阶段学生生活费补助标准，全省城乡基本实现了免费义务教育。2018年，全省各级各类学校（不含技工学校）专任教师141.9万人，各级各类学校生师比明显下降。

四、教师水平明显提高

改革开放以来，广东各级政府出台若干关于提升教师水平、提高教师待遇、保障教师权益的政策、意见等，尤其是2012年省政府颁布的《关于全面实施“强师工程”建设高素质专业化教师队伍的意见》，要求各地、各有关部门要把加强教师队伍建设作为教育事业发展最重要的基础工作来抓，全面实施“强师工程”、实施“高校毕业生到农村从教上岗退学费”政策、实施职业院校“能工巧匠进校园”计划、实施“百千万人才培养工程”、积极参与广东“特支计划”，实施高校“珠江学者”岗位计划和“千百十”人才培养工程等。通过这些政策措施，造就一支高素质专业化教师队伍，补充中小学紧缺学科教师和农村学校教师，吸引行业企业优秀人才到职业学校任教，建立完善省、市、县、校四级中小学教师专业发展体系，支持青年教师到国内外高水平大学和科研机构访学，对高校引进高层次人才给予资助，引进与培育一批领军人才和创新团队，为广东建设教育强省和南方教育高地，支撑科教强省与人才强省战略，率先实现教育现代化打下坚实的基础。2018年，普通高校副高级职称以上教师比重达到40.9%，比1995年提高5.1个百分点；中职学校中级职称以上教师比重达到61.9%，比2003年提高5.8个百分点；普通高中中级职称以上教师比重达到65.1%，比1995年提高13.1个百分点；普通初中中级职称以上教师比重达到59.9%，比1995年提高37.6个百分点；小学中级职称以上教师比重达到50.4%，比1995年提高36.9个百分点。

新中国成立70年来，广东教育事业发展取得的每一个进步，都离不开广大教育工作者的辛勤努力和默默耕耘，正是他们这种“春蚕到死丝方尽，蜡炬成灰泪始干”的无私奉献精神和“桃李满天下”的园丁辛勤敬业精神，成就广东教育事业的今天。展望未来，在党中央正确路线的指引下，广东将努力打造中国南方教育高地和国际教育示范区，为建设国际一流湾区和世界级城市群提供强大的人才支持和智力支撑。

撰稿：刘建民　魏天翔 卢振家

2-1　各级各类教育基本情况(2018)

指　　标	学校数(所)	毕业生数(人)	招生数(人)	在校生数(人)	教职工数(人)	专任教师数(人)
一、高等教育						
研究生	28	28878	42515	114830		
普通本专科	153	523936	589034	1963170	153126	108222
本科	67	253961	293747	1133292		
专科	86	269975	295287	829878		
成人本专科	14	209757	326377	749161	4117	2474
本科		52138	100364	223860		
专科		157619	226013	525301		
网络本专科		33076	48983	120476		
二、中等职业教育	444	318470	297190	867254	56750	44105
三、普通高中	1013	646488	604224	1837141	490666	149931
四、普通初中	3614	1093338	1320273	3724667		286437
五、小学	10308	1372693	1888110	9883724	585423	530291
六、幼儿教育	18953	1802791	2008699	4491112	549904	292853
七、特殊教育	135	4502	9055	47912	5892	4842
八、工读学校	3	151	86	290	206	172

注：1. 研究生学校数为培养研究生单位数，普通本专科、成人本专科学校数为普通高校、成人高校学校数。中等职业教育不含技工数。2014年起中国科学院大学所辖的广州化学研究所、南海海洋研究所、华南植物研究所、广州能源研究所和广州地球化学研究所的教育事业统一归口

2. 中国科学院大学管理。从2014年起研究生数据均不含以上培养研究生单位数据。

3. 普通本专科学生数和教职工数包含独立学校数。

4. 普通高中教职工数包含普通初中教职工数。

2-2 高等教育基本情况(2018)

项 目	学校数(所)	毕业生数(人)	招生数(人)	在校学生数(人)	教职工数(人)	
						#专任教师
合 计	**153**	**523936**	**589034**	**1963170**	**153126**	**108222**
#女性		281254	281160	1020957	74785	51911
按隶属关系分	**153**	**523936**	**589034**	**1963170**	**153126**	**108222**
中央属	5	22370	24297	95033	14950	9426
地方属	148	501566	564737	1868137	138176	98796
按学校类别分						
综合大学	72	519034	589034	1963170	70760	49672
理工院校	33	126439	145714	463078	32015	23490
农业院校	4	21142	22496	89008	6848	5198
医药院校	10	24560	28796	100043	11832	8787
师范院校	7	27052	36704	114100	11495	6855
语文院校	2	7126	7269	28882	2948	1890
财经院校	13	53450	59420	206625	11897	9264
政法院校	3	3015	3075	10599	1296	624
体育院校	3	3212	4068	12204	1374	791
艺术院校	6	5633	7907	24142	2661	1651

2-3　中等教育基本情况(2018)

项　　目	学校数(所)	毕业生数(人)	招生数(人)	在校学生数(人)	教职工数(人)	#专任教师
中等职业教育	**444**	**318470**	**297190**	**867254**	**56750**	**44105**
调整后中等职业学校	271	207647	191567	549548	34573	26160
中等技术学校	53	46039	44342	133862	6544	4677
成人中等专业学校	5	1679	1574	4405	293	250
职业高中学校	112	63105	59707	179439	14225	12132
其他机构	36	6139	6626	17578	1115	886
附设中职班	21	1527	1595	4780	无	无
技工学校	162	165103	190560	542661	30397	22917
普通中学	**4627**	**1739826**	**1924497**	**5561808**	**490666**	**436368**
#高中	1013	646488	604224	1837141	260118	149931

注：高中教职工数为普通高中教职工数

2-4 技工学校基本情况(2018)

项　　目		合计	地方劳动保障部门办	行业办	企业办	国务院部委办	民办
技工学校个数	(所)	162	67	14	13		68
招生学校数	(所)	150	64	13	10		63
在职教职工人数	(人)	30397	18546	2029	1099		8723
文化技术理论课教师		14876	9870	1183	353		3470
#高级讲师		2617	1870	280	49		418
生产实习指导老师		8041	4916	453	351		2321
#高级实习指导教师		515	333	43	21		118
一体化教师		10707	7586	642	247		2232
兼职教师	(人)	3325	1474	189	143		1519
文化技术理论课教师		1932	840	104	79		909
生产实习指导老师		1393	634	85	64		610
招生人数	(人)	190560	105889	8129	4183		72359
高级班学生		90418	63062	5050	1179		21127
技师和预备技师班学生		2831	2626	99			106
在校生人数	(人)	542661	320935	25619	13103		183004
高级班学生		267516	192484	15657	3364		56011
技师和预备技师班学生		8974	8189	394			391
毕业生人数	(人)	161351	95155	8209	3793		54194
高级班学生		66084	43175	2992	958		18959
技师和预备技师班学生		1679	1419	150			110
就业人数	(人)	159051	94388	8140	3758		52765
高级班学生		65638	43017	2983	958		18680
技师和预备技师班学生		1679	1419	150			110
培训社会人员数	(人)	251388	129646	34572	44794		42376
培训社会人员结业人数	(人)	165560	95601	32353	4103		33503
获取初级职业资格证		27117	21233	787	90		5007
获取中级职业资格证		28336	18583	1366	461		7926
获取高级职业资格证		19956	14386	540	176		4854
获取技师和高级技师资格证		2264	1897	181	24		162

2-5 各市普通高等教育基本情况(2018)

市 别	学校数(所)	毕业生数(人)	招生数(人)	在校学生数(人)	教职工数(人)	专任教师数(人)
合 计	**153**	**523936**	**589034**	**1963170**	**153126**	**108222**
广 州	82	290395	323605	1086407	89669	62732
深 圳	3	11271	8902	36264	2319	1668
珠 海	7	19309	23803	78724	9699	5465
汕 头	7	29830	33417	119628	7349	5559
佛 山	3	5481	6144	18366	2454	1435
韶 关	6	22504	23932	72730	4728	3528
河 源	4	10921	14627	44235	2705	2168
梅 州	6	27084	30325	114602	8202	6245
惠 州	5	11765	16584	47890	2878	2322
汕 尾	5	20076	22143	70765	4825	3771
东 莞	5	10813	15302	44018	3275	2111
中 山	1	6919	6592	25018	1753	1269
江 门	1	2220	2683	6562	491	372
阳 江	1	4266	4463	12347	712	540
湛 江	1	3405	3821	10719	632	484
茂 名	2	4677	4717	12647	780	553
肇 庆	7	20711	24775	89523	5801	4398
清 远	3	8797	10000	33105	2049	1592
潮 州	1	5542	5462	18733	1345	884
揭 阳	2	4388	4110	11394	886	671
云 浮	1	3562	3627	9493	574	455

注：以学校为单位统计，含分校区数据。

2–6 各市中等职业教育基本情况(2018)

市 别	学校数(所)	毕业生数(人)	招生数(人)	在校学生数(人)	教职工数(人)	专任教师数(人)
合 计	**444**	**318470**	**297190**	**867254**	**56750**	**44105**
广 州	82	67910	66026	184094	11391	7866
深 圳	15	12743	12875	38922	3505	2694
珠 海	8	6803	6217	18962	1135	932
汕 头	21	12638	11095	38299	2204	1732
佛 山	33	22664	18527	60002	4809	3865
韶 关	14	7584	10028	25979	1919	1504
河 源	13	7193	7276	20992	1409	1100
梅 州	21	10375	8716	27308	1857	1478
惠 州	25	16959	17398	51440	2695	1990
汕 尾	13	3380	5203	11965	964	836
东 莞	21	17189	20433	58459	4142	2830
中 山	11	7426	8315	23243	1834	1570
江 门	19	13632	11576	36898	2379	2151
阳 江	5	5057	4072	13766	729	575
湛 江	53	19241	18473	59927	3311	2453
茂 名	18	15244	23529	57808	3216	2828
肇 庆	18	17521	18346	53771	3322	2662
清 远	14	9621	10035	29023	1860	1616
潮 州	10	3068	3164	9248	888	758
揭 阳	16	34794	9748	27277	2010	1670
云 浮	14	7428	6138	19871	1171	995

注：中等职业教育数据不含技工学校数据。

2-7 各市普通高中基本情况(2018)

市 别	学校数(所)	毕业生数(人)	招生数(人)	在校学生数(人)	教职工数(人)	专任教师数(人)
合 计	**1013**	**646488**	**604224**	**1837141**	**613850**	**149931**
广 州	118	58514	52401	163838	63524	14522
深 圳	82	41331	46037	131102	74992	11505
珠 海	19	9651	10388	30588	10069	2518
汕 头	96	47769	44699	136527	38603	10532
佛 山	59	38391	40922	118529	33474	9141
韶 关	24	18909	16622	50541	15436	4289
河 源	32	19727	21316	62477	21311	5314
梅 州	63	31441	26452	84086	25823	8017
惠 州	42	29781	30551	91095	33492	6852
汕 尾	37	22755	17831	56995	17995	4461
东 莞	42	26034	27956	82710	45015	5974
中 山	19	15932	15447	46218	18152	3629
江 门	48	24322	26568	76002	20317	5922
阳 江	17	15477	15000	44216	15614	3580
湛 江	68	56243	42552	139252	38886	11567
茂 名	64	59191	51056	162880	38588	13453
肇 庆	32	26067	23570	72363	21340	5756
清 远	32	22106	21764	67151	19830	5419
潮 州	35	18491	16287	49160	13601	4474
揭 阳	64	49442	41672	126054	35849	9657
云 浮	20	14914	15133	45357	11939	3349

注：教职工数已含普通初中教职工数，教职工数由各办学类型教职工数折算得出。

2-8 各市普通初中基本情况(2018)

市 别	学校数(所)	毕业生数(人)	招生数(人)	在校学生数(人)	专任教师数(人)
合 计	**3614**	**1093338**	**1320273**	**3724667**	**286437**
广 州	409	101062	122121	350590	28997
深 圳	308	82775	118051	316902	24039
珠 海	56	17737	22818	64395	4690
汕 头	209	69651	78601	224709	17697
佛 山	144	62239	78341	224004	16103
韶 关	124	30777	36222	106296	8198
河 源	161	36119	46669	127383	10861
梅 州	167	44984	51314	149026	14329
惠 州	229	56570	81600	217033	14949
汕 尾	127	37636	41302	117054	9356
东 莞	198	62096	95860	249653	15628
中 山	84	31560	39727	113181	7762
江 门	146	41801	48234	138265	10304
阳 江	96	25672	33572	92276	7132
湛 江	240	84777	90310	261919	21044
茂 名	198	91659	93591	277313	20954
肇 庆	152	49897	53756	156036	10987
清 远	149	39606	48242	135165	10120
潮 州	104	25409	27495	80307	7012
揭 阳	230	74047	80196	231177	18888
云 浮	83	27264	32251	91983	7387

2-9 各市小学基本情况(2018)

市别	学校数(所)	毕业生数(人)	招生数(人)	在校学生数(人)	教职工数(人)	专任教师数(人)
合计	**10308**	**1372693**	**1888110**	**9883724**	**585423**	**530291**
广州	965	139039	206514	1058455	64190	57160
深圳	344	130388	206327	1027969	64348	55160
珠海	124	23449	32644	172071	9900	8825
汕头	745	80010	100787	545223	29858	27205
佛山	413	78789	113894	580066	33337	30233
韶关	196	35737	48337	248414	14476	14024
河源	364	45498	53681	307634	21112	19665
梅州	450	50232	64736	354868	20840	19971
惠州	468	83954	112594	584251	32136	28903
汕尾	452	41106	50234	263472	17741	15843
东莞	328	111340	158396	803482	47078	37894
中山	208	42965	59426	311717	18173	15941
江门	324	48861	64395	337381	17786	16685
阳江	150	33564	45701	245787	15450	14486
湛江	807	90276	130776	672313	39916	37471
茂名	1383	92491	120189	646820	37198	35863
肇庆	228	54382	70714	385169	21480	20174
清远	337	47607	72588	367865	21280	19974
潮州	608	29766	35475	203516	11511	10363
揭阳	1241	80655	95004	522235	33324	30452
云浮	173	32584	45698	245016	14775	13999

注：教职工数由各办学类型教职工数折算得出。

2-10 各市学前教育基本情况(2018)

市 别	学校数(所)	毕业生数(人)	招生数(人)	在校学生数(人)	教职工数(人)	专任教师数(人)
合 计	**18953**	**1802791**	**2008699**	**4491112**	**549904**	**292853**
广 州	1846	172588	191685	498127	73617	35401
深 圳	1771	189124	193675	524193	78890	38431
珠 海	337	27734	29861	79055	12201	6137
汕 头	932	71366	80222	184649	22754	14565
佛 山	960	108141	112895	304035	43282	22034
韶 关	562	47101	42690	119502	13700	7001
河 源	561	57254	58460	122057	12643	6717
梅 州	816	70385	88463	156837	14639	8791
惠 州	728	102242	102913	224216	26949	13938
汕 尾	324	43807	61984	81573	7556	4480
东 莞	1125	135790	137320	355587	49921	24407
中 山	533	50795	50047	143555	18457	9325
江 门	597	54589	45591	141283	17768	9447
阳 江	603	48133	51209	105968	13254	7211
湛 江	2043	141588	179880	338065	32430	19778
茂 名	1578	138121	206027	312547	28753	18565
肇 庆	606	67640	70163	157943	17089	8807
清 远	753	71861	69683	173774	19453	10254
潮 州	676	36547	43444	102650	12002	7297
揭 阳	1156	112205	136422	251614	22792	13738
云 浮	446	55780	56065	113882	11754	6529

2-11 各市特殊教育基本情况(2018)

市别	学校数(所)	毕业生数(人)	招生数(人)	在校学生数(人)	教职工数(人)	专任教师(人)
合计	**135**	**4502**	**9055**	**47912**	**5892**	**4842**
广州	20	675	638	4586	1050	919
深圳	6	139	298	1997	427	318
珠海	2	74	90	667	159	118
汕头	8	250	1077	3662	272	220
佛山	7	233	361	1989	339	297
韶关	7	214	452	2097	173	132
河源	7	278	792	3497	268	221
梅州	8	210	576	3355	193	170
惠州	7	169	369	1812	301	246
汕尾	4	21	189	758	106	85
东莞	2	127	140	906	281	179
中山	2	111	99	1252	255	227
江门	6	257	318	1867	221	197
阳江	5	101	269	1214	132	125
湛江	9	272	726	3588	360	309
茂名	7	402	800	4030	376	294
肇庆	8	365	484	2864	262	234
清远	7	226	469	2828	315	225
潮州	4	50	168	973	79	63
揭阳	5	264	518	2765	182	139
云浮	4	64	222	1205	141	124

2-12 各级各类学校教育经费支出情况(2018)

指 标	国家财政性教育经费(亿元)	一般公共预算安排的教育经费	民办学校中举办者投入经费(亿元)	社会捐资经费(亿元)	事业收入合计(亿元)	学费和杂费收入	其他收入(亿元)
合 计	**3282.7**	**3234.3**	**29.4**	**11.9**	**1025.4**	**862.6**	**65.4**
按学校隶属关系分							
中央	120.5	118.8		1.8	39.7	15.8	11.3
地方	3162.2	3115.5	29.4	10.2	985.6	846.9	54.1
按学校类别分							
高等教育	**611.4**	**591.4**	**2.2**	**7.4**	**327.8**	**237.2**	**37.6**
普通高等学校	601.8	581.8	2.2	7.4	321.6	232.0	37.5
成人高等学校	9.6	9.6			6.2	5.2	0.1
高中阶段教育	**610.5**	**598.8**	**4.2**	**2.1**	**128.0**	**98.6**	**9.4**
中等专业学校	110.8	109.9	0.4	0.1	12.1	7.2	1.0
职业高中	50.9	50.4	0.5		2.8	1.6	0.9
技工学校	68.8	66.8	0.9		17.7	12.6	1.0
成人中等学校	2.6	2.6			0.4	0.1	
普通高中	377.3	369.1	2.4	1.9	95.1	77.1	6.5
义务教育	**1810.9**	**1795.6**	**11.3**	**1.6**	**273.0**	**246.2**	**11.7**
初级中学	646.2	638.9	5.2	0.6	96.7	83.8	4.9
小学	1146.1	1138.6	6.1	1.1	176.1	162.2	6.6
特殊教育学校	18.5	18.1			0.2	0.1	0.1
学前教育	**101.0**	**100.5**	**11.7**	**0.7**	**292.1**	**280.3**	**4.2**
幼儿园	101.0	100.5	11.7	0.7	292.1	280.3	4.2
其他	**149.0**	**147.9**		**0.1**	**4.6**	**0.4**	**2.6**

2-13 各级各类学校情况(2013-2018年)

项　目	2013	2014	2015	2016	2017	2018
高等学校						
学校数　(所)	138	141	143	149	151	153
毕业生数　(人)	412315	440952	476901	489397	511222	523936
本科　(人)	200491	211422	224145	233592	245563	253961
专科　(人)	211824	229530	252756	255805	265659	269975
招生数　(人)	526162	545132	561456	549822	570775	589034
本科(人)	258079	267205	275399	280433	285585	293747
专科(人)	268083	277927	286057	269389	285190	295287
在校学生数　(人)	1709881	1794188	1856355	1892878	1925775	1963170
本科(人)	949585	998186	1040784	1076753	1105754	1133292
专科(人)	760296	796002	815571	816125	820021	829878
教职工数　(人)	128161	135226	139888	142864	148059	153126
#专任教师　(人)	91099	95193	98897	101160	104381	108222
中等职业教育						
学校数　(所)	502	495	481	468	459	444
毕业生数　(人)	488286	457010	417278	389163	342297	318470
招生数　(人)	474927	417047	395377	351909	322267	297190
在校学生数(人)	1408894	1282205	1172119	1065745	993850	867254
教职工数　(人)	58927	58051	57760	57472	58112	56750
#专任教师　(人)	45443	45216	44972	44776	45197	44105
技工学校						
学校数(所)	243	243	163	166	162	162
毕业生数　(人)	127105	142165	144631	161419	146514	165103
招生数　(人)	272962	202518	199406	186303	188840	190560
在校学生数(人)	876154	622614	588570	532587	553727	542661
教职工数　(人)	28491	28743	29439	29249	30362	30397
#专任教师　(人)	19839	20840	21011	21624	22610	22917
普通中学						
学校数(所)	4366	4399	4434	4510	4566	4627
毕业生数　(人)	2240211	2111685	2019599	1916488	1791237	1739826
招生数　(人)	2030640	1892418	1828856	1861368	1878201	1924497

2-13 续表

项 目		2013	2014	2015	2016	2017	2018
在校学生数	(人)	6252379	5907698	5607203	5452167	5453670	5561808
教职工数	(人)	470314	473585	475396	478451	484846	490666
#专任教师	(人)	421533	426872	426648	427488	431256	436368
小学							
学校数	(所)	11824	10731	10126	10178	10258	10308
毕业生数	(人)	1370411	1243469	1214916	1270381	1319106	1372693
招生数	(人)	1500473	1536722	1658031	1711845	1743657	1888110
在校学生数	(人)	8079381	8319147	8688785	9052214	9419581	9883724
教职工数	(人)	486056	497687	514405	535967	560350	585423
#专任教师	(人)	437532	454377	468608	486578	507788	530291
学龄儿童入学							
学龄儿童总数	(万人)	901	1127	1146	1184	896	940
已入学学龄儿童数	(万人)	898	1125	1144	1183	896	940
学龄儿童入学率	(%)	100.0	100.0	100.0	100.0	100.0	100.0
小学毕业生升学率							
小学毕业生人数	(人)	1370411	1243469	1214916	1270381	1319106	1372693
已升学人数	(人)	1299856	1195611	1164480	1218075	1266817	1320273
小学毕业生升学率	(%)	94.9	96.2	95.8	95.9	96.0	96.2
幼儿园							
幼儿园数	(所)	13793	15416	16368	17288	18048	18953
在园幼儿数	(人)	3545757	3793381	4022844	4216668	4414144	4491112
教职工数	(人)	336666	387991	436203	469367	515112	549904
#专任教师	(人)	188182	213800	240749	256471	281656	292853
特殊教育学校							
特殊教育学校数	(所)	99	104	116	127	133	135
招生数	(人)	3862	5300	7303	6853	8893	9055
在校学生数	(人)	21799	28285	36048	37756	44084	47912

注：1．1995年以来小学毕业生升学率采用教育部口径，即升学率＝初中招生数/小学毕业生数。
2．2003年起中等职业教育学校包括：普通中等专业学校、成人中等专业学校、职业高中数据。
3．高中阶段毕业生数不包括技工学校毕业生数。
4．特殊教育学校是指独立设置招收盲哑和智残儿童以及其他特殊需要的儿童，青少年进行普通
4．或职业初、中等教育的教学机构。

2-14 研究生教育情况(2013-2018年)

项 目	2013	2014	2015	2016	2017	2018
培养单位数 （个）	**32**	**28**	**28**	**28**	**28**	**28**
高等学校	24	25	25	25	25	25
科研单位	8	3	3	3	3	3
招生数 （人）	**29255**	**29769**	**30650**	**32393**	**38832**	**42515**
攻读博士学位	3566	3559	3540	3742	3997	4752
高等学校	3368	3551	3532	3734	3989	4744
科研单位	198	8	8	8	8	8
攻读硕士学位	25689	26210	27110	28651	34835	37763
高等学校	25342	26134	27018	28555	34732	37659
科研单位	347	76	92	96	103	104
在校学生数 （人）	**85180**	**86568**	**89404**	**92875**	**102912**	**114830**
攻读博士学位	14351	14169	14474	14990	15686	16978
高等学校	13659	14136	14443	14958	15658	16950
科研单位	692	33	31	32	28	28
攻读硕士学位	70829	72399	74930	77885	87226	97852
高等学校	69863	235	74682	77614	86929	97545
科研单位	966	72164	248	271	297	307
毕业生数 （人）	**24353**	**25538**	**26174**	**27155**	**27148**	**28878**
攻读博士学位	2907	2837	2947	2947	3055	3120
高等学校	2732	2830	2937	2940	3047	3110
科研单位	175	7	10	7	8	10
攻读硕士学位	21446	22701	23227	24208	24093	25758
高等学校	21170	22627	23151	24134	24018	25665
科研单位	276	74	76	74	75	93

注：2014年起中国科学院大学所辖的广州化学研究所、南海海洋研究所、华南植物研究所、广州能源研究所和广州地球化学研究所的教育事业统一归口中国科学院大学管理，从2014年起研究生数据均不含以上培研究生单位数据。

2-15 各级各类成人教育在校学生数(2013-2018年)

单位：人

项 目	2013	2014	2015	2016	2017	2018
成人高等教育	534376	626927	664495	651963	653103	739888
成人高等学校	16803	16055	17556	18905	29546	85988
广播电视大学	9196	8799	10256	13326	23925	79710
职工高等学校	5498	5166	5411	5579	5621	6278
管理干部学院						
教育学院	2109	2090	1889			
普通高校附设	517573	610872	646939	633058	623557	653900
函授部	185880	235440	281334	319929	319662	322685
夜大学	331693	375432	365605	312884		416173
成人脱产班				245		10303
成人中等教育	20951	13774	7443	5011		
成人中专学校	29544	11743	7341	4682	4156	4405
农林类						
资源与环境类						
能源类						
土木水利工程类						
加工制造类						
交通运输类						
信息技术类						
医药卫生类						
商贸与旅游类						
财经类						
文化艺术与体育类						
社会公共事业类						
师范类						
其他						
成人中学	1219	2031	102			
成人初等教育						
职工初等教育						
农民初等教育						
#扫盲班						

2-16　各市中等职业技术教育招生基本情况（2013-2018年）

单位：人

市　别	2013	2014	2015	2016	2017	2018
合　计	**474927**	**417047**	**395377**	**351909**	**322267**	**297190**
广　州	86776	88650	80281	67560	63027	66026
深　圳	12076	13628	13691	13964	13005	12875
珠　海	7073	7837	7556	7795	5906	6217
汕　头	29699	19615	30462	19004	14604	11095
佛　山	25180	26068	25074	23903	20946	18527
韶　关	9983	7212	9000	9103	9719	10028
河　源	9557	8800	8293	8098	7547	7276
梅　州	20208	15604	10373	10345	9760	8716
惠　州	22082	22176	20074	19833	19143	17398
汕　尾	10663	5523	4243	4701	4126	5203
东　莞	17618	19414	20014	21697	20703	20433
中　山	9529	8167	8129	7856	8173	8315
江　门	17655	16649	15298	14776	12938	11576
阳　江	7462	6449	4860	5539	4942	4072
湛　江	45619	36275	26636	24564	21656	18473
茂　名	30648	19352	18451	18514	21172	23529
肇　庆	22932	22212	19264	20451	18335	18346
清　远	17450	13382	11868	11933	11145	10035
潮　州	6634	6556	3584	3460	3075	3164
揭　阳	51476	42648	49240	30692	24271	9748
云　浮	14607	10830	8986	8121	8074	6138

注：中等职业教育数据不含技工学校数据。

2-17 各市中等职业技术教育在校生基本情况（2013-2018年）

单位：人

市　别	2013	2014	2015	2016	2017	2018
合　计	**1408894**	**1282205**	**1172119**	**1065745**	**993850**	**867254**
广　州	241321	245434	237919	216974	196796	184094
深　圳	33618	36870	38145	39665	39234	38922
珠　海	21734	21756	21326	21597	20117	18962
汕　头	109853	85327	81172	64729	58701	38299
佛　山	77497	76322	73773	71963	66878	60002
韶　关	35083	27892	25003	24888	25339	25979
河　源	32715	31071	24933	22354	21896	20992
梅　州	63255	55795	40439	32523	29074	27308
惠　州	64998	61765	57523	55446	53284	51440
汕　尾	42521	30923	18438	12211	11289	11965
东　莞	47910	50220	53434	57243	57964	58459
中　山	24739	25189	24563	23139	23133	23243
江　门	49780	46441	45009	43523	40419	36898
阳　江	22240	17776	14345	14607	14399	13766
湛　江	116154	103765	84010	71251	65433	59927
茂　名	96954	64333	52187	48905	51168	57808
肇　庆	67243	64359	59057	58290	55274	53771
清　远	45000	42553	39222	32763	30935	29023
潮　州	25554	20446	13897	11030	9472	9248
揭　阳	150572	138706	135759	117899	100097	27277
云　浮	40153	35262	31965	24745	22948	19871

注：中等职业教育数据不含技工学校数据。

2-18 各市普通高中招生基本情况（2013-2018年）

单位：人

市别	2013	2014	2015	2016	2017	2018
合计	**730784**	**696807**	**664376**	**643293**	**611384**	**604224**
广州	60452	60116	60267	58260	54406	52401
深圳	39637	39872	42329	42615	43575	46037
珠海	9501	9815	10144	9902	10493	10388
汕头	55810	52132	49270	47233	46429	44699
佛山	38447	38684	39525	39384	39117	40922
韶关	22059	21006	19375	17576	16990	16622
河源	24017	22974	19887	20975	20844	21316
梅州	39927	36762	32241	30792	27964	26452
惠州	33025	29977	29378	30966	30262	30551
汕尾	27445	25653	23478	21626	18688	17831
东莞	26039	26741	26720	27153	27916	27956
中山	15332	16188	16365	15758	15528	15447
江门	28777	26788	26581	26061	26047	26568
阳江	19453	16412	15734	15536	14381	15000
湛江	66222	62168	57502	49910	46711	42552
茂名	71388	67806	60321	60886	52966	51056
肇庆	29443	29302	26814	26679	23131	23570
清远	25620	24133	22851	23765	22626	21764
潮州	24864	21119	19378	17512	16288	16287
揭阳	54215	51724	50928	44995	41704	41672
云浮	19111	17435	15288	15709	15318	15133

2-19 各市普通高中在校生基本情况（2013-2018年）

单位：人

市 别	2013	2014	2015	2016	2017	2018
合 计	**2204473**	**2140193**	**2054033**	**1973727**	**1892669**	**1837141**
广 州	177227	178106	178564	176275	170676	163838
深 圳	113639	114797	120073	124216	127099	131102
珠 海	31430	30008	29609	29285	29991	30588
汕 头	161614	160793	154794	146265	140639	136527
佛 山	113746	113747	115268	116350	116913	118529
韶 关	64125	63917	60709	56167	52754	50541
河 源	73345	70632	65393	62652	60983	62477
梅 州	124487	115909	106609	98209	89626	84086
惠 州	96918	94257	91082	90261	90562	91095
汕 尾	86886	82783	74174	68964	62544	56995
东 莞	77045	78053	78905	79851	81052	82710
中 山	46733	46957	47506	47851	47212	46218
江 门	84532	81702	79182	76293	75599	76002
阳 江	63587	56507	50595	47250	44955	44216
湛 江	198448	193675	183055	167483	153396	139252
茂 名	218544	211857	196688	186683	172257	162880
肇 庆	88210	88027	84247	81513	75326	72363
清 远	79605	75688	71005	69236	67981	67151
潮 州	77779	66222	61968	56528	51911	49160
揭 阳	168633	161058	153878	144808	135635	126054
云 浮	57940	55498	50729	47587	45558	45357

2-20 各市普通初中招生基本情况(2013-2018年)

单位：人

市　别	2013	2014	2015	2016	2017	2018
合　计	**1299856**	**1195611**	**1164480**	**1218075**	**1266817**	**1320273**
广　州	122175	113479	110824	116292	122090	122121
深　圳	91523	90897	92997	101066	108820	118051
珠　海	20786	19391	18997	20647	21968	22818
汕　头	87123	78048	74081	75283	75766	78601
佛　山	66939	64414	65850	71944	77255	78341
韶　关	32050	31388	31996	34987	35724	36222
河　源	38852	36670	36625	39579	42053	46669
梅　州	48595	45990	45083	47517	50100	51314
惠　州	62619	60994	62207	68713	73063	81600
汕　尾	49263	42259	39481	39356	38589	41302
东　莞	74131	75371	76593	83528	87838	95860
中　山	34702	33743	34155	37043	39170	39727
江　门	48871	45454	44764	45992	47201	48234
阳　江	28211	25274	25909	28435	30859	33572
湛　江	119199	97962	87218	85880	88491	90310
茂　名	109469	99654	93417	93977	92112	93591
肇　庆	62299	53928	51386	51072	52874	53756
清　远	43837	41153	41334	43781	45553	48242
潮　州	30590	28110	26598	26716	27967	27495
揭　阳	97449	83693	77029	76659	78257	80196
云　浮	31173	27739	27936	29608	31067	32251

2-21 各市普通初中在校生基本情况（2013-2018年）

单位：人

市 别	2013	2014	2015	2016	2017	2018
合 计	**4047906**	**3767505**	**3553170**	**3478440**	**3561001**	**3724667**
广 州	369714	354764	336664	329410	338751	350590
深 圳	258096	263893	265148	272239	290542	316902
珠 海	62456	60538	57950	57643	60246	64395
汕 头	277122	252158	231265	221311	219152	224709
佛 山	201867	194022	190744	197004	210765	224004
韶 关	102929	96761	94080	97295	101780	106296
河 源	122384	114779	110961	112461	117433	127383
梅 州	165197	147971	139563	138294	142636	149026
惠 州	190399	182052	179645	184770	196955	217033
汕 尾	158783	140079	124591	117432	114810	117054
东 莞	201244	206595	208677	215902	229117	249653
中 山	105902	100528	98245	100831	107244	113181
江 门	149752	141250	134963	132318	134515	138265
阳 江	89651	81478	78541	78997	84814	92276
湛 江	390165	347100	297605	266084	258281	261919
茂 名	347954	318182	298459	283966	277491	277313
肇 庆	197486	178141	165154	154138	153379	156036
清 远	138584	128103	123469	123627	128450	135165
潮 州	103198	91362	83212	79430	79292	80307
揭 阳	311894	276804	248730	230994	227652	231177
云 浮	103129	90945	85504	84294	87696	91983

2-22 各市小学招生基本情况(2013-2018年)

单位：人

市别	2013	2014	2015	2016	2017	2018
合计	**1500473**	**1536722**	**1658031**	**1711845**	**1743657**	**1888110**
广州	167919	173884	178035	180334	191092	206514
深圳	147097	162498	172097	173804	181516	206327
珠海	25299	28020	27963	27872	29876	32644
汕头	84428	86580	92881	96016	92085	100787
佛山	84423	86118	89702	95733	105318	113894
韶关	36084	36124	40370	44216	44973	48337
河源	49628	50902	54892	53177	50569	53681
梅州	53005	56929	60014	63905	60806	64736
惠州	89068	87966	96841	100177	102481	112594
汕尾	41497	37977	45019	45429	45441	50234
东莞	127237	125039	140495	138184	142485	158396
中山	47295	50068	51422	53432	55626	59426
江门	52693	52625	55769	57310	58859	64395
阳江	35559	36777	42092	44202	43892	45701
湛江	96596	99124	111734	119341	120170	130776
茂名	97251	98093	109481	115143	115751	120189
肇庆	58402	59447	65658	67228	67796	70714
清远	51532	53812	59359	64161	68151	72588
潮州	35277	34278	35303	36377	33029	35475
揭阳	84921	82517	88187	91788	89769	95004
云浮	35262	37944	40717	44016	43972	45698

2-23 各市小学在校生基本情况(2013-2018年)

单位：人

市 别	2013	2014	2015	2016	2017	2018
合 计	**8079381**	**8319147**	**8688785**	**9052214**	**9419581**	**9883724**
广 州	859263	900072	937870	968531	1004695	1058455
深 圳	730232	793178	864841	910974	964510	1027969
珠 海	131577	140593	148795	155269	162238	172071
汕 头	485143	487220	500404	516195	526460	545223
佛 山	463667	474382	490146	512455	543598	580066
韶 关	206775	210459	218150	227248	236257	248414
河 源	247677	260471	277545	291572	299994	307634
梅 州	289871	298971	312546	330179	341593	354868
惠 州	445608	472152	504066	530498	556985	584251
汕 尾	247257	240454	244762	250227	255489	263472
东 莞	659138	687269	719263	738686	765120	803482
中 山	257539	267907	276744	285941	297389	311717
江 门	295745	299322	306211	313894	322934	337381
阳 江	181498	192121	206912	221471	233790	245787
湛 江	550561	549528	570321	602486	633240	672313
茂 名	568011	563247	577167	598560	620850	646820
肇 庆	327739	332450	342841	356373	369217	385169
清 远	269770	282153	299721	320395	343170	367865
潮 州	184134	187458	192524	198443	199304	203516
揭 阳	492418	484782	491090	502299	510277	522235
云 浮	185758	194958	206866	220518	232471	245016

2-24 各市学前教育招生基本情况(2013-2018年)

单位：人

市别	2013	2014	2015	2016	2017	2018
合计	**1709973**	**1846417**	**1868715**	**1950684**	**2024707**	**2008699**
广州	126112	137608	164102	174280	179411	191685
深圳	143792	174195	159728	173978	202474	193675
珠海	18513	22577	27641	27740	29318	29861
汕头	71220	80208	79188	82978	80734	80222
佛山	74527	84010	94990	101328	104132	112895
韶关	52084	47280	48550	51294	49722	42690
河源	77100	66762	64522	69610	62950	58460
梅州	83848	87519	94566	89617	95640	88463
惠州	88817	90106	98785	106591	106535	102913
汕尾	37591	42653	43737	45695	52381	61984
东莞	110484	126185	132911	134681	133053	137320
中山	35525	44845	46290	45289	47257	50047
江门	51144	51195	51422	50268	50123	45591
阳江	53942	60203	51348	50363	52253	51209
湛江	150459	175155	178434	188233	184372	179880
茂名	174335	193630	175883	190408	216213	206027
肇庆	74568	66344	65277	66424	70946	70163
清远	70652	72273	72530	72455	73453	69683
潮州	44931	46641	42179	46211	42743	43444
揭阳	111841	121112	114295	119501	127560	136422
云浮	58488	55916	62337	63740	63437	56065

2-25 各市学前教育在校生基本情况(2013-2018年)

单位：人

市 别	2013	2014	2015	2016	2017	2018
合 计	**3545757**	**3793381**	**4022844**	**4216668**	**4414144**	**4491112**
广 州	378728	404261	445218	463037	483497	498127
深 圳	368937	399014	438498	463319	504955	524193
珠 海	54809	58346	66666	71727	77854	79055
汕 头	162260	175588	179226	182473	185089	184649
佛 山	236542	251361	268740	282112	294356	304035
韶 关	107913	112750	119343	123078	121856	119502
河 源	123308	120117	119081	123578	125297	122057
梅 州	129613	136897	145804	152762	160294	156837
惠 州	163139	175808	193674	207214	224848	224216
汕 尾	56181	58005	60926	65526	74670	81573
东 莞	277777	290548	314449	331710	347381	355587
中 山	110688	122768	129617	133357	139477	143555
江 门	128413	132851	139386	144031	144611	141283
阳 江	88490	99316	99284	102762	106419	105968
湛 江	238106	278984	295880	315783	328901	338065
茂 名	258450	273446	285363	297805	307681	312547
肇 庆	136407	140417	145801	148792	153934	157943
清 远	136754	148397	156763	164497	171927	173774
潮 州	96419	100639	98227	102275	103651	102650
揭 阳	199104	217759	218798	231308	243460	251614
云 浮	93719	96109	102100	109522	113986	113882

2-26 历年普通高等教育基本情况

年份	学校数（所）	毕业生数（人）	招生数（人）	在校生数（人）	教职工数（人）	专任教师数（人）
1978	23	5125	11430	30705	20139	9047
1979	26	1876	8706	37892	21736	9709
1980	27	7595	9654	41004	24223	9480
1981	28	5491	9817	44723	25591	9832
1982	30	15311	11732	40931	28024	11165
1983	33	10411	14588	45592	29592	11974
1984	34	10615	19979	54730	31523	11629
1985	41	11004	25955	69897	34141	13586
1986	44	16284	25464	78346	36956	14824
1987	44	20552	28624	86297	37526	14979
1988	45	25277	36878	97224	38783	15706
1989	45	26248	29317	100393	39008	15762
1990	45	33663	29613	95929	38841	15735
1991	41	32627	30541	92655	38416	15470
1992	43	30294	35519	97432	38894	15076
1993	45	27670	47560	116957	40169	15734
1994	47	25999	47573	137458	40870	16134
1995	42	34830	49419	151788	41464	16552
1996	41	42644	55680	164017	42355	16899
1997	42	44134	57059	174740	42816	16939
1998	43	49270	60976	185047	42683	17053
1999	50	47988	94114	229583	44645	18489
2000	52	49714	120784	299475	46827	20433
2001	62	58835	139050	381926	51057	23467
2002	71	84696	176135	467807	60305	32961
2003	77	105533	225837	587779	70394	40192
2004	94	125229	264569	726866	79820	46951
2005	102	157082	306956	874686	90771	54257
2006	105	196036	344150	1008577	100317	61119
2007	109	233129	354885	1119655	108190	67091
2008	125	282469	390732	1216390	111780	69223
2009	129	309190	438583	1334089	108598	73943
2010	131	334187	440167	1426624	114018	78569
2011	134	357521	473647	1527254	119351	82916
2012	138	404011	510856	1616838	124085	87402
2013	138	412315	526162	1709881	128161	91099
2014	141	440952	545132	1794188	135226	95193
2015	143	476901	561456	1856355	139888	98897
2016	149	489397	549822	1892878	142864	101160
2017	151	511222	570775	1925775	148059	104381
2018	153	523936	589034	1963170	153126	108222

注：2008年以后学校数包含独立学院校数。普通高校学校数含2016年10月、12月教育部批准设立的深圳北理莫斯科大学、广东以色列理工学院。

2-27 历年成人高等教育基本情况

年 份	学校数（所）	毕业生数（人）	招生数（人）	在校生数（人）	教职工数（人）	专任教师数（人）
1990	61	20043	17899	87153	8561	3897
1991	62	32018	16775	78807	8715	3831
1992	54	23171	22745	75685	8760	3897
1993	57	16275	52608	125213	9417	4294
1994	58	15768	33441	137014	10220	4891
1995	61	41587	46737	135053	11407	5408
1996	61	31593	28535	125780	11552	5611
1997	61	40798	50643	131155	11683	5736
1998	57	36125	51290	146334	11846	6041
1999	54	43980	60709	166291	12345	5472
2000	41	45316	85635	201410	10037	5636
2001	40	56437	97087	233032	10291	7726
2002	37	67432	125537	288992	13505	7259
2003	34	87088	140235	209246	12673	7033
2004	30	97547	137215	258364	12281	5401
2005	20	33000	144159	295618	9172	5586
2006	19	110337	149345	404451	9253	5382
2007	19	129749	140543	424232	9028	5503
2008	19	129315	159472	444980	9223	5503
2009	15	135010	166462	463395	9262	5685
2010	15	144427	161757	463987	9831	6115
2011	15	151953	161819	460467	4573	2835
2012	15	145810	189069	489117	4656	2814
2013	15	156277	215771	534376	4612	2742
2014	15	152627	264058	626927	4424	2619
2015	15	183503	241193	664495	4286	2552
2016	14	210813	224860	651963	4009	2438
2017	14	236540	254854	653103	4180	2509
2018	14	209757	326377	749161	4117	2474

2-28 历年技工学校基本情况

单位：所，万人

年份	学校数	在校生数	招生数	毕业生数	教职工总数	专任教师数
1979	80	0.7	0.7		0.4	0.2
1980	82	1.6	0.9	1.0	0.4	0.2
1981	87	1.4	0.5	0.7	0.5	0.2
1982	85	1.0	0.5	0.8	0.5	0.2
1983	85	0.9	0.5	0.5	0.5	0.2
1984	92	1.0	0.6	0.5	0.5	0.2
1985	97	1.5	0.8	0.4	0.5	0.2
1986	95	2.0	1.1	0.5	0.5	0.2
1987	107	2.6	1.3	0.6	0.6	0.3
1988	109	3.4	1.5	0.6	0.7	0.3
1989	124	3.9	1.6	1.0	0.8	0.4
1990	127	5.2	2.1	0.6	0.9	0.4
1991	136	5.6	2.2	1.7	1.0	0.4
1992	145	6.3	2.7	1.7	1.0	0.5
1993	151	7.7	3.5	1.9	1.1	0.5
1994	159	9.5	3.9	2.2	1.1	0.5
1995	171	11.1	4.7	2.8	1.2	0.6
1996	178	12.3	4.8	3.4	1.3	0.7
1997	186	13.3	5.3	3.5	1.2	0.7
1998	190	13.6	5.0	4.1	1.3	0.8
1999	192	15.6	5.6	4.2	1.3	0.7
2000	186	14.5	5.8	4.3	1.1	0.7
2001	186	16.7	7.1	4.1	1.1	0.7
2002	156	19.1	8.2	4.4	1.1	0.8
2003	186	24.0	10.0	4.4	1.3	0.9
2004	186	28.0	11.3	5.5	1.4	1.0
2005	192	32.8	12.9	7.1	1.5	1.0
2006	202	38.1	15.1	8.2	1.6	1.0
2007	217	45.8	18.1	9.5	2.0	1.5
2008	228	53.5	20.3	10.3	2.1	1.6
2009	242	65.0	27.0	11.7	2.5	1.9
2010	246	75.4	28.2	12.8	2.8	2.0
2011	246	79.5	30.2	13.2	2.8	2.0
2012	243	88.5	30.1	14.1	2.8	2.1
2013	243	87.6	27.3	12.7	2.8	2.0
2014	243	62.3	20.3	14.2	2.9	2.1
2015	163	58.9	19.9	14.5	2.9	2.1
2016	166	53.3	18.6	16.1	2.9	2.2
2017	162	55.4	18.9	14.7	3.0	2.3
2018	162	54.3	19.1	16.1	3.0	2.3

2-29 历年普通高中基本情况

年 份	学校数（所）	毕业生数（人）	招生数（人）	在校生数（人）	教职工数（人）	专任教师数（人）
1978	1956	371403	268527	680311	180435	33194
1979	1500	361183	216048	472943	172721	26235
1980	1243	233699	189538	402135	166183	23614
1981	1124	191494	155023	334525	157390	22150
1982	1001	154486	141872	296630	148225	20443
1983	843	113285	126638	283878	145883	18963
1984	820	85740	128431	318630	150582	19506
1985	832	96998	121376	333154	158714	20722
1986	828	98771	121661	350285	165276	21393
1987	825	112049	126351	352768	170755	22422
1988	823	111825	125114	350799	175715	23602
1989	821	108253	123574	351594	176967	23764
1990	837	110310	129526	361234	178487	24693
1991	826	113317	121255	359955	182901	25562
1992	822	114171	116294	348588	190186	26131
1993	802	118953	119641	331501	199399	25871
1994	824	103398	130256	346647	208805	25148
1995	836	102593	155585	389031	223091	26255
1996	848	108762	181399	450928	238141	28738
1997	882	119086	206983	524717	247891	32118
1998	900	142876	226833	590404	256390	35778
1999	914	165284	241505	641074	265253	39187
2000	947	182354	286825	725276	275686	43941
2001	1000	206752	332084	842763	289103	50124
2002	1012	228122	385020	984104	305781	57475
2003	995	274956	442596	1137234	323075	66190
2004	998	318190	508059	1313116	339997	75330
2005	981	374445	569753	1489863	360341	86079
2006	1005	429856	607748	1634639	377490	95581
2007	1019	479969	606934	1724319	395636	103445
2008	1018	534880	668073	1817646	412718	110689
2009	1020	568989	717900	1924412	429596	118549
2010	1026	567648	755881	2089462	445335	125069
2011	1012	630863	777547	2204135	457435	137112
2012	1017	688461	773249	2259282	466859	141835
2013	1015	723659	730784	2204473	470314	144756
2014	1012	728690	696807	2140193	473585	148361
2015	1019	726690	664376	2054033	475396	150861
2016	1031	703300	643293	1973727	478451	151612
2017	1030	676686	611384	1892669	484846	151435
2018	1013	646488	604224	1837141	490666	149931

注：普通高中教职工数包含普通初中教职工数。

2-30 历年普通初中基本情况

年 份	学校数 (所)	毕业生数 (人)	招生数 (人)	在校生数 (人)	专任教师数 (人)
1978	280	725718	985826	2452877	121377
1979	947	655264	842119	2214375	117938
1980	1438	431480	784691	2118968	111346
1981	1941	468396	695854	1852548	101063
1982	2271	392887	662130	1705273	92334
1983	2651	377206	680684	1712052	90874
1984	2705	387346	734342	1888312	93553
1985	3017	436284	747799	2031394	99566
1986	3108	505781	742515	2149010	103438
1987	3313	573271	743567	2173253	106675
1988	3246	616436	723707	2091518	109171
1989	3107	610937	691086	2005700	109359
1990	3042	602594	704083	1979067	110035
1991	2996	591590	758299	2022810	113265
1992	2961	577866	880805	2201651	119239
1993	2964	589105	956982	2440376	128072
1994	2993	637122	1047969	2727104	137655
1995	3009	755564	1156238	3005525	149486
1996	3034	837696	1221333	3280949	160091
1997	3007	933232	1273310	3483818	167975
1998	2979	1035789	1317264	3645724	173199
1999	3000	1091006	1374296	3797987	179712
2000	3017	1135845	1424737	3881614	184661
2001	2917	1140968	1426843	4054225	189195
2002	2932	1220166	1467948	4149939	197320
2003	3184	1282353	1548622	4321843	205339
2004	3243	1314006	1586418	4495533	213640
2005	3301	1368854	1626601	4627044	221224
2006	3327	1425940	1706870	4758296	228956
2007	3297	1434350	1743138	4829437	238399
2008	3334	1429971	1803636	4978825	247359
2009	3322	1481488	1756780	5036732	256571
2010	3308	1534663	1663662	5001040	266445
2011	3316	1619069	1540940	4790565	268008
2012	3309	1619805	1402496	4424650	273493
2013	3351	1516552	1299856	4047906	276777
2014	3387	1382995	1195611	3767505	278511
2015	3415	1292909	1164480	3553170	275787
2016	3479	1213188	1218075	3478440	275836
2017	3536	1114551	1266817	3561001	279821
2018	3614	1093338	1320273	3724667	286437

2-31　历年小学基本情况

年　份	学校数 (所)	毕业生数 (人)	招生数 (人)	在校生数 (人)	教职工数 (人)	专任教师数 (人)
1978	23820	1142691	1515195	7430209	303467	260933
1979	24458	1062960	1565500	7438125	322562	274065
1980	24981	1043244	1493077	7488593	331390	281403
1981	24728	1042564	1371758	7347804	329762	280398
1982	24916	1044479	1302235	7230311	323942	275502
1983	25037	1143228	1188139	7053368	321185	272479
1984	24821	1166653	1140879	6927289	317692	269535
1985	24630	1141197	1088948	6712468	316431	268120
1986	24566	1064129	1198284	6706215	313210	263428
1987	24651	996946	1227785	6773671	314803	267111
1988	24611	916060	1243156	6887228	320208	269478
1989	24625	836679	1270805	7151532	324942	273601
1990	24610	824945	1299348	7472928	329460	277262
1991	24633	877430	1337393	7789333	336576	283465
1992	24654	1022360	1386454	8039814	343299	289920
1993	24686	1086876	1463095	8321421	351947	298601
1994	24718	1146583	1531761	8622146	360320	305946
1995	24628	1215578	1515530	8831914	376759	321434
1996	24688	1272996	1493611	8976384	392034	338242
1997	24730	1330786	1532419	9113410	402805	346423
1998	24724	1374593	1493285	9351270	404037	347886
1999	24556	1433779	1498378	9209566	414314	357429
2000	24202	1484833	1557286	9299314	420385	364118
2001	23611	1484451	1604435	9529844	428614	371283
2002	23314	1529035	1687362	9796069	437121	379755
2003	22792	1586749	1729914	10253706	447013	389262
2004	21944	1628669	1684682	10496221	455679	396487
2005	21228	1674305	1641550	10670304	463715	403824
2006	20512	1754494	1556420	10569906	467730	407584
2007	19891	1803140	1438722	10176170	474573	414470
2008	19271	1867640	1315880	9564740	476680	416608
2009	18506	1835297	1274186	8876522	477034	418311
2010	16806	1741881	1359159	8485498	487773	430735
2011	15148	1619684	1408922	8220577	488280	432451
2012	13396	1499644	1452959	8082401	486028	432374
2013	11824	1370411	1500473	8079381	486056	437532
2014	10731	1243469	1536722	8319147	497687	454377
2015	10126	1214916	1658031	8688785	514405	468608
2016	10178	1270381	1711845	9052214	535967	486578
2017	10258	1319106	1743657	9419581	560350	507788
2018	10308	1372693	1888110	9883724	585423	530291

2-32 历年学前教育基本情况

年 份	学校数 (所)	毕业生数 (人)	在校生数 (人)	教职工数 (人)	专任教师数 (人)
1978	7331		438528	30371	16782
1979	5690		395646	26949	14881
1980	6513		479193	28880	15333
1981	6340		487477	30893	16545
1982	6678		585354	34611	19263
1983	6646		634201	37518	20906
1984	6254		771137	41489	24415
1985	6104		929877	43531	28319
1986	6912		1048760	48024	30024
1987	7379		1263029	56064	35270
1988	7249	675080	1327988	58426	37452
1989	7280	733732	1419233	62754	40897
1990	7469	803576	1500521	65195	42905
1991	6335	976754	1657423	68626	45115
1992	6917	1087165	1775729	73770	49308
1993	6533	1189012	1905347	78482	53534
1994	7243	1154865	1918458	85560	57790
1995	7923	1419777	2000082	90904	59344
1996	8582	1390978	2018878	96599	64339
1997	9425	1376406	2027578	104353	68651
1998	10147	1323611	2036463	111288	73096
1999	11836	1345465	2130453	123815	79748
2000	12027	1337009	2141789	129060	83552
2001	9790	1392440	2209151	131919	76490
2002	10135	1183264	2115525	135608	77731
2003	10067	1145873	2125196	143381	82186
2004	10213	1143651	2131994	149289	85805
2005	10359	1082389	2139186	158971	91789
2006	10622	1042662	2192932	169126	98396
2007	10594	1033175	2226430	179061	104541
2008	10533	975273	2323511	191444	111597
2009	11018	978931	2494689	210313	122470
2010	11161	1036468	2772293	236760	136321
2011	11785	981433	3078104	269963	149764
2012	12720	1139751	3307177	303996	168842
2013	13793	1082455	3545757	336666	188182
2014	15416	1142897	3793381	387991	213800
2015	16368	1293693	4022844	436203	240749
2016	17288	1403768	4216668	469367	256471
2017	18048	1435015	4414144	515112	281656
2018	18953	1802791	4491112	549904	292853

2-33 历年各级各类学校在校学生数

单位：万人

年份	高等学校	高中阶段教育			义务教育		学前教育
		中等职业教育学校	技工学校	普通高中	初级中学	小学	幼儿园
1978	3.1	3.6		76.2	245.3	743.0	43.8528
1979	3.8	4.5	0.7	53.5	221.4	743.8	39.5646
1980	4.1	6.3	1.6	46.5	211.9	748.9	47.9193
1981	4.5	6.1	1.4	38.4	185.3	734.8	48.7477
1982	4.1	6.5	1.0	34.5	170.5	723.0	58.5354
1983	4.6	10.0	0.9	33.1	171.2	705.3	63.4201
1984	5.5	13.0	1.0	36.8	188.8	692.7	77.1137
1985	7.0	18.0	1.5	38.8	203.1	671.3	92.9877
1986	7.8	28.2	1.5	41.0	214.9	670.6	104.876
1987	8.6	34.3	2.6	41.1	217.3	677.4	126.3029
1988	9.7	37.6	3.4	35.1	209.2	688.7	132.7988
1989	10.0	42.1	3.9	35.2	200.6	715.2	141.9233
1990	9.6	45.3	5.2	36.1	197.9	747.3	150.0521
1991	9.3	44.7	5.6	36.0	202.3	788.9	165.7423
1992	9.7	46.3	6.6	34.9	220.2	809.0	177.5729
1993	11.7	50.2	7.7	33.2	244.0	832.1	190.5347
1994	13.8	55.9	9.6	34.7	272.7	862.2	191.8458
1995	15.2	66.7	11.1	38.9	300.6	883.2	200.0082
1996	16.4	67.3	12.3	45.1	328.1	897.6	201.8878
1997	17.5	72.7	13.3	52.5	348.4	911.3	202.7578
1998	18.5	70.5	14.5	59.0	364.6	918.0	203.6463
1999	22.1	69.5	23.0	64.1	379.8	921.0	213.0453
2000	30.0	65.6	15.5	72.5	388.2	929.9	214.1789
2001	38.2	62.0	16.7	84.3	405.4	953.0	220.9151
2002	46.8	61.2	17.8	98.4	415.0	979.6	211.5525
2003	58.8	63.1	23.9	113.7	432.2	1025.4	212.5196
2004	72.7	65.5	28.1	131.3	449.6	1049.6	213.1994
2005	87.5	71.0	32.8	149.0	462.7	1067.0	213.9186
2006	100.9	80.8	38.2	163.5	475.8	1057.0	219.2932
2007	112.0	90.8	45.8	172.4	482.9	1017.6	222.643
2008	121.6	100.1	53.5	181.8	497.9	956.5	232.3511
2009	133.4	120.5	65.0	192.4	503.7	887.7	249.4689
2010	142.7	154.8	75.4	208.9	500.1	848.5	277.2293
2011	152.7	152.1	79.5	220.4	479.1	822.1	307.8104
2012	161.7	149.6	88.5	225.9	442.5	808.2	330.7177
2013	171.0	140.9	87.6	220.4	404.8	807.9	354.5757
2014	179.4	128.2	62.3	214.0	376.8	831.9	379.3381
2015	185.6	117.2	58.9	205.4	355.3	868.9	402.2844
2016	189.3	106.6	53.3	197.4	347.8	905.2	421.6668
2017	192.6	99.4	55.4	189.3	356.1	942.0	441.4144
2018	196.3	86.7	54.3	183.7	372.5	988.4	449.1112

注：1．高等学校人数指普通本、专科人数，下同。
2．1986年后中等职业教育学校包括普通中专、成人中专、职业高中，1986年前缺成人中专数据。

主要统计指标解释

教育经费支出 分为事业经费和基建支出两部分。1. 事业经费支出分为“个人部分支出”和“公用部分支出”两个部分。个人部分支出：指用于公办、民办教职工，离退休人员，学生等个人方面的支出。包括基本工资、补助工资、其他工资、职工福利费、社会保障费及奖贷助学金。公用部分支出包括：公务费、业务费、设备购置费、修缮费、其他属于公用性质的经费支出。2. 基建支出：指属于基建投资额度范围内的，并列入各级计划部门基建计划，由学校和教育事业单位经批准用教育基建拨款和其他自筹资金安排的基本建设，并专存银行基建专户的支出。

普通高等学校 是指按国家规定的设置标准和审批程序批准举办的，通过全国普通高等教育统一招生考试，招收高中毕业生为主要培养对象，实施高等学历教育的全日制大学、独立设置的学院和高等专科学校、高等职业学校和其他机构。大学、独立设置的学院主要实施本科及本科层次以上教育。高等专科学校、高等职业学校实施专科层次教育。其他机构是承担国家普通招生计划任务不计校数的机构，包括普通高等学校分校和批准筹建的普通高等学校等。

中等职业教育学校 是指按国家规定的设置标准和审批程序批准成立的实施中等职业教育的学校(机构)，包括原属普通中等专业学校、成人中等专业学校、职业高中及技工学校。

初中学生毛入学率 指初级中学(普通初中和职业初中)在校生总数占初中学龄人口数的比重。

高中阶段教育入学率 是指当年初中毕业生进入高中阶段(包括普通高中、职业高中、中等专业学校、技工学校、成人中等专业学校、成人高中)学习的比重。

高等教育毛入学率 是指高等教育阶段(包括国家承认学历的各类高等教育：普通高校本专科、高等学历文凭考试、电视大学注册视听生、自学考试本科专科、军事院校本专科研究生教育)在校学生折合总数占高等教育学龄(18～22 岁)人口数的比重。

三、卫生

简要说明

1．本篇资料主要反映广东省卫生事业发展情况。

2．本篇资料主要包括：

(1)级各类卫生机构基本情况、卫生技术人员数、床位及使用情况、医疗业务开展情况、医疗设备拥有和使用情况及农村卫生情况等。

(2)地区全省和 21 个地级以上市。

(3)年份主要有当年、近 5 年连续年份。

3．统计资料来源：本篇资料由广东省卫健委、省农业农村厅、省水利厅负责整理、审核、提供。

卫生健康事业成就辉煌

—— 新中国成立70周年广东经济社会发展成就系列报告

新中国成立70年来，在党和政府高度重视和领导下，在改革开放强大动力的推动下，广东卫生健康事业不畏艰难、砥砺奋进，蓬勃发展，成就巨大。医疗卫生资源大幅增长、医疗服务水平显著提高、公共卫生服务不断完善、医保制度全面覆盖、人民健康水平普遍提高，广东卫生健康事业在全面深化改革的浪潮中迎来全新的发展时代。

一、医疗卫生资源大幅增长

新中国成立初期，广东医疗条件十分落后，卫生资源极为短缺。在70年的发展过程中，随着政府对医疗卫生事业的投入规模逐步扩大，从基础设施到医务人才培养等领域全面推进，广东医疗卫生资源得到了巨大增长。

医疗卫生机构突破5万个，增长近百倍。1950—2018年，全省医疗机构从512个增加到5.15万个，增长达99.6倍。其中，医院及卫生院从180个增加到2745个，增长14.3倍。基层医疗服务规模显著壮大。2010—2018年，社区卫生服务中心（站）从2267个增加到2602个，增长14.8%；诊所、卫生所、医务室合计从9118个增加到1.51万个，增长65.9%。公共卫生机构数量显著增长。2010—2018年，全省专业公共卫生机构从674个增加到1136个，增长68.5%。1969-2018年，疾病预防控制机构、专科疾病防治所(站、中心)、妇幼保健机构分别从80个、43个、44个增加到136个、92个、129个，分别增长70.0%、114.0%、193.2%。

医疗床位超50万张，增长46倍。1950—2018年，全省医疗机构床位从1.1万张增加到51.7万张,增长46倍。其中，医院和卫生院床位从0.98万张增加到47.70万张，增长达47.7倍；2010—2018年，三级医院床位从7.2万张增加到21.2万张，增长194.4%。

卫生技术人员近76万人，增长近20倍。1950—2018年，全省卫生技术人员从3.7万人增加到75.8万人,增长达19.5倍。其中，执业（助理）医师人数从1.3万人增加到27.7万人，增长达20.3倍。2010—2018年，三级医院卫生技术人员、执业（助理）医师、注册护士分别从8.9万人、2.8万人和4.1万人增加到26.2万人、8.4万人和13.1万人，分别增长194.4%、200.0%和219.5%。

卫生总费用持续加大。2017年全省卫生总费用达4619.2亿元，占全省地区生产总值的5.2%。其中，政府卫生支出1321.4亿元，社会卫生支出2087.2亿元，个人现金卫生支出1210.7亿元，分别占卫生总费用的28.6%、45.2%、26.2%。2011-2017年，全省卫生总费用逐年较快增长，卫生总费用从1851.8亿元增加到4619.2亿元，年均增长16.5%，占地区生产总值比重逐年稳步提高，从3.5%提高到5.2%。

二、医疗服务水平显著提高

新中国成立初期，国家战乱停息，百废待兴，广东及全国医疗服务水平均极为低下，“医院少、医生少、看病难”问题相当突出。经过70年的奋发图强，尤其在改革开放的推动下，广东医疗服务水平有了显著提高。

医疗机构诊疗量持续快速增长。2018年，全省医疗机构总诊疗人次达8.45亿人次。其中，医院3.75亿人次，基层医疗机构4.21亿人次（内：卫生院、社区卫生服务机构1.99亿人次，村卫生室1.21亿人次，门诊部（所）1.01亿人次），其他医疗机构0.49亿人次。2011-2018年，全省医疗机构总诊疗人次从6.5亿人次增加到8.45亿人次，年均增加0.28亿人次。

各级各类医疗机构诊疗规模持续扩大。2018年，全省三级医院，全年总诊疗量达2.11亿人次，比2010年的0.83亿人次增长154.2%；出院人数达812.6万人，比2010年的225.2万人增长260.8%。全省妇幼保健机构，全年总诊疗量达0.42亿人次，比2010年的0.26亿人次增长61.5%；出院人数达129.7万人，比2010年的74.4万人增长74.3%。社区卫生服务得到快速发展。2010年以来，广东加大医疗卫生资源向基层下沉，大力发展社区卫生服务，社区卫生服务网络和功能不断健全，让群众切实享受到经济、优质、便利、综合、连续的卫生服务。2010—2018年，社区卫生服务总诊疗量从0.81亿人次增加到1.25亿人次，增长54.3%；出院人数从14.5万人增加到16.6万人，增长14.5%。

三、公共卫生服务不断改善

新中国成立以来，在党和政府的高度重视和领导下，广东不断加大投入建立和完善全省公共卫生服务体系，城乡居民基本公共卫生服务均等化程度日益提高，突发性公共卫生事件应急机制逐步完善，公共卫生服务重点指标得到全面改善，众多公共卫生服务指标连续完成规划目标。2011年以来，孕产妇系统管理率保持在90%以上，农村孕产妇住院分娩率保持在97%以上的较高水平，孕妇梅毒筛查覆盖率从70.8%提高到99.3%，高血压患者规范化管理率从0.7%提高到66.8%，糖尿病患者规范化管理率从0.7%提高到67.2%。儿童医疗保健指标保持较高水平，适龄儿童免疫规划疫苗接种率达99%以上，7岁儿童保健覆盖率达94%以上，3岁以下儿童系统管理率达90%以上；新生儿管理的重点指标显著改善，2011—2018年，新生儿遗传代谢性疾病筛查率、新生儿听力筛查覆盖率分别从75.3%、39.7%提高到95.3%、92.9%。创建卫生城市、镇、村成效显著。2010—2018年，广东评为国家卫生城市从11个增加到17个，珠三角地区国家卫生镇从83个增加到97个（不含深圳市的镇），省级以上卫生县覆盖率从31.8%提高到90.9%，省级以上卫生镇覆盖率从11.5%提高到26.0%，省卫生村人口受益率从13.7%提高到44.5%。

四、基本医疗保障制度实现全覆盖

新中国成立后，人民群众一直梦想的人人享有基本医疗保障的愿望终于实现。改革开放以来，广东深入贯彻落实中央会议精神，不断加大社会保障体系建设力度，坚持全覆盖、保基本、多层次、可持续的方针，不断健全覆盖城乡居民的社会保障体系，社会医疗保险规模日益壮大，社会医疗保障受益人群持续增加。截至2012年底，广东已实现全省城乡居民基本医保制度全覆盖。2018年底，广东城乡居民基本医疗保险参保人数达6445万人，比2010年增加4402万人，增长215.5%；全省参加城镇职工基本医疗保险4171万人，生育保险3495.3万人，分别比2010年增加1171万人、1456.8万人，分别增长39.0%和71.5%。

五、人民健康水平普遍提高

新中国成立初期，长期饱受战乱的中国人民普遍生活在温饱线以下，健康水平低下。经过70年的不懈奋斗，国家日益富强，尤其是改革开放以来的巨大成就，广东人民生活水平不断提高，健康水平持续改善。广东居民的三项主要健康指标显著改善：人均期望寿命从1949年的31岁提高至2018年的77.2岁、孕产妇死亡率从1500/10万下降至2018年的11.44/10万、婴儿死亡率从200‰下降至2018年的1.92‰，居民的生活质量以及主要健康指标水平从新中国成立初期的极度贫困国家水平提高到发展中国家前列的水平。人民群众的生活观念已从新中国成立初期的“只求温饱”到如今“追求生活质量”的根本转变。

新中国成立70年来，广东卫生健康事业取得巨大成就，人民健康水平显著提高。但也必须清楚地认识到广东卫生健康事业发展仍将长期存在一些有待解决的突出问题：一是我省卫生事业发展水平与人民群众健康需求及经济社会协调发展要求不适应的矛盾还比较突出；二是随着群众对改善医疗卫生服务日益增长，缩小城乡之间、地区之间、不同人群之间的服务差距，以及疾病预防控制等仍任重道远；三是工业化、城镇化、人口老龄化和生态环境变化等问题仍将长期带来严峻挑战。广东卫生健康事业要以习近平新时代中国特色社会主义思想为引领，坚守卫生健康服务初心，践行时代使命，继续全面深化医药卫生体制改革，朝着努力提高人民健康水平，实现人人公平享有基本卫生保健的目标稳步前进。

撰稿：钟作勇 饶贵安 胡伟

3-1 各类卫生机构基本情况(2018)

卫生机构名称	机构数量(个)	实有床位(张)	卫生人员(人)				
			合计	卫技人员	其他技术人员	管理人员	工勤人员
合　计	**51527**	**516973**	**921703**	**757840**	**51484**	**33827**	**78552**
一、医院	1552	416282	552724	461369	17177	22528	51650
二、卫生院	1193	61244	96483	82547	3753	2135	8048
街道卫生院	9	655	1589	1373	46	26	144
乡镇卫生院	1184	60589	94894	81174	3707	2109	7904
三、疗养院	15	476	1311	712	50	146	403
四、社区卫生服务中心(站)	2602	9412	57247	50279	1340	1463	4165
社区卫生服务中心	1111	9370	50117	43629	1256	1301	3931
社区卫生服务站	1491	42	7130	6650	84	162	234
五、门诊部	3821	90	46782	40210	965	1959	3648
六、诊所、卫生所、医务室	15072		46008	44254	344	602	808
诊所	12108		36326	34875	273	516	662
卫生所、医务室	2964		9526	9233	66	84	143
七、急救中心(站)	26		639	337	31	131	140
八、采供血机构	45		2761	2043	163	175	380
九、妇幼保健院(所、站)	129	24462	50731	42845	1736	1793	4357
十、专科疾病防治院(所、站)	129	5007	9123	7019	651	450	1003
十一、疾病预防控制中心	136		11140	8306	919	647	1268
十二、卫生监督所(中心)	202		5056	3684	202	638	532
十三、医学科学研究机构	11		213	32	69	98	14
十四、医学在职培训机构	11		532	195	232	49	56
十五、健康教育所(站、中心)	31		340	158	84	67	31
十六、其他卫生机构	556		7878	4179	704	946	2049
十七、村卫生室	25996		32735	9671	23064		

注：合计中含村卫生室数，下同。

3-2 各类卫生机构卫生技术人员情况(2018)

单位：人

卫生机构名称	执业(助理)医师	注册护士	药师(士)	检验技师(士)	影像技师(士)	其他卫生技术人员
合 计	**277362**	**335037**	**41785**	**26234**	**8946**	**68476**
一、医院	149303	225611	25255	15388	6476	39336
二、卫生院	32312	29084	5989	2657	1147	11358
街道卫生院	513	533	136	59	10	122
乡镇卫生院	31799	28551	5853	2598	1137	11236
三、疗养院	289	254	51	53	26	39
四、社区卫生服务中心(站)	21878	18655	4279	1554	327	3586
社区卫生服务中心	18924	15930	3763	1438	308	3266
社区卫生服务站	2954	2725	516	116	19	320
五、门诊部	18611	17296	1675	804	319	1505
六、诊所、卫生所、医务室	24643	15752	1444	139	27	2249
诊所	19825	12457	1233	73	14	1273
卫生所、医务室	4818	3295	211	66	13	976
七、急救中心(站)	65	185	2	4		81
八、采供血机构	264	1178	17	425		159
九、妇幼保健院(所、站)	13454	20306	2028	2325	367	4365
十、专科疾病防治院(所、站)	2786	2254	599	604	118	658
十一、疾病预防控制中心	4403	1016	203	1733	77	874
十二、卫生监督所(中心)						3684
十三、医学科学研究机构	16	3	6	4		3
十四、医学在职培训机构	56	71	18	4		46
十五、健康教育所(站、中心)	83	20	8	8		39
十六、其他卫生机构	1526	1354	211	532	62	494
十七、村卫生室	7673	1998				

注：合计中含村卫生室数；村卫生室只列出执业(助理)医师、注册护士数。

3-3 医院 、卫生院卫生技术人员情况(2018)

单位：人

卫生机构名称	执业(助理)医师	注册护士	药师(士)	检验技师(士)	影像技师(士)	其他卫生技术人员
医院、卫生院合计	**181615**	**254695**	**31244**	**18045**	**7623**	**50694**
一、医院	149303	225611	25255	15388	6476	39336
综合医院	111521	170184	17435	11688	4792	27373
中医医院	20220	26953	5027	1796	828	5720
中西医结合医院	2097	2606	375	177	68	603
专科医院	15271	25526	2386	1715	785	5508
口腔医院	1809	2126	82	18	56	416
眼科医院	1124	1928	194	76	23	529
耳鼻喉科医院	111	148	14	7	5	28
肿瘤医院	1339	2392	226	141	215	412
心血管病医院	225	337	25	23	15	32
胸科医院	234	417	52	57	19	15
妇产(科)医院	1165	2182	169	177	67	255
儿童医院	683	1077	131	129	27	209
精神病医院	2409	5548	586	272	111	1009
传染病医院	898	1397	143	144	36	88
皮肤病医院	221	272	79	58		47
麻风病医院	68	50	19	13	1	23
职业病医院	11	5	2	6	1	2
骨科医院	704	1117	107	68	37	265
康复医院	1003	1559	167	96	30	983
整形外科医院	3	11				
美容医院	547	902	34	34	9	160
其他专科医院	2717	4058	356	396	133	1035
护理院	194	342	32	12	3	132
二、卫生院	32312	29084	5989	2657	1147	11358

3-4 各市各类卫生技术人员数(2018)

单位：人

市 别	执业(助理)医师	注册护士	药师(士)	检验技师(士)	影像技师(士)	其他卫生技术人员
合 计	**277362**	**335037**	**41785**	**26234**	**8946**	**68476**
广 州	54134	71740	8804	5452	2206	14161
深 圳	36309	40301	4029	3739	1151	8114
珠 海	7090	8152	897	646	222	1423
汕 头	10469	10123	1262	797	197	2139
佛 山	20001	25444	3629	1918	587	3819
韶 关	7684	10190	1211	848	287	1672
河 源	5992	7519	1172	732	229	1968
梅 州	9546	9653	1898	1016	319	2476
惠 州	13339	15454	1585	1291	344	2787
汕 尾	5316	4235	599	434	193	1410
东 莞	19516	25452	3016	1879	516	3938
中 山	8800	11636	1293	758	257	1675
江 门	10298	13941	1968	963	385	2924
阳 江	5631	6809	963	510	173	2343
湛 江	13651	18265	2066	1136	553	4949
茂 名	13993	15629	1669	890	348	2664
肇 庆	8140	10903	1810	832	239	3108
清 远	7858	10040	1282	859	266	1943
潮 州	4597	3389	935	405	109	696
揭 阳	10373	10329	1025	718	243	2263
云 浮	4625	5833	672	411	122	2004

注：含村卫生室数。

3–5 各市村卫生室情况(2018)

市别	村卫生室数(个)	执业(助理)医师(人)	注册护士(人)	乡村医生和卫生员(人)		
				合计	乡医	卫生员
全省	**25996**	**7673**	**1998**	**23064**	**22382**	**682**
广州	928	525	303	693	657	36
珠海	137	137	166	120	47	73
汕头	615	421	93	593	475	118
佛山	48	36	19	23	23	
韶关	1404	299	35	1194	1189	5
河源	1540	373	35	1245	1241	4
梅州	2195	643	77	1841	1821	20
惠州	1292	575	256	819	812	7
汕尾	1250	243	4	1106	1097	9
中山	18	25	46	17	9	8
江门	877	327	212	756	741	15
阳江	1261	312	23	1177	1085	92
湛江	2159	605	279	2472	2273	199
茂名	3486	877	182	3373	3332	41
肇庆	2203	458	84	1948	1937	11
清远	1561	462	69	1206	1191	15
潮州	1587	483	21	1389	1379	10
揭阳	2500	586	43	2008	2008	
云浮	935	286	51	1084	1065	19

3-6 各市村卫生室乡村医生学历分布(2018)

单位：%

市 别	大专及以上学历	中专学历	中专水平	其他
全 省	**7.9**	**71.2**	**7.6**	**13.4**
广 州	11.9	74.5	3.2	10.4
深 圳				
珠 海	12.8	66.0	2.1	19.1
汕 头	16.2	52.0	4.8	26.9
佛 山	13.0	30.4	30.4	26.1
韶 关	14.0	74.1	7.0	4.9
河 源	5.6	76.6	11.6	6.1
梅 州	6.4	67.3	6.3	20.0
惠 州	17.6	74.0	4.8	3.6
汕 尾	9.3	59.0	8.9	22.8
东 莞				
中 山	11.1	33.3	55.6	
江 门	8.8	45.3	12.8	33.1
阳 江	7.0	78.2	4.3	10.5
湛 江	7.7	72.8	6.6	12.9
茂 名	4.5	75.5	8.3	11.7
肇 庆	3.9	73.6	9.8	12.7
清 远	8.5	77.3	7.1	7.1
潮 州	9.9	70.6	7.3	12.3
揭 阳	8.8	65.4	9.4	16.4
云 浮	3.5	81.6	2.7	12.2

3-7 全省及各市医院机构、床位、人员数（2018年）

地区	机构数(个)	床位数(张)	人员数(人)	卫生技术人员(人)						其他技术人员(人)	管理人员(人)	工勤人员(人)
				小计	执业(助理)医师	注册护士	药师(士)	检验技师(士)	影像技师(士)			
全省	**1552**	**416282**	**552724**	**461369**	**149303**	**225611**	**25255**	**15388**	**6476**	**17177**	**22528**	**51650**
广州	255	86011	129256	107238	33083	52529	5858	3282	1759	4510	6070	11438
深圳	140	39837	74550	60296	21657	27650	2704	2462	938	3564	3445	7245
珠海	45	8849	13298	10850	3737	5243	512	342	160	317	847	1284
汕头	48	16283	19512	16765	6169	7981	829	490	158	518	572	1657
佛山	120	34508	44438	37089	12020	18246	2452	1287	509	1135	1231	4983
韶关	54	13500	14926	12478	3768	6594	677	421	154	434	452	1562
河源	56	8927	10000	8338	2504	4025	526	317	125	312	422	928
梅州	46	12616	15517	13377	4203	6395	839	558	238	518	410	1212
惠州	76	15916	20954	17886	6076	8934	825	594	225	378	931	1759
汕尾	35	7010	7555	6282	2054	2921	326	220	137	204	360	709
东莞	102	30239	44877	36935	12338	18077	2039	1400	444	1100	1766	5076
中山	62	15685	21127	18166	6042	9076	982	625	218	509	590	1862
江门	48	17079	19831	16951	5120	8652	1042	478	250	498	686	1696
阳江	57	10929	11330	9447	2959	4398	531	252	91	289	431	1163
湛江	108	26850	28038	23433	6796	11929	1282	647	334	865	1738	2002
茂名	73	21502	19266	17083	5776	8885	843	415	178	560	386	1237
肇庆	56	13426	17343	13896	3921	6774	1077	466	142	530	548	2369
清远	58	11775	12884	10815	3306	5493	611	372	157	323	617	1129
潮州	28	4569	5619	4690	1684	2059	364	204	54	97	266	566
揭阳	62	14165	14956	12944	4335	6550	563	352	131	341	477	1194
云浮	23	6606	7447	6410	1755	3200	373	204	74	175	283	579

3-8 年全省及各市卫生院机构、床位、人员数（2018）

地 区	机构数(个)	床位数(张)	人员数(人)	卫生技术人员(人)						其他技术人员(人)	管理人员(人)	工勤人员(人)
				小计	执业(助理)医师	注册护士	药师(士)	检验技师(士)	影像技师(士)			
广东省	**1193**	**61244**	**96483**	**82547**	**32312**	**29084**	**5989**	**2657**	**1147**	**3753**	**2135**	**8048**
广州市	31	2058	4997	4280	1523	1828	376	185	92	122	249	346
深圳市	2	80	173	107	43	39	11	2	2	20	13	33
珠海市	12	348	980	832	342	351	60	34	10	30	51	67
汕头市	33	1793	3734	3162	1431	800	217	89	20	191	96	285
佛山市	9	511	1276	1064	396	386	125	47	2	46	21	145
韶关市	100	3031	4580	4072	1473	1601	332	196	81	116	65	327
河源市	97	4349	5708	4834	1691	1668	463	175	63	304	84	486
梅州市	118	4727	7232	6338	2831	1796	658	210	57	263	198	433
惠州市	70	3341	5984	4934	1839	1780	349	229	67	241	145	664
汕尾市	46	2161	4421	3516	1775	868	173	110	38	155	125	625
江门市	63	4469	6291	5604	1952	2188	512	165	87	166	102	419
阳江市	39	1936	3640	2958	967	961	243	102	53	143	120	419
湛江市	94	7260	9030	7570	2570	2769	394	183	152	582	176	702
茂名市	99	9805	10594	9247	4070	3427	445	197	127	393	174	780
肇庆市	97	2758	5468	4631	1483	1587	395	118	56	201	81	555
清远市	121	4243	6861	6130	2120	2590	452	261	80	204	116	411
潮州市	42	1727	3334	2614	1206	751	297	101	45	148	112	460
揭阳市	66	4077	8018	7158	3403	2339	323	195	86	236	147	477
云浮市	54	2570	4162	3496	1197	1355	164	58	29	192	60	414

3-9 全省及各市妇幼保健机构、床位、人员数（2018年）

地区	机构数(个)	床位数(张)	人员数(人)	卫生技术人员(人)						其他技术人员(人)	管理人员(人)	工勤人员(人)
				小计	执业(助理)医师	注册护士	药师(士)	检验技师(士)	影像技师(士)			
广东省	**129**	**24462**	**50731**	**42845**	**13454**	**20306**	**2028**	**2325**	**367**	**1736**	**1793**	**4357**
广州市	12	3588	8318	7259	2365	3480	347	391	64	179	324	556
深圳市	10	3148	6934	5799	2116	2519	213	332	71	376	220	539
珠海市	2	582	1544	1370	418	602	53	81	10	25	134	15
汕头市	4	691	816	696	226	314	43	50	2	18	41	61
佛山市	4	1729	3562	3084	951	1591	138	162	20	121	85	272
韶关市	9	911	1765	1423	457	665	71	84	17	32	55	255
河源市	7	1432	1863	1598	485	800	65	90	16	83	43	139
梅州市	9	906	2020	1720	586	679	114	133	9	77	31	192
惠州市	7	1315	3207	2670	817	1321	104	146	23	146	100	291
汕尾市	5	330	764	605	194	255	44	46	4	40	26	93
东莞市	1	700	1453	1210	359	625	48	68	10	52	5	186
江门市	6	1131	2747	2259	681	1054	120	112	10	98	56	334
阳江市	5	972	2125	1742	474	846	78	78	15	20	178	185
湛江市	10	1429	3149	2649	769	1356	121	110	22	87	151	262
茂名市	5	1736	2653	2248	674	1148	111	109	23	134	100	171
肇庆市	9	752	1945	1584	413	750	112	75	12	27	87	247
清远市	8	1181	1673	1427	434	648	72	87	12	54	53	139
潮州市	4	350	719	544	194	241	33	41	3	36	31	108
揭阳市	6	875	1914	1633	512	815	62	67	18	77	38	166
云浮市	6	704	1560	1325	329	597	79	63	6	54	35	146

注：妇幼保健机构含妇幼保健院、所(站)。

3-10 全省及各市中医医院机构、床位、人员数(2018年)

地 区	机构数(个)	床位数(张)	人员数(人)	卫生技术人员(人)						其他技术人员(人)	管理人员(人)	工勤人员(人)
				小计	执业(助理)医师	注册护士	药师(士)	检验技师(士)	影像技师(士)			
广东省	**184**	**56377**	**77842**	**66470**	**22317**	**29559**	**5402**	**1973**	**896**	**2135**	**2869**	**6368**
广州市	36	13620	21473	18280	6067	8016	1627	552	258	766	713	1714
深圳市	8	3386	6400	5498	2250	2287	321	175	70	197	340	365
珠海市	5	1964	2658	2369	898	1099	118	76	24	38	187	64
汕头市	5	1065	1225	1052	437	353	95	33	7	28	51	94
佛山市	12	5364	6661	5589	1765	2594	429	154	75	207	89	776
韶关市	9	1782	2142	1865	632	805	150	62	34	70	44	163
河源市	9	1551	1899	1601	472	693	141	58	24	75	90	133
梅州市	9	2230	3763	3104	989	1201	303	115	54	115	147	397
惠州市	9	1464	2311	2016	698	830	171	80	27	54	94	147
汕尾市	4	345	496	401	145	139	40	12	15	25	5	65
东莞市	8	1603	2168	1821	684	786	145	55	18	17	92	238
中山市	3	1970	2724	2359	802	1213	154	53	32	43	72	250
江门市	8	3776	4908	4253	1289	2002	340	97	67	89	214	352
阳江市	4	1777	2259	1947	622	927	151	58	22	49	106	157
湛江市	12	2847	3262	2718	804	1239	263	75	26	65	183	296
茂名市	7	3767	3547	3176	1170	1568	201	73	35	78	54	239
肇庆市	10	2303	3510	2897	794	1284	305	88	38	85	95	433
清远市	9	1910	2249	1957	535	970	164	61	39	41	139	112
潮州市	4	360	696	472	207	146	64	17	1	3	38	183
揭阳市	9	1900	1865	1686	629	754	106	37	15	43	44	92
云浮市	4	1393	1626	1409	428	653	114	42	15	47	72	98

注：中医医院含中西医结合医院。

3-11 全省及各市专科疾病防治机构、床位、人员数(2018年)

地区	机构数(个)	床位数(张)	人员数(人)	卫生技术人员(人)						其他技术人员(人)	管理人员(人)	工勤人员(人)
				小计	执业(助理)医师	注册护士	药师(士)	检验技师(士)	影像技师(士)			
广东省	**129**	**5007**	**9123**	**7019**	**2786**	**2254**	**599**	**604**	**118**	**651**	**450**	**1003**
广州市	6	106	853	628	265	187	63	67	4	82	64	79
深圳市	8	150	1412	1062	476	255	59	113	15	163	63	124
珠海市	1	120	295	251	72	102	26	18	6	36	8	
汕头市	6	36	274	207	114	30	21	29	4	10	13	44
佛山市	5	385	564	440	163	161	48	35	6	31	13	80
韶关市	7	415	578	444	123	232	20	24	12	27	16	91
河源市	6	555	268	201	65	74	19	14	7	18	8	41
梅州市	12	439	449	386	168	93	56	25	8	16	14	33
惠州市	10	224	631	438	177	105	44	59	3	64	31	98
汕尾市	6	130	189	135	89	15	9	8	3	9	16	29
东莞市	1	120	284	216	73	83	20	20	4		36	32
中山市	2											
江门市	9	214	491	375	130	117	41	35	13	28	26	62
阳江市	2	110	107	81	35	32	3	5		8	2	16
湛江市	12	246	612	464	206	130	32	29	6	51	28	69
茂名市	5	1123	729	622	225	291	36	30	7	32	22	53
肇庆市	8	110	329	272	88	104	33	21	9	12	4	41
清远市	7	403	462	350	92	125	39	37	4	36	41	35
潮州市	4		113	78	47	7	10	7	3	9	11	15
揭阳市	6	106	292	221	123	51	15	16	1	16	22	33
云浮市	6	15	191	148	55	60	5	12	3	3	12	28

注：专科疾病防治机构含专科疾病防治院、所(站)。

3-12 全省及各市采供血机构、人员数(2018年)

地 区	机构数(个)	人员数(人)	卫生技术人员(人)						其他技术人员(人)	管理人员(人)	工勤人员(人)
			小计	执业医师	执业(助理)医师	注册护士	药师(士)	检验技师(士)			
广东省	**45**	**2761**	**2043**	**233**	**31**	**1178**	**17**	**425**	**163**	**175**	**380**
广州市	5	594	432	46	4	266	4	64	41	46	75
深圳市	3	335	249	9	2	142	1	39	17	25	44
珠海市	1	52	42	7	1	23		9	6	4	
汕头市	3	125	84	13	4	38	1	24	11	15	15
佛山市	6	244	182	26		93		57	14	15	33
韶关市	1	107	70	9	2	32	2	17	8	9	20
河源市	1	57	43	2	1	26		11	3	2	9
梅州市	4	91	67	11		40	1	15	3	6	15
惠州市	2	133	101	8		72		17	3	5	24
汕尾市	1	54	37	5	3	17	1	9	1		16
东莞市	1	136	112	12		64		33	10	1	13
中山市	1	70	62	14	1	33	2	12	4	1	3
江门市	1	90	73	8		46		16		7	10
阳江市	1	53	36	2	2	22		9	5	3	9
湛江市	2	98	71	9	3	40	3	15	11	4	12
茂名市	2	138	107	15	5	64	2	18	4	4	23
肇庆市	1	103	70	11		41		17	13	1	19
清远市	3	88	64	11		39		7	3	12	9
潮州市	2	42	28	2	1	13		11	1	7	6
揭阳市	3	72	51	8	1	23		17	5	6	10
云浮市	1	79	62	5	1	44		8		2	15

3-13 医疗机构入院与诊疗人次数(2018年)

单位：万人次

机构分类	入院人次数	总诊疗人次数	门诊、急诊人次	门诊人次	急诊人次	健康检查人次数
总　计	**1710.2**	**84474.4**	**82539.8**	**76068.8**	**6471.0**	**4872.8**
一、医院	1369.6	37484.3	36993.1	32310.2	4682.9	2774.6
二、卫生院	188.2	7326.3	7045.8	6239.1	806.7	678.6
三、疗养院	0.2	21.2	21.2	21.1	0.1	18.8
四、社区卫生服务中心(站)	16.5	12546.6	12037.4	11604.6	432.8	511.8
社区卫生服务中心	16.5	10267.1	9809.8	9436.5	373.3	482.6
社区卫生服务站	0.0	2279.5	2227.6	2168.1	59.5	29.2
五、门诊部	0.3	2713.9	2694.6	2694.6		317.1
六、诊所.卫生所.医务室		7363.6	7363.6	7363.6		0.0
诊所		5637.5	5617.3	5617.3		
卫生所、医务室		1726.2	1721.8	1721.8		
七、妇幼保健院(所、站)	129.6	4227.4	4108.3	3569.3	538.9	411.8
妇幼保健院	129.6	4224.3	4105.1	3566.2	538.9	411.7
八、专科疾病防治院(所、站)	5.8	647.6	620.6	611.2	9.4	114.6
九、临床检验机构						45.5
十、村卫生室		12143.5	11655.1	11655.1		

3-14 各市医院入院与诊疗人次数(2018年)

单位：万人次

市 别	入院人次	健康检查人次数	总诊疗人次数	门诊、急诊人次	门诊人次	急诊人次
广东省	**1369.6**	**2774.6**	**37484.3**	**36993.1**	**32310.2**	**4682.9**
广州市	286.9	561.7	9225.4	9129.8	8302.3	827.5
深圳市	143.8	608.4	4983.9	4960.8	4357.9	602.9
珠海市	29.6	104.9	782.4	778.2	686.7	91.5
汕头市	50.2	97.0	916.3	872.6	787.0	85.6
佛山市	116.9	251.4	4686.3	4648.1	3944.2	703.9
韶关市	44.9	43.8	640.5	629.8	545.6	84.2
河源市	27.0	17.3	396.0	383.8	324.2	59.6
梅州市	44.7	36.7	656.3	647.6	580.6	67.0
惠州市	48.8	106.0	1500.6	1468.4	1194.1	274.2
汕尾市	18.5	10.1	341.2	338.0	269.6	68.4
东莞市	99.2	401.9	3710.0	3680.7	3149.4	531.3
中山市	58.3	181.0	2405.6	2380.9	2012.8	368.1
江门市	53.4	57.8	1718.9	1698.3	1462.3	236.0
阳江市	30.0	28.2	444.8	438.0	381.4	56.6
湛江市	83.3	42.8	1074.9	1038.2	904.0	134.2
茂名市	68.2	34.6	783.9	766.1	683.8	82.3
肇庆市	38.1	64.8	1026.2	1015.7	858.5	157.2
清远市	46.1	50.4	794.4	776.8	678.8	97.9
潮州市	14.3	15.6	302.6	279.2	267.3	11.9
揭阳市	46.3	35.8	537.4	514.1	452.9	61.2
云浮市	21.0	24.4	556.8	548.0	466.6	81.4

3-15 各市卫生院入院与诊疗人次数(2018年)

单位：万人次

市别	入院人次数	健康检查人次数	总诊疗人次数	门诊、急诊人次	门诊人次	急诊人次
广东省	**188.2**	**678.6**	**7326.3**	**7045.8**	**6239.1**	**806.7**
广州市	8.2	32.7	507.8	481.9	371.2	110.7
深圳市	0.1	1.0	26.5	26.5	22.5	4.0
珠海市	0.3	9.8	157.1	154.3	116.6	37.7
汕头市	3.0	30.5	165.2	147.4	138.7	8.7
佛山市	1.2	11.7	298.0	288.3	257.8	30.5
韶关市	8.2	46.0	258.6	246.1	228.1	17.9
河源市	10.0	90.3	303.2	291.2	270.5	20.7
梅州市	14.3	32.8	382.0	361.2	349.3	11.9
惠州市	5.7	31.7	545.4	501.0	416.0	85.1
汕尾市	4.9	8.2	111.3	106.6	94.5	12.1
东莞市						
中山市						
江门市	11.0	35.4	762.2	730.3	605.5	124.7
阳江市	7.2	8.0	228.9	220.5	205.2	15.3
湛江市	23.3	69.3	490.7	473.1	432.7	40.3
茂名市	38.9	127.8	1246.0	1209.9	1107.3	102.6
肇庆市	6.1	46.7	418.3	413.6	360.5	53.1
清远市	17.5	30.7	550.8	538.1	467.6	70.4
潮州市	4.7	25.4	252.8	245.4	236.7	8.6
揭阳市	14.5	18.5	244.6	236.3	220.7	15.6
云浮市	9.0	22.1	376.9	374.3	337.6	36.7

3-16 各市妇幼保健机构入院与诊疗人次数(2018年)

单位：万人次

市别	入院人次数	健康检查人次数	总诊疗人次数	门诊、急诊人次	门诊人次	急诊人次
广东省	**129.6**	**411.8**	**4227.4**	**4108.3**	**3569.3**	**538.9**
广州市	19.2	92.8	803.0	768.9	642.7	126.3
深圳市	17.9	98.6	677.5	639.8	573.8	66.0
珠海市	3.2	8.2	116.5	116.4	104.9	11.5
汕头市	1.8	5.8	48.8	45.2	43.2	2.1
佛山市	10.2	22.6	499.0	495.1	408.3	86.7
韶关市	4.4	21.8	121.7	121.4	113.9	7.6
河源市	6.5	0.5	151.8	151.2	136.4	14.8
梅州市	4.3	14.3	103.0	96.8	93.1	3.8
惠州市	7.6	25.8	225.2	206.9	176.7	30.2
汕尾市	1.6	3.6	35.0	33.6	33.6	
东莞市	4.2	1.7	163.2	163.2	143.2	19.9
江门市	7.5	24.5	279.5	277.2	241.2	35.9
阳江市	5.4	7.4	116.4	116.3	100.6	15.7
湛江市	8.1	18.5	186.0	181.2	164.6	16.6
茂名市	9.0	11.5	153.1	153.0	132.7	20.3
肇庆市	3.6	21.1	164.6	164.6	130.4	34.2
清远市	5.1	17.7	126.9	123.5	105.3	18.3
潮州市	1.3	0.7	34.7	34.4	34.0	0.4
揭阳市	4.4	1.5	84.5	84.3	83.5	0.8
云浮市	4.3	13.0	137.2	135.2	107.4	27.8

3-17　各市医院、妇幼保健院、专科疾病防治院万元以上设备台数(2018年)

单位：台

地　区	合计	10万元以下	10~49万元	50~99万元	100万元以上
广东省	**567617**	**414608**	**114912**	**19250**	**18847**
广州市	155389	111531	33580	5114	5164
深圳市	114788	84233	22287	4036	4232
珠海市	13721	10187	2640	439	455
汕头市	14547	10889	2673	446	539
佛山市	43264	31297	9247	1407	1313
韶关市	12840	8936	3209	350	345
河源市	9676	7469	1694	267	246
梅州市	10063	7232	2103	335	393
惠州市	18448	13215	3484	1072	677
汕尾市	4411	3210	942	124	135
东莞市	46911	36165	7943	1445	1358
中山市	23340	17968	4019	741	612
江门市	14080	10485	2772	425	398
阳江市	7019	4844	1552	330	293
湛江市	19542	14451	3860	625	606
茂名市	12808	8962	2890	479	477
肇庆市	12496	8963	2719	458	356
清远市	13128	9517	2753	423	435
潮州市	4336	3268	835	93	140
揭阳市	9766	6994	2017	345	410
云浮市	7044	4792	1693	296	263

3-18 全省卫生技术人员性别、年龄、学历、职称构成（2018年）

单位：%

分 组	合计	执业(助理)医师			注册护士	药剂师(士)	技师(士)		其他
		小计	执业医师	执业助理医师			小计	检验技师(士)	
总 计	**100.0**	**100.0**	**100.0**	**100.0**	**100.0**	**100.0**	**100.0**	**100.0**	**100.0**
按性别分									
男	30.2	58.9	58.7	59.9	2.6	33.2	45.0	40.9	41.6
女	69.8	41.1	41.3	40.1	97.4	66.8	55.0	59.1	58.4
按年龄分									
25岁以下	11.0	0.4	0.0	2.1	18.9	4.4	6.9	5.3	20.9
25-34	38.9	26.3	25.4	31.1	46.3	43.4	40.4	40.6	49.8
35-44	27.5	35.1	35.0	36.2	23.1	28.3	30.0	31.9	16.6
45-54	14.6	21.8	21.9	21.7	9.6	16.4	15.8	16.2	8.4
55-59	3.8	6.7	7.2	3.8	1.6	5.0	4.4	4.1	2.1
60岁及以上	4.2	9.7	10.5	5.1	0.5	2.6	2.5	2.0	2.1
按工龄分									
5年以下	23.2	13.1	12.0	19.1	27.7	14.9	20.1	17.3	48.5
5-9年	23.9	18.9	18.9	18.5	28.6	24.6	23.1	23.4	20.7
10-19年	25.3	28.7	29.0	27.4	24.1	28.3	27.0	28.9	15.6
20-29年	17.7	22.2	21.8	24.6	15.1	20.2	19.8	21.2	9.6
30年及以上	9.8	17.0	18.3	10.4	4.6	12.0	10.1	9.3	5.6
按技术资格分									
正高	2.2	5.3	6.2	0.0	0.3	0.7	2.0	2.5	0.5
副高	6.8	14.0	16.6	0.1	2.4	3.4	7.3	8.4	1.2
中级	17.6	25.6	30.2	0.8	13.7	16.7	19.4	21.2	4.2
助理/师级	30.9	41.0	42.3	33.9	24.5	37.0	32.4	33.4	18.1
员/士	34.4	10.5	1.4	59.3	53.2	36.2	30.7	27.4	38.7
无职称	8.1	3.7	3.3	5.9	6.0	6.1	8.1	7.1	37.3
按聘任技术职务分									
正高	2.0	4.8	5.7	0.0	0.2	0.7	1.7	2.1	0.5
副高	6.5	13.6	16.1	0.1	2.2	3.3	6.9	7.9	1.2
中级	17.1	25.6	30.2	0.9	12.9	16.2	19.0	20.8	4.1
助理/师级	31.1	42.0	42.0	41.8	24.7	36.3	31.9	32.9	15.8
员/士	32.5	10.0	2.2	52.1	51.2	35.8	30.2	27.6	29.2
待聘	10.5	4.0	3.8	5.0	8.7	7.8	10.4	8.6	47.2
不祥	0.2								2.0
按学历分									
研究生	7.0	16.3	19.3	0.2	0.2	2.9	5.1	6.2	6.7
大学本科	31.5	43.7	50.1	9.2	20.2	34.8	38.8	41.7	32.0
大专	32.6	25.6	21.0	50.4	38.5	31.3	33.7	31.4	31.2
中专及中技	27.5	12.9	8.5	36.1	40.3	25.5	20.7	19.5	27.3
技校	0.1	0.1	0.0	0.2	0.2	0.2	0.2	0.2	0.2
高中及以下	1.4	1.5	1.0	4.0	0.5	5.3	1.5	1.1	2.7

注：本章统计截止日期：2019年1月；本表不含村卫生室数据。

3-19　各市卫生机构数（2013-2018年）

单位：个

市　别	2013	2014	2015	2016	2017	2018
广东省	**47855**	**48087**	**48367**	**49124**	**49926**	**51527**
广州市	3729	3749	3724	3806	4058	4598
深圳市	2885	3185	3606	3957	4049	4380
珠海市	674	673	692	721	742	838
汕头市	1260	1311	1320	1377	1435	1492
佛山市	1366	1429	1475	1469	1715	1932
韶关市	2206	2195	2139	2130	2119	2118
河源市	2094	2080	2181	2131	2062	2037
梅州市	3628	3426	3357	3290	3198	3053
惠州市	2604	2658	2654	2668	2725	2764
汕尾市	1688	1689	1693	1678	1705	1625
东莞市	2254	2194	2237	2344	2446	2722
中山市	560	620	673	727	806	894
江门市	1730	1716	1681	1590	1608	1652
阳江市	1802	1778	1773	1793	1843	1804
湛江市	3463	3463	3448	3487	3400	3478
茂名市	3733	3772	3703	4025	4061	4084
肇庆市	3248	3120	3128	3096	3079	3111
清远市	2611	2557	2415	2389	2393	2435
潮州市	2300	2325	2333	2332	2322	2290
揭阳市	2612	2732	2755	2798	2858	2910
云浮市	1408	1415	1380	1316	1302	1310

注：1.含村卫生室数；
2.2013年起，计划生育服务机构纳入统计。

3-20 各市医院数（2013-2018年）

单位：个

市 别	2013	2014	2015	2016	2017	2018
广东省	**1222**	**1260**	**1323**	**1380**	**1464**	**1552**
广州市	222	224	229	243	243	255
深圳市	121	127	127	134	136	140
珠海市	37	38	42	41	43	45
汕头市	38	38	39	39	44	48
佛山市	89	99	102	105	110	120
韶关市	61	57	58	57	54	54
河源市	28	28	33	44	52	56
梅州市	32	33	36	36	42	46
惠州市	63	62	69	70	72	76
汕尾市	25	25	27	29	33	35
东莞市	103	101	98	89	97	102
中山市	47	47	47	53	59	62
江门市	39	39	42	41	44	48
阳江市	37	37	41	44	51	57
湛江市	79	82	93	92	103	108
茂名市	48	54	60	64	71	73
肇庆市	50	51	52	54	54	56
清远市	40	45	49	54	57	58
潮州市	20	22	23	23	27	28
揭阳市	26	33	38	48	50	62
云浮市	17	18	18	20	22	23

3-21 各市卫生院数（2013-2018年）

单位：个

市别	2013	2014	2015	2016	2017	2018
广东省	**1225**	**1222**	**1216**	**1201**	**1202**	**1193**
广州市	31	31	30	30	30	31
深圳市	2	2	2	2	2	2
珠海市	14	12	12	12	12	12
汕头市	33	33	33	32	33	33
佛山市	17	11	14	10	9	9
韶关市	103	103	103	103	103	100
河源市	98	98	97	97	97	97
梅州市	118	121	119	118	118	118
惠州市	76	76	76	74	74	70
汕尾市	47	47	47	47	47	46
江门市	66	69	68	65	65	63
阳江市	39	39	39	39	39	39
湛江市	95	95	94	95	95	94
茂名市	99	99	99	99	99	99
肇庆市	99	98	96	96	97	97
清远市	118	120	120	120	120	121
潮州市	45	45	45	42	42	42
揭阳市	70	68	67	66	66	66
云浮市	55	55	55	54	54	54

3-22 各市妇幼保健机构数（2013-2018年）

单位：个

市 别	2013	2014	2015	2016	2017	2018
广东省	**128**	**130**	**130**	**129**	**128**	**129**
广州市	15	16	16	14	12	12
深圳市	9	9	10	9	10	10
珠海市	2	2	2	2	2	2
汕头市	4	4	4	4	4	4
佛山市	5	5	4	4	4	4
韶关市	9	9	10	9	9	9
河源市	6	6	6	6	6	7
梅州市	9	9	9	9	9	9
惠州市	6	6	6	7	7	7
汕尾市	5	5	5	5	5	5
东莞市	1	1	1	1	1	1
江门市	6	6	6	6	6	6
阳江市	5	5	5	5	5	5
湛江市	11	11	10	10	10	10
茂名市	5	5	5	5	5	5
肇庆市	7	7	7	9	9	9
清远市	8	9	9	9	8	8
潮州市	4	4	4	4	4	4
揭阳市	6	6	6	6	6	6
云浮市	5	5	5	5	6	6

3-23 各市社区卫生服务机构数（2013-2018年）

单位：个

市 别	2013	2014	2015	2016	2017	2018
广东省	**2489**	**2527**	**2554**	**2566**	**2543**	**2602**
广州市	316	320	315	342	325	331
深圳市	588	586	591	591	605	615
珠海市	124	125	121	123	118	118
汕头市	39	42	43	47	51	52
佛山市	360	365	366	361	363	380
韶关市	32	33	31	19	15	13
河源市	7	6	28	23	20	20
梅州市	12	12	13	11	11	11
汕尾市	10	10	10	10	10	10
东莞市	389	397	398	399	396	396
中山市	248	252	266	267	266	267
江门市	36	31	23	24	23	28
阳江市	59	60	60	60	62	61
湛江市	50	55	55	55	51	60
茂名市	51	59	61	60	60	61
肇庆市	30	29	34	35	31	31
惠州市	80	79	78	78	78	80
清远市	17	17	16	15	12	12
潮州市	11	10	10	11	11	11
揭阳市	20	29	27	27	27	26
云浮市	10	10	8	8	8	19

3-24 各市村卫生室数（2013-2018年）

单位：个

市 别	2013	2014	2015	2016	2017	2018
广东省	**28767**	**28162**	**27178**	**26886**	**26459**	**25996**
广州市	1090	1081	1051	932	932	928
珠海市	156	151	151	149	140	137
汕头市	642	619	609	616	622	615
佛山市	172	162	161	58	52	48
韶关市	1549	1534	1514	1493	1431	1404
河源市	1709	1700	1699	1642	1593	1540
梅州市	2586	2478	2434	2404	2341	2195
惠州市	1508	1490	1455	1423	1303	1292
汕尾市	1312	1309	1335	1347	1341	1250
东莞市	1148	811	231	35	4	
中山市	58	55	50	31	21	18
江门市	955	938	944	893	887	877
阳江市	1368	1341	1291	1302	1291	1261
湛江市	2273	2238	2212	2211	2156	2159
茂名市	3277	3270	3187	3477	3495	3486
肇庆市	2368	2290	2261	2252	2228	2203
清远市	1789	1765	1612	1592	1579	1561
潮州市	1507	1531	1579	1599	1599	1587
揭阳市	2265	2362	2385	2435	2485	2500
云浮市	1035	1037	1017	995	959	935

3-25 各市卫生人员数（2013-2018年）

单位：人

市 别	2013	2014	2015	2016	2017	2018
全 省	**710288**	**734345**	**771034**	**821880**	**866925**	**921703**
广州市	142026	147993	154153	166537	175714	188695
深圳市	83335	87389	93506	97644	104351	114866
珠海市	16169	16702	17584	18673	20128	22168
汕头市	24462	25165	25395	27092	28269	29648
佛山市	48342	49814	52143	56230	60078	64931
韶关市	22570	22707	23349	24663	25525	26882
河源市	16504	16910	18287	19932	20869	21999
梅州市	26389	26749	27485	28855	29796	30628
惠州市	32281	33523	34576	36879	39408	41399
汕尾市	13408	13242	13690	14499	15770	16060
东莞市	52325	53013	54950	57167	60197	64349
中山市	21683	22813	23788	25171	26505	28069
江门市	27549	28467	31412	32990	34531	36201
阳江市	15725	16320	17306	18420	19877	20990
湛江市	39753	40327	43406	45970	48239	50869
茂名市	32720	33481	34564	39732	41792	43202
肇庆市	26598	27390	28600	29802	30949	32254
清远市	22508	22838	23590	25189	26035	26883
潮州市	11556	12633	12826	13421	13551	13666
揭阳市	21007	22441	25500	27432	28993	30937
云浮市	13378	14428	14924	15582	16348	17007

注：本表含村卫生室数据。

3-26 各市卫生技术人员数（2013-2018年）

单位：人

市别	2013	2014	2015	2016	2017	2018
全省	**555498**	**584356**	**620004**	**667525**	**709894**	**757840**
广州市	114896	121120	126891	137953	145045	156497
深圳市	66624	70485	75417	79307	85256	93643
珠海市	13439	14077	14891	15741	16962	18430
汕头市	19377	20198	20788	22210	23537	24987
佛山市	39951	41632	43641	47618	51314	55398
韶关市	17169	17569	18302	19700	20619	21892
河源市	12296	12619	14146	15708	16625	17612
梅州市	20126	20909	21609	22954	24122	24908
惠州市	25730	27068	28115	30124	32953	34800
汕尾市	9352	9396	9942	10628	11802	12187
东莞市	42132	43091	45226	47668	50600	54317
中山市	18193	19050	19960	21412	22904	24419
江门市	22091	23208	25840	27353	28885	30479
阳江市	11493	12303	13391	14371	15590	16429
湛江市	29145	30631	33766	36071	38232	40620
茂名市	24073	25589	26865	31448	33652	35193
肇庆市	18805	20106	21316	22708	23844	25032
清远市	17619	18493	19145	20651	21392	22248
潮州市	7903	9031	9234	9798	10127	10131
揭阳市	15195	16793	20039	21853	23470	24951
云浮市	9889	10988	11480	12249	12963	13667

注：本表含村卫生室数据。

3-27 各市执业(助理)医师数（2013-2018年）

单位：人

市　别	2013	2014	2015	2016	2017	2018
全　省	**211061**	**217376**	**229389**	**244139**	**258889**	**277362**
广州市	39732	40807	42600	46791	49747	54134
深圳市	25715	27081	29225	30757	33293	36309
珠海市	5097	5185	5470	5806	6427	7090
汕头市	8533	8626	8772	9341	9741	10469
佛山市	14355	14954	15427	16534	18134	20001
韶关市	6522	6629	6922	7303	7387	7684
河源市	4546	4431	5258	5679	5742	5992
梅州市	8537	9133	9358	9562	9548	9546
惠州市	9735	10163	10458	11283	12582	13339
汕尾市	4792	4703	4533	4783	5153	5316
东莞市	14864	15081	15889	16680	17506	19516
中山市	6069	6384	6682	7425	8115	8800
江门市	7933	7767	8927	9298	9859	10298
阳江市	4223	4360	4519	4787	5201	5631
湛江市	10869	11230	11968	12377	12810	13651
茂名市	10236	11017	11666	12635	13362	13993
肇庆市	6133	6149	6629	7151	7620	8140
清远市	6990	6993	7256	7484	7493	7858
潮州市	4156	4279	4261	4397	4600	4597
揭阳市	8127	8400	9380	9746	10172	10373
云浮市	3897	4004	4189	4320	4397	4625

注：本表含村卫生室数据。

3-28 各市乡村医生和卫生员数（2013-2018年）

单位：人

市 别	2013	2014	2015	2016	2017	2018
全 省	**33280**	**28512**	**26012**	**24991**	**24051**	**23064**
广州市	1621	1372	1107	820	723	693
深圳市						
珠海市	178	183	162	129	126	120
汕头市	892	707	645	628	611	593
佛山市	201	115	111	32	26	23
韶关市	1633	1394	1324	1284	1234	1194
河源市	1865	1825	1536	1414	1342	1245
梅州市	2379	2008	1967	1946	1890	1841
惠州市	1391	1313	1088	979	864	819
汕尾市	1577	1396	1283	1252	1218	1106
东莞市	889	544	112	12		
中山市	58	57	53	35	22	17
江门市	1073	976	909	846	787	756
阳江市	1744	1595	1310	1309	1269	1177
湛江市	3619	2790	2681	2662	2589	2472
茂名市	4154	3544	3364	3523	3461	3373
肇庆市	2567	2116	2048	2008	1970	1948
清远市	1969	1611	1405	1325	1271	1206
潮州市	1630	1437	1442	1441	1397	1389
揭阳市	2364	2150	2134	2107	2081	2008
云浮市	1476	1379	1331	1239	1170	1084

3-29 各市医疗机构床位数（2013-2018年）

单位：张

市　别	2013	2014	2015	2016	2017	2018
全　省	**378367**	**405707**	**435666**	**465228**	**492113**	**516973**
广州市	73301	77011	82022	87959	90222	95134
深圳市	29296	31151	34009	37106	39777	43215
珠海市	7510	7993	8558	8806	9394	9899
汕头市	14667	15407	15512	17143	18075	18985
佛山市	27073	29821	33133	34798	35273	37227
韶关市	14730	15285	16048	16856	17125	18183
河源市	10280	10994	12090	13363	14538	15882
梅州市	14079	14558	15547	16654	17789	18845
惠州市	19155	20135	21879	22460	22589	21452
汕尾市	7089	7435	7928	8565	9241	9951
东莞市	25736	26704	27457	28138	29866	31059
中山市	12225	13246	13259	13754	15256	15802
江门市	16795	18455	19838	21329	22774	23482
阳江市	8569	9830	10914	11346	13208	14200
湛江市	26402	28151	31037	32216	35091	36692
茂名市	21458	24838	26723	30774	33579	34947
肇庆市	12688	13953	15088	16039	16612	17347
清远市	13003	14368	15066	15806	16710	17825
潮州市	5732	6014	6270	6354	6710	6682
揭阳市	11597	12907	15515	16870	18332	19956
云浮市	6982	7451	7773	8892	9952	10208

3-30 各市医院床位数（2013-2018年）

单位：张

市 别	2013	2014	2015	2016	2017	2018
全 省	**294219**	**319729**	**345258**	**371602**	**393449**	**416282**
广州市	64864	68685	73313	79037	81747	86011
深圳市	27141	29068	31617	34936	36798	39837
珠海市	6251	7004	7526	7864	8335	8849
汕头市	12027	12738	13159	14398	15343	16283
佛山市	23845	27255	30560	32187	32646	34508
韶关市	10845	11378	11980	12547	12546	13500
河源市	4661	5328	5872	6956	7922	8927
梅州市	9065	9528	10155	10900	11811	12616
惠州市	12714	13470	15198	15737	15550	15916
汕尾市	4627	4908	5291	5690	6339	7010
东莞市	25026	25994	26715	27450	29046	30239
中山市	12102	13123	13161	13656	15140	15685
江门市	12476	13473	14434	15487	16605	17079
阳江市	6048	7275	8190	8648	10119	10929
湛江市	17894	19343	21706	22730	25338	26850
茂名市	12954	15601	16579	18952	20383	21502
肇庆市	9340	10333	11171	12172	12678	13426
清远市	7849	9110	9843	10435	11005	11775
潮州市	3524	3751	4058	4195	4568	4569
揭阳市	6768	7838	9971	11878	12871	14165
云浮市	4198	4526	4759	5747	6659	6606

3-31　各市卫生院床位数（2013-2018年）

单位：张

市　别	2013	2014	2015	2016	2017	2018
全　省	**52259**	**52908**	**55487**	**56821**	**59573**	**61244**
广州市	1857	1880	1825	1730	1684	2058
深圳市	81	81	106	81	81	80
珠海市	739	459	452	353	353	348
汕头市	1480	1488	1482	1589	1785	1793
佛山市	1321	509	706	636	511	511
韶关市	2542	2662	2713	2882	2992	3031
河源市	3962	3971	4009	4102	4274	4349
梅州市	3557	3569	3916	4244	4464	4727
惠州市	3544	3628	3739	3646	3727	3341
汕尾市	1772	1847	1916	2073	2117	2161
东莞市						
中山市						
江门市	3050	3349	3615	3857	4159	4469
阳江市	1625	1664	1722	1754	1816	1936
湛江市	6124	6465	6862	6865	6992	7260
茂名市	6459	6810	7500	8665	9603	9805
肇庆市	2411	2543	2688	2674	2795	2758
清远市	3950	4033	3887	3934	4189	4243
潮州市	1833	1843	1848	1779	1752	1727
揭阳市	3974	4031	4386	3807	3961	4077
云浮市	1978	2076	2115	2150	2318	2570

3-32 各市妇幼保健机构床位数（2013-2018年）

单位：人

市　别	2013	2014	2015	2016	2017	2018
全　省	**17438**	**18692**	**19993**	**21152**	**23126**	**24462**
广州市	2333	2501	2726	3448	3146	3588
深圳市	1910	1836	2104	1832	2748	3148
珠海市	520	530	580	589	586	582
汕头市	372	372	372	478	650	691
佛山市	1530	1680	1489	1539	1702	1729
韶关市	663	655	666	713	826	911
河源市	920	1020	1248	1341	1298	1432
梅州市	737	747	762	897	901	906
惠州市	1093	1192	1162	1162	1336	1315
汕尾市	330	330	352	352	330	330
东莞市	590	590	622	568	700	700
中山市						
江门市	783	981	1164	1274	1252	1131
阳江市	594	600	693	652	913	972
湛江市	1245	1246	1285	1346	1471	1429
茂名市	994	1184	1343	1473	1704	1736
肇庆市	561	721	791	749	728	752
清远市	818	833	935	964	980	1181
潮州市	341	396	340	340	350	350
揭阳市	508	643	674	701	821	875
云浮市	596	635	685	734	684	704

3-33 各市医院病床使用率（2013-2018年）

单位：%

市 别	2013	2014	2015	2016	2017	2018
全 省	**87.2**	**85.3**	**83.5**	**83.9**	**84.0**	**83.0**
广州市	91.0	90.7	87.2	86.9	89.0	86.4
深圳市	83.6	84.9	83.4	85.1	84.2	83.4
珠海市	75.6	74.7	73.9	77.7	81.8	82.1
汕头市	87.2	86.7	90.2	90.5	86.1	85.4
佛山市	97.4	95.1	88.5	85.4	85.3	82.3
韶关市	82.8	86.3	83.0	85.2	84.3	86.7
河源市	78.3	75.3	72.4	74.8	73.5	69.5
梅州市	85.7	84.0	80.9	86.6	86.1	82.1
惠州市	78.2	75.0	69.5	72.9	75.5	78.4
汕尾市	80.0	82.3	81.2	77.3	76.3	73.0
东莞市	81.4	79.7	77.7	78.0	78.4	78.9
中山市	93.0	89.6	87.7	89.4	83.3	78.8
江门市	90.7	91.3	85.7	85.0	82.7	82.8
阳江市	83.9	54.3	77.1	86.3	88.1	85.4
湛江市	85.7	85.5	84.4	87.0	87.0	89.3
茂名市	95.8	93.6	95.0	87.4	87.4	86.9
肇庆市	85.0	81.9	79.4	79.3	80.2	77.8
清远市	85.8	79.2	75.4	79.2	81.3	82.2
潮州市	73.5	73.7	71.3	69.8	70.0	74.7
揭阳市	85.6	83.8	83.3	80.5	83.4	81.2
云浮市	84.1	80.4	80.5	79.3	73.2	79.3

3-34 各市医院出院者平均住院日（2013-2018年）

单位：床日

市 别	2013	2014	2015	2016	2017	2018
全 省	**8.9**	**8.8**	**8.8**	**8.8**	**8.7**	**8.9**
广州市	9.9	9.7	9.5	9.4	9.2	10.1
深圳市	8.1	8.0	8.1	8.0	7.9	7.9
珠海市	9.1	8.8	8.6	8.5	8.5	8.4
汕头市	9.5	9.7	10.2	10.3	10.0	9.5
佛山市	9.1	8.7	8.7	8.5	8.2	8.8
韶关市	8.7	8.8	8.8	10.2	8.8	8.7
河源市	7.0	7.0	7.1	7.4	7.2	7.3
梅州市	8.8	8.7	8.3	8.3	8.2	7.6
惠州市	8.2	8.5	8.4	9.0	8.6	9.5
汕尾市	9.0	9.0	9.1	9.0	9.4	9.2
东莞市	8.4	8.5	8.6	8.5	8.6	8.5
中山市	7.0	7.0	6.9	7.0	7.0	7.0
江门市	9.2	9.3	9.3	9.0	9.3	9.0
阳江市	8.8	8.4	8.8	9.1	10.0	9.2
湛江市	9.1	9.1	9.2	9.2	9.8	9.5
茂名市	9.9	10.0	9.8	9.5	9.5	9.3
肇庆市	9.4	9.5	9.5	10.0	9.7	9.4
清远市	7.5	7.5	7.4	7.3	7.0	7.3
潮州市	7.6	7.3	8.2	8.4	8.3	8.4
揭阳市	8.5	8.7	8.1	8.1	8.2	8.3
云浮市	8.4	8.4	8.3	8.4	7.9	7.5

3-35 各市医院入院病人病死率（2013-2018年）

单位：%

市　别	2013	2014	2015	2016	2017	2018
广东省	**0.6**	**0.6**	**0.6**	**0.6**	**0.6**	**0.6**
广州市	0.9	0.9	0.9	0.9	0.8	0.8
深圳市	0.5	0.5	0.5	0.0	0.4	0.4
珠海市	0.9	0.8	0.9	0.9	0.8	0.7
汕头市	0.5	0.5	0.5	0.4	0.4	0.4
佛山市	0.4	0.4	0.4	0.4	0.4	0.5
韶关市	1.1	1.1	1.3	1.1	1.1	1.1
河源市	0.6	0.6	0.6	0.8	0.9	0.9
梅州市	0.5	0.6	0.6	0.6	0.6	0.5
惠州市	0.7	0.7	0.7	0.7	0.7	0.6
汕尾市	0.2	0.2	0.2	0.2	0.2	0.2
东莞市	0.4	0.4	0.4	0.4	0.4	0.4
中山市	0.1	0.3	0.3	0.3	0.3	0.3
江门市	0.8	0.8	0.9	0.9	0.8	0.9
阳江市	0.4	0.4	0.4	0.4	0.5	0.5
湛江市	0.5	0.5	0.5	0.5	0.5	0.4
茂名市	0.6	0.5	0.5	0.6	0.5	0.5
肇庆市	0.9	0.9	0.9	0.9	0.8	0.8
清远市	0.6	0.7	0.7	0.7	0.6	0.6
潮州市	0.2	0.2	0.2	0.2	0.2	0.3
揭阳市	0.2	0.3	0.3	0.3	0.2	0.2
云浮市	1.0	1.1	1.0	0.9	0.8	0.7

3-36 各市医院万元以上设备台数（2013-2018年）

单位：台

市 别	2013	2014	2015	2016	2017	2018
广 东 省	**316858**	**337843**	**385348**	**419177**	**475411**	**517527**
广 州 市	93970	99198	115771	124258	131393	145139
深 圳 市	61816	60167	72798	78596	89389	104674
珠 海 市	5173	6404	6933	7317	9558	12010
汕 头 市	7580	9534	11570	11660	13240	13947
佛 山 市	23350	26116	29264	33424	36281	39307
韶 关 市	6598	7163	7854	9392	8789	10921
河 源 市	2257	2778	3168	3737	21459	7613
梅 州 市	5177	5299	5519	5979	7263	8345
惠 州 市	9198	9942	11009	12424	14364	15477
汕 尾 市	2517	2536	2606	3238	3779	4121
东 莞 市	32901	34038	36796	37190	39385	44612
中 山 市	15040	16254	17197	20582	22500	23340
江 门 市	10003	11246	12259	12711	14218	11748
阳 江 市	3569	4029	4353	4738	5293	5754
湛 江 市	10413	11388	13065	14660	16558	18207
茂 名 市	6010	6342	7236	7886	9451	10350
肇 庆 市	8199	9317	8964	10139	10777	11497
清 远 市	5518	6664	7854	8752	8573	11405
潮 州 市	2518	2799	3324	3412	3571	3974
揭 阳 市	2491	2863	3800	4606	5086	8901
云 浮 市	2560	3766	4008	4476	4484	6185

3-37 妇幼工作基本情况（2013-2018年）

项 目	2013	2014	2015	2016	2017	2018
广东省						
婴儿死亡率（‰ ）	3.23	2.86	2.64	2.53	2.53	1.92
孕产妇死亡率(1/10万)	11.99	12.00	11.56	12.69	11.03	11.44
新生儿死亡率(‰)	1.81	1.66	1.47	1.40	1.37	1.24
全国						
婴儿死亡率（‰ ）	9.5	8.9	8.1	7.5	6.8	6.8
孕产妇死亡率(1/10万)	23.2	21.7	20.1	19.9	19.6	18.3
新生儿死亡率(‰)	6.3	5.9	5.4	4.9	4.5	4.5

3-38 广东省农村无害化卫生厕所普及率（2013-2018年）

单位：%

市别	2013	2014	2015	2016	2017	2018
合计	**83.2**	**84.9**	**87.2**	**90.3**	**93.0**	**97.0**
广州	96.3	97.6	97.8	98.3	98.7	98.8
深圳	100.0	100.0	100.0	100.0	100.0	100.0
珠海	97.1	97.2	97.2	98.2	97.1	91.5
汕头	93.2	94.8	94.7	94.8	91.4	98.2
佛山	99.8	99.9	100.0	100.0	99.9	98.6
韶关	82.0	85.3	91.7	94.2	95.8	97.3
河源	65.9	74.4	79.1	83.1	88.8	96.5
梅州	77.4	78.6	81.9	87.5	89.9	97.1
惠州	92.5	94.2	95.0	96.1	97.3	99.8
汕尾	83.1	84.9	86.3	87.4	92.3	98.6
东莞	100.0	100.0	100.0	100.0	100.0	99.9
中山	100.0	100.0	100.0	100.0	100.0	99.9
江门	82.6	82.7	85.7	89.3	94.4	97.0
阳江	80.2	82.4	83.6	85.7	87.3	94.9
湛江	73.3	73.5	73.8	83.5	86.4	94.6
茂名	67.4	69.0	70.5	78.4	87.4	98.9
肇庆	77.9	80.4	83.1	88.3	92.4	94.8
清远	76.9	79.5	85.9	88.5	92.5	91.9
潮州	93.9	93.9	95.0	95.3	96.5	96.6
揭阳	91.6	93.2	93.8	95.4	95.8	98.0
云浮	74.6	76.9	87.7	88.7	91.6	97.8

3-39 广东省农村自来水普及率（2015-2018年）

单位：%

市 别	2015	2016	2017	2018
合 计	**83.4**	**85.8**	**88.9**	**91.5**
广 州	98.6	98.6	98.6	100.0
深 圳	100.0	100.0	100.0	100.0
珠 海	100.0	100.0	100.0	100.0
汕 头	92.9	93.1	97.0	97.2
佛 山	99.2	99.2	99.2	100.0
韶 关	73.4	78.2	88.7	90.0
河 源	78.9	82.5	78.8	86.8
梅 州	70.8	75.6	78.2	86.7
惠 州	88.7	89.3	95.6	97.0
汕 尾	90.5	90.8	91.3	92.5
东 莞	100.0	100.0	100.0	100.0
中 山	100.0	100.0	100.0	100.0
江 门	86.6	87.6	93.2	95.0
阳 江	67.6	72.7	86.5	90.0
湛 江	73.2	77.7	80.2	80.5
茂 名	51.0	70.7	76.4	83.0
肇 庆	81.5	82.2	82.5	87.0
清 远	82.7	83.5	84.3	88.0
潮 州	93.0	93.5	94.4	95.0
揭 阳	79.1	82.2	90.4	92.6
云 浮	89.3	89.8	90.5	91.0

3-40 广东省农村集中供水率（2015-2018年）

单位：%

市　别	2015	2016	2017	2018
合　计	**84.7**	**87.1**	**91.7**	**95.7**
广　州	99.4	99.4	100.0	100.0
深　圳	100.0	100.0	100.0	100.0
珠　海	100.0	100.0	100.0	100.0
汕　头	99.0	99.0	99.0	99.0
佛　山	99.5	99.5	100.0	100.0
韶　关	73.4	78.3	89.3	95.2
河　源	85.0	88.6	91.6	94.0
梅　州	71.6	75.6	80.2	91.0
惠　州	88.7	89.3	97.2	99.9
汕　尾	96.0	96.0	98.0	100.0
东　莞	100.0	100.0	100.0	100.0
中　山	100.0	100.0	100.0	100.0
江　门	86.6	87.6	94.9	98.0
阳　江	74.5	79.6	86.5	95.5
湛　江	73.2	78.0	88.0	91.0
茂　名	64.0	72.5	83.1	91.4
肇　庆	87.4	88.2	88.4	91.2
清　远	83.8	85.6	87.7	93.0
潮　州	94.3	94.8	95.5	95.5
揭　阳	79.2	82.2	90.4	94.2
云　浮	90.5	91.0	91.4	96.4

注：农村集中供水率：某区域农村集中式供水工程与城市供水管网延伸工程供水人口占该区域农村供水总人口的比例。供水人口指某区域农村户籍人口或常住人口、取高值。(来源：《农村饮水安全评价准则》(T/CHES 18-2018))

主要统计指标解释

卫生机构 是指从卫生部门取得“医疗机构执业许可证”，或从民政、工商行政、机构编制管理部门取得法人单位登记证书，为社会提供医疗保健、疾病控制、卫生监督服务或从事医学科研、医学教育等的卫生单位和卫生社会团体。

卫生技术人员 是指从事卫生技术工作并在卫生事业机构领取劳动报酬的专业人员。包括中医师、西医师、中西医结合高级医师、护师、中药师、西药师、检验师、其他技师、中医士、西医士、护士、助产士、中药剂士、西药剂士、检验士、其他技士、其他中医、护理员、中药剂员、西药剂员、检验员以及其他初级卫生技术员。

低出生体重儿发生率 是指年内出生的活产婴儿中，出生 1 小时内测量其体重小于 2500 克的活产婴儿数占当年活产婴儿总数的比例。

婴儿死亡率 是指某地年内每 1000 名活产儿中未满 1 周岁的婴儿死亡人数占当年活产儿的比重。

孕产妇死亡率 是指某地区 1 年内每 10 万名活产儿中孕产妇死亡数。孕产妇死亡数是指产妇从妊娠开始至产后 42 天内死亡者，不论妊娠时间与部位，包括内外科原因、计划生育手术、宫外孕及葡萄胎死亡者，但不包括意外原因(车祸、中毒)死亡者。

四、文化

简要说明

1．本篇资料主要反映广东省文化事业的基本情况。

2．本篇资料主要包括：

(1)各级各类文化产业机构及人员基本情况，艺术表演团体和场馆基本情况，公共图书馆、博物馆、群艺馆基本情况，文化设施情况等。

(2)地区全省和 21 个地级以上市。

(3)年份主要有当年、近 5 年和 1978 以来连续年份。

3．统计资料来源：本篇资料由广东省文化和旅游厅负责整理、审核、提供。

2018年广东省文化和旅游事业发展概述

2018年，广东文化和旅游事业坚持改革创新，加快推进文化和旅游强省建设，各项文旅事业加快发展。

一是文化和旅游改革创新持续深化。加大“放管服”改革力度，在自由贸易试验区进一步放宽对外资准入限制，提请下放、委托一批省级文化和旅游市场管理权限，将旅行社许可审批时限缩减75%，着力提升政务服务效能。持续深化公共数字化建设，开展“互联网+公共服务”行动，运用信息化、数字化、互联网手段提升公共服务传播力。打造旅游大数据平台，成立粤港澳大湾区旅游大数据实验室。

二是公共服务体系建设深入推进。实施公共文化基础设施建设攻坚做强工程，完成全省17个地市未建和未达标图书馆、文化馆建设实地督导，推进各地加快建设进度。联合省相关部门推动滨海旅游公路、环南岭旅游公路和“四好农村路”规划建设。推进村级综合性文化服务中心全覆盖建设，开展全省乡镇综合文化站综合专项治理行动，提升乡镇综合文化站服务水平。加快推进公共文化服务体系示范区（项目）创建工作。落实厕所革命，2018年广东新建、改扩建旅游厕所1071座，超额完成年度任务。

三是艺术精品创演展示及策划服务水平不断提升。打造“广东省艺术院团演出季”品牌，将院团和剧场优质资源相结合，14台剧目在3个剧场进行24场演出，集中展示新近推出的优秀艺术作品。推进艺术生产“三条线”建设，不断完善文艺院团管理运行机制。继续打磨提升第十三届艺术节优秀获奖剧目，开展全省文艺精品巡演活动71场，夯实“高原”，力攀“高峰”。

四是文化遗产保护利用扎实有效。实施粤西、珠三角地区文物保护利用行动计划，对粤东、粤北文物保护利用行动计划实施情况进行评估。加强革命文物保护利用，开展革命文物调查，公布广东革命史迹名录，实施红色基因传承工程，建设109家红色旅游景区。加强非物质文化遗产保护，开展第七批省级非遗代表性项目评审，省政府批准并公布代表性项目39项、扩展项目35项。实施非遗记录工程，启动和开展14名国家级非遗代表性传承人抢救性记录，对15名省级传承人口述史记录。

五是文化和旅游产业加快发展。开展省文化文物单位文创产品开发试点工作，推进广东文创产品进机场、进新华书店、进景区，打通文创产品销售最后一公里。做好深圳文博会广东团组展等相关文化会展工作，再次实现全省各地级以上市组团参展“满堂红”。办好2018广东国际旅游产业博览会，吸引60个国家及地区的50多万人次参展，促成旅游合作项目32个、总金额达1000亿元。着力推进全域旅游发展，推动创建一批3A级以上乡村旅游景区，引导推动各地创建旅游风情小镇和旅游特色村。

六是市场培育监管健康有序。加大行业管理和扶持，引导行业自律。大力开展旅游标准化试点工作，推动广东旅游行业急需标准和优先发展领域标准的自主创新。建立粤港澳大湾区旅游标准协调机制，探索制定粤港澳大湾区团体标准，利用标准提升粤港澳大湾区内旅行社和导游人员的服务质量。加强实体市场日常监管，推动网吧监管平台升级，严查严管网络文化市场。在全省启用推广“全国旅游监管服务平台”，全面实行电子导游证制度和导游服务星级评价制度。

七是对外对港澳台交流合作深化拓展。配合国家文化和旅游外交战略，选派文化团组赴美国、沙特等举办“欢乐春节”等品牌活动，打造“广东文化精品丝路行”“月圆四海”等品牌，积极参加重要国际旅展及旅游交流活动，组织旅游业界赴“一带一路”沿线国家宣传推广广东旅游资源和产品，进一步提升了广东文化和旅游的国际影响力。成功举办粤港澳青年文化之旅、粤港澳青少年粤剧艺术夏令营等品牌活动。成功举办粤港澳文化合作第十九次会议、内地与港澳文化产业合作论坛暨粤港澳大湾区文化合作论坛、粤港澳大湾区文化合作工作沟通机制会议，确立粤港澳大湾区文化协作机制，并筹备建立工作机构。

撰稿：宁天

4-1 文化事业机构及人员基本情况（2018年）

指　标	机构数（个）	从业人员（人）	文化部门		其他部门	
			机构数（个）	从业人员（人）	机构数（个）	从业人员（人）
合　计	**24097**	**264094**	**2566**	**35537**	**21531**	**228557**
艺术业	522	15745	114	5533	408	10212
图书馆业	143	4542	143	4542		
#少儿图书馆	5	220	5	220		
群众文化服务业	1755	11972	1756	11972		
省级文化馆	1	43	1	43		
地市级文化馆	23	608	23	608		
县区级文化馆	121	1805	121	1805		
文化站	1610	9803	1610	9803		
艺术展览创作机构	17	317	16	314	1	3
#美术馆	15	285	14	282	1	3
艺术教育业	4	796	4	796		
#本科以上艺术院校	1	543	1	543		
#高等职业学校	3	253	3	253		
文化市场经营机构(不含非公有制艺术表演团体和场馆)	21051	211304			21051	211304
文艺科研	7	99	7	99		
#文化科技研究机构	3	52	3	52		
综合性艺术研究机构	3	40	3	40		
地方戏艺术研究机构	1	7	1	7		
文化行政主管部门	152	4891	152	4891		
其他文化机构	170	9425	113	2560	57	6865
#文化市场执法机构	52	746	52	746		
文物业	276	4716	262	4543	14	173
文物科研机构	4	173	4	173		
文物保护管理机构	32	275	30	275	2	
博物馆	184	3670	172	3497	12	173
文物商店	3	62	3	62		
其他文物机构	53	536	53	536		

4-2 各市文化、文物事业机构数（2018年）

单位：个

市　别	艺术表演团体	文化馆	公共图书馆	博物馆
合　计	**436**	**145**	**143**	**184**
广　州	53	12	13	29
深　圳	44	8	11	15
珠　海	7	4	3	2
汕　头	8	8	9	7
佛　山	7	7	6	17
韶　关	2	11	10	9
河　源	19	7	7	7
梅　州	21	9	10	10
惠　州	2	6	5	7
汕　尾	58	6	4	5
东　莞	11	1	1	7
中　山	11	1	1	5
江　门	12	8	7	8
阳　江	1	5	5	3
湛　江	119	10	9	8
茂　名	18	6	6	6
肇　庆	2	9	9	9
清　远	3	10	10	11
潮　州	4	4	4	6
揭　阳	19	6	6	6
云　浮	6	6	6	5
省　直	9	1	1	2

4-3 各市文化、文物事业机构人员情况(2018年)

单位：人

市　别	艺术表演团体	公共图书馆	群众艺术馆、文化馆	文化站	博物馆
合　计	**12335**	**4542**	**2456**	**9803**	**3670**
广　州	2884	723	219	1021	715
深　圳	586	1298	298	869	353
珠　海	140	105	90	175	45
汕　头	293	118	113	412	78
佛　山	228	344	158	541	443
韶　关	78	97	183	247	102
河　源	412	88	88	240	117
梅　州	448	138	151	472	108
惠　州	101	133	113	412	152
汕　尾	1432	57	56	177	57
东　莞	202	177	78	2360	346
中　山	128	58	34	469	104
江　门	377	113	98	380	123
阳　江	46	68	64	159	100
湛　江	2011	100	105	312	134
茂　名	349	145	69	261	62
肇　庆	94	164	128	416	175
清　远	79	99	112	252	103
潮　州	176	47	69	150	75
揭　阳	730	111	107	309	71
云　浮	352	63	80	169	48
省　直	1189	296	43		159

4-4 艺术表演团体基本情况(2018年)

指　　标	剧团数（个）	从业人员（人）	国内演出场次（万场次）	农村演出场次	国内观众人次（万人次）	演出收入（千元）
合计	**436**	**12335**	**4.59**	**3.29**	**2522.27**	**396769.00**
按隶属关系分						
#省级	9	1189	0.11	0.05	117.20	73747.00
地市级	25	1661	0.30	0.11	311.11	94346.00
县区级	402	9485	4.18	3.13	2093.95	228676.00
按登记注册类型分						
#国有剧团	71	4211	0.92	0.57	1039.48	201275.00
集体经营剧团						
其他	365	8124	3.67	2.72	1482.78	195494.00
按剧种分						
话剧、儿童剧、滑稽剧团	79	2490	0.71	0.44	312.25	46709.00
歌舞、音乐类	87	2808	0.51	0.15	366.46	136756.00
地方戏曲类	160	5277	2.16	1.95	1451.32	163849.00
杂技、魔术、马戏类	6	194	0.02	0.01	33.70	5789.00
曲艺类	46	614	0.37	0.29	102.69	19258.00
综合性艺术表演团体	57	952	0.81	0.45	255.85	24408.00

4-5 艺术表演场馆基本情况(2018年)

指　　标	合　计	剧场、影剧院	省级	地市级	县、区级
机构数（个）	86	66	2	21	63
从业人员数（人）	3410	1810	122	887	2401
座席数（个）	125513	85445	3185	23670	98658
演(映)出场次（场）	29060	25510	570	3180	25310
#艺术演出场次（场）	5630	3560	460	1890	3270
#艺术演出观众人次（万人次）	455.28	189.60	38.04	114.14	303.10
#财政补助收入	315203	193627	20130	150966	144107
艺术演出收入	513310	175563	14086	68677	430547

4-6 公共图书馆基本情况(2018年)

指　　标		合　计	少儿图书馆	省级	地市级	县、区级
机构数	(个)	143	5	1	27	115
从业人员	(人)	4542	228	296	1742	2504
总藏量	(万册、件)	9547.57	685.17	908.32	4276.77	4362.48
#图书	(万册)	8120.99	648.18	692.12	3835.33	3593.54
报刊	(万册)	529.32	1.96	148.60	198.42	182.30
微缩制品	(万件)	2.78		2.54	0.02	0.21
其他	(万册)	540.80	4.28	0.38	64.11	476.31
本年新购藏量	(万册、件)	847.53	55.96	23.84	395.45	428.25
电子图书	(万册)	6406.08	44.94	0.80	2646.94	3758.34
公用房屋建筑面积	(万米^2)	137.07	4.18	9.03	58.38	69.66
#书库		26.08	0.32	1.88	9.17	15.04
阅览室		43.37	1.63	1.53	19.08	22.77
阅览室座席数	(个)	100006	3138	7790	33688	58528
总流通人次	(万人次)	10517.67	377.87	1241.75	3967.65	5308.27
#书刊文献外借人次		2161.40	108.17	153.40	922.17	1085.83
书刊文献外借册次	(万册次)	7213.22	840.23	353.56	3730.09	3129.57
计算机	(台)	17063	642	932	6512	9619
网站访问量	(页次)	159191714	902683	1064488	139877493	18249733
为读者举办各种活动次数	(次)	22529	4007	451	9167	12911
参加人次	(万人次)	2269.73	166.12	203.20	1299.93	766.59

4-7 文化馆(站)基本情况(2018年)

指　　标		合计	文化馆	文化站
机构数	(个)	1755	145	1610
从业人员	(人)	12259	2456	9803
举办各种活动				
举办展览	(个)	8879	1832	7047
组织文艺活动次数	(次)	62742	12925	49817
举办训练班班次	(次)	69550	29337	40213
训练班培训人次	(万人次)	414	115	299
组织公益性讲座	(次数)	2169	2169	
公共房屋建筑面积	(万米^2)	399.21	67.45	331.76
本年收入合计	(千元)	4078406.00	1188086.00	2890320.00
#财政补助收入		3941143.00	1145844.00	2795299.00
事业收入		2752.00	2752.00	
本年支出合计	(千元)	3304152.00	1154344.00	2149808.00

4-8 对外、对港澳台文化交流情况(2018年)

指　　标	来访/出访批次 (批次)	来访/出访人数 (人)
来访、出访合计	1662	25035
演出	1352	23642
展览	154	700
其他	156	693

4-9 博物馆基本情况(2018年)

指　　标	藏品(件)		举办陈列展览	参观人次	门票收入
	合计	文物藏品	(个)	(万人次)	(千元)
合　计	**1038580**	**560195**	**1655**	**5511.98**	**287842**
综合类	700368	437868	1023	2065.90	9800
历史类	158448	75039	324	2474.31	40701
艺术类	56196	12929	101	313.54	8547
自然科技类	10698		13	51.81	
其　他	112870	34359	194	606.41	228794

4-10 文物商店基本情况(2018年)

指　　标	库存文物 (件/套)	营业成本金额 (千元)	营业收入金额 (千元)
合　计	**225841**	**42106.00**	**41927.00**
省　级	170960	13021.00	12594.00
地市级	54881	29085.00	29333.00
县区级			

4-11 文化市场经营机构综合情况(2018年)

指 标	机构数(个)	从业人员(人)	营业收入(千元)	营业利润(千元)
合 计	**21452**	**221265**	**128283786.0**	**17517302.0**
按城乡分				
城 市	11944	147755	108632850.0	15883694.0
县 城	3846	38530	4870095.0	1128494.0
县以下	5662	34980	14780841.0	505114.0
按经营范围分				
娱乐场所	5259	76401	6725074.0	1055239
互联网上网服务营业场所(网吧)	7392	26399	2195075.0	272812.0
非公有制艺术表演团体	362	8016	392138.0	94857.0
非公有制艺术表演场馆	39	1945	1617855.0	495209.0
经营性互联网文化单位	7142	98415	112101734.0	14237159.0
艺术品经营机构	535	2083	1518798.0	1073987.0
演出经纪机构	723	8006	3733112.0	288039.0

4−12 各市文化市场经营机构综合情况(2018年)

市 别	机构数 (个)	从业人员 (人)	营业收入 (千元)	营业利润 (千元)
合 计	**21452**	**221265**	**128283786**	**17517302**
广州市	2533	25368	5158890	1280292
韶关市	304	2014	122051	17494
深圳市	1653	19501	3085728	-44732
珠海市	384	4557	1809116	1121603
汕头市	404	3654	617707	121944
佛山市	1143	11387	827197	99985
江门市	844	3965	338798	66673
湛江市	633	6955	302589	51542
茂名市	237	2559	165310	19931
肇庆市	62	195	17843	2776
惠州市	714	6156	743280	210510
梅州市	428	2557	143487	35151
汕尾市	368	3588	180882	23670
河源市	216	1322	142341	30891
阳江市	168	1665	115677	17882
清远市	394	2758	212615	24933
东莞市	2236	13626	1277906	151605
中山市	843	4388	369671	1381
潮州市	135	1723	105848	5680
揭阳市	438	3370	313259	29520
云浮市	175	1545	132157	11562
省本级	7140	98412	112101434	14237009

4−13 娱乐场所综合情况(2018年)

项 目	机构数 (个)	从业人员 (人)	营业收入 (千元)	营业利润 (千元)
合 计	**5259**	**76401**	**6725074**	**1055239**
按城乡分				
城 市	1824	33867	3115144	488627
县 城	1476	20355	1670523	315153
县以下	1959	22179	1939407	251459
按经营范围分				
歌舞娱乐场所	4075	72585	6267662	1001281
游艺娱乐场所	1176	3683	449784	53117
其 他	8	133	7628	841

4-14 各市娱乐场所综合情况(2018年)

市　　别	机构数(个)	从业人员(人)	营业收入(千元)	营业利润(千元)
合　计	**5259**	**76401**	**6725074**	**1055239**
广州市	712	11002	934146	173527
韶关市	138	1545	96493	13582
深圳市	630	14681	1408526	107177
珠海市	165	2725	203058	64112
汕头市	164	2831	527467	110480
佛山市	576	8324	557569	78387
江门市	483	2662	259839	57185
湛江市	173	3941	167771	36700
茂名市	88	1810	126009	13311
肇庆市	41	142	12447	1921
惠州市	236	4085	570746	171203
梅州市	173	1606	107544	31946
汕尾市	139	1720	108494	14129
河源市	81	855	90167	18396
阳江市	84	1336	82337	11455
清远市	195	2058	167610	18630
东莞市	485	7506	669453	82095
中山市	335	2956	272616	-621
潮州市	75	1485	98405	6818
揭阳市	178	2137	161111	17549
云浮市	108	994	103266	27257

4-15 互联网上网服务营业场所(网吧)综合情况(2018年)

项　　目	机构数(个)	从业人员(人)	营业收入(千元)	营业利润(千元)
合　计	**7392**	**26399**	**2195075.0**	**272812.0**
按城乡分				
城　市	2164	8382	765856.0	73376.0
县　城	1714	6574	532209	76534.0
县以下	3514	11443	897010.0	122902.0

4−16 各市互联网上网服务营业场所(网吧)综合情况(2018年)

市 别	机构数 (个)	从业人员 (人)	营业收入 (千元)	营业利润 (千元)
合 计	**7392**	**26399**	**2195075**	**272812**
广州市	1208	5024	340458	24743
韶关市	132	400	23089	3559
深圳市	789	2893	432344	45369
珠海市	149	746	117209	22716
汕头市	220	604	48798	7361
佛山市	524	2619	172668	12699
江门市	313	838	41005	4566
湛江市	345	1292	88439	13282
茂名市	127	472	31318	4087
肇庆市	21	53	5396	855
惠州市	418	1802	144913	26898
梅州市	228	618	23233	6323
汕尾市	142	556	38926	5613
河源市	98	145	8155	2751
阳江市	77	267	21870	4717
清远市	174	554	37113	9135
东莞市	1629	5259	458154	59198
中山市	452	1200	78577	6201
潮州市	57	165	6161	326
揭阳市	235	708	53609	3824
云浮市	54	184	23640	8589

4-17 文物业基本情况(2018年)

项目	机构数(个)	从业人员(人)	具有专业资质人数(人)	文物藏品合计(件)	举办陈列、展览(个)	参观人次(万人次)	业务用房(万米2)
合计	**276**	**4716**	**2152**	**1398121**	**1737**	**5829.91**	**145.536**
文物科研机构	4	173	95	57832	1	0.009	1.468
文物保护管理机构	32	275	73	17840	81	317.93	7.075
博物馆	184	3670	1926	1038580	1655	5511.976	129.585
文物商店	3	62	31	225841			1.03
其他文物机构	53	536	27	58028			6.378
省级	7	284	193	357812	33	273.61	8.77
地市级	83	2326	1312	626150	714	3444.534	74.75
县市级	186	2106	647	414159	990	2111.764	62.02

4-18 文化部门文化产业增加值情况(2018年)

项目	总产出(千元)	增加值(千元)	营业盈余(千元)
总计	**14988234**	**8,929,730**	**122024**
艺术业	987006	844,438	22105
其中：艺术表演团体	622049	628,154	2445
艺术表演场馆	364957	216,284	19660
图书馆	3131870	2,197,246	1264
群众文化	2563502	2,159,152	76
艺术教育	269097	219,861	
文艺科研	44465	36,262	
文物业	2367161	1,163,237	3433
其他	5625133	2,309,534	95146

4-19 各市公共图书馆机构数（2013-2018年）

单位：个

市 别	2013	2014	2015	2016	2017	2018
合 计	**137**	**138**	**140**	**142**	**143**	**143**
广 州	14	14	13	13	13	13
韶 关	9	9	9	10	10	10
深 圳	11	11	11	11	11	11
珠 海	3	3	3	3	3	3
汕 头	8	9	9	9	9	9
佛 山	6	6	6	6	6	6
江 门	7	7	7	7	7	7
湛 江	8	8	8	9	9	9
茂 名	5	5	5	5	6	6
肇 庆	9	9	9	9	9	9
惠 州	5	5	5	5	5	5
梅 州	10	10	10	10	10	10
汕 尾	4	4	4	4	4	4
河 源	7	7	7	7	7	7
阳 江	4	4	5	5	5	5
清 远	9	9	10	10	10	10
东 莞	1	1	1	1	1	1
中 山	1	1	1	1	1	1
潮 州	4	4	4	4	4	4
揭 阳	6	6	6	6	6	6
云 浮	5	5	6	6	6	6
省 直	1	1	1	1	1	1

4-20 各市群艺馆(文化馆)机构数（2013-2018年）

单位：个

市　别	2013	2014	2015	2016	2017	2018
合　计	**147**	**147**	**146**	**146**	**146**	**145**
广　州	13	13	12	12	12	12
韶　关	11	11	11	11	11	11
深　圳	8	8	8	8	8	8
珠　海	4	4	4	4	4	4
汕　头	8	8	8	8	8	8
佛　山	7	7	7	7	7	7
江　门	8	8	8	8	8	8
湛　江	11	11	11	11	11	10
茂　名	7	7	7	6	6	6
肇　庆	9	9	9	9	9	9
惠　州	6	6	6	6	6	6
梅　州	9	9	9	9	9	9
汕　尾	6	6	6	6	6	6
河　源	7	7	7	7	7	7
阳　江	5	5	5	5	5	5
清　远	9	9	9	10	10	10
东　莞	1	1	1	1	1	1
中　山	1	1	1	1	1	1
潮　州	4	4	4	4	4	4
揭　阳	6	6	6	6	6	6
云　浮	6	6	6	6	6	6
省　直	1	1	1	1	1	1

4-21 各市博物馆机构数（2013-2018年）

单位：个

市 别	2013	2014	2015	2016	2017	2018
合 计	**175**	**176**	**177**	**177**	**184**	**184**
广 州	30	30	30	29	29	29
韶 关	9	9	9	9	9	9
深 圳	16	16	16	16	16	15
珠 海	2	2	2	2	2	2
汕 头	5	6	6	6	7	7
佛 山	16	16	16	17	17	17
江 门	8	8	8	8	8	8
湛 江	6	6	6	6	8	8
茂 名	6	6	6	6	6	6
肇 庆	7	7	8	8	8	9
惠 州	6	6	6	6	7	7
梅 州	10	10	10	10	10	10
汕 尾	5	5	5	5	5	5
河 源	6	6	6	6	7	7
阳 江	3	3	3	3	3	3
清 远	11	11	11	11	11	11
东 莞	7	7	7	7	7	7
中 山	5	5	5	5	5	5
潮 州	4	4	4	4	6	6
揭 阳	6	6	6	6	6	6
云 浮	5	5	5	5	5	5
省 直	2	2	2	2	2	2

4-22 各市文化站机构数（2013-2018年）

单位：个

市　别	2013	2014	2015	2016	2017	2018
合　计	**1599**	**1599**	**1596**	**1602**	**1610**	**1610**
广　州	161	161	161	167	169	169
韶　关	106	107	107	107	107	107
深　圳	57	57	57	57	61	61
珠　海	24	24	24	24	24	24
汕　头	71	71	71	71	71	71
佛　山	33	32	32	32	32	32
江　门	80	80	79	79	79	79
湛　江	119	119	118	118	120	120
茂　名	109	109	109	109	109	109
肇　庆	104	104	104	104	104	104
惠　州	73	73	73	73	73	73
梅　州	112	112	112	112	112	112
汕　尾	57	57	57	57	57	57
河　源	101	101	101	101	101	101
阳　江	46	46	46	46	46	46
清　远	87	87	87	87	87	87
东　莞	33	33	33	33	33	33
中　山	24	24	24	24	24	24
潮　州	50	50	50	50	50	50
揭　阳	88	88	88	88	88	88
云　浮	64	64	63	63	63	63

4-23 各市公共图书馆公用房屋面积（2013-2018年）

单位：米2

市　别	2013	2014	2015	2016	2017	2018
合　计	**1093662**	**1127730**	**1257580**	**1288770**	**1340190**	**1370660**
广　州	182358	232860	280070	270930	271960	271960
韶　关	24713	28633	28630	29630	29630	26580
深　圳	230582	233274	234500	248420	267280	267030
珠　海	22221	23291	23290	47440	48900	48900
汕　头	39953	43981	43680	43680	45290	46090
佛　山	67827	61103	87820	87820	93600	98070
江　门	32774	32774	33070	33070	46010	46010
湛　江	49582	37360	37360	39360	39360	39360
茂　名	42500	42572	42550	42550	44550	44550
肇　庆	43019	43219	43450	43450	43830	43830
惠　州	46954	41165	43940	44240	44440	44440
梅　州	36024	36024	36020	34980	36280	36280
汕　尾	18995	18995	22580	23000	23000	23000
河　源	11857	11944	43730	43790	47500	47240
阳　江	18328	20172	21670	21670	21670	22150
清　远	28593	34917	34490	34730	36660	36660
东　莞	53654	53654	53650	53650	53650	53650
中　山	2363	2363	2360	1760	1760	1760
潮　州	9052	9052	9050	9050	9270	37570
揭　阳	27782	27782	27780	27780	27780	27780
云　浮	13911	13911	17610	17490	17490	17490
省　直	90620	78684	90280	90280	90280	90280

4-24 各市群艺馆(文化馆)公用房屋面积（2013-2018年）

单位：米²

市别	2013	2014	2015	2016	2017	2018
合计	**574537**	**599642**	**718350**	**687970**	**682680**	**674500**
广州	68650	68195	68050	65450	66530	71020
韶关	21832	20904	27490	26850	26630	29860
深圳	128604	130604	215270	136470	123420	114070
珠海	11520	15673	15670	41330	41330	41330
汕头	16553	24950	24950	24950	24440	24950
佛山	72466	73416	82240	82240	86880	71810
江门	30367	31867	33870	33870	33170	40570
湛江	20625	20108	21610	24660	24660	24660
茂名	15730	16730	18990	16270	16270	16270
肇庆	24303	27338	27070	27070	31210	31210
惠州	23087	22923	22920	22920	22920	22920
梅州	19013	19313	23210	23210	23210	23210
汕尾	6757	6846	11250	11250	11250	11250
河源	17492	17492	20370	20370	19720	19720
阳江	16630	17530	17530	17530	17530	17530
清远	20761	26406	28410	25550	25550	25550
东莞	5550	5550	5550	24300	24300	24300
中山	7192	7192	7190	7190	7190	7190
潮州	11219	11219	11220	13300	13300	13300
揭阳	16400	15600	15700	15900	15900	15900
云浮	17998	17998	18000	18000	8000	18600
省直	1788	1788	1790	9290	9290	9290

4-25 各市博物馆公用房屋面积（2013-2018年）

单位：米²

市别	2013	2014	2015	2016	2017	2018
合计	**1063988**	**1099668**	**1126490**	**1179930**	**1282430**	**1295850**
广州	192759	207391	207390	225010	1052740	234260
韶关	30963	30674	37230	37920	37920	37920
深圳	122765	120975	121280	157700	191290	199210
珠海	10788	10788	10750	10750	10750	10750
汕头	29517	46501	46500	47750	48720	49720
佛山	84985	108408	108120	120670	116670	116990
江门	33233	33233	33230	33230	78300	72760
湛江	67153	67849	67850	67840	68160	68160
茂名	24606	24606	24810	24810	24810	24810
肇庆	19333	19333	31530	34420	34420	34420
惠州	35426	35420	35470	32880	36020	33020
梅州	50662	50782	53150	53150	53150	53950
汕尾	6459	11406	12610	12610	12610	12610
河源	14790	15080	15080	22170	24580	24580
阳江	22609	22609	22610	22610	25060	25060
清远	39204	32778	33050	33050	36850	36850
东莞	90533	73632	73630	51160	57930	65320
中山	28834	28834	28830	28830	28830	28830
潮州	27383	27383	27380	27380	29470	29470
揭阳	48935	48935	48940	48940	49090	49090
云浮	14071	14071	14070	14070	15070	15070
省直	68980	68980	72980	72980	73040	73040

4-26 各市文化站公用房屋面积（2013-2018年）

单位：米²

市别	2013	2014	2015	2016	2017	2018
合计	**2993946**	**3063456**	**3176100**	**3236300**	**3268340**	**3317640**
广州	433823	432554	431590	457610	463530	459290
韶关	72809	75991	78330	80020	80650	80780
深圳	250828	251866	245860	241040	267670	300320
珠海	68975	69205	70950	73050	75830	75880
汕头	79620	155916	156060	157980	143400	158460
佛山	235803	236379	322370	323950	323950	323830
江门	111314	115063	124610	130610	130870	137950
湛江	134915	141230	136020	146600	142540	138590
茂名	95888	125508	126700	126970	128340	111110
肇庆	99448	113187	124490	124850	125920	130430
惠州	160206	157258	158100	156740	148290	147470
梅州	109948	136719	139700	140500	140160	140000
汕尾	28207	33356	36990	36990	36990	36990
河源	61116	62075	69460	69750	70570	72010
阳江	41080	45167	47280	47800	48270	48510
清远	44639	66948	72640	75880	81610	83220
东莞	629507	470758	470760	480660	495550	506920
中山	146754	163590	163700	161890	162070	162070
潮州	44074	44977	44980	46450	45090	46580
揭阳	82784	86601	86550	87730	87730	87930
云浮	62208	79108	68960	69230	69310	69310

4-27 各市人均拥有公共图书馆藏书册数（2013-2018年）

单位：册

市 别	2013	2014	2015	2016	2017	2018
合 计	**0.57**	**0.59**	**0.65**	**0.72**	**0.78**	**0.84**
广 州	1.08	1.77	1.84	1.95	1.45	1.61
韶 关	0.40	0.48	0.57	0.62	0.65	0.73
深 圳	1.28	1.26	1.37	1.62	1.64	1.65
珠 海	0.73	0.90	0.97	0.98	1.06	1.08
汕 头	0.25	0.26	0.26	0.27	0.32	0.34
佛 山	0.49	0.51	0.57	0.66	0.74	0.79
江 门	0.49	0.48	0.51	0.53	0.58	0.67
湛 江	0.19	0.20	0.21	0.21	0.23	0.27
茂 名	0.17	0.17	0.19	0.20	0.26	0.28
肇 庆	0.45	0.50	0.51	0.54	0.61	0.64
惠 州	0.31	0.36	0.37	0.44	0.48	0.50
梅 州	0.34	0.37	0.38	0.41	0.45	0.47
汕 尾	0.09	0.09	0.10	0.10	0.11	0.26
河 源	0.20	0.20	0.29	0.43	0.50	0.58
阳 江	0.29	0.31	0.35	0.37	0.41	0.44
清 远	0.40	0.30	0.35	0.35	0.41	0.51
东 莞	0.30	0.28	0.31	0.32	0.34	0.36
中 山	0.42	0.48	0.53	0.58	0.70	0.76
潮 州	0.18	0.18	0.20	0.21	0.22	0.34
揭 阳	0.16	0.17	0.17	0.18	0.20	0.21
云 浮	0.34	0.34	0.40	0.42	0.46	0.49

注：人均藏书册数按常住人口计算。

4-28　各市公共图书馆人均购书费（2013-2018年）

单位：元

市　别	2013	2014	2015	2016	2016	2017	2018
合　计	**1.74**	**1.74**	**2.18**	**2.70**	**29650.80**	**2.94**	**2.92**
广　州	4.68	6.99	6.43	8.86	7376.00	6.44	5.53
韶　关	0.86	1.16	1.14	1.25	369.90	0.68	1.30
深　圳	2.57	4.17	6.78	7.75	9223.50	7.84	8.03
珠　海	3.11	3.52	4.23	4.70	787.50	4.36	3.92
汕　头	0.14	0.23	0.26	0.19	107.50	0.86	0.52
佛　山	2.12	1.83	2.39	2.60	1943.20	3.09	3.68
江　门	0.59	0.72	0.81	0.84	379.60	0.92	1.18
湛　江	0.20	0.11	0.21	0.20	148.80	0.47	0.58
茂　名	0.21	0.24	0.14	0.11	65.00	0.20	0.56
肇　庆	0.47	0.72	1.12	0.50	203.30	1.29	0.80
惠　州	0.79	0.54	0.82	0.49	233.80	1.19	0.84
梅　州	0.40	0.36	0.90	0.47	204.20	0.81	0.60
汕　尾	0.36	0.08	0.09	0.07	21.10	0.20	2.92
河　源	0.08	0.08	2.33	3.49	1076.60	0.64	0.97
阳　江	0.43	0.52	0.90	1.08	272.10	1.79	1.58
清　远	1.10	0.30	0.31	0.46	177.70	1.10	1.15
东　莞	0.96	1.01	0.90	0.86	708.00	0.98	0.95
中　山	1.00	0.37	1.43	2.80	904.00	5.50	5.32
潮　州	0.13	0.15	0.17	0.17	45.90	0.19	3.82
揭　阳	0.13	0.16	0.16	0.34	209.40	0.47	0.35
云　浮	0.27	0.16	0.24	0.51	127.70	0.45	0.53

注：人均购书经费按常住人口计算。

4-29 各市文化文物事业费（2013-2018年）

单位：万元

市别	2013	2014	2015	2016	2017	2018
合计	**514713**	**556973**	**680475**	**837741**	**1046025**	**1264101.7**
广州	105527	123343	147192	183838	228049	251704
韶关	9073	8093	9532	14017	14232	15746.4
深圳	101450	117283	132582	157902	234416	299189.4
珠海	17989	16687	32091	51084	57525	46330.2
汕头	7236	8360	11766	14307	21020	25410.2
佛山	33589	38072	46428	56148	74613	91176.7
江门	11797	11730	13394	17487	21672	30548.2
湛江	8042	6688	10938	10813	11281	103226.3
茂名	3842	5041	5260	5785	7223	12676.1
肇庆	10854	11823	11612	17154	17833	19583
惠州	18340	19313	32425	30762	36680	31956.4
梅州	9164	12803	14496	20500	20367	17528.1
汕尾	3235	3927	7137	6922	7155	11634.2
河源	4428	5920	10516	10172	12828	14815.8
阳江	4134	6190	6209	13404	9374	10344
清远	8039	8115	9338	14149	15575	18696.9
东莞	60067	57004	64717	77358	94633	99267.2
中山	17577	18714	19334	22429	33805	28908.1
潮州	3724	4337	6247	8846	12503	16944.3
揭阳	4449	4596	5759	6762	7877	8400.3
云浮	4781	5305	5733	6490	8552	6141
省直	67376	63632	77769	91413	98813	103874.9

4-30 历年文化文物事业机构数

单位：个

年 份	艺术表演团体（公有制）	艺术表演场所	博物馆	公共图书馆	群众艺术馆、文化馆	文化站
1978	172	7	30	76		15
1979	197	47	25	86	2	1650
1980	195	42	26	97	13	1766
1981	190	40	36	103	14	1802
1982	190	38	45	108	13	1880
1983	186	39	61	108	15	1966
1984	178	38	87	114	15	2006
1985	171	38	106	117	15	1989
1986	159	96	106	117	15	2046
1987	155	92	106	118	16	2046
1988	131	83	101	100	16	1753
1989	131	82	101	102	19	1788
1990	130	83	106	103	20	1809
1991	122	78	107	104	20	1839
1992	125	80	108	108	20	1920
1993	126	81	108	110	20	1957
1994	132	78	111	111	20	1927
1995	134	79	113	114	21	1957
1996	136	69	114	115	137	1878
1997	138	75	117	119	139	1923
1998	139	76	122	120	139	1913
1999	140	76	128	121	139	1902
2000	138	76	131	125	140	1902
2001	139	69	140	129	140	1868
2002	141	71	140	131	142	1802
2003	144	70	144	129	139	1700
2004	140	69	143	128	141	1601
2005	139	68	146	129	139	1586
2006	138	67	147	129	142	1589
2007	128	46	153	130	143	1597
2008	127	48	152	132	143	1600
2009	119	45	152	133	145	1594
2010	111	44	164	133	144	1594
2011	89	40	161	134	154	1596
2012	58	28	168	137	145	1599
2013	75	45	175	137	147	1599
2014	72	44	176	138	147	1599
2015	72	66	177	140	146	1596
2016	72	75	177	142	146	1602
2017	74	83	184	143	146	1610
2018	74	86	184	143	145	1610

4-31 历年公共图书馆业务活动情况

年 份	机构数 (个)	总藏量 (万册、件)	书 刊	总流通 人次 (万人次)	外借人次	书刊文献 外借册次 (万册次)	发放借 书证数 (万个)
1986	117	1096	1096	804		928	37
1990	103	1261	1261	903		1441	50
1991	104	1327	1319	1241	480	663	49
1992	108	1408	1396	1452	478	607	32
1993	110	1494	1479	1432	469	619	36
1994	111	1591	1570	1631	527	666	43
1995	114	1651	1633	1447	504	687	49
1996	115	1860	1840	1500	586	858	35
1997	119	1901	1879	1634	660	983	42
1998	120	2027	2000	1857	737	1142	45
1999	121	2088	2051	2026	734	1136	44
2000	125	2330	2296	2517	840	1234	44
2001	129	2239	2186	2505	880	1236	89
2002	131	2300	2227	2627	992	2843	119
2003	129	2498	2431	2635	1032	3132	129
2004	128	2740	2637	3021	1021	1636	141
2005	129	3119	3059	3543	1511	2037	144
2006	129	3454	3316	4695	1777	3097	173
2007	130	3698	3540	3819	1115	1851	190
2008	132	3995	3904	4101	1173	2081	209
2009	133	4367	4112	4565	1238	2536	245
2010	133	4615	4336	4540	1166	2267	258
2011	134	5890	4713	6072	1329	2618	300
2012	137	6567	5096	6418	1459	3070	342
2013	137	6101	5629	7357	1588	3499	410
2014	138	6367	5997	7657	1698	3848	438
2015	140	7008	6616	7855	1697	4377	524
2016	142	7900	7229	8335	1954	5219	620
2017	143	8708	7958	9147	2111	6851	680
2018	143	9548	8730	10518	2161	7213	747

注：1.表中1986年数包括海南行政区。
2.书刊是指古籍、报刊、图书。

4-32 历年群众文化事业业务活动、经费收支及设施情况

年 份	机构数（个）	举办展览个数（个）	组织文艺活动次数（次）	举办培训班次（次）	藏 书（万册）
1986	152	839	2151	1290	34
1990	145	724	2338	1808	27
1991	142	668	3472	2235	17
1992	146	833	2634	1846	20
1993	184	665	2902	2197	27
1994	948	1279	4093	3247	94
1995	1100	1619	5377	3949	15
1996	2015	5228	18031	10811	619
1997	2062	6304	21200	10734	826
1998	2052	5778	21327	13802	891
1999	2041	7076	21327	10941	1237
2000	2024	6918	22969	11932	1066
2001	2008	6523	22980	13611	1025
2002	1944	6569	22099	13218	1085
2003	1839	6997	21824	13190	1243
2004	1742	6609	23658	14735	1274
2005	1725	7228	23132	14288	1309
2006	1731	7392	25285	19613	1464
2007	1740	7268	34004	17924	1536
2008	1743	7760	30555	20817	1630
2009	1739	7536	29983	27522	1735
2010	1738	7399	32382	29041	1751
2011	1740	7930	37970	29590	1963
2012	1744	7627	38842	30198	2162
2013	1746	8176	41121	31158	2335
2014	1746	7979	47791	45111	2433
2015	1742	8199	50270	45679	2650
2016	1748	8758	57166	52333	2817
2017	1756	8774	56705	62429	2904
2018	1755	8879	62742	69550	

4-32 续表

年 份	收入合计(万元)	财政补助收入	支出合计(万元)	业务费	公用房屋建筑面积(万米^2)
1986	192		912	241	9
1990	414		1478	303	19
1991	1990	1250	1846	441	13
1992	2500	1448	2198	425	15
1993	3676	2064	3108	786	15
1994	5312	2854	4864	943	46
1995	6714	3514	5937	1028	26
1996	17187	5551	17005	3086	138
1997	21005	6847	20497	3123	140
1998	24696	8757	25189	3505	159
1999	27976	11805	27814	3687	180
2000	26414	12113	27213	4626	193
2001	27827	14671	26853	4406	193
2002	32250	18455	32677	4420	207
2003	43554	25682	42018	6161	288
2004	49354	31799	47538		232
2005	61089	40125	57669		238
2006	72577	47583	69416		235
2007	79486	56138	76499		261
2008	85678	64876	84031		284
2009	92396	75038	89841		278
2010	109816	85211	101362		270
2011	129786	116226	137740		332
2012	154069	136560	150638		346
2013	166169	143041	161075		357
2014	173539	152669	170951		366
2015	203182	181570	193291		389
2016	243539	221674	230000		392
2017	281003	265738	279593		395
2018	407841	394114	330415		399

4-33 历年博物馆业务活动情况

年份	机构数(个)	藏品数(件)	文物藏品一级品	参观人次(万人次)	外宾人次	未成年人次
1985	106	342909	1470	633		
1986	106	354569	1573	688		
1990	106	412249	1708	666		
1991	107	418321	1448	715	88	
1992	108	444682	1443	1198	98	
1993	108	461828	1565	594	84	
1994	111	459243	952	562	69	
1995	113	458864	1062	550	47	
1996	114	466919	1105	655	47	
1997	117	464157	1353	732	39	
1998	122	463131	1180	703	24	
1999	128	472204	1491	731	31	
2000	131	490948	1843	822	39	
2001	140	492298	1174	839	43	266
2002	140	530249	1200	866	46	223
2003	144	542982	1195	826	17	132
2004	143	592570	1136	1002	27	303
2005	146	662177	1120	1036	47	288
2006	147	712703	1163	1071	47	281
2007	153	703627	1172	1130		249
2008	152	710814	1186	1251		297
2009	152	828060	1296	1891		488
2010	164	807102	1289	2457		521
2011	161	838181	1321	2761		562
2012	168	982169	1318	3204		618
2013	175	996706	1362	3599		782
2014	176	1080018	1352	4021		904
2015	177	958465	1353	4252		912
2016	177	953330	1374	4727		1082
2017	184	1004848	1414	5111		1370
2018	184	1038580	1414	5512		1448

主要统计指标解释

文化机构 是指专门从事文化工作并具有法人资格，独立核算的事业、企业单位以及单独核算，附属于事业单位的经营性专业文化活动单位。包括从事艺术、图书馆、群众文化、文物管理、文化艺术教育、娱乐等机构以及其他文化机构。

艺术表演团体 是指从事戏曲、音乐、舞蹈、杂技等专业艺术表演，具有独立账户，实行单独核算的团体，不包括半工半艺、半农半艺和民间职业剧团。

艺术表演场所 是指由各级文化主管部门、文化单位和其他部门(除部队系统外)举办的，具有观众厅、舞台、灯光设备，经常供专业艺术表演团体演出，并在工商、税务部门登记，公开售票的营业场所。

图书馆 是指通过文献、信息的收集、整理、存储和利用，为社会读者服务的文化、教育与科学机构。

图书馆总藏量 是指本馆已编目的古籍、图书、期刊和报纸的合订本、小册子、手稿以及缩微制品、录像带、录音带、光盘等视听文献资料数量之和。

文物机构 包括文物管理机构、博物馆(综合类博物馆、历史类博物馆、艺术类博物馆、自然科技类博物馆及其他博物馆)和文物店的文物专业机构。

藏品 藏品是文博机构根据收藏品的文化属性、自然属性等情况，所划分的文物藏品、模型藏品(含具有收藏、展示价值的雕塑、绘画等艺术作品)和复制品藏品的总和。

五、劳动就业和社会保障

简要说明

1．本篇资料主要反映广东省劳动就业和社会保险的基本情况。

2. 本篇资料主要包括：

(1)劳动合同签订情况，劳动争议仲裁情况，职业介绍情况，就业和失业情况，基本养老、职工医疗、失业、工伤、生育保险情况以及社会保险基金收入、支出、结余等情况。

(2)地区全省 21 个地级以上市。

(3)年份主要为 2013—2018 年数据。

3．统计资料来源：本篇资料由广东省人力资源和社会保障厅、广东省社会保险基金管理局、广东省医疗保障局负责整理、审核、提供。

以人为本促和谐　社会保障谱新篇

——新中国成立70周年广东经济社会发展成就系列报告

新中国成立70年，在党的坚强领导下，广东把社会保障体系建设摆在更加突出的位置，坚持全覆盖、保基本、多层次、可持续的方针，以底线民生保障建设为重点，不断健全覆盖城乡居民的社会保障体系，社会保险规模日益壮大，社会保障受益人群持续增加，社会保障待遇、服务水平不断提高，社会保障事业取得重大成就。

一、社会保障基本实现制度和人群全覆盖

新中国成立70年来，特别是上世纪90年代以来，广东改变原有单一的社会救助、社会优抚安置等低层次或者只面向少部分特殊群体的社会保障局面，积极探索、推进多层次的社会保障制度建设，社会保险在社会保障体系中逐渐居于核心的地位。1993年，广东省政府发布《广东省职工社会养老保险暂行规定》，开始构建社会统筹与个人账户相结合的社会养老保险制度，1998年9月，广东省第九届人大常委会第五次会议审议通过《广东省社会养老保险条例》。按照国家统一部署，我省于2009年、2011年先后启动新型农村社会养老保险（简称新农保）、城镇居民社会养老保险（简称城居保）试点，2012年实现制度和人群全覆盖。2013年，省政府下发《广东省城乡居民社会养老保险实施办法》，整合新农保、城居保两项制度，在全省建立统一的城乡居保制度，养老保险基本实现制度全覆盖和人群全覆盖。2014年7月，修订发布《广东省城乡居民基本养老保险实施办法》，进一步完善基本养老保险政策制度。医保方面，广东率先在2012年整合城镇居民医保和新农合制度，全面实现居民医保城乡统筹，探索建立重特大疾病保险制度,实现城乡居民医保公共服务均等化。1998年12月，省政府发布《广东省失业保险规定》，2002年7月，省人大九届常委会第三十五次会议审议通过《广东省失业保险条例》，在制度上实现失业保险的全面覆盖，同时在全国率先将失业人员的医疗保障纳入待遇范围。2013年11月21日，省第十二届人大常委会第五次会议修订通过《广东省失业保险条例》。2011年修订《广东省工伤保险条例》，广东率先建立预防、康复、补偿“三位一体”的工伤保险制度。

二、底线民生生活保障制度不断完善

新中国成立初期，广东优抚对象的烈军属大部分都是贫雇农等群体，其在革命战争时期遭受迫害，困难较多，需救济者甚多。各级人民政府号召并发动群众、组织学校的学生帮助烈军属耕种。从1951年至1953年，全省每年约有65万至75万个劳动力参加代耕组。1954年在全省推行优待劳动工分制度，保证优抚对象的生活不低于一般社员的生活水平。进入有计划的经济建设时期后，广东在做好救灾和社会救济的同时，开始建立和发展社会福利事业，继续加强优抚和复员安置等工作，许多地方还兴办残废军人、复员军人疗养院、烈属养老院等各种优抚事业单位。在农村地区，以集体福利事业办好人民公社的敬老院和公共食堂，对丧失或基本丧失劳动能力、生活没有依靠的老、弱、残、疾社员推行保吃、保穿、保烧、保医、保葬的

"五保"制度。在城镇范围，发展社会福利生产，兴办街道工业，组织城镇烈军属和贫困户参加生产。"文革"之后，广东各项优抚安置、社会福利、社会救助等相继得到恢复和发展。1980 年底，全省有社会福利收养性事业单位 463 个，同期的收养人数分别为 6091 人；1980 年底，全省已有优抚收养性事业单位 28 个，同期的收养人数依次为 697 人次。1985 年集体办单位占 15%、国家办的占 85%，2003 年集体办单位占 84%、国家办的占 16%，从 2004 年起优抚收养性事业单位均为国家办，优抚收养性事业单位的组成结构发生重要变化。

近年来,广东不断完善底线民生的低保制度，稳步提高低保标准，逐步扩大惠及群众范围，公共财政日益注重惠及社会困难群体，"兜底线"功能日益显现。2011 年底，广东将家庭年人均收入低于 1500 元的城乡群众都纳入最低生活保障范围。2013 年底，省政府制定《关于提高我省底线民生保障水平的实施方案》，明确底线民生工作重要内容。2014 年省政府工作报告提出将提高底线民生保障水平列为省十件民生实事之首。广东城乡居民最低生活保障人数从 2000 年的 38 万人增加到 2018 年的 141.1 万人；城市居民最低生活保障支出从 2000 年的 1.15 亿元上升到 2018 年的 14.53 亿元，增长 11.6 倍；农村居民最低生活保障支出从 2000 年的 0.79 亿元增加到 2018 年的 47.82 亿元，增长 59.5 倍。五保户供养总支出从 1978 年的 0.06 亿元上升到 2018 年的 23.23 亿元，增长 385 倍。广东民政事业费支出从 2000 年的 14.45 亿元逐步增加到 2018 年的 263.11 亿元。广东公共财政日益注重惠及社会困难群体，底线民生生活保障制度不断完善。

三、社会保险覆盖面不断扩大

社会保障基金规模稳居全国首位。随着覆盖城乡的社会保险体系建设不断推进，社会保险费征缴收入稳步增加，社会保险覆盖面不断扩大，各险种基金收入、支出、基金结余均保持较快增长，收入大于支出，累计结余稳居全国首位。2018 年，全省社会保险基金收入 7466 亿元，支出 5159 亿元,滚存结余 15481 亿元，比 2010 年期末累计结余增加 15219 亿元。各险种累计结余均比 2010 年有大幅度增加，保障各项社会保险基金支付的可持续性，基金规模稳居全国首位。

截至 2018 年底，全省参加城镇职工基本养老保险 4920 万人，城镇职工医疗保险 4171 万人，失业保险 3362 万人，工伤保险 3592 万人，生育保险 3495 万人，分别比 2010 年增加 1705 万人、1171 万人、1712 万人、934 万人、1457 万人。2018 年城乡居民基本养老保险参保 2656 万人,比 2010 年增加 2147 万人。农村新型合作医疗制度建设从无到有，进展快速；城镇居民基本医疗保险从低水平起步，着眼于保障基本的医疗需求。至 2012 年底，全省统一的城乡居民基本医保制度已覆盖除职工基本医保制度应参保人员以外的省内其它城乡居民。2018 年，广东城乡居民基本医疗保险参保人数 6445 万人,比 2010 年增加 4402 万人。

四、社会保险受益人群持续增加

2018 年，广东享受城镇职工基本养老保险离退休待遇人数、符合领取城乡居民基本养老保险待遇人数、领取失业保险待遇人数分别为 637 万人、1015 万人、41 万人，比 2010 年增加 297 万人、860 万人、20 万人；享受城镇职工基本医疗保险待遇 18352 万人次数，比 2010 年增加 11178 万人次；享受生育保险待遇人数 189 万人次，增加 165 万人次。

广东采取各种措施，积极解决早期离开国企人员、离开机关事业单位人员、下乡知青等群体的养老保障问题。"十二五"时期，广东解决 105 万名困难企业退休人员医保和 2.5 万名国有企业老工伤人员待遇保障问题。政府财政全额资助低保对象、丧失劳动力残疾人、低收入家庭60岁及以上老年人、未成年人、五保户等特殊群体参加居民医保，补助标准逐年提高。2018年，广东共投入“两项补贴”资金26亿元，直接惠及残疾人113万人次，保障残疾人基本生活。完成贫困重度残疾人家庭无障碍改造任务12579户，为24571名残疾人机动轮椅车车主发放燃油补贴。全省226893名纳入建档立卡的贫困残疾人中，179454名达到脱贫标准。

五、社会保障待遇稳步提高

社会保障待遇水平稳步提高。改革开放以来，随着社保基金征缴标准提高、政府财政投入持续增加，广东社会保障待遇水平稳步提高。2005年以来，广东严格按照国家统一部署，连续10多年调整提高企业退休人员基本养老金。2015年基本养老金年度调整后，全省月人均养老金提高至2400元，超出“十二五”规划目标的20%。2017年继续调整提高，总体调整水平按照2016年全省企业和机关事业单位退休人员月人均基本养老金的5.5%左右确定。广东连续第14年提高工伤伤残津贴标准，2017年全省人月均伤残津贴3270元，从2018年1月1日起统一调整全省工伤伤残津贴，调整比例按照2017年全省月人均伤残津贴的6.5%左右确定。广东城乡居民基本养老保险基础养老金最低标准也逐年提升，2018年提高到148元；2019年1月1日起，最低标准提高到170元，比2010年增加115元，增长209%，惠及全省约982万60周岁以上城乡老年居民。财政对医保的支持力度稳步加大，居民医保各级财政补助资金提高到每人每年 490 元。全省医疗保障能力和公平性显著提升，全省职工医保和居民医保政策范围内报销比例分别为87%、76%，年度最高支付限额分别为74万和62万。2018年城市居民最低生活保障人均支出8379.5元，是2010年的4.3倍；农村居民最低生活保障人均支出3864.1元，是2010年的4.3倍；五保户供养人均支出10551.6元，是2010年的5.0倍。

六、社会保障公共服务能力明显提高

社会保障公共服务能力和水平不断提高。广东采取各种措施积极解决早期离开国企人员、下乡知青等群体的养老保障问题，实现养老保险制度全覆盖。养老保险统筹层次不断提高，居民医保城乡统筹全面实现，全省社保实现联网，参保人员社保关系转移顺畅。省、市二级管理、结算，县（区）、乡镇（街道）、社区（村）三级服务的社会保险管理服务网络进一步健全，集中式社会保障一体化信息项目不断推进,社会保障卡发行、应用和退休人员社会化管理等服务加快推进。截至2018年底，社会保障卡累计持卡人数达到10305万人，企业退休人员社区管理服务率达到89.1%。2018年广东5万多名建档立卡贫困疑似残疾人信息得以核实，广东积极落实重度残疾人养老保险、残疾人危房改造、无业重度残疾人按单人户纳入低保等工作。

新中国成立70年来，社会保障事业改革步伐加快，推动社会保障事业从快速扩展向高质量发展，进入新时代，广东将继续秉持共建共享发展新理念，加快社会保障事业发展，使南粤人民的获得感、幸福感、安全感更加充实、更有保障、更可持续，为广东努力实现“四个走在全国前列”、当好“两个重要窗口”提供坚实支撑。

撰稿：陈东清　周史彦　杨佳烨　陈大伟　刘梓君　彭小群

5-1 劳动人事争议仲裁情况(2018年)

项　目		合计	国有企业	集体企业	港澳台及外资企业	私营企业	机关	事业单位	社会团体	军队文职人员单位聘用	其他
上年末结争议案件数	(件)	6971	70	27	413	5249	18	66	19	1	1108
当期立案受理情况											
立案受理案件总数	(件)	119475	999	193	10845	86668	357	1275	119	22	18997
集体劳动争议	(件)	3149	15	10	254	2361	3	46	2		458
劳动者申诉	(件)	117098	982	193	10563	85023	356	1262	117	22	18580
按争议类型分											
劳动报酬	(件)	50584	273	54	2184	38540	39	109	38	4	9343
社会保险	(件)	11467	59	25	1177	8501	8	51		2	1644
确认劳动关系	(件)	7105	212	47	834	5209	42	93	5	1	662
解除、终止劳动合同	(件)	39135	315	44	5660	26438	252	915	58	10	5443
履行聘用合同	(件)	14					1	13			
解除人事关系	(件)	11					2	9			
其他	(件)	11159	140	23	990	7980	13	85	18	5	1905
立案受理案件涉及劳动者人数	(人)	204174	1303	849	24394	144696	393	1975	365	22	30177
集体劳动争议	(人)	85910	311	665	13369	58825	34	733	247		11726
案件处理情况											
结案数	(件)	117124	1008	203	10768	84446	365	1290	119	23	18902
按处理方式分											
仲裁调解	(件)	52585	306	72	4648	38627	270	872	73	6	7711
仲裁裁决	(件)	58690	658	121	5745	42026	90	390	39	16	9605
其他	(件)	5849	44	10	375	3793	5	28	7	1	1586
按处理结果分											
用人单位胜诉	(件)	10770	319	44	1482	7236	38	89	6	6	1550
劳动者胜诉	(件)	22201	95	26	2003	16981	19	93	8	2	2974
双方部分胜诉	(件)	60021	484	99	5256	42654	177	597	52	12	10690
其他	(件)	24132	110	34	2027	17575	131	511	53	3	3688
期末累计未结案数	(件)	9322	61	17	490	7471	10	51	19		1203
案外调解案件数	(件)	171316	825	1107	17469	135412	378	569	97	15	15444

5-2 各市职业技能鉴定综合情况(2013—2018年)

市别	期末职业技能鉴定机构（个）					
	2013	2014	2015	2016	2017	2018
合计	**557**	**563**	**554**	**575**	**455**	**423**
广州	94	94	95	93	57	54
深圳	51	51	51	52	52	24
珠海	7	7	8	7	10	9
汕头	7	7	7	7	6	5
佛山	26	19	28	35	33	32
韶关	12	13	12	11	8	10
河源	12	12	11	15	15	16
梅州	14	14	15	15	15	15
惠州	23	25	27	25	25	25
汕尾	6	6	6	6	7	6
东莞	7	11	7	15	15	15
中山	8	11	8	10	10	9
江门	20	21	17	21	22	22
阳江	10	10	7	7	9	9
湛江	16	17	17	17	17	17
茂名	11	11	10	10	10	10
肇庆	20	20	19	21	22	21
清远	11	12	14	15	15	15
潮州	10	10	10	10	8	8
揭阳	15	16	14	16	16	16
云浮	12	12	12	10	11	11
省直	165	164	159	157	72	74
珠三角	256	259	260	279	318	285
东翼	38	39	37	39	37	35
西翼	37	38	34	34	36	36
山区	61	63	64	66	64	67

5-2 续表1

市别	本期参加鉴定考核(人)					
	2013	2014	2015	2016	2017	2018
合计	**1747737**	**1655521**	**1683826**	**1312832**	**1045362**	**742270**
广州	360743	347785	284727	259881	192331	125101
深圳	61311	70205	82173	52244	93698	34280
珠海	21232	20689	26757	17978	14310	12274
汕头	18388	21997	15245	6890	7494	7848
佛山	96853	60349	72157	66362	49022	50080
韶关	48861	29674	33427	18255	18877	11882
河源	25318	21462	20239	29521	9533	6586
梅州	47203	22156	29644	33261	16254	15440
惠州	36105	46824	36014	30217	23234	18103
汕尾	5512	5489	3042	6762	15493	10548
东莞	22720	27812	52345	52932	23959	21062
中山	27653	23648	33340	24516	18982	12763
江门	45826	35631	43943	42327	27424	20203
阳江	37883	10962	5409	4936	7813	10321
湛江	49996	43932	42957	40734	32221	25319
茂名	46116	23912	34215	23905	32467	28373
肇庆	41618	20521	34636	36971	33362	20246
清远	29981	45643	58955	40403	23738	20037
潮州	13409	15188	15887	15048	6486	4516
揭阳	21236	17835	9019	10554	19241	9236
云浮	37050	52108	9527	17620	12930	8984
省直	652723	691699	740168	481515	366493	269068
珠三角	714061	653464	666092	583428	476322	314112
东翼	58545	60509	43193	39254	48714	32148
西翼	133995	78806	82581	69575	72501	64013
山区	188413	171043	151792	139060	81332	62929

5-2 续表2

市别	本期获取职业资格证书(人)					
	2013	2014	2015	2016	2017	2018
合计	**1352527**	**1234363**	**1156563**	**867702**	**649818**	**445885**
广州	298792	283719	219693	202142	149279	96089
深圳	26755	29907	32613	29758	39876	19389
珠海	17692	16630	18886	11361	9273	7274
汕头	15357	17962	12422	4903	5390	5250
佛山	74418	34478	42107	42120	32558	32579
韶关	42007	23329	24021	15379	16005	9169
河源	21388	16243	13458	18562	5702	4514
梅州	41951	18987	19751	25885	11833	11391
惠州	30728	41469	31997	20550	16277	10612
汕尾	4466	4486	2191	5647	12915	8536
东莞	15188	20777	37010	37200	15815	12956
中山	25011	21010	27867	18081	15658	10860
江门	38322	27192	30031	24659	18733	12504
阳江	33745	9305	3505	2959	5133	6163
湛江	43467	37949	37238	35137	25362	17477
茂名	34588	18925	25823	16100	23420	19095
肇庆	37142	18395	26888	25413	21783	12841
清远	26726	37733	39407	25110	14794	10703
潮州	11698	13678	13995	12386	5276	3551
揭阳	19067	15529	7580	8862	15755	7539
云浮	31506	44129	7778	14382	10354	6472
省直	462513	482531	482302	271106	178627	120921
珠三角	564048	493577	467092	411284	319252	215104
东翼	50588	51655	36188	31798	39336	24876
西翼	111800	66179	66566	54196	53915	42735
山区	163578	140421	104415	99318	58688	42249

5-3　各市就业再就业进展情况(2013-2018年)

市　别	城镇新增就业人数					
	2013	2014	2015	2016	2017	2018
合　计	**1645396**	**1596011**	**1555421**	**1470549**	**1488981**	**1476511**
广　州	536170	495003	432578	427346	413825	407783
深　圳	84342	93010	96930	103117	100844	109174
珠　海	43308	45876	47585	46968	46923	47095
汕　头	61644	61026	60615	54806	61845	53923
佛　山	90961	82363	82699	80852	85918	85741
韶　关	53904	51754	51410	34846	35001	33414
河　源	49050	41643	42755	40587	43453	45839
梅　州	32374	31939	31052	30679	30726	25788
惠　州	65603	72883	75066	71685	75408	73443
汕　尾	45503	46488	48902	48633	48634	50477
东　莞	84835	83956	84667	83269	85011	95362
中　山	50882	55965	65915	47128	61073	62009
江　门	47065	47354	49088	47520	48227	48810
阳　江	44630	42506	42468	41919	39321	36756
湛　江	73119	77284	77637	78482	79831	79821
茂　名	75015	71286	71269	71252	70566	64743
肇　庆	47196	48113	49622	43516	42740	43791
清　远	52756	51952	51215	46356	47838	44111
潮　州	31273	25013	23775	20213	18733	15181
揭　阳	35816	35015	35993	30952	32029	32633
云　浮	39950	35582	34180	20423	21035	20617

5-3 续表1

市别	城镇失业人员再就业人数					
	2013	2014	2015	2016	2017	2018
合计	**677163**	**686746**	**672233**	**624716**	**619507**	**538976**
广州	215894	268866	274968	248239	232280	138313
深圳	43271	32592	21500	22402	28651	31500
珠海	13352	13252	12809	13106	12695	12868
汕头	31152	28270	29045	29187	31490	28257
佛山	43384	40433	38712	34573	36247	35416
韶关	42543	40555	39109	29652	28535	29635
河源	10800	10227	9310	8014	8421	8549
梅州	28975	27151	25472	24070	24262	24591
惠州	21198	20514	18703	18816	19183	18955
汕尾	23222	22834	20983	20061	21887	20582
东莞	8213	8343	9276	10136	11441	19844
中山	7681	5477	7355	8721	8835	11213
江门	34187	32058	32680	31958	32762	33421
阳江	29729	27452	24398	23057	22223	21880
湛江	43479	39305	37848	37362	35146	36329
茂名	21291	17740	17082	17070	17134	19122
肇庆	11286	12696	14107	12560	12401	12711
清远	15329	13350	13327	13138	13311	13247
潮州	8112	4027	4526	4028	4163	4062
揭阳	12605	12277	12202	11154	11207	11163
云浮	11460	9327	8821	7412	7233	7318

5-3 续表2

市别	就业困难人员实现再就业人数					
	2013	2014	2015	2016	2017	2018
合计	**201651**	**187459**	**183981**	**169938**	**172589**	**167950**
广州	118208	115488	115633	109736	117333	113904
深圳	26190	18942	10663	10855	10050	7140
珠海	2286	2188	2576	2273	2230	2265
汕头	3176	3163	3012	2935	2922	2750
佛山	11883	8098	8547	6960	7197	6768
韶关	3598	3101	4062	2666	2717	2561
河源	2140	2133	2278	3211	2325	2087
梅州	3511	3289	3533	3242	2660	2533
惠州	3453	3579	3632	3231	3501	3162
汕尾	2209	2213	2107	2079	2301	2413
东莞	2723	2637	2604	2203	2213	4493
中山	1349	1257	1824	1336	1308	1297
江门	2854	2647	5231	3199	2883	3022
阳江	3495	2721	2913	2429	2270	2152
湛江	1891	1729	1677	1252	1057	1016
茂名	3522	3688	3236	2245	2083	2420
肇庆	1848	2109	2667	2072	1928	2475
清远	1110	3020	1453	1227	1359	1360
潮州	1389	1014	1773	2289	1098	1028
揭阳	2098	2058	2256	2102	2050	2040
云浮	2718	2385	2304	2396	1104	1064

5-4 各市城镇登记失业人数(2013—2018年)

单位：人

市别	2013	2014	2015	2016	2017	2018
合计	**370119**	**368318**	**369667**	**379866**	**371337**	**365500**
广州	66121	57597	53090	53602	44013	34795
深圳	38787	38752	41697	42583	41370	44551
珠海	10972	11077	11095	11188	10972	11301
汕头	16781	15475	14778	17816	18369	18875
佛山	21580	21917	22389	22926	23127	24566
韶关	12965	13641	13031	13098	13800	12938
河源	10289	8992	9504	9251	9135	9042
梅州	13173	13955	14013	14029	14062	12983
惠州	17317	18772	19705	21468	23125	22798
汕尾	11961	12281	12621	12856	13196	13358
东莞	11226	12026	12893	13822	13687	13378
中山	8973	9444	9276	10672	10562	10887
江门	24827	24833	24972	24839	24874	24822
阳江	11519	12302	12506	12832	12930	12444
湛江	20416	20700	20885	21185	21434	21187
茂名	24096	26396	27832	28164	27879	31275
肇庆	12781	12585	12543	12440	12248	11641
清远	13672	13550	13621	13773	13894	13938
潮州	8711	9246	8483	8555	8034	6346
揭阳	8863	9173	9008	8968	8845	8773
云浮	5089	5604	5725	5799	5781	5602

5-5 就业及城镇登记失业情况（2013-2018年）

指　　标		2013	2014	2015	2016	2017	2018
城镇登记失业情况							
城镇新登记失业人员数	(万人)	60.9	66.4	65.4	61	58.9	46.8
就业转失业	(万人)	21.7	21.4	22.5	22.5	21.4	21.1
高校毕业生	(万人)	12.9	8.2	6	5.8	5.2	5.5
城镇失业人员就业数	(万人)	60.5	63.1	62.5	56.2	54.5	45.6
城镇登记失业人员期末实有人数	(万人)	37.0	36.8	37	38	37.1	36.6
长期失业者	(万人)	4.6	6	5.4	5.6	5.1	4.5
城镇登记失业率	(%)	2.4	2.44	2.45	2.47	2.47	2.41

5-6 各市职业介绍工作情况（2009-2018年）

年 份	期末职业介绍机构(个)	本期单位登记招聘(人)	本期登记求职(人)	本期职业指导(人)	本期介绍成功(人)
2009	1850	11226180	10023535	3537443	3921215
2010	1817	8951958	7306739	2540150	2382833
2011	1803	8927994	6516529	2514776	2156377
2012	1755	11585779	10757844	3626594	3832113
2013	1419	5374076	3044225	713675	1216890
2014	1661	5533418	3258464	901833	1446366
2015	1482	6405494	3971046	1025018	1346625
2016	1562	6606302	3117370	810308	1018032
2017	1820	6220386	3468471	757998	—
2018	1655	5861408	3233291	843232	—

注：根据人社部统计调查制度，从2017年起不再统计“本期职业介绍成功人次”。

5-7 各市养老、失业、工伤保险参保人数(2018年)

单位：人

市别	基本养老保险	城镇职工基本养老保险	企业+其他	城乡居民基本养老保险	失业保险	工伤保险
合计	**75761194**	**49196558**	**46259117**	**26564636**	**33617475**	**35924892**
广州	9077442	7835244	7512575	1242198	6087077	6398682
深圳	11577724	11569970	11385332	7754	11273563	11403799
珠海	1387871	1295362	1241975	92509	1046865	1065589
汕头	3467816	1345533	1209218	2122283	858995	875277
佛山	4799116	4254980	4077792	544136	2639945	2647134
韶关	1814532	784726	662158	1029806	319198	409830
河源	1822538	502914	415324	1319624	302580	330166
梅州	2769583	1074669	914049	1694914	333599	515061
惠州	3342268	2204588	2062369	1137680	1276225	1495757
汕尾	1781310	345850	270129	1435460	225015	220962
东莞	5972384	5902927	5809857	69457	4186677	4374817
中山	2566127	2563779	2495650	2348	1540294	1578629
江门	3221383	1678236	1545312	1543147	865596	1056879
阳江	1740586	511594	431040	1228992	175931	302419
湛江	3978873	1253212	1065093	2725661	443176	467964
茂名	3631515	1026408	854444	2605107	289046	349702
肇庆	2484722	893674	761290	1591048	519519	542716
清远	2421793	843750	733207	1578043	430326	472408
潮州	1627216	603853	541917	1023363	359507	362116
揭阳	3139650	765418	627863	2374232	260059	213026
云浮	1543324	346450	269600	1196874	184282	205937
省直	1593421	1593421	1372923			636022
按经济区域分						
珠三角	44429037	38198760	36892152	6230277	29435761	30564002
东翼	10015992	3060654	2649127	6955338	1703576	1671381
西翼	9350974	2791214	2350577	6559760	908153	1120085
山区	10371770	3552509	2994338	6819261	1569985	1933402

注：各区域不包括省直。

5-8 各市城镇职工基本养老保险参保人数（2013-2018年）

单位：人

市别	2013	2014	2015	2016	2017	2018
合计	**41830372**	**48094651**	**50865270**	**53924323**	**52870775**	**49196558**
广州	6029256	9255618	10082417	11022950	8647125	7835244
深圳	8349147	8700187	9536284	10288926	11335302	11569970
珠海	1077967	1098172	1119736	1149873	1217071	1295362
汕头	1278801	1479812	1549391	1610806	1399337	1345533
佛山	3519813	3941387	4330233	4831894	4817252	4254980
韶关	617485	657828	678239	691724	713473	784726
河源	449296	730407	755554	789619	591848	502914
梅州	917931	964969	980987	1018088	1056752	1074669
惠州	2068017	2129107	2121840	2257171	2300054	2204588
汕尾	452740	504331	519194	578165	363834	345850
东莞	5292575	6307614	6706260	6779214	6870729	5902927
中山	2170032	2196658	2385219	2420049	3082839	2563779
江门	1812026	1861874	1919834	1935710	1862082	1678236
阳江	529491	553305	569981	584853	461330	511594
湛江	992790	1065665	1111628	1148860	1217082	1253212
茂名	879206	852293	966861	1050009	1064936	1026408
肇庆	720716	744478	763506	819604	820873	893674
清远	753357	1026356	1071102	1116053	1184815	843750
潮州	622371	571101	583203	600681	561727	603853
揭阳	933835	942865	961179	989222	749724	765418
云浮	347014	419677	435193	448280	428961	346450
省直	2016506	2090947	1717429	1792572	2123629	1593421
按经济区域分						
珠三角	31039549	36235095	38965329	41505391	40953327	38198760
东翼	3287747	3498109	3612967	3778874	3074622	3060654
西翼	2401487	2471263	2648470	2783722	2743348	2791214
山区	3085083	3799237	3921075	4063764	3975849	3552509

5-9 各市城镇职工基本养老保险(企业+其他)参保人数(2013-2018年)

单位：人

市 别	2013	2014	2015	2016	2017	2018
合 计	**40146329**	**46360502**	**49172179**	**52479874**	**50745794**	**46259117**
广 州	6029256	9255618	10082417	11022950	8647125	7512575
深 圳	8288069	8640601	9470021	10240743	11188089	11385332
珠 海	989613	1006941	1027078	1149873	1195361	1241975
汕 头	1185569	1388184	1458401	1518963	1291594	1209218
佛 山	3398934	3825892	4214209	4702652	4658312	4077792
韶 关	547084	584221	605315	618343	630403	662158
河 源	385714	665823	693973	724374	506337	415324
梅 州	828700	875579	893697	930798	918350	914049
惠 州	1954508	2033153	2023751	2257171	2164117	2062369
汕 尾	405922	455975	470847	514467	300136	270129
东 莞	5238314	6253061	6706260	6705561	6781806	5809857
中 山	2170032	2116574	2290617	2420049	3018414	2495650
江 门	1696284	1748845	1807120	1822333	1748257	1545312
阳 江	473627	497873	520268	535436	408250	431040
湛 江	868875	943710	987168	1027338	1097590	1065093
茂 名	773090	747377	862293	947900	962491	854444
肇 庆	613591	636179	664705	714956	718232	761290
清 远	691769	965201	1010282	1116053	1110105	733207
潮 州	572906	522006	534294	551914	512793	541917
揭 阳	803295	814464	823561	850559	610502	627863
云 浮	301013	379972	392134	401178	355350	269600
省 直	1930164	2003253	1633768	1706263	1922180	1372923
按经济区域分						
珠 三 角	30378601	35516864	38286178	41036288	40119713	36892152
东 翼	2967692	3180629	3287103	3435903	2715025	2649127
西 翼	2115592	2188960	2369729	2510674	2468331	2350577
山 区	2754280	3470796	3595401	3790746	3520545	2994338

5-10 各市城乡居民基本养老保险参保人数（2013-2018年）

单位：人

市别	2013	2014	2015	2016	2017	2018
合计	**23515774**	**24337298**	**24997176**	**25432218**	**25867477**	**26564636**
广州	1237724	1233208	1292677	1252938	1255678	1242198
深圳	6261	6761	7075	7422	7877	7754
珠海	152980	111068	93974	92352	92295	92509
汕头	1854750	1896394	1958199	2002678	2064778	2122283
佛山	624911	643830	626288	588878	566245	544136
韶关	871385	892564	910984	944389	972098	1029806
河源	1191364	1221315	1241684	1259906	1268495	1319624
梅州	1666879	1667234	1671201	1671201	1673523	1694914
惠州	1015869	1108416	1089687	1089995	1120917	1137680
汕尾	897287	1174001	1390160	1418141	1418253	1435460
东莞	95091	89510	84405	79080	74143	69457
中山	519	779	1033	1148	1193	2348
江门	1582414	1577209	1552372	1560060	1554064	1543147
阳江	1087341	1123708	1156077	1179607	1194376	1228992
湛江	2366441	2438635	2517433	2550360	2593951	2725661
茂名	1998590	2115450	2201817	2418808	2492738	2605107
肇庆	1387299	1446731	1494867	1527130	1562145	1591048
清远	1412188	1448038	1476552	1493897	1511455	1578043
潮州	860440	884244	911129	935148	970257	1023363
揭阳	2081119	2113365	2156844	2191394	2298802	2374232
云浮	1124922	1144838	1162718	1167686	1174194	1196874
省直						
按经济区域分						
珠三角	6103068	6217512	6242378	6199003	6234557	6230277
东翼	5693596	6068004	6416332	6547361	6752090	6955338
西翼	5452372	5677793	5875327	6148775	6281065	6559760
山区	6266738	6373989	6463139	6537079	6599765	6819261

注：城乡居民基本养老保险2010年起全面建立。

5-11 各市失业保险参保人数（2013-2018年）

单位：人

市别	2013	2014	2015	2016	2017	2018
合计	**27050903**	**28401826**	**29301287**	**30200988**	**31636678**	**33617475**
广州	4132275	4417340	4740721	5021366	5407969	6087077
深圳	9304475	9421817	9746880	10261264	10894867	11273563
珠海	874204	892406	895909	921908	981782	1046865
汕头	697680	725649	750370	723237	799929	858995
佛山	2088290	2201481	2223240	2298121	2448370	2639945
韶关	280313	283371	291472	292648	297982	319198
河源	269066	274493	285627	289073	293935	302580
梅州	234978	242923	256098	270135	299203	333599
惠州	1273804	1307447	1273875	1246426	1252443	1276225
汕尾	150279	166019	200091	200214	210190	225015
东莞	3224378	3925945	4121413	4091081	4040060	4186677
中山	1494161	1510826	1418121	1402273	1432420	1540294
江门	712397	739990	747178	768675	818075	865596
阳江	196967	206978	211165	212395	165221	175931
湛江	363820	365886	384017	396236	424573	443176
茂名	261282	261305	257868	261589	278202	289046
肇庆	410538	415387	430477	436433	450171	519519
清远	355813	368076	354238	364132	376464	430326
潮州	366237	310979	317797	325576	341528	359507
揭阳	192216	192910	219564	240003	240018	260059
云浮	167730	170598	175166	178203	183276	184282
省直						
按经济区域分						
珠三角	23514522	24832639	25597814	26447547	27726157	29435761
东翼	1406412	1395557	1487822	1489030	1591665	1703576
西翼	822069	834169	853050	870220	867996	908153
山区	1307900	1339461	1362601	1394191	1450860	1569985

5-12 各市工伤保险参保人数（2013-2018年）

单位：人

市别	2013	2014	2015	2016	2017	2018
合计	**30572534**	**30925925**	**31227245**	**32461732**	**34020266**	**35924892**
广州	4153885	4153258	4314000	4954809	5793067	6398682
深圳	9879598	9986876	10324941	10833673	11006848	11403799
珠海	883880	903897	908714	943526	997980	1065589
汕头	676518	703793	725406	700098	782480	875277
佛山	2181318	2244812	2256874	2314321	2460516	2647134
韶关	400516	411949	383526	385190	388548	409830
河源	270441	281008	287180	304202	324024	330166
梅州	247689	281846	287528	358181	425643	515061
惠州	1424805	1454069	1478558	1482971	1481650	1495757
汕尾	160122	185927	200075	205520	212122	220962
东莞	4960279	4922846	4644604	4450691	4305484	4374817
中山	1511092	1528092	1434899	1453195	1552222	1578629
江门	738552	769738	778938	840582	933338	1056879
阳江	220014	232166	235988	240110	280143	302419
湛江	369386	394295	409753	414484	444140	467964
茂名	312356	318233	358141	343662	342645	349702
肇庆	431364	442620	450303	456663	471223	542716
清远	404210	413761	422757	424944	428773	472408
潮州	364419	307268	315049	324269	341799	362116
揭阳	190242	199024	211003	210694	212877	213026
云浮	172111	175904	182582	186401	194362	205937
省直	619737	614543	616426	633546	640382	636022
按经济区域分						
珠三角	26164773	26406208	26591831	27730431	29002328	30564002
东翼	1391301	1396012	1451533	1440581	1549278	1671381
西翼	901756	944694	1003882	998256	1066928	1120085
山区	1494967	1564468	1563573	1658918	1761350	1933402

5-13 各市城镇职工基本养老保险缴费人数（2013-2018年）

单位：人

市　别	2013	2014	2015	2016	2017	2018
合　计	**29348594**	**30409491**	**30356915**	**30828841**	**32525667**	**35360363**
广　州	3679428	3965515	4275127	4538704	4944402	5797147
深　圳	7550538	7697924	8153177	8832324	9766488	10507063
珠　海	991587	1003956	1006727	1022538	1080406	1150255
汕　头	688866	703891	551319	474270	560386	595356
佛　山	2279439	2377632	2387429	2498508	2638790	2845788
韶　关	389744	405807	396361	411936	355478	420754
河　源	319049	351381	248995	262197	256807	313227
梅　州	555124	563749	427171	353487	442887	526970
惠　州	1520505	1540061	1437824	1289119	1403085	1491824
汕　尾	318114	306143	247043	256955	133938	187853
东　莞	3715184	4403342	4523447	4529515	4548764	4637913
中　山	1877698	1875603	1735626	1703698	1756029	1816738
江　门	1038099	903774	907900	924766	951585	1006682
阳　江	284096	267351	272990	218805	209767	241144
湛　江	599625	589286	551339	555611	583491	606913
茂　名	504751	566357	577651	426505	339437	449234
肇　庆	451739	437701	398572	419530	374312	490440
清　远	542619	457302	373269	381515	447232	524118
潮　州	295606	236222	228870	205747	204537	243466
揭　阳	629760	603729	511316	400020	354578	335995
云　浮	206768	241914	224104	182228	203203	216908
省　直	910255	910851	920658	940863	970065	954575
按经济区域分						
珠三角	23104217	24205508	24825829	25758702	27463861	29743850
东　翼	1932346	1849985	1538548	1336992	1253439	1362670
西　翼	1388472	1422994	1401980	1200921	1132695	1297291
山　区	2013304	2020153	1669900	1591363	1705607	2001977

5-14 各市城镇职工基本养老保险离退休人数（2013-2018年）

单位：人

市别	2013	2014	2015	2016	2017	2018
合计	**4213018**	**4458614**	**4732539**	**5245801**	**5690455**	**6366195**
广州	785604	829400	871625	911042	954887	1092749
深圳	210101	231772	255480	280728	309573	357686
珠海	86380	94216	113009	127335	136665	145107
汕头	195494	204667	215271	221432	254759	275882
佛山	465829	494921	525500	553526	583814	618112
韶关	136354	143984	150146	155943	174262	209238
河源	59930	63418	68381	72470	95163	102618
梅州	216511	233561	245612	259784	318670	334394
惠州	91952	96531	102907	110122	121582	152424
汕尾	46601	49541	58240	65106	69257	90829
东莞	73457	76842	84646	341695	363704	388547
中山	269578	279676	293046	304128	320382	336047
江门	256308	280657	299152	314959	337499	375480
阳江	61918	64721	69797	73353	77016	98453
湛江	240313	254007	268408	289583	302077	359484
茂名	141808	147710	154399	162692	172410	221965
肇庆	118518	125255	133892	141770	149078	183650
清远	105968	114496	119707	126926	132391	167290
潮州	112175	119333	126806	139671	145524	167970
揭阳	127833	132721	144949	151766	159040	162433
云浮	46041	48382	51430	54420	73561	76705
省直	364345	372803	380136	387350	439141	449132
按经济区域分						
珠三角	2357727	2509270	2679257	3085305	3277184	3649802
东翼	482103	506262	545266	577975	628580	697114
西翼	444039	466438	492604	525628	551503	679902
山区	564804	603841	635276	669543	794047	890245

5-15 各市领取失业保险金人数（2013-2018年）

单位：人

市别	2013	2014	2015	2016	2017	2018
合计	**189025**	**281414**	**424390**	**452934**	**444502**	**405265**
广州	62458	64430	92488	106137	127712	96851
深圳	9474	50977	74678	95772	85227	102177
珠海	5493	9187	17690	17158	16489	12246
汕头	5228	4705	5346	5859	5765	5025
佛山	29266	32653	38739	41430	41350	37527
韶关	6383	5175	6835	7713	6274	4737
河源	4078	4071	5295	4899	4291	3631
梅州	5799	3447	7182	6030	4750	4531
惠州	5953	7671	13267	16242	13742	12475
汕尾	1449	1019	1087	1228	6490	1512
东莞	7868	42521	89163	73331	57767	54434
中山	6545	14024	24265	29136	29547	30041
江门	10594	14179	17484	17173	15748	14761
阳江	4934	3460	2589	2952	3009	2736
湛江	7433	6544	6476	5952	6091	5089
茂名	3964	3369	3754	4027	3401	3407
肇庆	4636	5419	7632	7023	5871	5636
清远	4424	5905	7508	7308	6109	4734
潮州	1660	1565	1726	2043	2495	1984
揭阳	27	42	44	172	290	325
云浮	1359	1051	1142	1349	2084	1406
省直						
按经济区域分						
珠三角	142287	241061	375406	403402	393453	366148
东翼	8364	7331	8203	9302	15040	8846
西翼	16331	13373	12819	12931	12501	11232
山区	22043	19649	27962	27299	23508	19039

5-16 各市享受工伤保险待遇人数(2013-2018年)

单位：人

市别	2013	2014	2015	2016	2017	2018
合计	**167458**	**171285**	**168347**	**145110**	**145294**	**145435**
广州	20189	14965	15302	14727	15146	15599
深圳	41875	39573	38974	36573	36252	33746
珠海	5666	6652	6827	6319	6628	6907
汕头	825	685	752	656	964	1048
佛山	19314	18531	17225	15173	14079	12371
韶关	4528	5722	5213	7186	7393	7074
河源	1445	1601	1631	1593	1424	1596
梅州	1886	1972	2314	1810	1912	2080
惠州	5336	5779	6134	5846	6678	7816
汕尾	160	254	271	336	344	332
东莞	34583	43339	40936	24594	23001	24028
中山	14788	14952	14623	12774	13066	13532
江门	4414	5038	5613	5715	5564	6454
阳江	801	847	815	884	913	1057
湛江	703	878	1338	1157	1190	1356
茂名	1245	1307	1138	1185	1403	1303
肇庆	2340	2247	2184	2230	2401	2510
清远	2953	3400	3088	2997	3070	1950
潮州	506	545	457	453	467	519
揭阳	503	493	551	167	558	271
云浮	1646	742	844	751	811	1579
省直	1752	1763	2117	1984	2030	2307
按经济区域分						
珠三角	148505	151076	147818	123951	122815	125270
东翼	1994	1977	2031	1612	2333	2170
西翼	2749	3032	3291	3226	3506	3716
山区	12458	13437	13090	14337	14610	14279

5-17 各市养老、失业、工伤保险基金收入情况(2018年)

单位：万元

市别	城镇职工基本养老保险	企业+其他	城乡居民基本养老保险	失业保险	工伤保险
合计	**51294038**	**43608840**	**2158325**	**1249585**	**775958**
广州	7754148	7054687	253841	256921	114146
深圳	12188664	11331032	3572	450447	205103
珠海	1695532	1292070	36145	51742	22941
汕头	747915	531804	112051	28211	9765
佛山	3391296	2757383	158930	66173	63412
韶关	607731	372641	79934	12576	20259
河源	374204	250319	84307	8690	6904
梅州	1032191	643130	121271	8169	9238
惠州	1668360	1353340	125471	37577	41438
汕尾	240726	167712	75553	4252	5406
东莞	5133382	4836467	35409	134604	100058
中山	1858777	1674633	332	47129	27613
江门	1047336	819399	124621	21709	19663
阳江	321554	201616	75670	6864	6553
湛江	842614	692270	183062	14634	8952
茂名	689666	490459	177382	16288	10310
肇庆	615727	390535	113478	15567	14264
清远	550344	369248	115082	16818	12192
潮州	416835	325261	65421	5354	3937
揭阳	553413	333744	140608	5923	3370
云浮	278778	147176	76185	5518	7256
省直	9284844	7573914		34420	63175
按经济区域分					
珠三角	35353222	31509546	851800	1081868	608639
东翼	1958890	1358521	393633	43740	22479
西翼	1853834	1384345	436113	37786	25815
山区	2843248	1782514	476779	51771	55850

5-18 各市养老、失业、工伤保险基金支出情况(2018年)

单位：万元

市别	城镇职工基本养老保险	企业+其他	城乡居民基本养老保险	失业保险	工伤保险
合计	**32456968**	**26651647**	**2018885**	**762048**	**647328**
广州	5240900	4747962	345745	223983	75618
深圳	4615115	4357551	3732	219055	181787
珠海	1056004	664541	24351	30119	22554
汕头	852953	658809	102744	9191	5357
佛山	2498564	1884818	160265	53650	52793
韶关	746730	464670	63905	5537	16665
河源	329130	179407	74189	4142	5275
梅州	892344	561547	125266	4442	7417
惠州	954165	592413	87895	19164	26650
汕尾	248134	168168	62575	1974	1177
东莞	1946261	1803049	35367	94863	122233
中山	1068535	977084	236	42648	34633
江门	1039931	816022	107227	15707	20343
阳江	302349	199463	65180	3156	4917
湛江	937128	845379	151778	5830	6586
茂名	760658	491187	149435	7551	5278
肇庆	614338	384165	98092	6229	9013
清远	583413	336053	92997	6168	9858
潮州	419156	343583	62850	3332	2147
揭阳	478454	299027	137199	1137	1272
云浮	279066	152321	67858	2070	4618
省直	6593643	5724428		2100	31133
按经济区域分					
珠三角	19033813	16227605	862910	705418	545625
东翼	1998696	1469587	365367	15634	9954
西翼	2000135	1536029	366393	16537	16782
山区	2830682	1693998	424214	22359	43834

5-19 各市养老、失业、工伤保险基金征收收入情况(2018年)

单位：万元

市　　别	城镇职工基本养老保险	企业+其他	城乡居民基本养老保险	失业保险	工伤保险
合　　计	**36871967**	**31721717**	**356239**	**1034278**	**622630**
广　　州	6832165	6478160	85315	243652	103791
深　　圳	9790062	8954880	731	382156	161851
珠　　海	1209049	976731	7420	35910	19554
汕　　头	633190	447877	20359	17908	8262
佛　　山	2897180	2299444	18329	57453	57470
韶　　关	445229	280008	14754	9509	11693
河　　源	349666	223428	11243	5196	4923
梅　　州	808311	449387	16097	7345	8214
惠　　州	1437130	1132807	20084	27663	34746
汕　　尾	213126	141900	14089	4130	5066
东　　莞	4116476	3829228		118599	89973
中　　山	1616473	1436905	111	43610	26584
江　　门	972352	766964	20389	16401	17888
阳　　江	273417	159679	12025	3784	5486
湛　　江	542362	395818	25376	11446	7926
茂　　名	474281	293193	23187	11484	8919
肇　　庆	533955	322858	32780	10757	12278
清　　远	516411	341970	-364	13248	11311
潮　　州	244749	165542	6702	4389	3451
揭　　阳	433679	274071	17292	5029	2858
云　　浮	263745	134029	10319	4608	6606
省　　直	2268958	2216838			13778
按经济区域分					
珠 三 角	29404843	26197977	185159	936201	524136
东　　翼	1524744	1029389	58442	31456	19637
西　　翼	1290060	848690	60588	26714	22331
山　　区	2383362	1428822	52049	39906	42748

5-20 各市养老、失业、工伤保险基金累计结余情况(2018年)

单位：万元

市别	城镇职工基本养老保险	企业+其他	城乡居民基本养老保险	失业保险	工伤保险
合计	**111288058**	**103456472**	**4166892**	**7320343**	**2881386**
广州	8707564	8501006	1532512	2156439	568328
深圳	49065447	46854030	3526	2085745	580481
珠海	4739354	4385161	101840	294920	74346
汕头	116213	-23972	164103	232199	54060
佛山	6033982	5513212	242321	350609	324652
韶关	60760	-34884	130209	113109	18644
河源	557549	411045	89092	51856	15946
梅州	524658	421858	105025	41332	27298
惠州	4181480	3942555	254061	146676	128501
汕尾	217105	113339	38806	36490	24343
东莞	18796672	18253187	771	425772	246847
中山	4840318	4509178	153	219335	94133
江门	978605	809340	198918	189820	48499
阳江	359581	211961	135339	32652	16079
湛江	278224	-95057	221798	129701	41218
茂名	317820	130654	205605	159215	62788
肇庆	430222	298604	194497	119109	39547
清远	734679	653319	204361	111940	30757
潮州	70936	31396	62688	57429	30232
揭阳	298753	164777	146168	55994	16360
云浮	333060	199566	135098	46547	17503
省直	9645077	8206196		263454	420824
按经济区域分					
珠三角	97773644	93066273	2528599	5988425	2105336
东翼	703007	285541	411766	382112	124995
西翼	955625	247558	562742	321568	120084
山区	2210705	1650904	663785	364784	110148

5-21 各市城镇职工基本养老保险基金收入情况（2013-2018年）

单位：万元

市别	2013	2014	2015	2016	2017	2018
合计	**19611779**	**23091156**	**27996015**	**30800029**	**37878710**	**51294038**
广州	3391649	3569506	4346791	4693848	5604423	7754148
深圳	4871676	5832053	7067413	7553667	10652718	12188664
珠海	696916	683885	960320	1038801	1084283	1695532
汕头	384972	515343	522147	585927	716945	747915
佛山	1476450	1510882	1861449	2262476	2836121	3391296
韶关	245384	384760	354438	430116	474988	607731
河源	144851	185936	201481	235129	280711	374204
梅州	250119	309691	348917	657653	536068	1032191
惠州	455267	599744	896493	897983	1216881	1668360
汕尾	98563	141572	154547	163432	166455	240726
东莞	1758836	2054413	3302955	3635971	3899621	5133382
中山	653194	881715	1188409	1248758	1757281	1858777
江门	601947	652834	696540	771176	924666	1047336
阳江	128463	169315	190862	230948	223043	321554
湛江	390250	700729	668238	726310	811009	842614
茂名	330425	452035	441410	473612	428065	689666
肇庆	271705	343306	365161	431060	412167	615727
清远	251228	318326	318327	390727	367964	550344
潮州	167625	251073	246780	277248	287104	416835
揭阳	257475	362263	369252	410055	419954	553413
云浮	114226	134841	145300	180534	223720	278778
省直	2670555	3036934	3348787	3504598	4554525	9284844
按经济区域分						
珠三角	14177640	16128338	20685531	22533740	28388160	35353222
东翼	908635	1270251	1292726	1436662	1590458	1958890
西翼	849138	1322079	1300510	1430870	1462117	1853834
山区	1005808	1333554	1368463	1894159	1883451	2843248

5-22 各市城镇职工基本养老保险(企业+其他)基金收入情况(2013-2018年)

单位：万元

市别	2013	2014	2015	2016	2017	2018
合计	**18784195**	**22211570**	**26641751**	**29248777**	**34008784**	**43608840**
广州	3391649	3569506	4146467	4693848	5604363	7054687
深圳	4831233	5775366	6989932	7437427	9106248	11331032
珠海	596629	584084	824540	885386	929727	1292070
汕头	360830	488433	495594	565006	657863	531804
佛山	1376037	1407594	1763025	2101464	2212530	2757383
韶关	221966	362442	330629	405575	458001	372641
河源	121935	161286	175568	201285	241416	250319
梅州	229888	287096	321143	639520	464415	643130
惠州	424317	561842	849143	871008	1121562	1353340
汕尾	87986	127294	136836	146793	148055	167712
东莞	1737691	2032529	3175743	3278824	3656096	4836467
中山	599789	828583	1121800	1164388	1485777	1674633
江门	533252	581826	612100	672902	797504	819399
阳江	117524	158914	177986	215688	178338	201616
湛江	356352	667514	618428	686766	759655	692270
茂名	302990	422032	404204	432630	384880	490459
肇庆	240761	308104	316879	363728	355070	390535
清远	234541	297639	311878	388484	342362	369248
潮州	156931	237024	233989	265046	268573	325261
揭阳	161989	248122	223651	257727	246730	333744
云浮	99749	123416	134551	149363	148403	147176
省直	2600155	2980924	3277665	3425917	4441214	7573914
按经济区域分						
珠三角	13731358	15649434	19799629	21468975	25268878	31509546
东翼	767736	1100873	1090070	1234572	1321221	1358521
西翼	776866	1248460	1200618	1335084	1322873	1384345
山区	908079	1231879	1273769	1784227	1654598	1782514

5-23 各市城乡居民基本养老保险基金收入情况（2013-2018年）

单位：万元

市别	2013	2014	2015	2016	2017	2018
合计	**1417086**	**1806131**	**2067315**	**1847977**	**1881695**	**2158325**
广州	502531	655935	383467	268065	265271	253841
深圳	2633	2363	2876	2749	3052	3572
珠海	30179	32948	36193	31304	30332	36145
汕头	55045	72554	95686	95497	91483	112051
佛山	97521	90348	327773	107597	128632	158930
韶关	36540	39861	60576	66492	70907	79934
河源	39625	51186	62226	69081	62496	84307
梅州	42134	66951	91187	139003	95133	121271
惠州	66435	82339	99343	103743	109851	125471
汕尾	26270	28997	39180	47631	55921	75553
东莞	32442	31232	37921	32751	34837	35409
中山	37	57	121	165	188	332
江门	67277	76231	98332	107045	114813	124621
阳江	37598	46129	72282	72684	63777	75670
湛江	78719	113524	124195	148051	130495	183062
茂名	71952	100434	131300	135599	136773	177382
肇庆	42309	72899	97069	93835	105084	113478
清远	47234	56798	77561	86873	156285	115082
潮州	29752	35977	51828	53047	52082	65421
揭阳	74106	97666	100489	116971	108588	140608
云浮	36746	51701	77709	69793	65694	76185
省直						
按经济区域分						
珠三角	841364	1044352	1083095	747254	792061	851800
东翼	185173	235194	287183	313146	308074	393633
西翼	188269	260087	327777	356334	331044	436113
山区	202279	266497	369259	431242	450515	476779

5-24 各市失业保险基金收入情况（2013-2018年）

单位：万元

市　　别	2013	2014	2015	2016	2017	2018
合　　计	**1299176**	**1405541**	**1590628**	**1064441**	**1162470**	**1249585**
广　　州	351536	333433	341084	226562	268221	256921
深　　圳	516328	543081	594319	330226	390480	450447
珠　　海	53455	56764	48629	41687	42132	51742
汕　　头	30640	46615	33388	20717	26953	28211
佛　　山	65600	69732	69884	65285	56431	66173
韶　　关	19087	16735	19321	13758	13157	12576
河　　源	9289	9710	10152	7018	6907	8690
梅　　州	6111	9909	13266	8933	8395	8169
惠　　州	13767	22645	30181	27953	33991	37577
汕　　尾	5020	5523	6738	4189	5633	4252
东　　莞	44983	75679	186278	117223	120946	134604
中　　山	30262	45664	46793	50188	53769	47129
江　　门	29555	32325	38068	26330	28621	21709
阳　　江	6870	3943	2771	4488	5732	6864
湛　　江	15948	19600	25603	14084	16364	14634
茂　　名	20290	20075	22567	13850	15720	16288
肇　　庆	19235	17813	20537	16367	10507	15567
清　　远	16039	17362	16607	15705	14502	16818
潮　　州	9465	8699	8980	5594	5191	5354
揭　　阳	5687	5615	7181	5498	6338	5923
云　　浮	7042	7215	7653	5092	4671	5518
省　　直	22969	37402	40629	43693	27808	34420
按经济区域分						
珠 三 角	1124721	1197136	1375773	901821	1005098	1081868
东　　翼	50812	66452	56287	35998	44115	43740
西　　翼	43108	43618	50941	32422	37816	37786
山　　区	57568	60931	66999	50506	47632	51771

5-25 各市工伤保险基金收入情况（2013-2018年）

单位：万元

市别	2013	2014	2015	2016	2017	2018
合计	**609660**	**697542**	**732539**	**633851**	**766577**	**775958**
广州	97287	98922	99932	90447	144848	114146
深圳	123730	133537	168512	119444	189104	205103
珠海	20622	21230	19736	17000	17968	22941
汕头	7086	8854	8480	8073	10671	9765
佛山	57017	66747	68815	70691	65101	63412
韶关	8815	24712	19109	17794	11172	20259
河源	3878	4709	4700	3576	4864	6904
梅州	4918	8579	7762	7650	7443	9238
惠州	16933	26786	30372	24012	35937	41438
汕尾	2015	2668	3747	4596	3602	5406
东莞	121083	136260	132896	119483	124306	100058
中山	34337	43548	46155	38070	27836	27613
江门	11564	13744	14097	14841	16934	19663
阳江	2207	2347	2939	5043	6401	6553
湛江	5343	7622	9161	6517	11725	8952
茂名	9155	10169	11652	8986	10439	10310
肇庆	8062	8772	10392	9051	11586	14264
清远	9442	10042	7023	9324	10454	12192
潮州	4232	4854	5265	3658	3851	3937
揭阳	2381	2826	2878	2495	2165	3370
云浮	2942	3617	4568	4563	5589	7256
省直	56610	56998	54348	48535	44581	63175
按经济区域分						
珠三角	490635	549546	590907	503039	633621	608639
东翼	15714	19202	20370	18822	20289	22479
西翼	16705	20138	23752	20546	28565	25815
山区	29995	51659	43162	42907	39521	55850

5-26 各市城镇职工基本养老保险基金征收收入情况（2013-2018年）

单位：万元

市 别	2013	2014	2015	2016	2017	2018
合 计	**17477823**	**19233875**	**22730817**	**26222045**	**31432847**	**36871967**
广 州	3252917	3354970	3855343	4526504	5370892	6832165
深 圳	4751820	5363531	6162593	6940615	9406328	9790062
珠 海	603533	625518	857145	936862	1039517	1209049
汕 头	324657	328519	369127	409173	440743	633190
佛 山	1392568	1392348	1652417	2136346	2627195	2897180
韶 关	214027	238925	238311	273791	280554	445229
河 源	128775	140144	165294	198577	252628	349666
梅 州	212655	235298	235426	542788	382557	808311
惠 州	438096	531906	797856	866162	1106323	1437130
汕 尾	86778	98282	112074	118483	133759	213126
东 莞	1553632	1903826	2881681	3273690	3593552	4116476
中 山	616209	834511	1097050	1185614	1446309	1616473
江 门	555756	600201	618339	686677	808377	972352
阳 江	112334	110715	141211	163200	187928	273417
湛 江	316569	317597	356761	402622	419980	542362
茂 名	256701	261929	291901	317761	327724	474281
肇 庆	247003	252590	281936	324950	353225	533955
清 远	227491	249045	256878	307316	337877	516411
潮 州	150629	155259	163745	172521	180120	244749
揭 阳	196787	212710	239204	288382	360549	433679
云 浮	98562	104379	115652	146123	203212	263745
省 直	1740322	1921673	1840871	2003886	2173496	2268958
按经济区域分						
珠 三 角	13411534	14859401	18204360	20877420	25751719	29404843
东 翼	758851	794770	884150	988559	1115171	1524744
西 翼	685604	690241	789873	883583	935632	1290060
山 区	881510	967791	1011561	1468595	1456828	2383362

5-27 各市城镇职工基本养老保险(企业+其他)基金征收收入情况(2013-2018年)

单位：万元

市别	2013	2014	2015	2016	2017	2018
合计	**16771968**	**18472881**	**21758167**	**24837514**	**28015152**	**31721717**
广州	3252917	3354970	3855343	4526504	5370833	6478160
深圳	4721046	5316526	6097101	6837075	7868517	8954880
珠海	516333	531774	727173	793927	887222	976731
汕头	303308	306348	343639	388836	418547	447877
佛山	1297478	1296947	1563575	1986576	2122553	2299444
韶关	195131	220353	217748	252006	268642	280008
河源	109818	120752	142301	169429	220036	223428
梅州	194727	215023	214117	530220	316895	449387
惠州	407162	497040	757809	839585	1016409	1132807
汕尾	76734	88137	100757	105650	120775	141900
东莞	1537138	1885441	2764329	2917280	3351742	3829228
中山	568767	782454	1031656	1105967	1304648	1436905
江门	497755	539028	553505	617314	728565	766964
阳江	101538	100549	128593	150818	153924	159679
湛江	283155	288276	322956	367124	373624	395818
茂名	231782	234209	258290	281971	288939	293193
肇庆	219130	221520	246627	287833	312807	322858
清远	212370	231889	251919	307300	314408	341970
潮州	140337	143278	151820	160961	168432	165542
揭阳	121941	130811	144172	160497	210915	274071
云浮	85782	95080	105581	116509	129693	134029
省直	1697620	1872476	1779155	1934132	2067026	2216838
按经济区域分						
珠三角	13017726	14425700	17597118	19912061	22963295	26197977
东翼	642320	668574	740388	815944	918670	1029389
西翼	616475	623034	709839	799913	816487	848690
山区	797828	883097	931666	1375464	1249674	1428822

5-28 各市城乡居民基本养老保险基金征收收入情况（2013-2018年）

单位：万元

市　　别	2013	2014	2015	2016	2017	2018
合　　计	**438886**	**600113**	**614487**	**388669**	**398325**	**356239**
广　　州	231808	325303	110934	95050	76430	85315
深　　圳	875	458	374	408	645	731
珠　　海	10816	13387	6761	6885	7300	7420
汕　　头	16121	22427	22996	21356	18991	20359
佛　　山	24924	27739	244301	18626	14543	18329
韶　　关	10307	9215	14902	19382	19822	14754
河　　源	7949	10629	10955	10605	10534	11243
梅　　州	6537	9880	19333	53132	12285	16097
惠　　州	12507	14003	18593	16341	17862	20084
汕　　尾	1831	2223	5146	5155	9296	14089
东　　莞						
中　　山	1	2	5	6	10	111
江　　门	18029	14655	15100	15685	21711	20389
阳　　江	8134	10650	10586	13905	11238	12025
湛　　江	21178	31306	3670	23376	25214	25376
茂　　名	15308	28603	33045	23166	18546	23187
肇　　庆	11095	25899	31770	17128	17283	32780
清　　远	10758	13854	14469	13029	80867	-364
潮　　州	5092	6879	6782	6403	6854	6702
揭　　阳	17559	16965	17786	14995	17185	17292
云　　浮	8061	16038	26978	14037	11708	10319
省　　直						
按经济区域分						
珠 三 角	310055	421446	427838	170129	155785	185159
东　　翼	40603	48494	52710	47909	52326	58442
西　　翼	44620	70559	47301	60447	54999	60588
山　　区	43612	59616	86637	110185	135215	52049

5-29 各市失业保险基金征收收入情况（2013-2018年）

单位：万元

市　别	2013	2014	2015	2016	2017	2018
合　计	**1192134**	**1238942**	**1460799**	**936274**	**995465**	**1034278**
广　州	305995	275611	326496	212584	205514	243652
深　圳	512940	534106	576275	323525	388746	382156
珠　海	46043	52633	43105	33648	36386	35910
汕　头	25801	26686	30921	19795	19215	17908
佛　山	59784	59396	63726	50527	51131	57453
韶　关	16829	14781	16337	10055	9658	9509
河　源	8735	8615	9605	6856	6735	5196
梅　州	5732	9439	12719	8061	7630	7345
惠　州	13682	19283	25426	27786	31242	27663
汕　尾	4822	4953	5668	3849	3967	4130
东　莞	39879	73654	180387	109696	106815	118599
中　山	28743	40166	43257	43068	46410	43610
江　门	28627	29839	32928	20215	18799	16401
阳　江	6658	3559	2618	3833	4710	3784
湛　江	15541	16488	20120	14336	10071	11446
茂　名	18106	17367	18544	12227	11647	11484
肇　庆	18599	17369	17434	10780	10177	10757
清　远	15208	15990	15241	11823	13292	13248
潮　州	8831	7918	7837	4727	4329	4389
揭　阳	5076	4883	5479	4750	5096	5029
云　浮	6504	6207	6675	4135	3894	4608
省　直						
按经济区域分						
珠三角	1054292	1102057	1309034	831829	895221	936201
东　翼	44530	44440	49905	33121	32608	31456
西　翼	40305	37414	41282	30396	26427	26714
山　区	53008	55032	60577	40930	41209	39906

5-30 各市工伤保险基金征收收入情况（2013-2018年）

单位：万元

市　别	2013	2014	2015	2016	2017	2018
合　计	**538126**	**584412**	**611261**	**532386**	**645154**	**622630**
广　州	86914	87286	97948	89067	96548	103791
深　圳	117997	125002	128363	108826	176615	161851
珠　海	18660	19261	17838	13492	14724	19554
汕　头	6418	6632	7560	7469	9322	8262
佛　山	52573	57936	64038	59755	59475	57470
韶　关	8666	9576	8960	9662	10945	11693
河　源	3657	3989	4476	3260	4832	4923
梅　州	4544	5356	5814	5872	6963	8214
惠　州	16888	20679	29231	23968	30919	34746
汕　尾	1903	2265	2653	3632	3592	5066
东　莞	111286	128741	126442	102110	117675	89973
中　山	29550	41086	42953	32525	25867	26584
江　门	11228	11715	12168	12851	13893	17888
阳　江	2044	1884	2722	3764	5671	5486
湛　江	4733	6436	7583	6119	10361	7926
茂　名	7952	8982	10123	8004	8481	8919
肇　庆	8030	8076	8761	8076	11266	12278
清　远	9213	9106	6592	8005	10009	11311
潮　州	3896	4309	4483	2864	3515	3451
揭　阳	2180	2307	2403	1939	2001	2858
云　浮	2884	3165	3639	4090	5063	6606
省　直	26910	20623	16510	17038	17415	13778
按经济区域分						
珠三角	453126	499782	527742	450670	546983	524136
东　翼	14397	15513	17099	15904	18430	19637
西　翼	14729	17302	20428	17887	24513	22331
山　区	28964	31192	29481	30889	37813	42748

5-31 各市城镇职工基本养老保险基金支出情况（2013-2018年）

单位：万元

市　别	2013	2014	2015	2016	2017	2018
合　计	**11676625**	**15380761**	**17110138**	**19400474**	**22291984**	**32456968**
广　州	2722840	3361628	3567455	4124258	4497176	5240900
深　圳	1271664	1553485	1732325	1921661	2807802	4615115
珠　海	299568	332788	396828	498569	731507	1056004
汕　头	361341	450995	543742	579598	760439	852953
佛　山	1060964	1278881	1485150	1786948	2231721	2498564
韶　关	267594	332410	373893	428304	500255	746730
河　源	102720	128724	154558	187263	203090	329130
梅　州	297443	382789	452720	687450	618271	892344
惠　州	221326	270211	328228	359398	480835	954165
汕　尾	81874	108328	127131	141838	156486	248134
东　莞	473076	591923	915113	1042061	1170550	1946261
中　山	476371	568118	657913	717509	880514	1068535
江　门	468390	590570	714385	770041	839151	1039931
阳　江	110471	139012	165186	180281	195380	302349
湛　江	450345	562214	668971	726127	791160	937128
茂　名	287254	351326	395934	433326	483814	760658
肇　庆	231303	284721	328329	360266	456656	614338
清　远	179382	225277	271615	293048	314246	583413
潮　州	181688	231999	275849	302099	330894	419156
揭　阳	237283	294110	367867	397357	435227	478454
云　浮	86112	106868	122066	135474	188665	279066
省　直	1807618	3234382	3064883	3327600	3218146	6593643
按经济区域分						
珠三角	7225502	8832325	10125726	11580711	14095912	19033813
东　翼	862186	1085432	1314589	1420892	1683047	1998696
西　翼	848070	1052552	1230091	1339734	1470354	2000135
山　区	933251	1176068	1374852	1731539	1824525	2830682

5-32 各市城镇职工基本养老保险(企业+其他)基金支出情况 (2013-2018年)

单位：万元

市　别	2013	2014	2015	2016	2017	2018
合　计	**11208951**	**14875834**	**16338378**	**18248300**	**20428256**	**26651647**
广　州	2722840	3361628	3567455	4124258	4497151	4747962
深　圳	1205667	1493177	1662001	1843611	2720658	4357551
珠　海	243877	266161	321434	380450	456397	664541
汕　头	357870	447405	539532	575281	615603	658809
佛　山	995582	1209315	1397470	1632139	1777842	1884818
韶　关	261763	326582	366823	424916	440826	464670
河　源	98795	123863	148669	156184	172819	179407
梅　州	293548	377895	447794	504031	587967	561547
惠　州	217936	265683	323310	353918	425963	592413
汕　尾	80187	106302	124201	139260	153037	168168
东　莞	471031	589029	745592	833852	1045664	1803049
中　山	435581	519423	606848	658656	741041	977084
江　门	414004	529126	638640	688869	747762	816022
阳　江	109002	137054	162823	178023	191262	199463
湛　江	445095	555440	661378	718948	781568	845379
茂　名	282630	344816	390133	426980	458499	491187
肇　庆	211287	262135	300274	332520	366638	384165
清　远	176226	222056	266960	289669	308648	336053
潮　州	170969	219708	261589	287283	313607	343583
揭　阳	149963	193621	232080	250946	276747	299027
云　浮	69685	104888	119896	132912	141172	152321
省　直	1795412	3220528	3053479	3315594	3207384	5724428
按经济区域分						
珠三角	6917805	8495677	9563024	10848273	12779116	16227605
东　翼	758989	967036	1157402	1252770	1358995	1469587
西　翼	836727	1037310	1214334	1323951	1431329	1536029
山　区	900017	1155284	1350142	1507712	1651432	1693998

5-33 各市城乡居民基本养老保险基金支出情况（2013-2018年）

单位：万元

市 别	2013	2014	2015	2016	2017	2018
合 计	**909255**	**1058758**	**1469326**	**1570524**	**1705862**	**2018885**
广 州	231673	273754	313873	327091	336535	345745
深 圳	2204	2419	3087	3024	3193	3732
珠 海	15744	18783	34911	24781	21867	24351
汕 头	35506	41068	62133	70575	79094	102744
佛 山	77100	84785	145836	139665	148220	160265
韶 关	23234	27303	40334	48353	50585	63905
河 源	30219	33377	49337	54097	59800	74189
梅 州	58335	65322	88169	98576	104569	125266
惠 州	46293	50721	63439	68131	73498	87895
汕 尾	21883	26004	39651	44028	49500	62575
东 莞	32313	30915	35112	32466	34934	35367
中 山	29	55	117	141	171	236
江 门	42033	53672	68883	77379	85968	107227
阳 江	25315	28092	42256	46334	52300	65180
湛 江	55620	65220	99064	109012	123379	151778
茂 名	52759	63185	95881	106078	121760	149435
肇 庆	32194	39853	60703	69709	77330	98092
清 远	33749	39378	58795	64280	72745	92997
潮 州	21579	28063	39120	43228	48750	62850
揭 阳	48329	57442	85383	95578	107294	137199
云 浮	23142	29344	43240	48000	54368	67858
省 直						
按经济区域分						
珠 三 角	479583	554957	725961	742387	781718	862910
东 翼	127297	152577	226287	253409	284638	365367
西 翼	133694	156497	237201	261424	297440	366393
山 区	168679	194724	279875	313306	342067	424214

5-34 各市失业保险基金支出情况（2013-2018年）

单位：万元

市别	2013	2014	2015	2016	2017	2018
合计	**264734**	**326733**	**401820**	**997695**	**742026**	**762048**
广州	105042	115793	135400	329215	224001	223983
深圳	34907	42695	64577	361799	218742	219055
珠海	12267	16130	19794	35293	31801	30119
汕头	4230	19086	5392	14529	10780	9191
佛山	31275	36966	37904	50004	58763	53650
韶关	4963	7533	4835	9018	9818	5537
河源	3299	2923	3542	5327	4581	4142
梅州	4329	4368	4040	5608	4820	4442
惠州	4662	6106	9875	20394	17519	19164
汕尾	1207	965	1246	1695	1461	1974
东莞	21193	29288	58297	85721	77205	94863
中山	6731	10459	19064	28108	32591	42648
江门	8671	8012	11294	14085	16925	15707
阳江	3874	2890	2180	2546	3101	3156
湛江	5677	5707	5212	5091	4943	5830
茂名	3461	3311	3511	3996	5539	7551
肇庆	3686	4352	5539	8927	6093	6229
清远	2531	3368	4617	7701	6532	6168
潮州	1278	1610	2047	3029	3503	3332
揭阳	182	186	179	1456	1031	1137
云浮	1269	783	1174	2052	2276	2070
省直		4200	2100	2100		2100
按经济区域分						
珠三角	228434	269801	361744	933546	683641	705418
东翼	6897	21847	8864	20709	16776	15634
西翼	13012	11908	10903	11633	13583	16537
山区	16391	18975	18208	29706	28026	22359

5-35 各市工伤保险基金支出情况（2013-2018年）

单位：万元

市别	2013	2014	2015	2016	2017	2018
合计	**386841**	**470899**	**490187**	**521400**	**539531**	**647328**
广州	53544	59747	61583	66990	71191	75618
深圳	92803	100626	114545	125507	141397	181787
珠海	11820	13359	15909	18132	19654	22554
汕头	2903	2931	3234	3401	3507	5357
佛山	34397	34319	38298	43640	45767	52793
韶关	14489	16740	14918	14898	16096	16665
河源	2389	3041	3811	3478	3719	5275
梅州	4047	4835	4715	4897	6149	7417
惠州	7942	13657	12661	16883	18234	26650
汕尾	948	820	867	1094	1196	1177
东莞	95738	119603	120276	119061	117006	122233
中山	24133	26557	30092	31745	33400	34633
江门	8762	10304	12349	13135	15982	20343
阳江	2253	3239	2859	3321	3675	4917
湛江	3009	3724	4729	5747	4730	6586
茂名	3437	4330	4693	4696	5450	5278
肇庆	5002	5497	5652	6001	8197	9013
清远	5475	6553	6938	8202	5589	9858
潮州	937	1568	1769	1638	1499	2147
揭阳	1019	936	1085	1885	1150	1272
云浮	2258	2210	2941	2237	3180	4618
省直	9533	36304	26261	24811	12763	31133
按经济区域分						
珠三角	334141	383669	411365	441094	470828	545625
东翼	5807	6255	6955	8018	7352	9954
西翼	8699	11293	12281	13764	13855	16782
山区	28658	33379	33323	33712	34733	43834

5-36 各市城镇职工基本养老保险基金累计结余情况（2013-2018年）

单位：万元

市别	2013	2014	2015	2016	2017	2018
合计	**46731270**	**54441665**	**65327542**	**76525518**	**92450988**	**111288058**
广州	3730589	3938467	4717802	5087069	6194315	8707564
深圳	18401319	22679887	28014975	33646981	41491898	49065447
珠海	2292228	2643325	3206818	3747050	4099826	4739354
汕头	215664	280011	258416	264745	221250	116213
佛山	3453024	3685024	4061323	4536850	5141250	6033982
韶关	190320	242669	223213	225026	199759	60760
河源	282853	340064	386987	434854	512475	557549
梅州	673651	600553	496752	466955	384811	524658
惠州	1294857	1624390	2192654	2731240	3467286	4181480
汕尾	132290	165534	192951	214545	224513	217105
东莞	6436240	7898729	10286571	12880479	15609551	18796672
中山	1549640	1863238	2393735	2924985	4050076	4840318
江门	841415	903679	885834	885685	971201	978605
阳江	206069	236372	262047	312714	340376	359581
湛江	214924	353439	352706	352889	372738	278224
茂名	258090	358798	404275	444560	388811	317820
肇庆	307110	365696	402527	473321	428833	430222
清远	476590	569639	616351	714030	767748	734679
潮州	151892	170966	141898	117047	73257	70936
揭阳	156801	224953	226338	239065	223793	298753
云浮	202024	229997	253231	298291	333348	333060
省直	5263681	5066233	5350137	5527135	6953875	9645077
按经济区域分						
珠三角	38306422	45602435	56162239	66913660	81454235	97773644
东翼	656647	841464	819603	835402	742813	703007
西翼	679083	948609	1019028	1110163	1101925	955625
山区	1825438	1982922	1976534	2139156	2198139	2210705

5-37 各市城镇职工基本养老保险(企业+其他)基金累计结余情况(2013—2018年)

单位：万元

市别	2013	2014	2015	2016	2017	2018
合计	**43941281**	**51277017**	**61580390**	**72580141**	**86499279**	**103456472**
广州	3730589	3938467	4517478	5087069	6194281	8501006
深圳	18291021	22573210	27901142	33494958	39880549	46854030
珠海	1958337	2276261	2779367	3284303	3757633	4385161
汕头	73958	114986	71048	60773	103033	-23972
佛山	3172800	3371080	3736635	4205959	4640647	5513212
韶关	59647	95506	59312	39971	57146	-34884
河源	162112	199535	226434	271535	340132	411045
梅州	545786	454987	328337	463826	340274	421858
惠州	1146947	1443106	1968939	2486029	3181628	3942555
汕尾	77618	98609	111245	118778	113795	113339
东莞	6290714	7734213	10164364	12609336	15219768	18253187
中山	1488724	1797884	2312837	2818569	3811629	4509178
江门	746781	799481	772941	756220	805963	809340
阳江	148044	169904	185067	222732	209808	211961
湛江	43024	155098	112148	79966	58053	-95057
茂名	108062	185279	199350	205000	131381	130654
肇庆	210021	255989	272594	303802	292234	298604
清远	367095	442677	487595	586411	620125	653319
潮州	127275	144590	116991	94754	49719	31396
揭阳	107193	161695	153266	160076	130060	164777
云浮	147844	166372	181028	197479	204711	199566
省直	4937689	4698085	4922272	5032595	6356710	8206196
按经济区域分						
珠三角	37035934	44189691	54426297	65046245	77784332	93066273
东翼	386044	519880	452550	434381	396607	285541
西翼	299130	510281	496565	507698	399242	247558
山区	1282484	1359077	1282706	1559222	1562388	1650904

5-38 各市城乡居民基本养老保险基金累计结余情况（2013-2018年）

单位：万元

市 别	2013	2014	2015	2016	2017	2018
合 计	**2195395**	**2976814**	**3573471**	**3851618**	**4027451**	**4166892**
广 州	1302932	1685112	1754706	1695680	1624416	1532512
深 圳	4370	4314	4103	3828	3687	3526
珠 海	59610	73775	75058	81581	90046	101840
汕 头	52445	83931	117484	142406	154796	164103
佛 山	107352	113377	295314	263245	243657	242321
韶 关	42919	55477	75718	93857	114180	130209
河 源	28140	47709	60598	76277	78974	89092
梅 州	73382	75011	78029	118456	109020	105025
惠 州	76997	108615	144519	180131	216484	254061
汕 尾	13283	16276	15804	19408	25828	38806
东 莞	-2586	-2269	540	825	728	771
中 山	9	11	15	39	56	153
江 门	72338	94896	123013	152679	181524	198918
阳 江	32388	56996	87022	113372	124849	135339
湛 江	70925	119229	144360	183399	190514	221798
茂 名	60458	97706	133125	162646	177659	205605
肇 庆	33763	90865	127231	151357	179111	194497
清 远	39182	57377	76143	98736	182276	204361
潮 州	26197	34258	46966	56786	60117	62688
揭 阳	64743	104966	120072	141464	142759	146168
云 浮	36549	59181	93651	115445	126770	135098
省 直						
按经济区域分						
珠 三 角	1654785	2168696	2524499	2529365	2539710	2528599
东 翼	156668	239431	300326	360064	383500	411766
西 翼	163771	273931	364507	459417	493022	562742
山 区	220172	294755	384139	502771	611220	663785

5-39 各市失业保险基金累计结余情况（2013-2018年）

单位：万元

市　别	2013	2014	2015	2016	2017	2018
合　计	**4078000**	**5156808**	**6345616**	**6412362**	**6832806**	**7320343**
广　州	1758611	1976250	2181934	2079281	2123501	2156439
深　圳	684061	1184447	1714189	1682616	1854354	2085745
珠　海	187102	227737	256572	262966	273298	294920
汕　头	135294	162822	190817	197005	213179	232199
佛　山	260391	293158	325138	340418	338086	350609
韶　关	74302	83504	97990	102731	106070	113109
河　源	29893	36680	43291	44982	47308	51856
梅　州	15939	21479	30706	34030	37605	41332
惠　州	67388	83927	104233	111791	128263	146676
汕　尾	17498	22055	27547	30041	34212	36490
东　莞	136416	182807	310788	342290	386031	425772
中　山	108662	143868	171597	193677	214854	219335
江　门	108791	133104	159877	172122	183818	189820
阳　江	22726	23779	24370	26312	28944	32652
湛　江	66201	80093	100484	109477	120897	129701
茂　名	94622	111386	130443	140297	150478	159215
肇　庆	69458	82919	97918	105357	109771	119109
清　远	59331	73325	85315	93320	101290	111940
潮　州	37131	44221	51154	53719	55407	57429
揭　阳	29429	34858	41859	45901	51208	55994
云　浮	24751	31184	37663	40703	43099	46547
省　直	90002	123204	161733	203326	231134	263454
按经济区域分						
珠三角	3380880	4308217	5322246	5290518	5611975	5988425
东　翼	219352	263956	311377	326666	354005	382112
西　翼	183549	215258	255297	276086	300319	321568
山　区	204216	246172	294965	315766	335372	364784

5-40 各市工伤保险基金累计结余情况（2013-2018年）

单位：万元

市　　别	2013	2014	2015	2016	2017	2018
合　　计	**1944265**	**2170908**	**2413260**	**2525711**	**2752757**	**2881386**
广　　州	355160	394334	432684	456142	529799	568328
深　　圳	428643	461554	515521	509458	557165	580481
珠　　海	65080	72951	76778	75645	73959	74346
汕　　头	26646	32569	37816	42487	49651	54060
佛　　山	204704	237132	267648	294699	314033	324652
韶　　关	4916	12888	17078	19975	15050	18644
河　　源	10516	12185	13073	13172	14317	15946
梅　　州	14639	18384	21431	24184	25477	27298
惠　　州	58042	71171	88881	96011	113713	128501
汕　　尾	9476	11324	14205	17707	20113	24343
东　　莞	232024	248681	261300	261723	269022	246847
中　　山	67341	84331	100394	106718	101154	94133
江　　门	41334	44774	46521	48227	49179	48499
阳　　江	10809	9917	9996	11717	14443	16079
湛　　江	22757	26655	31087	31856	38851	41218
茂　　名	35679	41518	48477	52767	57756	62788
肇　　庆	19841	23116	27856	30906	34296	39547
清　　远	18863	22351	22436	23558	28423	30757
潮　　州	17287	20574	24070	26091	28442	30232
揭　　阳	8954	10844	12636	13247	14263	16360
云　　浮	7094	8502	10129	12455	14865	17503
省　　直	284460	305155	333242	356965	388782	420824
按经济区域分						
珠 三 角	1472169	1638044	1817583	1879529	2042322	2105336
东　　翼	62363	75311	88727	99532	112469	124995
西　　翼	69245	78090	89560	96340	111051	120084
山　　区	56028	74310	84147	93344	98132	110148

5-41　各市医疗、生育保险参保人数(2018年)

单位：人

市　别	基本医疗保险			生育保险
		城镇职工基本医疗保险	城乡居民基本医疗保险	
合　计	**106157706**	**41706925**	**64450781**	**34953368**
广　州	12476988	7519504	4957484	5852979
深　圳	14669195	11952451	2716744	12026177
珠　海	1900661	1297457	603204	1067679
汕　头	5022094	569921	4452173	654399
佛　山	5466078	3246530	2219548	2643801
韶　关	2974862	603038	2371824	347901
河　源	3215247	348904	2866343	286791
梅　州	4674182	480084	4194098	329540
惠　州	4367509	1565756	2801753	1565756
汕　尾	3067920	326329	2741591	228260
东　莞	5832967	5832967		4741815
中　山	2782258	2782258		1558025
江　门	3912951	1378735	2534216	909182
阳　江	2709849	293128	2416721	213040
湛　江	7081668	761843	6319825	496252
茂　名	6474345	490876	5983469	318016
肇　庆	4142009	701739	3440270	507880
清　远	4011788	623941	3387847	413118
潮　州	2657986	350319	2307667	352322
揭　阳	5963626	322080	5641546	227839
云　浮	2753523	259065	2494458	212596
省　直				
按经济区域分				
珠三角	55550616	36277397	19273219	30873294
东　翼	16711626	1568649	15142977	1462820
西　翼	16265862	1545847	14720015	1027308
山　区	17629602	2315032	15314570	1589946

注：1.省直医疗、生育保险属地化管理，无数据，下表同。
　　2.东莞市和中山市执行城乡统一医疗保险，在职工医疗口径反映。
　　3.各区域不包括省直。

5-42 各市城镇职工基本医疗保险参保人数（2013-2018年）

单位：人

市别	2013	2014	2015	2016	2017	2018
合计	**34729624**	**36470808**	**37118478**	**38141004**	**39626374**	**41706925**
广州	5382826	5720692	6076242	6368229	6842761	7519504
深圳	9995291	10041610	10391166	10930554	11510112	11952451
珠海	1078995	1100613	1105038	1125515	1191554	1297457
汕头	488537	500987	516030	547542	547005	569921
佛山	2583450	2729387	2777424	2887199	3029694	3246530
韶关	499213	520113	540012	556280	576427	603038
河源	282412	289677	301132	313760	333359	348904
梅州	389317	429046	430967	460184	461207	480084
惠州	1593023	1666847	1618333	1562028	1550800	1565756
汕尾	270032	279084	281330	315049	320672	326329
东莞	6180883	6156884	6019153	5745699	5660857	5832967
中山	1634629	2599154	2546162	2554049	2669843	2782258
江门	1131478	1190865	1211309	1258931	1323598	1378735
阳江	252884	266147	270819	274660	279587	293128
湛江	581918	606216	633640	636073	680339	761843
茂名	416652	412598	422490	443834	465238	490876
肇庆	598588	607873	618203	647338	645844	701739
清远	548300	555313	553793	581805	595520	623941
潮州	347658	311721	319139	327716	336174	350319
揭阳	276167	277759	262883	376902	361672	322080
云浮	197371	208222	223213	227657	244111	259065
省直						
按经济区域分						
珠三角	30179163	31813925	32363030	33079542	34425063	36277397
东翼	1382394	1369551	1379382	1567209	1565523	1568649
西翼	1251454	1284961	1326949	1354567	1425164	1545847
山区	1916613	2002371	2049117	2139686	2210624	2315032

5-43　各市城乡居民基本医疗保险参保人数（2013–2018年）

单位：人

市　别	2013	2014	2015	2016	2017	2018
合　计	**64019658**	**63680231**	**64241734**	**63360624**	**64024306**	**64450781**
广　州	4774433	4826029	4449913	4595558	4774043	4957484
深　圳	1581185	1536667	1740390	1987463	2450977	2716744
珠　海	440813	453492	477551	516059	559551	603204
汕　头	4524173	4551131	4608609	4465462	4475685	4452173
佛　山	2059293	2067092	2070038	2113652	2147662	2219548
韶　关	2362178	2294325	2293995	2286268	2365184	2371824
河　源	3240437	3104713	3058058	3028877	2901622	2866343
梅　州	4374661	4419748	4419101	4266971	4248547	4194098
惠　州	2547577	2613882	2661439	2726134	2761150	2801753
汕　尾	2660582	2726630	2741373	2740662	2740821	2741591
东　莞						
中　山	924372					
江　门	2721664	2696281	2658610	2567456	2564541	2534216
阳　江	2264549	2321681	2358769	2366689	2400955	2416721
湛　江	6361169	6436694	6655940	6571417	6469957	6319825
茂　名	6070455	6192842	6431180	5847409	5948018	5983469
肇　庆	3401922	3477924	3513387	3444162	3439310	3440270
清　远	3491921	3492258	3537141	3453915	3435122	3387847
潮　州	2236687	2275338	2294945	2330940	2307478	2307667
揭　阳	5498256	5665723	5714175	5523233	5532815	5641546
云　浮	2483331	2527781	2557120	2528297	2500868	2494458
省　直						
按经济区域分						
珠 三 角	18451259	17671367	17571328	17950484	18697234	19273219
东　翼	14919698	15218822	15359102	15060297	15056799	15142977
西　翼	14696173	14951217	15445889	14785515	14818930	14720015
山　区	15952528	15838825	15865415	15564328	15451343	15314570

注：1.东莞市居民医疗2010与职工医疗制度合并，中山市居民医疗2014与职工医疗制度合并。
2.2013年广州、韶关、河源含新农合参合人数，其中韶关、河源于2014年并入城乡居民医保；2014年广州含新农合人数，次年并入城乡居民医保。

5-44 各市生育保险参保人数(2013-2018年)

单位：人

市　　别	2013	2014	2015	2016	2017	2018
合　　计	**27115918**	**28012790**	**30817976**	**31618895**	**33008912**	**34953368**
广　　州	3194209	3572028	4368202	4766093	5189222	5852979
深　　圳	5804624	5946148	10328970	10906510	11605683	12026177
珠　　海	878156	897094	902786	939103	999181	1067679
汕　　头	656215	684454	727332	702391	580807	654399
佛　　山	2103903	2221569	2240608	2307210	2452850	2643801
韶　　关	169146	181495	238203	256052	284214	347901
河　　源	205533	211714	222118	235381	267369	286791
梅　　州	247147	281970	285660	289278	305209	329540
惠　　州	1593023	1666847	1618333	1562028	1550800	1565756
汕　　尾	130081	149722	190084	201514	219538	228260
东　　莞	6180883	6156884	5108233	4783780	4661485	4741815
中　　山	2559001	2599154	1438604	1420551	1488528	1558025
江　　门	709274	738330	765743	806710	856919	909182
阳　　江	176214	190551	197481	201390	201295	213040
湛　　江	370433	380578	431234	451404	474085	496252
茂　　名	257845	259248	280469	280633	304518	318016
肇　　庆	404135	409612	414176	417303	429952	507880
清　　远	360242	367805	365893	374706	386954	413118
潮　　州	264562	254125	303592	313802	332581	352322
揭　　阳	212468	207408	214411	224924	216876	227839
云　　浮	127407	139587	175844	178132	200846	212596
省　　直	511417	496467				
按经济区域分						
珠 三 角	23427208	24207666	27185655	27909288	29234620	30873294
东　　翼	1263326	1295709	1435419	1442631	1349802	1462820
西　　翼	804492	830377	909184	933427	979898	1027308
山　　区	1109475	1182571	1287718	1333549	1444592	1589946

注：省直生育保险2015年属地化管理，主要移交广州市

5-45 各市参保女职工生育人数(2013-2018年)

单位：人

市别	2013	2014	2015	2016	2017	2018
合计	**272942**	**293911**	**327038**	**544298**	**690933**	**622028**
广州	53324	51912	69305	98311	136272	132897
深圳	83898	98862	93155	196771	178379	156792
珠海	10869	10026	14270	18529	25214	22315
汕头	5482	5690	5730	4304	13257	13625
佛山	31145	33921	37441	53156	75925	70881
韶关	1965	2198	2101	4190	7912	7620
河源	2447	2746	3864	3329	14743	13369
梅州	3233	4361	4308	5812	9218	2090
惠州			13406	43531	27965	25469
汕尾	588	672	1137	2018	3521	2949
东莞	21569	20664	26973	41206	65425	58854
中山	22106	21668	21024	3289	27018	26145
江门	8856	8595	9146	21227	23723	19790
阳江	2045	2057	1653	4518	7232	5361
湛江	981	5668	2453	9577	13061	10891
茂名	3086	3870	3904	9425	20016	13811
肇庆	4214	4294	4402	6021	10914	11504
清远	3457	3328	3114	6753	10143	10899
潮州	2179	2089	2892	3910	6761	5763
揭阳	1626	1713	2059	3505	6515	5146
云浮	1573	1514	1349	4916	7719	5857
省直	8299	8063	3352			
按经济区域分						
珠三角	235981	249942	289122	482041	570835	524647
东翼	9875	10164	11818	13737	30054	27483
西翼	6112	11595	8010	23520	40309	30063
山区	12675	14147	14736	25000	49735	39835

5-46 各市医疗、生育保险基金收入情况(2018年)

单位：万元

市　　别	城镇职工基本医疗保险	城乡居民基本医疗保险	生育保险
合　　计	**14253019**	**4568552**	**1037249**
广　　州	4399726	390324	369583
深　　圳	3718988	332694	261854
珠　　海	495021		
汕　　头	173376	323954	22320
佛　　山	1461575		75749
韶　　关	221592	167690	9779
河　　源	120107	197033	8200
梅　　州	164274	325825	7242
惠　　州	485753	201005	534
汕　　尾	55847	187965	3368
东　　莞	894570		138830
中　　山	420285		43833
江　　门	471051	211848	17693
阳　　江	115461	172041	10226
湛　　江	283160	466724	12440
茂　　名	177311	441210	8652
肇　　庆	187929	195909	14824
清　　远	192340	253118	12574
潮　　州	72066	149976	7693
揭　　阳	59859	378704	3172
云　　浮	82729	172534	8684
省　　直			
按经济区域分			
珠 三 角	12534898	1331781	922898
东　　翼	361148	1040598	36554
西　　翼	575932	1079975	31318
山　　区	781041	1116198	46479

5-47 各市医疗、生育保险基金支出情况(2018年)

单位：万元

市　别	城镇职工基本医疗保险	城乡居民基本医疗保险	生育保险
合　计	**10487360**	**4470623**	**1137069**
广　州	3271717	341665	346290
深　圳	1788801	300909	295428
珠　海	458889		
汕　头	258836	273528	21572
佛　山	1159240		134265
韶　关	194831	165254	12134
河　源	107059	217412	9723
梅　州	154330	340329	8838
惠　州	433356	214068	3
汕　尾	46586	181650	5252
东　莞	806931		115268
中　山	340545		53033
江　门	420103	172796	27906
阳　江	92960	183832	10534
湛　江	264180	421283	25471
茂　名	164327	435192	15857
肇　庆	183351	221825	18373
清　远	163719	264224	18567
潮　州	63163	124756	6804
揭　阳	46479	413074	2704
云　浮	67956	198829	9049
省　直			
按经济区域分			
珠 三 角	8862933	1251263	990564
东　翼	415064	993007	36332
西　翼	521467	1040307	51862
山　区	687896	1186046	58311

5-48 各市医疗、生育保险基金征收收入情况(2018年)

单位：万元

市别	城镇职工基本医疗保险	城乡居民基本医疗保险	生育保险
合计	**13272938**	**1515789**	**993924**
广州	4309057	141373	367717
深圳	3354356	197796	231555
珠海	457464		
汕头	166784	110464	21979
佛山	1164931		72886
韶关	215397	48440	9741
河源	115415	66472	5842
梅州	154737	98320	7132
惠州	444241	67320	38
汕尾	54831	47498	3334
东莞	836081		138399
中山	414944		43741
江门	461375	84654	16328
阳江	105670	53123	10213
湛江	274223	166479	11691
茂名	173924	139292	8063
肇庆	177630	28550	14346
清远	186313	74982	12476
潮州	70422	41532	6976
揭阳	55520	93021	2960
云浮	79625	56472	8507
省直			
按经济区域分			
珠三角	11620078	519694	885010
东翼	347557	292515	35249
西翼	553817	358894	29968
山区	751486	344686	43697

5-49 各市医疗、生育保险基金累计结余情况(2018年)

单位：万元

市　　别	城镇职工基本医疗保险	城乡居民基本医疗保险	生育保险
合　计	**26585298**	**3772134**	**830861**
广　州	9635010	305323	119699
深　圳	10540961	217988	485866
珠　海	505436		
汕　头	72418	498721	27889
佛　山	1805154		40875
韶　关	303049	159088	997
河　源	90772	187347	996
梅　州	80913	198006	5358
惠　州	692373	47359	20372
汕　尾	44670	116911	2538
东　莞	1040391		27465
中　山	474182		9324
江　门	374613	172476	15278
阳　江	108700	55031	1194
湛　江	185039	441123	29607
茂　名	214327	379995	14770
肇　庆	87327	170515	5677
清　远	172973	121195	4178
潮　州	52066	251810	3840
揭　阳	31200	332091	3035
云　浮	73724	117154	11905
省　直			
按经济区域分			
珠三角	25155447	913661	724556
东　翼	200353	1199534	37301
西　翼	508066	876149	45571
山　区	721433	782790	23434

5-50 各市城镇职工基本医疗保险基金收入情况(2013-2018年)

单位：万元

市　别	2013	2014	2015	2016	2017	2018
合　计	**7154467**	**8227517**	**9140689**	**10366714**	**12263852**	**14253019**
广　州	2446399	2814472	3055085	3413668	3808807	4399726
深　圳	1503889	1768356	2004508	2410969	3055454	3718988
珠　海	227591	259926	301815	358770	476794	495021
汕　头	109824	120296	130978	136013	152312	173376
佛　山	650366	768580	828199	913921	1259988	1461575
韶　关	146528	144753	162637	179597	192870	221592
河　源	71051	80174	83076	93142	103370	120107
梅　州	70963	86571	111954	127610	142591	164274
惠　州	272823	351989	374981	365300	419171	485753
汕　尾	33320	34734	39227	43089	47743	55847
东　莞	643783	572906	643199	783623	849408	894570
中　山	149341	304902	329551	362986	398906	420285
江　门	261801	275935	322863	335594	393202	471051
阳　江	55121	53887	64011	73741	86316	115461
湛　江	112807	144006	168397	189773	230174	283160
茂　名	103690	113398	130506	147020	161472	177311
肇　庆	106481	112137	128338	143369	145820	187929
清　远	87020	105381	128159	138458	165080	192340
潮　州	38795	43885	49177	55637	63635	72066
揭　阳	20450	23115	29553	33602	42610	59859
云　浮	42422	48116	54476	60833	68130	82729
省　直						
按经济区域分						
珠三角	6262474	7229203	7988539	9088200	10807548	12534898
东　翼	202389	222030	248935	268341	306300	361148
西　翼	271618	311291	362914	410534	477962	575932
山　区	417984	464995	540302	599640	672042	781041

5-51　各市城乡居民基本医疗保险基金收入情况（2013-2018年）

单位：万元

市　别	2013	2014	2015	2016	2017	2018
合　计	**2521185**	**2833815**	**3487869**	**4182457**	**4162728**	**4568552**
广　州	221328	261200	252167	292784	314309	390324
深　圳	127912	127026	167706	198230	271439	332694
珠　海	17492	21171	27329	35207		
汕　头	150922	172371	232064	272659	284771	323954
佛　山	214980	196702	221323	213315		
韶　关	81135	106592	115664	133878	153597	167690
河　源	72455	124766	152555	166253	211696	197033
梅　州	139644	190030	222213	260677	276917	325825
惠　州	84445	123039	143577	160643	176565	201005
汕　尾	86857	106186	127978	160040	157775	187965
东　莞						
中　山	12796					
江　门	96397	109135	139183	165560	189102	211848
阳　江	71077	95176	118354	278073	159414	172041
湛　江	361751	244551	311272	382796	440055	466724
茂　名	210589	245274	324291	391743	437161	441210
肇　庆	100890	146194	178867	212134	220967	195909
清　远	129863	155703	179117	223992	216339	253118
潮　州	71557	82529	108808	130438	148995	149976
揭　阳	180413	213177	313914	324156	342985	378704
云　浮	88682	112996	151487	179880	160639	172534
省　直						
按经济区域分						
珠三角	876240	984467	1130152	1277873	1172382	1331781
东　翼	489749	574263	782764	887293	934526	1040598
西　翼	643417	585001	753917	1052612	1036631	1079975
山　区	511779	690087	821036	964680	1019189	1116198

5-52　各市生育保险基金收入情况（2013-2018年）

单位：万元

市　　别	2013	2014	2015	2016	2017	2018
合　　计	**385224**	**457639**	**711083**	**733393**	**871095**	**1037249**
广　　州	125313	151762	213663	248023	311076	369583
深　　圳	101256	116288	279511	200833	244550	261854
珠　　海	16832	22533	22407	19865		
汕　　头	12504	12934	15394	17846	21116	22320
佛　　山	66846	80779	88330	58751	69151	75749
韶　　关	2567	3171	4487	5341	6242	9779
河　　源	5202	6166	6883	4686	5882	8200
梅　　州	2513	2958	4565	5143	6246	7242
惠　　州	39	2036	86	36	1883	534
汕　　尾	1186	1380	1680	2598	3214	3368
东　　莞			6172	74778	91036	138830
中　　山			2932	35797	40636	43833
江　　门	6589	7572	13848	10474	12658	17693
阳　　江	1328	1128	3929	7336	8753	10226
湛　　江	5057	6433	9478	11309	12216	12440
茂　　名	6862	7818	8522	7066	7827	8652
肇　　庆	3989	4115	10264	6915	7225	14824
清　　远	5279	7600	9035	6808	7429	12574
潮　　州	2983	3260	3349	2657	4603	7693
揭　　阳	524	601	796	843	2160	3172
云　　浮	1717	1814	5414	6113	7149	8684
省　　直	16639	17290	339	176	44	
按经济区域分						
珠 三 角	320864	385085	637213	655472	778216	922898
东　　翼	17197	18175	21219	23944	31092	36554
西　　翼	13247	15379	21929	25711	28796	31318
山　　区	17278	21709	30384	28091	32948	46479

5-53 各市城镇职工基本医疗保险基金征收收入情况（2013-2018年）

单位：万元

市　别	2013	2014	2015	2016	2017	2018
合　计	**6708237**	**7751448**	**8796808**	**9946839**	**11323654**	**13272938**
广　州	2323899	2648232	3003500	3358719	3622412	4309057
深　圳	1428949	1646287	1902532	2287044	2723083	3354356
珠　海	224461	257789	298292	344798	435465	457464
汕　头	98115	105677	122993	125877	139678	166784
佛　山	631743	724307	778929	851458	1057474	1164931
韶　关	139344	138838	155852	168601	186568	215397
河　源	62389	69380	77994	85434	97287	115415
梅　州	66526	79352	99319	114671	133478	154737
惠　州	267680	321116	351158	358882	393135	444241
汕　尾	32334	32664	37674	40534	46897	54831
东　莞	497804	555655	626356	740531	815285	836081
中　山	144351	290944	315107	344027	379174	414944
江　门	254074	269518	313992	325193	378573	461375
阳　江	51533	50943	60922	69228	81353	105670
湛　江	107552	138910	161826	186061	214211	274223
茂　名	97837	107118	120721	137942	154546	173924
肇　庆	102849	108383	122850	134204	139880	177630
清　远	82299	97909	121225	130959	159219	186313
潮　州	36424	41264	46816	53262	61165	70422
揭　阳	18952	22047	27536	32018	39930	55520
云　浮	39123	45116	51217	57396	64841	79625
省　直						
按经济区域分						
珠三角	5875810	6822231	7712716	8744856	9944481	11620079
东　翼	185825	201652	235019	251691	287670	347557
西　翼	256922	296971	343469	393231	450110	553817
山　区	389681	430595	505607	557061	641392	751486

5-54 各市城乡居民基本医疗保险基金征收收入情况（2013-2018年）

单位：万元

市别	2013	2014	2015	2016	2017	2018
合计	**2434036**	**2752609**	**3382278**	**3928235**	**4049411**	**1515789**
广州	193966	253341	250568	287695	309958	141373
深圳	124993	123283	163737	195235	267829	197796
珠海	17459	21136	26955	34310		
汕头	147667	168562	226498	265912	271261	110464
佛山	213140	194675	219380	211843		
韶关	79691	104590	112995	129758	149851	48440
河源	46690	124146	145775	158804	195038	66472
梅州	136076	180318	219683	253431	273783	98320
惠州	83860	122234	139105	160201	176158	67320
汕尾	86024	103859	126390	158147	153788	47498
东莞						
中山	12642					
江门	95739	108908	138062	160502	187714	84654
阳江	70347	94518	117359	139063	158791	53123
湛江	358597	241224	304730	377008	432665	166479
茂名	207265	229391	301042	369559	405035	139292
肇庆	100084	144817	178184	209532	219309	28550
清远	124036	149642	172632	217794	210935	74982
潮州	70527	81072	103376	128574	144653	41532
揭阳	177099	206045	307656	319041	333714	93021
云浮	88134	100847	128153	151827	158931	56472
省直						
按经济区域分						
珠三角	841883	968394	1115991	1259318	1160967	519694
东翼	481317	559538	763920	871674	903416	292515
西翼	636209	565133	723131	885630	996491	358894
山区	474627	659543	779238	911614	988537	344686

5-55 各市生育保险基金征收收入情况（2013-2018年）

单位：万元

市别	2013	2014	2015	2016	2017	2018
合计	**378189**	**443756**	**690247**	**713109**	**826427**	**993924**
广州	122999	149722	211148	246043	308146	367717
深圳	100192	113627	267940	194146	218406	231555
珠海	16792	22278	21993	18466		
汕头	12249	12687	15055	17595	20494	21979
佛山	66448	76945	86707	54415	62600	72886
韶关	2408	2852	4382	4896	5960	9741
河源	5108	6064	6873	4678	5811	5842
梅州	2461	2913	4475	4982	6039	7132
惠州	31	30	25	27	173	38
汕尾	1112	1240	1603	2334	2911	3334
东莞			6166	74586	90720	138399
中山			2932	35572	40373	43741
江门	6420	7018	13012	9978	10656	16328
阳江	1252	1120	3912	7022	8464	10213
湛江	4465	6012	8727	10714	10867	11691
茂名	6558	7392	7729	6152	7151	8063
肇庆	3942	4104	9447	6308	7145	14346
清远	5059	7332	8862	5875	7174	12476
潮州	2910	3180	3331	2545	4570	6976
揭阳	512	574	701	826	1949	2960
云浮	1516	1757	5196	5940	6816	8507
省直	15756	16909	29	8	2	
按经济区域分						
珠三角	316824	373724	619370	639541	738218	885010
东翼	16783	17681	20690	23300	29924	35249
西翼	12275	14524	20368	23888	26482	29968
山区	16552	20918	29788	26371	31801	43697

5-56 各市城镇职工基本医疗保险基金支出情况(2013-2018年)

单位：万元

市别	2013	2014	2015	2016	2017	2018
合计	**5265836**	**6128116**	**6906046**	**7583283**	**9148235**	**10487360**
广州	1661111	1935849	2251560	2377313	2844546	3271717
深圳	815442	935608	1058927	1223336	1561010	1788801
珠海	188343	219480	252655	293319	440911	458889
汕头	104670	113998	117360	150537	145326	258836
佛山	540159	627561	692641	769870	1057249	1159240
韶关	133340	127454	127735	136302	165251	194831
河源	57750	71360	74073	79609	95500	107059
梅州	68937	88242	115362	128480	137487	154330
惠州	225773	286168	291579	332295	386375	433356
汕尾	31693	32587	37477	39420	43322	46586
东莞	572422	540487	555936	624365	693067	806931
中山	130796	258468	279471	316301	345184	340545
江门	239367	293318	303404	330767	335922	420103
阳江	48331	53001	58796	66645	76995	92960
湛江	98761	137216	153781	182495	209084	264180
茂名	75445	105839	136344	127814	153996	164327
肇庆	98006	107489	127312	139670	152584	183351
清远	78935	87487	150593	127207	144041	163719
潮州	37638	40290	44258	52775	56777	63163
揭阳	20328	25316	29351	34892	41019	46479
云浮	38589	40895	47432	49872	62590	67956
省直						
按经济区域分						
珠三角	4471419	5204428	5813485	6407236	7816848	8862933
东翼	194329	212191	228446	277624	286443	415064
西翼	222537	296056	348921	376954	440074	521467
山区	377551	415438	515195	521470	604869	687896

5-57 各市城乡居民基本医疗保险基金支出情况（2013-2018年）

单位：万元

市　别	2013	2014	2015	2016	2017	2018
合　计	**2011441**	**2499054**	**2817740**	**3634054**	**3816030**	**4470623**
广　州	215155	215371	209629	231047	282643	341665
深　圳	99402	120714	136592	173179	252047	300909
珠　海	18599	19976	24127	36332		
汕　头	101078	114972	124789	213925	239228	273528
佛　山	184470	199510	206943	212395		
韶　关	72239	80497	94580	111810	128913	165254
河　源	52489	90753	121341	177178	173526	217412
梅　州	117784	144888	163443	236295	287718	340329
惠　州	102249	115399	142193	162283	179306	214068
汕　尾	75710	94996	119154	133949	154616	181650
东　莞						
中　山	12140					
江　门	91889	139647	128454	142895	146351	172796
阳　江	63300	79665	108893	275395	187264	183832
湛　江	168987	219569	268182	314766	353097	421283
茂　名	152400	249722	286787	302495	374845	435192
肇　庆	109851	138385	144497	173602	190430	221825
清　远	116773	148838	140351	204522	238795	264224
潮　州	42684	56365	62945	105870	112684	124756
揭　阳	128392	171748	213121	285984	353977	413074
云　浮	85850	98040	121720	140132	160590	198829
省　直						
按经济区域分						
珠三角	833755	949002	992435	1131733	1050777	1251263
东　翼	347864	438081	520009	739728	860505	993007
西　翼	384687	548956	663862	892656	915206	1040307
山　区	445135	563016	641435	869937	989542	1186046

5-58 各市生育保险基金支出情况（2013-2018年）

单位：万元

市　别	2013	2014	2015	2016	2017	2018
合　计	**275772**	**318777**	**396238**	**608395**	**1105589**	**1137069**
广　州	125210	151255	209247	196683	346460	346290
深　圳	50018	59011	57917	165778	281602	295428
珠　海	8666	16507	25309	31880		
汕　头	9042	10156	13025	6393	19394	21572
佛　山	46630	40327	50247	72210	124578	134265
韶　关	1187	1335	1222	7230	12800	12134
河　源	2970	3717	6264	4845	13150	9723
梅　州	1003	1185	1420	3707	10367	8838
惠　州						3
汕　尾	277	360	757	2720	5428	5252
东　莞			2	51664	116416	115268
中　山				7217	53624	53033
江　门	2329	2165	5623	13518	19574	27906
阳　江	1621	2040	1613	7228	13308	10534
湛　江	1610	1687	598	3091	8840	25471
茂　名	1289	1306	1461	8275	17523	15857
肇　庆	1674	1701	4036	8361	16265	18373
清　远	3271	4439	5515	8868	15589	18567
潮　州	1950	2228	3014	4092	6775	6804
揭　阳	272	273	497	863	1986	2704
云　浮	615	609	553	3754	7657	9049
省　直	16140	18477	7918	19	14256	
按经济区域分						
珠 三 角	234527	270966	352381	547311	958517	990564
东　翼	11541	13017	17293	14068	33583	36332
西　翼	4520	5033	3672	18594	39671	51862
山　区	9046	11285	14974	28404	59562	58311

5-59 各市城镇职工基本医疗保险基金累计结余情况（2013-2018年）

单位：万元

市别	2013	2014	2015	2016	2017	2018
合计	**12300707**	**14472406**	**16712701**	**19496125**	**22819639**	**26585298**
广州	4824236	5702858	6506385	7542741	8507001	9635010
深圳	4150370	4983117	5928698	7116331	8610774	10540961
珠海	196193	236640	285799	351249	469305	505436
汕头	145498	151798	165415	150892	157877	72418
佛山	744295	894748	1030306	1174357	1502819	1805154
韶关	153172	170470	205372	248668	276288	303049
河源	38504	47319	56322	69855	77725	90772
梅州	66612	64941	66734	65865	70970	80913
惠州	424962	490782	574184	607182	639976	692373
汕尾	23421	25568	27320	30989	35409	44670
东莞	517474	549892	637155	796411	952753	1040391
中山	134312	243568	294033	340720	394441	474182
江门	259440	242099	261558	266385	323665	374613
阳江	63683	64568	69782	76878	86199	108700
湛江	116284	123074	137691	144969	166060	185039
茂名	172940	180498	174660	193866	201342	214327
肇庆	80142	84790	85817	89512	82749	87327
清远	116600	134495	112062	123312	144353	172973
潮州	24866	28460	33443	36304	43163	52066
揭阳	19517	17316	17518	16229	17820	31200
云浮	28188	35408	42451	53413	58952	73724
省直						
按经济区域分						
珠三角	11331424	13428494	15603935	18284888	21483482	25155447
东翼	213302	223142	243696	234414	254269	200353
西翼	352907	368140	382133	415713	453601	508066
山区	403076	452633	482941	561113	628287	721433

5-60 各市城乡居民基本医疗保险基金累计结余情况（2013-2018年）

单位：万元

市别	2013	2014	2015	2016	2017	2018
合计	**2004463**	**2218460**	**2887286**	**3439902**	**3674206**	**3772134**
广州	74894	120722	163260	224998	256663	305323
深圳	105637	111949	141760	166810	186203	217988
珠海	10007	11202	14404	13279		
汕头	179343	236742	344017	402752	448295	498721
佛山	113232	110424	124804	125724		
韶关	62365	88816	109900	131968	156652	159088
河源	63087	118874	150088	143376	207726	187347
梅州	95017	140160	198929	223311	212510	198006
惠州	55779	63419	64802	63163	60422	47359
汕尾	61332	72522	81346	107437	110596	116911
东莞						
中山	9103					
江门	87792	57279	68009	90674	133424	172476
阳江	67021	82532	91993	94671	66822	55031
湛江	316038	197605	240694	308724	395683	441123
茂名	179730	184908	222412	311660	373976	379995
肇庆	85183	92992	127362	165895	196431	170515
清远	89226	96090	134856	154326	132301	121195
潮州	93685	119849	165712	190279	226590	251810
揭阳	197062	238490	339283	377454	366462	332091
云浮	58929	73885	103652	143401	143449	117154
省直						
按经济区域分						
珠三角	541627	567987	704401	850543	833144	913661
东翼	531422	667603	930358	1077922	1151943	1199534
西翼	562789	465045	555099	715055	836481	876149
山区	368624	517825	697425	796382	852639	782790

5-61 各市生育保险基金累计结余情况（2013-2018年）

单位：万元

市别	2013	2014	2015	2016	2017	2018
合　计	**598931**	**737794**	**1052638**	**1177637**	**930681**	**830861**
广　州	75528	76035	80451	131791	96406	119699
深　圳	242565	299842	521435	556491	519440	485866
珠　海	21354	27380	24477	12461		
汕　头	8819	11597	13966	25419	27141	27889
佛　山	89742	130193	168277	154817	99391	40875
韶　关	6698	8534	11799	9910	3352	997
河　源	6878	9327	9946	9787	2519	996
梅　州	4720	6494	9638	11075	6954	5358
惠　州	15799	17836	17921	17957	19840	20372
汕　尾	4813	5834	6757	6636	4421	2538
东　莞			6170	29283	3903	27465
中　山			2932	31512	18524	9324
江　门	21817	27225	35450	32407	25491	15278
阳　江	4545	3633	5948	6056	1502	1194
湛　江	17418	22164	31045	39263	42638	29607
茂　名	19308	25820	32880	31671	21975	14770
肇　庆	11069	13483	19711	18265	9225	5677
清　远	13711	16872	20391	18330	10170	4178
潮　州	5189	6221	6557	5122	2951	3840
揭　阳	1786	2114	2413	2393	2567	3035
云　浮	4352	5557	10419	12778	12270	11905
省　直	22821	21634	14055	14212		
按经济区域分						
珠三角	477874	591994	876824	984984	792221	724556
东　翼	20607	25766	29693	39570	37079	37301
西　翼	41271	51617	69873	76990	66115	45571
山　区	36359	46784	62193	61880	35266	23434

主要统计指标解释

城镇登记失业率　指报告期末，城镇登记失业人数占期末从业人员总数与期末实有城镇登记失业人数之和的比重。

社会保险　是指社会保障的一个子系统和核心。它是指以劳动者为保障对象，以劳动者的年老、患病、生育、伤残、死亡等暂时或永久性丧失劳动能力以及失业中断劳动而失去收入来源等特殊事件为保障内容的一种社会保障制度。社会保险分为基本保险和补充保险，基本保险包括养老保险、医疗保险、失业保险、工伤保险和生育保险等内容，补充保险主要包括各种互助保障、个人或单位自主参加的其他保险。

参加保险人数　是指报告期末按照国家法律、法规和有关政策规定参加基本社会保险的人数。

社会保险基金收入　是指根据国家规定，由纳入基本社会保险范围的单位，按照国家规定的缴费基数和缴费比例缴纳的社会基金以及通过其他方式取得的形成基金来源的收入，包括单位缴纳的社会统筹基金收入、个人缴纳社会保险费、财政补贴收入、利息收入及其他收入。

社会保险基金支出　是指按照国家政策规定的开支范围和开支标准从社会统筹基金中支付给参加基本社会保险人员个人的费用以及由于保险关系转移、上下级之间调剂资金等原因而发生的支出。

社会保险基金结余　是指截至报告期末基本养老保险的基金结余金额(含统筹基金结余和个人账户积累)，包括银行存款、财政专户、债券投资和其他。

六、社会安全

简要说明

1. 本篇资料主要反映广东省网信、公安、检察、法院、司法以及安全生产的基本情况。

2．本篇资料主要包括：

(1)全省刑事案件立案和破案、违反治安管理案件、交通和火灾事故及机动车拥有情况；人民检察院受理举报、控告、申诉案件情况；人民法院审理案件及判处罪犯情况；全省律师、公证及人民调解情况；全省各类生产安全事故情况、全省网信工作开展情况等。

(2)地区全省和21个地级以上市。

(3)年份有当年、近5年和1978年以来连续年份。

3．统计资料来源：本篇资料由广东省委网络安全和信息化委员会办公室、广东省公安厅、广东省人民检察院、广东省高级人民法院、广东省司法厅、广东省应急厅、广东省消防救援总队、广东省信访局负责整理、审核、提供。

社会综合治理成效显著

——新中国成立70周年广东经济社会发展成就系列报告

广东以维护人民群众社会安全为目标，推动建设社会综合治理体系，不断完善法治环境，严厉打击犯罪行为，充分排解各种矛盾，有效防范重大事故，积极创新治理方法，营造清朗网络空间，社会综合治理成效显著，社会稳定祥和，人民安居乐业，人民群众安全感进一步增强。

一、严厉打击违法犯罪

为维护社会安定，保护人民生命和财产安全，广东把严厉打击各种违法犯罪行为作为社会治安的重点工作任务，组织专项打击活动，常抓不懈，成效明显。与 2010 年相比，2018 年广东盗窃案件立案数下降 93.6%，故意伤害案件立案数下降 45%，抢劫案件立案数下降 88.6%，拐卖案件立案数下降 71.1%。一是“扫黑”行动震撼有力。在中央统一部署下，广东对群众反映最强烈、最深恶痛绝的黑恶势力犯罪进行严厉打击，采取挂牌督办、集中打击、异地办案等措施，集中力量深挖细查，成功侦破一大批重特大涉黑恶案件。2018 年共打掉涉黑组织 81 个、恶势力犯罪团伙 348 个；破获涉黑恶案件 1.9 万起，刑拘 5.3 万人、逮捕 3.4 万人；投案自首 3819 人；缴获各类枪支 216 支，查封冻结扣押涉案资产 84.9 亿元，全省刑事治安警情同比下降 11.6%，人民群众安全感、满意度分别上升 2%和 3.9%。二是“飓风”行动成效显著。连续多年开展“飓风”专项行动，重点打击整治枪爆、盗窃、抢夺、拐卖犯罪以及涉及食品药品和环境安全犯罪。2018 年，全省共组织发起“飓风”集群战役 72 次，极大地震慑犯罪势力。2018 年，全省刑事案件立案 52.5 万起，同比下降 8.1%。积极组织力量，加快案件的侦破工作，努力提高全省刑事犯罪案件侦破效率。2018 年广东破获案件 25.9 万起，同比上升 1.8%，年破案件数连续五年保持在 20 万起以上。及时阻止和整肃犯罪行为。2018 年被刑拘和逮捕的犯罪嫌疑人分别为 21.8 万人、13.2 万人，同比分别上升 11.7%、8.23%。三是“反诈”行动成果丰硕。积极应对社会出现新的犯罪形式，坚持防堵结合的行动方针，强力打击非法传销、电信诈骗等违法行为。近年来，广东常年开展金融反诈防骗联合行动，反诈防骗工作取得丰硕成果。2018 年，广东省市两级反诈中心共劝阻潜在受骗事主近 51 万人，避免经济损失 56 亿余元，成功止付涉案银行卡 9.2 万余张，涉案金额近 14 亿元，封停涉案电话号码 60 万余个，成功返还被骗资金 1.45 亿元人民币、370 万美元；止付数和挽损数均居全国前列。四是“禁毒”行动深得民心。广东组织开展“禁毒两打两控”专项行动，实施清内剿外，不断强化排查管控和打击整治措施，以“端窝点、打团伙、断链条”为目标，深挖制毒原料供应、毒品销售网络，对制毒犯罪保持了高压群防和围打之势，不断挤压了制毒犯罪的活动空间，各项缉毒工作取得显著成效。2018 年联合多省同步开展集群收网行动，侦破毒品犯罪案件 1.4 万余起，缴获各类毒品 10 余吨，其中缴获冰毒、精麻药品和新精神活性物质等 20 余类 3.3 吨；抓获犯罪嫌疑人 1.8 万余人，查处有吸毒违法行为人员 9.9 万余名。

二、积极化解社会矛盾

广东加强公共法律服务体系建设，加大纠纷调解力度，努力构建完善多元化矛盾纠纷预防和化解机制。广泛开展法律法规知识普及，倾力推进社会救助、精准扶贫，积极消除社会贫富差距，有效打造和谐社会。

一是法律网络服务多彩纷呈。2018 年广东法律服务网，面向群众提供 16 类 172 项“公共法律服务产品”；全年共计为群众提供 316 万次法律服务，其中语音平台服务量 94.8 万次，网络平台服务量 50.3 万次，五级实体平台服务量 170.9 万次；开展“法律服务大篷车”宣传活动 58 场，惠及近 300 多个村（社区）；推动 7 项法律服务事项进驻“粤省事”平台，广东法律服务网覆盖全省 3000 万“粤 TV”等有线电视用户；在全省范围内实现广东法律服务网语音平台与 110 报警服务台、12345、12355 等热线的联动；全省五级实体平台规范化建设达标率约 92.6%。二是人民矛盾调解扎实有效。推动建全社会矛盾纠纷化解机制，建立市、县两级社会矛盾纠纷化解示范点 206 个；搭建访调对接等工作机制，全省共有 3.23 万余家人民调解委员会，17.2 万名人民调解员。2018 年共调解矛盾纠纷 39.7 万件，调解成功 39 万件，调解成功率 98.2%，调解协议涉及金额超 89 亿元。积极推进人民监督员、人民陪审员工作。2018 年抽选人民监督员 1756 人次，参与案件监督评议 490 件。推动律师协助参与人民纠纷调解。2018 年全省设立律师调解室（中心）153 个，有 8100 名律师分别担任村（社区）的法律顾问。参与调解案件 8580 件，达成调解协议 1890 件；直接调处矛盾纠纷近 8.8 万宗。三是法律领域援助全面覆盖。推动专业人员开展法律知识宣讲活动。2018 年组织村（社区）法律顾问深入到全省 1.9 万余村（社区）开展村规民约宣讲活动；举办法治讲座及培训 45.6 万多场次。参与涉民热点问题法律咨询。2018 年，全省律师参与城市管理执法涉民案件约 3.35 万件。开展刑事案件律师辩护全省全覆盖试点工作。2018 年，全省刑事法律援助案件达到 8.2 万件（含法律帮助）。建立省级刑事法律援助工作联席会议制度，设立法律援助工作站。2018 年提供法律咨询 5.81 万人次、转交法律援助申请 865 件，提供程序选择、变更强制措施申请等法律帮助 3.34 万次；为残疾人提供法律援助 0.19 万人次，为农民工提供法律援助约 6.9 万人次。四是贫困弱势群体得到扶助。广东把扶贫解困和弱势群体救助工作作为维护社会治安与安全稳定的重要工作，强力推动，积极作为。自 2009 年到 2016 年，广东连续实施多轮扶贫开发“规划到户、责任到人”行动，先后解决 5978 个贫困村，50.7 万贫困户、248.6 万贫困人口的脱贫致富问题，有效地遏制因贫困而衍生出来的社会安全问题。2016 年以来，广东又根据新的扶贫标准，对 2277 个贫困村、70.8 万户相对贫困户、176.5 万贫困人口实施精准帮扶政策，通过强化政策保障，创新扶贫方法，使有劳动能力相对贫困户人均可支配收入达到 9046 元，累计有近 117 万相对贫困人口达到当年脱贫标准。同时，广东还加大政府对特困人员的生活保障和供养救助。2018 年全省城乡有 22.8 万名特困人员得到政府提供的供养救助。有 17.3 万城镇人口、123.5 万农村人口享受政府提供的最低生活保障。

三、有效遏制安全事故

广东把遏制安全各类事故作为社会治安综合治理一项重要内容来抓，加强监管，努力减轻各类事故伤害。一是消防治理体系不断健全。牢牢抓住消防安全责任制这个“牛鼻子”，健全责任体系，层层压实责任，深入开展“六类场所、十项必查”[1]“打通生命通道”、电气火灾、电动车、大型商业综合体、博物馆和文物建筑消防安全治理等工作，挂牌整治 180 个火灾高风险区域，对隐患场所分类制定降低火灾风险措施，风险管控能力全面提升。2018 年，全省共发生火灾 1.31 万起（不含森林、草原、军队、矿井地下部分、刑事放火案件），死亡 77 人、受伤 70 人、直接财产损失 2.71 亿元，与去年同期相比，火灾起数、亡人、损失分别下降 20.5%、27.4%和 9.2%，伤人持平，未发生重大以上火灾，火灾形势总体稳定。全省消防救援队伍始

[1] “六类场所、十项必查”：小档口、“三合一”场所、群租房、建设工程施工现场、养老服务机构、寄宿制学校的安装漏电保护开关、电线套管、紧急逃生通道畅通、合用场所物理防火分隔、违规住人彻底搬离、清理电动自行车、拆除木质阁楼、拆除易燃材料、群租房明确消防管理责任、施工现场落实消防安全保障必查。

终对照"六个转型升级"[2]要求，全员练兵、实战练兵、科技练兵，扎实开展"高、低、大、化、洪"[3]实战演练，队伍战斗力显著提升。2018年，全年接警出动近11万次，出动指战员107.3万人次，抢救被困群众1.8万人，出色完成了汕头洪涝灾害、超强台风"山竹"等重大抢险救援任务。二是交通安全治理不断创新。积极开展公路"防堵治堵"行动，加快推进高速公路自动过匝设施建设。广东省ETC用户量突破1000万，发行总量排全国第一。不断创新交通行政执法方式，积极探索对"超""限"行车执法监管新模式，实行"超""限"车"黑名单"制度，开展高速公路与收费站同步现场执法。2018年高速路入口劝返车辆30多万辆，高速公路货车超限率下降到1.2%。加强车辆行车安全监控。对旅游客（包）车、危险货物运输车辆、重型载货汽车等实施卫星动态监控管理。全省"两客一危"车辆接入广东省卫星定位数据管理系统的总数达4.4万辆，入网率达100%。由于加大道路交通安全执法力度，重大交通事故明显减少。2018年全省发生各类交通责任事故2.43万件，比2010年下降20.3%。三是生产安全管理不断规范。广东以《安全生产法》为依据，强力推动企业安全生产标准化建设，实现生产安全管理、操作行为、设备设施和作业环境的标准化，全省安全生产企业达标率稳步提高，职工生产安全环境得到提升，员工人身安全得到保障，生产安全事故逐年减少。全省冶金、机械等工贸行业企业安全生产标准化建设累计达标企业9.57万家，其中地方标准达标1.37万家，国家标准达标 8.2 万家。全省生产安全事故得到有效防范和减少，重特大事故得到有效遏制。2018年，全省各类生产安全事故死亡人数0.33万人，比2010年下降52%。全省发生森林火灾和火灾面积同比分别下降2%和34%。四是食品药品监管不断深化。以防范重大食品药品安全事故发生和保障人民群众生命安全为重点，重点打击假冒伪劣食品药品、保健品欺诈，确保人民群众的身心健康和生命安全。组织开展打击食品违法犯罪"利剑"专项行动。2018年，破获食品刑事案件464起，刑拘1431人。积极开展药品整治专项行动。重点对中药饮片、疫苗流通环节、血液制品、化妆品等进行专项检查。2018年，共检查中药药品批发、零售企业3.5万家次，医疗机构1.37万家次。检核血液制品企业2.31万家次，重点检查血液制品使用医疗机构近万家。对疫苗储存配送企业、疾控机构及疫苗接种企事业单位的检查，做到全覆盖。排查化妆品生产经营企业2.98万家次，发现风险隐患0.17万个。开展打击整治食品药品违法犯罪"春雷行动"，立案查处案件 0.16 万起。五是自然灾害监测不断完善。广东不断增强防范风灾、水灾的能力。积极整合水文、气象和水情、雨情、风情数据，已整合接入水情监测站点5000多个。通过山洪灾害防治项目建设，建成集图像、水位、雨量三要素于一体的监测站点1169个；图像、雨量两要素监测站点927个；改善完成水情、雨情监测站966个；实现了对8000个重点区域图像、水位、雨量的在线重点监测。此外，还建设简易水位报警站5347个。启动建设覆盖全省的江河流域、重点区域、大中型水库、沿海防台风、水政执法、水资源管理等1701个监控点的建设项目，整合接入公安、海事、交通、海洋渔业、气象等部门以及地方已建的视频资源，实现了对防汛防台风一线情况的实时监控，使广东风情、水情、雨情监测网点更加密实，灾情预报更加精准、快速。

四、努力改善安全环境

一直以来，广东为维护社会安全环境，不断强化社会生活秩序的有效治理，积极为人民创造良好的人居环境。一是流动人口管理标准化。适应广东经济活跃，人口流动频繁新情况，积极推行流动人口服务管理"一证通"制度。加强人口信息平台建设，全面采集流动人员的工作、居住、交通等信息，不断创新流

---

[2] "六个转型升级"：救援理念、职能、方式、力量、装备、机制转型升级。

[3] "高、低、大、化、洪"：高层建筑、地下建筑、大型商业综合体、石油化工企业、洪涝灾害。

动人口动态服务管理的新模式，积极提高流动人口服务管理水平。社区网格化管理也得到逐步实施和推广。2018 年，广东纳入网格化管理的城乡社区（村）已达 97.5%。社工服务类机构得到发展。2018 年，全省社会（社工服务类）民间组织 0.15 万个，比 2016 年增长 18%。二是社会法治教育全民化。广东为不断优化法治环境，以“法律六进”为载体，以公务人员、青少年、外来工、村（居）民作为普法群体，分类施教，全面提升法治教育覆盖面。2018 年，全省共有 119.2 万名公职人员注册进入广东省国家工作人员学法网络考试系统完成网上学法考法，比 2017 年增长 54%；80%以上的村（居）实现普法“六有”；全省外来员工上岗前接受普法教育的比例达 85%以上。2018 年末，全省共有法治文化公园 339 个，青少年法治宣传教育基地 387 个，建立法治宣传栏(橱窗)、法治宣传长廊、法治图书室、法治文化墙等阵地的村（社区）2.6 万个；通过政府购买服务，全省 2.5 万个村（社区）实现村（社区）法律顾问工作全覆盖。三是社区治安设施信息化。为适应治安需要，广东加强治安设施建设，警务信息系统建设得到飞速发展，社区治安图像采集点设施建设投入加快，法律服务和信息网络建设更加完善，基层治安基础建设进一步夯实。全省城区重点部位和道路卡口可视化图像采集系统建设基本完成。2018 年，全省已建一类图像采集点 27.1 万个，比 2016 年增长 46.5%。推进社会治安防控统一信息平台建设，清理核对门（楼）牌 650 多万个，采集建筑物图片 231 多万张，编制标准地址信息 4000 万条，采集实有人口、房屋、单位信息 8021 万条。加强智能化治安管理服务机制建设，全省爆破作业现场视频采集传输率达 98.9%。建立 12348 与 110 的联动机制。“110”报警系统从单一到多情况处置不断完善。建立公民信息网络查证服务。2018 年通过“粤省事”平台为群众提供实名实人核验人数达 500 万，累计服务超过 2540 万人次。

五、营造清朗网络环境

广东大力推进网络强省建设，积极推进网信执法能力建设，构建网络安全保障体系，夯实网络安全基础。加大网络监管执法工作力度，持续净化网络环境，营造风清气正的网络空间。组织开展“清朗”、网上“扫黄打非”、“剑网”等专项行动和网络短视频、直播、游戏、新闻资讯等重点领域专项整治，全面清理属地网上违法和不良信息。2018 年，受理各类有效举报信息 2000 万件，约谈违法网站 110 家，依法关停网站 43 家、各类违法违规账号 200 多万个，移送案件线索 189 条。严厉打击网络违法犯罪，保障个人信息安全，2018 年共发起“净网安网”编号专案打击 15 次，侦破网络犯罪案件 4504 起，抓获犯罪嫌疑人 14576 个，打掉团伙 1053 个，缴获被泄露窃取买卖的公民个人信息 4 亿余条。推进防范打击通讯信息诈骗专项工作，关停号码 8 万个，处理用户投诉举报 5 万件，累计发送公益短彩信 25 亿条，回收“400”号码 5 万个，因违规取消的社会营销渠道 4 万个，累计拦截异常话务呼叫 5 亿次、垃圾短信 5 亿条、发送短信提醒 35 亿次，避免可能经济损失近 43 亿元。加强网络攻击监测防护，不断夯实网络安全防护基础。加强网络安全事件和风险漏洞通报处置。组织开展关键信息基础设施网络安全抽查，对 12 个行业 50 多家单位的关键信息基础设施进行技术检测，以查促建、促改、促管、促防。构建网络“安全罩”，组织对全省 1847 家重点单位进行检查，共检查整改网络安全隐患 8517 处，对 792 家屡整不改的单位予以行政处罚。开展网络安全宣传周活动，线上活动 1549 场，线下活动覆盖 1100 万人次。

在新的形势下，广东将以习近平新时代中国特色社会主义思想为指引，以更加务实的精神，更加科学的态度，积极探索社会综合治理和社会安全稳定的规律，不断创新社会综合治理新方法、新途径，为共创广东和谐、幸福、安全、稳定的社会环境做出新的贡献。

撰稿：谭乐明 郭晖 李伟锋 沙洲洲 张智慧 蓝宇凤

6-1　2013年广东省刑事案件立案和破案情况

项　　目	立　案	破　案
合　计	**947933**	**221510**
伤　害	16963	9906
盗　窃	586988	94204
其中：入室盗窃	156000	24201
盗机动车	128833	29653
抢　劫	33720	10717
其中：入室抢劫	1422	491
抢机动车	2739	864
抢　夺	61864	12273
其　他	248398	94410

6-2　2014年广东省刑事案件立案和破案情况

项　　目	立　案	破　案
合　计	**864551**	**206947**
伤　害	14278	8382
盗　窃	517995	87195
其中：入室盗窃	136812	17825
盗机动车	110149	35214
抢　劫	24409	7306
其中：入室抢劫	1095	343
抢机动车	1763	668
抢　夺	50015	7422
其　他	257854	96642

6-3　2015年广东省刑事案件立案和破案情况

项　　目	立　案	破　案
合　计	**783500**	**240629**
伤　害	12739	7161
盗　窃	422988	80549
其中：入室盗窃	116632	19134
盗机动车	77270	19753
抢　劫	19263	6456
其中：入室抢劫	854	276
抢机动车	1193	405
抢　夺	35441	7297
其　他	293069	139166

6-4　2016年广东省刑事案件立案和破案情况

项　　目	立　案	破　案
合　计	**654568**	**244615**
伤　害	12071	7273
盗　窃	356788	80002
其中：入室盗窃	95974	18226
盗机动车	60380	18218
抢　劫	13551	5200
其中：入室抢劫	605	211
抢机动车	632	216
抢　夺	24868	6297
其　他	247290	145843

6-5　2017年广东省刑事案件立案和破案情况

项　　目	立　案	破　案
合　计	**571262**	**254399**
伤　害	10797	6833
盗　窃	271812	69826
其中：入室盗窃	71310	13459
盗机动车	41531	14021
抢　劫	8508	4186
其中：入室抢劫	428	226
抢机动车	333	127
抢　夺	13384	4252
其　他	266761	169302

6-6　2018年广东省刑事案件立案和破案情况

项　　目	立　案	破　案
合　计	**525089**	**259087**
伤　害	10678	9035
盗　窃	225408	123769
其中：入室盗窃	48800	25221
盗机动车	32238	27306
抢　劫	5010	3607
其中：入室抢劫	260	227
抢机动车	105	76
抢　夺	4666	3214
其　他	279327	119462

6-7　2013年-2018年全省各市刑事案件立案情况

地　区	2013	2014	2015	2016	2017	2018
广　州	236127	214581	189042	160985	133830	117049
深　圳	126133	111524	112736	92483	83156	71564
珠　海	34970	35590	30359	21541	19721	18730
汕　头	16957	16854	17426	13642	12461	11940
佛　山	88299	83843	62156	49630	43140	41032
韶　关	16350	15612	14000	13287	11463	10617
河　源	7269	8997	9133	6747	6489	6546
梅　州	11487	10954	9707	8269	7542	7817
惠　州	62135	56478	53213	39435	32770	29257
汕　尾	2497	2834	3192	3197	3322	3264
东　莞	112749	103598	96781	85931	76549	72290
中　山	46613	39338	35478	30950	29225	28206
江　门	40464	34999	34905	29544	23515	21560
阳　江	12153	11136	9405	9405	8338	8261
湛　江	12704	26199	20932	17682	16518	16318
茂　名	12102	13606	14170	12280	11669	11409
肇　庆	30250	29600	21091	16710	13164	12519
清　远	16993	19928	19313	16841	15058	15099
潮　州	7442	7176	7812	7514	7355	6514
揭　阳	9808	12830	14480	11523	9609	9534
云　浮	8841	8874	8169	6972	6368	5563
全　省	**912343**	**864551**	**783500**	**654568**	**571262**	**525089**

6-8 2013年-2018年全省各市刑事案件破案情况

地区	2013	2014	2015	2016	2017	2018
广州	22766	30327	34743	33017	34622	38269
深圳	18022	22397	27571	30617	32048	31624
珠海	8746	8601	10482	10758	11740	12505
汕头	6819	6931	7989	8212	8563	8417
佛山	31422	30022	32166	32819	32159	32671
韶关	5602	5376	6693	6938	6025	6619
河源	2626	3308	3634	3647	3962	3767
梅州	4191	4541	5012	5301	5763	5767
惠州	10400	13575	15023	15508	15676	15753
汕尾	1239	1328	1628	1773	2083	2114
东莞	19801	20396	24836	26063	27265	26435
中山	12286	11569	12909	12721	13500	13894
江门	9411	9736	9617	10209	11194	11042
阳江	4053	4567	5029	5030	5381	5210
湛江	5784	7419	8676	8942	9066	9260
茂名	6724	6997	8642	6613	8035	7938
肇庆	5444	6442	8487	8638	9479	9133
清远	3937	4255	7064	6978	6806	6953
潮州	2310	2278	2707	2786	2929	2820
揭阳	3626	3977	4420	4719	4487	5074
云浮	2193	2905	3301	3326	3616	3822
全省	**187402**	**206947**	**240629**	**244615**	**254399**	**259087**

6-9　2016年广东省违反治安管理案件情况

项　目	发现受理(起)	查处(起)	处罚人员(人次)
合　计	**944512**	**813773**	**484868**
扰乱公共场所秩序	19792	19073	14479
妨害公共安全	18730	18238	8252
殴打他人	101121	89927	32030
盗　窃	359625	283666	24123
抢　夺	10279	5496	819
诈　骗	97229	74293	2929
卖淫嫖娼	7340	7212	16259
赌　博	35613	35333	136791
其　他	294783	280535	249186

6-10　2017年广东省违反治安管理案件情况

项　目	发现受理(起)	查处(起)	处罚人员(人次)
合　计	**817176**	**704363**	**447939**
扰乱公共场所秩序	22469	21638	17406
妨害公共安全	20993	20580	11139
殴打他人	94541	83555	27835
盗　窃	299367	234136	22073
抢　夺	6529	3318	674
诈　骗	60901	43669	2959
卖淫嫖娼	7476	7453	17704
赌　博	33961	33919	129845
其　他	270939	256095	218304

6-11 2018年广东省违反治安管理案件情况

项　目	发现受理(起)	查处(起)	处罚人员(人次)
合　计	**741447**	**619079**	**420196**
扰乱公共场所秩序	23331	21968	19866
妨害公共安全	21335	20543	13518
殴打他人	88823	77052	30551
盗　窃	270274	201202	24392
抢　夺	2827	1660	643
诈　骗	61830	43772	2916
卖淫嫖娼	9780	9532	22693
赌　博	33216	32020	131921
其　他	230031	211330	173696

6-12 2013年-2018年全省各市违反治安管理案件发现受理情况

地　区	2013	2014	2015	2016	2017	2018
广　州	160583	156130	185125	179697	165474	152002
深　圳	231959	251280	220618	179451	127649	110755
珠　海	50158	34785	31672	45314	48258	32675
汕　头	25556	25207	22698	19906	20442	21070
佛　山	111883	117702	119902	101368	93008	80563
韶　关	20207	19666	19506	18195	14381	13791
河　源	12799	15073	11216	12663	11077	9477
梅　州	21416	26337	16408	12533	11098	10058
惠　州	68913	49317	43045	38954	30616	26775
汕　尾	4114	3585	3618	4367	4940	4921
东　莞	76313	124203	128576	117779	104508	105686
中　山	66868	61221	62053	61939	53944	54074
江　门	24159	24213	24543	24291	19520	17065
阳　江	18928	19401	14856	15168	11246	11331
湛　江	29138	29319	25440	23253	22376	21271
茂　名	22120	20440	16070	13636	13229	11839
肇　庆	22312	33054	28054	22990	17930	15300
清　远	22581	23022	23349	22123	19227	16741
潮　州	33950	10907	10598	10380	9828	9331
揭　阳	46358	14463	12744	10770	10807	9154
云　浮	14786	11277	10719	9735	7618	7568
全　省	1085101	1070602	1030810	944512	817176	741447

6-13 2013年-2018年全省各市违反治安管理案件查处情况

地区	2013	2014	2015	2016	2017	2018
广州	157050	151353	179866	174578	161946	142750
深圳	220732	233296	207117	171290	122644	106866
珠海	50147	34777	31658	45301	48232	32641
汕头	24115	23331	20936	18481	18906	19618
佛山	111879	117679	119834	101119	92818	80558
韶关	19615	18666	17874	16084	12621	11995
河源	11944	12218	9467	9968	8351	6377
梅州	21339	26246	15409	11653	10600	9595
惠州	67839	47930	41100	36159	28736	25852
汕尾	4072	3559	3594	4354	4869	4546
东莞	48785	60155	58375	57176	52869	47773
中山	47401	35300	33380	31588	26360	26355
江门	23268	21797	21299	20952	16787	13964
阳江	18770	19314	14762	15111	11233	11330
湛江	26942	25884	21354	20101	18492	18033
茂名	21019	16910	13963	11893	11610	9889
肇庆	21682	32250	27545	22579	17777	14793
清远	21994	22308	22717	21854	18904	16492
潮州	33950	10907	10598	10380	9828	9332
揭阳	43448	10592	7436	6139	5234	4703
云浮	12805	9231	8255	7013	5546	5617
全省	1008796	933703	886539	813773	704363	619079

6-14 2013年-2018年全省各市违反治安管理案件处罚人员情况

地 区	2013	2014	2015	2016	2017	2018
广 州	105016	102411	84575	83845	86611	85429
深 圳	55619	67836	57505	54624	43889	45692
珠 海	42168	29080	23498	37236	41101	22950
汕 头	13145	16007	11875	9460	11961	13247
佛 山	71998	62053	65550	57993	59170	62516
韶 关	10167	12984	11657	7504	5408	4492
河 源	10641	9347	8382	6956	5857	4605
梅 州	10864	11728	9849	7072	6299	4093
惠 州	45286	40904	35373	34334	25509	26422
汕 尾	3401	4220	4534	6001	7793	7245
东 莞	47083	51113	49312	51116	44820	37544
中 山	35601	27774	20493	21062	20804	24553
江 门	28194	25672	19376	19458	15724	14659
阳 江	19740	20706	12468	10453	6707	6312
湛 江	28710	27671	20064	15504	14498	12876
茂 名	19975	23695	19452	17335	14745	11194
肇 庆	11463	13889	11693	8467	6446	7306
清 远	17020	17473	16567	12950	10036	8845
潮 州	30315	9897	8660	6170	6414	6178
揭 阳	40414	15796	10390	9030	8157	6885
云 浮	16339	14586	11792	8298	5990	7153
全 省	663159	604842	513065	484868	447939	420196

6-15 历年广东省刑事治安案件情况

年份	刑事案件		治安案件		
	立案（起）	破案（起）	发现受理（起）	查处（起）	处罚违法人员（人次）
1990	194685	79403	122374	113854	253169
1991	197362	86926	155939	145512	338358
1992	135254	70883	201299	166374	381061
1993	148007	84554	207546	172185	399454
1994	163533	100951	210746	189046	430676
1995	164691	108757	218085	202655	460588
1996	145819	100330	218987	208248	487504
1997	129740	85982	223877	213890	484637
1998	128310	81785	228318	218750	484185
1999	145884	87092	246153	231259	493400
2000	467222	131627	309009	260026	571223
2001	524440	141871	391019	317598	626082
2002	474137	169103	400391	297668	554323
2003	516971	161765	409209	266207	447841
2004	514507	178984	439026	275974	435497
2005	497525	186476	465598	323186	452751
2006	468589	188055	901751	795086	692183
2007	447576	178859	1042397	979934	784686
2008	422016	168869	1101926	1066451	804132
2009	486476	192179	1226409	1190608	997559
2010	536146	196105	1037680	1000515	749510
2011	483950	187690	940024	904404	622990
2012	648255	211917	1048029	1007265	686815
2013	947933	221510	1085101	1008796	663159
2014	864551	206947	1070602	933703	604842
2015	783500	240629	1030810	886539	513065
2016	654568	244615	944512	813773	484868
2017	571262	254399	817176	704363	447939
2018	525089	259087	741447	619079	420196

6-16　2017年全省交通事故及原因情况

项　目	起数	死亡	受伤	直接财产损失（元）
合　计	**24138**	**5459**	**24680**	**105531355**
机动车违法	20657	4662	21277	96636847
非机动车违法	1138	170	1227	1489300
行人乘车人违法	305	154	169	972151
道　路	3	1	2	8000
其他违法	48	11	44	134900
非违法过错	922	207	1014	3969705
意　外	29	20	29	204750
其他违法	1036	234	918	2115702

6-17　2018年全省交通事故及原因情况

项　目	起数	死亡	受伤	直接财产损失（元）
合　计	**24293**	**5040**	**24138**	**79767000**
机动车违法	21445	4404	21368	70033162
非机动车违法	1255	190	1330	2748240
行人乘车人违法	336	162	201	964180
道　路	2		2	4000
其他违法	85	18	72	195400
非违法过错	763	166	828	3342968
意　外	35	16	33	741510
其他违法	372	84	304	1737540

6-18 2017年全省交通事故机动车违法行为情况

项　　目	起数	死亡	受伤	直接财产损失（元）
合　　计	**24138**	**5459**	**24680**	**105531355**
不按规定使用灯光	18	9	12	17200
超速行驶	188	101	211	32195090
酒后驾驶	627	191	595	2088322
逆　　行	484	103	652	1806263
疲劳驾驶	51	34	39	371600
无证驾驶	1765	535	2029	2882265
未按规定让行	2103	346	2370	3450661
违法变更车道	739	96	817	1904060
违反交通信号	443	86	534	955515
违法占道行驶	102	23	105	170840
违法超车	305	48	374	490960
违法倒车	283	51	208	569882
违法掉头	231	22	280	525770
违法会车	253	63	308	609402
违法抢行	106	44	87	90580
违法装載	53	29	63	1640610
违法停车	65	14	71	440655
其　　他	16322	3664	15925	55321680

6-19　2018年全省交通事故机动车违法行为情况

项　　目	起数	死亡	受伤	直接财产损失（元）
合　　计	**24293**	**5040**	**24138**	**79766936**
不按规定使用灯光	48	12	44	41700
超速行驶	242	166	175	1028998
酒后驾驶	440	133	383	1389350
逆　　行	687	107	876	1595259
疲劳驾驶	84	46	95	972600
无证驾驶	1922	478	2222	4114885
未按规定让行	3031	425	3340	6697448
违法变更车道	926	121	991	2380516
违反交通信号	669	140	747	1476000
违法占道行驶	130	25	149	554550
违法超车	507	74	612	1038125
违法倒车	459	64	303	1672993
违法掉头	368	22	445	1231732
违法会车	385	88	440	867053
违法抢行	69	21	62	153850
违法装载	36	25	69	337903
违法停车	156	32	162	975500
其　　他	14134	3061	13023	53238474

6-20 2013年-2018年全省各市交通事故发生起数情况

地　区	2013 年	2014 年	2015 年	2016年	2017年	2018年
全　省	**25424**	**26820**	**24672**	**24876**	**24138**	**24293**
广　州	2521	2700	2676	2544	2357	2567
深　圳	1000	1114	1148	1325	2011	1736
珠　海	433	431	425	403	403	401
汕　头	361	358	389	514	643	575
佛　山	3764	3331	2311	2056	1896	1895
韶　关	386	400	425	457	425	365
河　源	629	541	454	332	244	311
梅　州	247	249	293	314	335	307
惠　州	546	538	495	494	466	446
汕　尾	531	604	591	644	601	656
东　莞	4359	4214	3594	3644	3469	3394
中　山	1810	1790	1707	1592	1590	1513
江　门	3026	3268	3391	3368	3035	2686
阳　江	669	656	640	620	618	588
湛　江	1512	2244	2009	2358	2073	2290
茂　名	748	749	696	714	740	623
肇　庆	876	1366	1283	1271	949	1004
清　远	910	945	819	875	835	666
潮　州	285	416	502	500	528	470
揭　阳	418	483	424	509	568	1438
云　浮	389	416	397	339	350	360

6-21 2013年-2018年全省各市交通事故受伤情况

地 区	2013 年	2014 年	2015 年	2016年	2017年	2018年
全 省	28435	30585	27765	26883	24680	24138
广 州	2833	2918	2953	2591	2284	2475
深 圳	981	1005	1171	999	1218	970
珠 海	488	482	431	371	363	314
汕 头	258	321	325	537	644	572
佛 山	3903	3714	2449	2075	1833	1794
韶 关	442	446	477	557	472	438
河 源	482	556	494	297	303	352
梅 州	247	247	283	295	356	297
惠 州	499	515	485	460	464	458
汕 尾	741	780	729	742	714	753
东 莞	4941	4671	3933	3927	3631	3216
中 山	1927	1925	1790	1561	1469	1265
江 门	3764	4103	4193	4025	3498	2845
阳 江	811	801	773	711	713	680
湛 江	2035	2887	2624	2998	2535	2796
茂 名	798	766	714	710	722	632
肇 庆	1084	1627	1442	1481	988	1109
清 远	1013	1278	997	1018	910	715
潮 州	297	481	554	590	590	473
揭 阳	442	544	474	531	595	1581
云 浮	430	506	468	403	376	401

6-22 2013年-2018年全省各市交通事故死亡人数情况

地　区	2013 年	2014 年	2015 年	2016年	2017年	2018年
全　省	**5647**	**5629**	**5549**	**5556**	**5459**	**5040**
广　州	879	852	847	809	794	736
深　圳	467	459	421	408	355	286
珠　海	107	105	100	98	99	89
汕　头	179	171	176	179	163	148
佛　山	630	616	593	561	542	431
韶　关	198	204	174	199	186	167
河　源	110	117	102	110	109	99
梅　州	145	146	149	146	151	148
惠　州	297	294	290	289	288	275
汕　尾	140	134	136	149	139	126
东　莞	484	482	482	482	481	444
中　山	296	295	292	246	245	219
江　门	364	346	342	315	314	302
阳　江	159	158	157	181	180	169
湛　江	200	194	212	269	262	237
茂　名	238	236	235	234	232	230
肇　庆	215	225	231	254	253	237
清　远	184	176	190	197	198	198
潮　州	78	128	135	143	142	136
揭　阳	162	173	173	171	199	233
云　浮	115	117	112	116	127	130

6-23　2013年-2018年全省各市交通事故直接财产损失情况

地　区	2013 年	2014 年	2015 年	2016年	2017年	2018年
全　省	**80169336**	**73683696**	**67839882**	**74138103**	**105531355**	**79766936**
广　州	9436060	10478330	8111100	9381840	9689490	8872130
深　圳	12010000	7661000	8825510	8957000	9730551	8994301
珠　海	973600	1271300	947950	888811	885010	536911
汕　头	1303450	946610	1043600	1202050	1362650	1249460
佛　山	8115600	6993960	6173830	4613650	4599050	3673211
韶　关	6043960	4913220	3272640	6316182	5777752	4560550
河　源	3459089	2610200	3002879	2449686	2149601	2437653
梅　州	216345	248290	283681	215250	247243	380530
惠　州	2777600	2729010	2679950	2809050	35768625	11877100
汕　尾	3446955	1777397	1419896	1387069	1198350	1330331
东　莞	6065281	6062485	5512657	6596807	6536273	7323930
中　山	2637340	2605410	2491716	2313011	2264350	1473582
江　门	6593340	7016200	7491800	7566960	5710401	5470971
阳　江	1506700	1216970	2064780	1657861	1106620	1366460
湛　江	3101550	3367569	3054142	4030826	2660268	3656486
茂　名	1895994	1600250	1550150	1804504	1685004	1541002
肇　庆	3231636	2926901	3099380	4343023	5782980	5842231
清　远	3441600	2897767	2145361	2196108	3183180	1822600
潮　州	626760	1631810	1113293	1675955	1284595	1226815
揭　阳	1133496	1822557	1282117	1945109	2247762	4037882
云　浮	2105480	2639960	2218450	1705351	1655600	2087800

6-24　历年广东省发生交通事故情况

年　份	发生起数	死亡人数	受伤人数	直接经济损失（万元）
1990	25909	3639	14875	5043.79
1991	30306	4429	16979	6621.6
1992	34023	5509	18286	10463.9
1993	42700	6933	21075	19798.5
1994	46140	7647	23848	28028.3
1995	42115	7809	25210	28699.6
1996	39574	7725	27884	26554.4
1997	39086	7617	32882	26517.4
1998	38914	8246	36124	23050.5
1999	54812	9065	51883	25623.6
2000	66072	10208	63759	27526.1
2001	69555	10801	64788	30098.9
2002	78929	12035	75040	35833.8
2003	68903	11151	73170	31387.5
2004	68423	10657	78562	24127.2
2005	67756	9959	77591	20882.79
2006	56171	8828	67242	13297.6
2007	46558	7994	55565	12075.2
2008	39389	7182	46998	10013.6
2009	32455	6542	38598	8552.9
2010	30480	6223	36540	8051.3
2011	26586	5873	31015	9358.8
2012	25719	5714	29095	7914.8
2013	25424	5647	28435	8016.9
2014	26820	5629	30585	7368.4
2015	24672	5549	27765	6784
2016	24876	5556	26883	7413.8
2017	24138	5459	24680	10553.1
2018	24293	5040	24138	7976.7

6–25 2018年各地市机动车拥有量情况

市(区)名称	机动车总计	汽车				
		合计	载客			
			小计	其中大型	其中轿车	其中个人
合　计	**28953224**	**21169358**	**18913046**	**176738**	**12421757**	**17336514**
广州市	2660191	2573308	2201951	43791	1358043	1869270
深圳市	3366643	3313358	2880095	36866	1828849	2563727
珠海市	699330	624168	573568	9399	385979	517621
汕头市	1200360	722024	637870	4721	437839	608706
佛山市	3020746	2533117	2318355	12348	1537671	2171025
韶关市	565287	363390	329283	2212	214434	309990
湛江市	736064	574431	504715	4527	357478	480333
肇庆市	1375027	547649	478063	3467	305012	454548
江门市	2252979	788470	701178	4064	486859	658712
茂名市	1635705	615486	547022	3213	393027	527973
惠州市	1369550	1183938	1100614	8175	747047	1011016
梅州市	648773	509546	445292	3268	311246	423374
汕尾市	296153	233283	216128	2470	146897	192581
河源市	601117	367203	327238	2307	220566	301698
阳江市	741360	371917	330671	1501	246854	318655
清远市	834370	618395	548156	3428	349283	513079
东莞市	2953450	2946909	2753765	17363	1762936	2523914
中山市	1408462	1101169	979867	5494	644922	925473
潮州市	793814	338390	300082	968	201676	290640
揭阳市	843472	511157	451656	3561	304216	431086
云浮市	879820	297054	259449	1472	180923	243092
省直属	70551	34996	28028	2123	8304	1
省农机办						

6-25 续表

市(区)名称	汽车			摩托车	挂车	其它类型车
	载货		其他汽车			
	小计	其中个人				
合　　计	**2179133**	**1249399**	**77179**	**7639385**	**144249**	**231**
广 州 市	358150	151833	13207	61441	25211	231
深 圳 市	417475	87377	15788	5035	48250	
珠 海 市	48329	28908	2271	72602	2560	
汕 头 市	82714	61176	1440	475457	2879	
佛 山 市	208848	139097	5914	475826	11802	
韶 关 市	32929	23309	1178	199152	2745	
湛 江 市	67470	54973	2246	157420	4213	
肇 庆 市	68078	53769	1508	823931	3447	
江 门 市	85327	57889	1965	1460135	4374	
茂 名 市	65941	53837	2523	1014306	5913	
惠 州 市	79763	52344	3561	181664	3948	
梅 州 市	62128	52248	2126	135818	3409	
汕 尾 市	16083	12684	1072	62522	348	
河 源 市	35986	29044	3979	232357	1557	
阳 江 市	39698	33446	1548	367473	1970	
清 远 市	68170	52555	2069	207020	8955	
东 莞 市	187428	107773	5716	354	6187	
中 山 市	118737	86728	2565	304182	3111	
潮 州 市	35981	29819	2327	455039	385	
揭 阳 市	57854	50046	1647	331238	1077	
云 浮 市	36545	30544	1060	580858	1908	
省 直 属	5499		1469	35555		
省农机办						

6-26　2013年-2018年全省各市机动车拥有量情况

地　区	2013 年	2014 年	2015 年	2016年	2017年	2018年
广州市	2477208	2504390	2438611	2424109	2489029	2660191
深圳市	2622873	3153902	3193498	3225879	3265998	3366643
珠海市	346048	391190	455623	547997	624579	699330
汕头市	927473	969582	1030809	920952	1119604	1200360
佛山市	2193253	2279549	2465559	2554518	2809010	3020746
韶关市	389621	384118	426103	445738	512715	565287
湛江市	709324	729947	741555	670591	866533	736064
肇庆市	1061765	1145282	1252105	1235075	1451532	1375027
江门市	2527021	2673337	2765997	2506000	2933682	2252979
茂名市	1414609	1500037	1584968	1467264	1814763	1635705
惠州市	818168	846880	990915	1099115	1341417	1369550
梅州市	570738	588899	610679	551170	718752	648773
汕尾市	139090	142503	142719	151108	236776	296153
河源市	406387	431392	457931	443238	580668	601117
阳江市	759075	825730	811782	716331	815326	741360
清远市	670875	713766	773492	614439	801840	834370
东莞市	1546939	1651437	1881403	2251147	2633304	2953450
中山市	878388	964133	1033884	1136423	1282574	1408462
潮州市	569393	593521	632161	565452	730053	793814
揭阳市	640742	673957	696527	621783	771813	843472
云浮市	689553	725502	748430	672161	830469	879820
省直属	70672	71579	69422	65869	68520	70551
省农机办	373846	373846				
全　省	**22803061**	**24334479**	**25204173**	**24886359**	**28698957**	**28953224**

6-27 2013年-2018年全省各市机动车驾驶员情况

地 区	2013 年	2014 年	2015 年	2016年	2017年	2018年
广州市	3447028	3678702	3963063	4303245	4653852	4989006
深圳市	2762606	3000078	3363384	3626806	3937912	4387755
珠海市	533222	605969	687238	778943	883508	978455
汕头市	1047561	1134580	1175172	1257936	1388607	1457364
佛山市	2562324	2733088	2884632	3066708	3287750	3474547
韶关市	553208	580674	618914	653523	713327	787539
湛江市	757620	801305	875453	964955	1051380	1167152
肇庆市	1099167	1143993	1199304	1289037	1322048	1367779
江门市	1399630	1482104	1572244	1663421	1751684	1817622
茂名市	1261060	1325930	1459808	1568014	1696060	1795224
惠州市	1030821	1171397	1346795	1562937	1847898	2126611
梅州市	832460	869151	931523	991524	1044790	1122111
汕尾市	438550	462594	512924	561827	605058	692042
河源市	741059	809426	891715	995922	1046671	1250333
阳江市	813422	846178	880974	920133	982660	1110845
清远市	727090	771785	838369	903533	1144848	1518516
东莞市	1827929	2025514	2254668	2565483	2712209	2981600
中山市	953565	1012614	1121679	1262240	1421839	1583303
潮州市	544559	592176	651447	721910	810166	901128
揭阳市	661858	724990	830125	944811	1064756	1208431
云浮市	622742	651000	688021	732206	786304	840448
全 省	**24617481**	**26423248**	**28747452**	**31335114**	**34153327**	**37557811**

6-28 2016年广东省各市户籍人口情况

地区	年末总人口（人）	性别		年龄			
		男	女	18 岁以下	18-35 岁	35-60 岁	60 岁以上
广东省	**91648998**	**47172852**	**44476146**	**21304830**	**26809070**	**30197912**	**13337186**
广州	8704901	4366737	4338164	1564041	2331064	3263705	1546091
深圳	3343886	1724648	1619238	706447	892174	1212542	532723
珠海	4004689	2047930	1956759	933126	1300713	1512591	258259
汕头	1147765	583400	564365	213618	306188	471315	156644
佛山	5593095	2809975	2783120	1411361	1764747	1657725	759262
韶关	4001834	1981403	2020431	741914	1056535	1491740	711645
河源	3939346	1982661	1956685	643936	1039772	1483831	771807
梅州	8348094	4444226	3903868	2134715	2643409	2390094	1179876
惠州	7988504	4273380	3715124	2082618	2463256	2364670	1077960
汕尾	4441708	2305794	2135914	1020584	1252838	1489804	678482
东莞	3643096	1842750	1800346	910283	1038225	1224965	469623
中山	5514010	2838846	2675164	1313536	1552781	1809910	837783
江门	3618886	1888199	1730687	1034343	1205503	946601	432439
阳江	3733183	1906671	1826512	981915	1008880	1231330	511058
湛江	2960614	1572516	1388098	651218	807380	1042241	459775
茂名	4320897	2242809	2078088	924534	1246142	1497776	652445
肇庆	2009352	1014678	994674	400103	562867	738301	308081
清远	1612485	797439	815046	315722	438411	605797	252555
潮州	2739833	1386601	1353232	601429	778857	923121	436426
揭阳	6970496	3582810	3387686	1970941	2244658	1887915	866982
云浮	3012324	1579379	1432945	748446	874670	951938	437270

6-29 2017年广东省各市户籍人口情况

地　区	年末总人口(人)	性别		年龄			
		男	女	18 岁以下	18-35 岁	35-60 岁	60 岁以上
广东省	**93169080**	**47885480**	**45283600**	**22084447**	**26731463**	**30686034**	**13667136**
广　州	8978717	4493885	4484832	1714642	2315965	3329658	1618452
深　圳	4457355	2258982	2198373	1092763	1407510	1667888	289194
珠　海	1188713	598761	589952	234174	311591	484648	158300
汕　头	5654417	2841423	2812994	1431106	1765104	1671127	787080
佛　山	4195870	2068998	2126872	842939	1081073	1533073	738785
韶　关	3352850	1729478	1623372	731695	842501	1242460	536194
河　源	3729548	1907819	1821729	996045	972938	1246033	514532
梅　州	5501128	2832885	2668243	1343281	1506392	1808310	843145
惠　州	3692379	1863450	1828929	951621	1020249	1256074	464435
汕　尾	3628226	1891406	1736820	1025032	1192872	965004	445318
东　莞	2113081	1062955	1050126	455487	568244	770197	319153
中　山	1704686	839329	865357	358758	449627	626566	269735
江　门	3963673	1992647	1971026	665694	1027837	1473178	796964
阳　江	2970801	1576491	1394310	672495	789176	1056027	453103
湛　江	8389362	4463086	3926276	2159954	2644647	2401535	1183226
茂　名	8038268	4296686	3741582	2067799	2476926	2368340	1125203
肇　庆	4456482	2313879	2142603	1039307	1235161	1504182	677832
清　远	4368439	2266170	2102269	994229	1213431	1510429	650350
潮　州	2755000	1396352	1358648	597793	783358	922703	451146
揭　阳	7032300	3614538	3417762	1967245	2263331	1891315	910409
云　浮	2997785	1576260	1421525	742388	863530	957287	434580

6-30　2018年广东省各市户籍人口情况

地　区	年末总人口（人）	性别		年龄			
		男	女	18 岁以下	18–35 岁	35–60 岁	60 岁以上
广东省	**95021196**	**48776369**	**46244827**	**22809469**	**26584891**	**31224606**	**14402230**
广　州	9276914	4628811	4648103	1854274	2313958	3415990	1692692
深　圳	4975038	2501168	2473870	1264368	1556342	1835936	318392
珠　海	1273963	636604	637359	263186	327911	511175	171691
汕　头	5694209	2861184	2833025	1428331	1754865	1688942	822071
佛　山	4369767	2144151	2225616	930151	1090783	1581715	767118
韶　关	3365768	1735732	1630036	740077	809764	1252290	563637
河　源	3727644	1911213	1816431	989798	941508	1259956	536382
梅　州	5482931	2825880	2657051	1326261	1453713	1822794	880163
惠　州	3809000	1915350	1893650	997762	1022423	1296921	491894
汕　尾	3634967	1896249	1738718	1024902	1166936	884583	558546
东　莞	2315867	1153402	1162465	568998	585651	831553	329665
中　山	1769199	867911	901288	393450	449391	647063	279295
江　门	3989099	2006551	1982548	684682	1005329	1473103	825985
阳　江	2998820	1590913	1407907	695157	764874	1064708	474081
湛　江	8480218	4513751	3966467	2185498	2618249	2424736	1251735
茂　名	8105470	4338106	3767364	2093336	2443435	2387549	1181150
肇　庆	4501527	2338969	2162558	1057208	1216901	1521759	705659
清　远	4429479	2297150	2132329	1033788	1191935	1531392	672364
潮　州	2757862	1398198	1359664	597276	774174	915998	470414
揭　阳	7054347	3631002	3423345	1931266	2261889	1905485	955707
云　浮	3009107	1584074	1425033	749700	834860	970958	453589

6-31　2017年广东暂住人口分布情况

地　区	合计	性别		暂住时间			
		男	女	半年以下	半年至一年	一年至五年	五年以上
广东省	**43691796**	**24876331**	**18815465**	**9503482**	**9138921**	**18322125**	**6727268**
广州市	9318689	5300418	4018271	2166183	2007524	4334439	810543
深圳市	16835266	9315026	7520240	3965989	3534845	6308871	3025561
珠海市	2174773	1272313	902460	431029	554238	948148	241358
汕头市	424876	276465	148411	94944	164047	124266	41619
佛山市	5154776	3108414	2046362	1576995	631209	2296255	650317
韶关市	50861	33629	17232	14020	15884	15838	5119
河源市	163036	108535	54501	6544	12414	26237	117841
梅州市	60729	40296	20433	10529	15447	30349	4404
惠州市	2007416	1212141	795275	241705	378893	1054168	332650
汕尾市	70102	42462	27640	15020	20627	29018	5437
东莞市	4386025	2301003	2085022	590471	910067	1828165	1057322
中山市	1390176	777930	612246	145654	361599	626341	256582
江门市	637534	406743	230791	59305	159027	352236	66966
阳江市	117431	80622	36809	12836	40174	51590	12831
湛江市	47500	33248	14252	6971	15688	22403	2438
茂名市	38120	25171	12949	13752	8545	8311	7512
肇庆市	462943	305802	157141	78726	175621	140183	68413
清远市	156164	104708	51456	34013	44666	66693	10792
潮州市	58441	43239	15202	14346	33264	10154	677
揭阳市	81145	51358	29787	13133	43336	17704	6972
云浮市	55793	36808	18985	11317	11806	30756	1914

6-31 续表1

地区	来自地区			
	省内		省外	
	乡村	城镇	乡村	城镇
广东省	**9232965**	**4638236**	**22945557**	**6875038**
广州市	2582688	862925	4955899	917177
深圳市	3477481	1639542	9683675	2034568
珠海市	200267	545114	569170	860222
汕头市	72203	81889	172272	98512
佛山市	1193209	327139	3058445	575983
韶关市	13032	10415	18552	8862
河源市	13308	18367	77217	54144
梅州市	12673	10714	23106	14236
惠州市	425682	261122	812293	508319
汕尾市	23500	8119	26749	11734
东莞市	710206	504665	2164196	1006958
中山市	182240	164476	600419	443041
江门市	108858	75281	309488	143907
阳江市	25340	15021	58461	18609
湛江市	13788	8059	17997	7656
茂名市	10987	4469	15274	7390
肇庆市	104261	58806	202109	97767
清远市	34351	19836	74441	27536
潮州市	6366	7991	34045	10039
揭阳市	8306	6160	45693	20986
云浮市	14219	8126	26056	7392

6-31 续表2

地　区	居住处所						
	租凭房屋	单位内部	工地现场	旅店	居民家中	自购房屋	其他
广东省	**27516449**	**7065507**	**619165**	**292090**	**1073300**	**3568903**	**3556382**
广州市	6677507	998110	95462	64483	152019	813068	518040
深圳市	11540312	2213254	95923	25763	361238	1423477	1175299
珠海市	327739	79855	20570	74697	6171	375459	1290282
汕头市	164516	127351	27133	11959	27858	10248	55811
佛山市	3785596	637905	42792	21561	123671	326638	216613
韶关市	20820	6300	3068	3069	5976	4654	6974
河源市	46615	78343	11312	2073	6866	2286	15541
梅州市	43574	6215	5371	96	1551	1611	2311
惠州市	1053691	620116	51041	11342	65024	173002	33200
汕尾市	44473	8170	4586	330	10851	1084	608
东莞市	2107602	1673104	107712	60130	140415	236051	61011
中山市	816149	239446	45210	5752	63617	116954	103048
江门市	374085	143024	11998	936	39154	35529	32808
阳江市	56932	30085	9349	1127	9140	3787	7011
湛江市	20292	11331	6894	660	4200	876	3247
茂名市	12870	4457	6378	1911	6581	1751	4172
肇庆市	275802	57889	54769	944	34461	32635	6443
清远市	51406	71085	9216	1859	5143	8040	9415
潮州市	30854	13665	199	722	1851	330	10820
揭阳市	38618	31378	5969	1818	2257	156	949
云浮市	26996	14424	4213	858	5256	1267	2779

6-32 2018年广东暂住人口分布情况

地 区	合计	性别		暂住时间			
		男	女	半年以下	半年至一年	一年至五年	五年以上
广 东 省	**44759463**	**25529730**	**19229733**	**9009739**	**7302300**	**19561251**	**8886173**
广 州 市	9829562	5588347	4241215	2246710	1857036	4718925	1006891
深 圳 市	16975969	9399123	7576846	4075658	2635413	6471661	3793237
珠 海 市	2343975	1379814	964161	345173	340529	1451826	206447
汕 头 市	478930	306803	172127	101401	159990	171534	46005
佛 山 市	4956586	2973163	1983423	744146	329082	2342172	1541186
韶 关 市	61799	39995	21804	20381	18385	18941	4092
河 源 市	159457	105894	53563	6223	18327	28804	106103
梅 州 市	85634	53241	32393	12104	9919	55809	7802
惠 州 市	2045830	1308782	737048	365601	246043	971858	462328
汕 尾 市	72702	43503	29199	16286	20984	28697	6735
东 莞 市	4534459	2400554	2133905	585964	932719	1847582	1168194
中 山 市	1492881	829474	663407	193763	350311	690840	257967
江 门 市	652699	410782	241917	64783	123492	370941	93483
阳 江 市	126671	83744	42927	24354	46533	44503	11281
湛 江 市	115404	73603	41801	13457	14052	49510	38385
茂 名 市	31889	21547	10342	6768	9538	13555	2028
肇 庆 市	358837	218927	139910	66611	60359	136004	95863
清 远 市	198959	129052	69907	57915	55362	70150	15532
潮 州 市	54706	40593	14113	13098	29178	11766	664
揭 阳 市	119990	82661	37329	37645	33608	31647	17090
云 浮 市	62524	40128	22396	11698	11440	34526	4860

6-32 续表1

地　区	来自地区			
	省内		省外	
	乡村	城镇	乡村	城镇
广东省	**10314208**	**4807931**	**23008941**	**6628383**
广州市	2795923	928557	5133840	971242
深圳市	3862755	1701673	9531576	1879965
珠海市	559449	554467	631740	598319
汕头市	101398	43241	253187	81104
佛山市	1203492	315138	2849846	588110
韶关市	17748	10771	22543	10737
河源市	12112	20353	67720	59272
梅州市	31100	12158	33755	8621
惠州市	334471	269592	791343	650424
汕尾市	22451	9691	29401	11159
东莞市	738287	540191	2207649	1048332
中山市	276046	171294	666523	379018
江门市	129831	70635	317985	134248
阳江市	27200	25860	53150	20461
湛江市	30735	21159	42738	20772
茂名市	11726	6603	9641	3919
肇庆市	79984	63322	127036	88495
清远市	42830	21237	97315	37577
潮州市	7037	3777	33210	10682
揭阳市	12077	9271	80014	18628
云浮市	17556	8941	28729	7298

6-32 续表2

地　区	居住处所						
	租凭房屋	单位内部	工地现场	旅店	居民家中	自购房屋	其他
广东省	**28393749**	**6851468**	**586593**	**633884**	**1223396**	**3550679**	**3519694**
广州市	7117487	877478	79712	101239	167520	982898	503228
深圳市	11974667	2015593	137989	33242	423627	1486145	904706
珠海市	465270	111610	11335	353448	44605	69706	1288001
汕头市	227893	114107	14963	35874	22206	11880	52007
佛山市	3507719	645407	42723	5492	157127	297749	300369
韶关市	27100	8771	2509	2935	8672	6740	5072
河源市	45480	78284	7049	1956	4138	2310	20240
梅州市	59027	6802	4880	902	2687	5006	6330
惠州市	1048563	657657	25009	9126	69723	129318	106434
汕尾市	41569	13226	5916	430	9143	1515	903
东莞市	2198686	1658269	96690	71982	139333	298957	70542
中山市	905636	259174	53016	6676	52188	169106	47085
江门市	341024	135249	10742	1680	31092	40294	92618
阳江市	72072	22154	5641	136	17235	4635	4798
湛江市	45407	17882	9100	1456	16111	3575	21873
茂名市	13914	4013	2915	723	5618	1011	3695
肇庆市	148892	96596	57543	869	29849	14811	10277
清远市	44025	66778	10007	1807	6377	21977	47988
潮州市	28487	14740	481	328	4781	392	5497
揭阳市	47711	40428	2971	3513	5618	781	18968
云浮市	33120	7250	5402	70	5746	1873	9063

6—33 全省火灾事故情况(2012—2018年)

项　　目	起数	死人	伤人	直接财产损失(万元)
2012年合计	**8103**	**98**	**60**	**21798**
其中：较大火灾	12	41	16	4846
重大火灾				
特别重大火灾				
2013年合计	**22251**	**175**	**137**	**39383.6**
其中：较大火灾	14	62	12	4322
重大火灾	1	16	5	187
特别重大火灾				
2014年合计	**22156**	**120**	**115**	**45570.7**
其中：较大火灾	5	20	3	537.1
重大火灾	1	12	5	13.3
特别重大火灾				
2015年合计	**17992**	**141**	**100**	**37857**
其中：较大火灾	9	34	29	297
重大火灾				
特别重大火灾				
2016年合计	**16923**	**132**	**150**	**40379**
其中：较大火灾	8	34	9	180
重大火灾				
特别重大火灾				
2017年合计	**16438**	**106**	**69**	**29931**
其中：较大火灾	8	34	7	262
重大火灾				
特别重大火灾				
2018年合计	**13064**	**77**	**70**	**27173**
其中：较大火灾	4	18	1	55
重大火灾				
特别重大火灾				

6-34 广东省火灾事故原因情况(2016-2018年)

项　　目	起数	死人	伤人	直接财产损失(元)	烧毁面积(㎡)
2016年合计	**16923**	**132**	**150**	**403788662**	**517992.0**
电气火灾	6789	89	64	189661271	224840.9
生产作业类火灾	651	3	13	66794623	65299.5
生活用火不慎	1961	8	33	7668788	10983.3
吸　烟	190	2	3	761785	2185.0
玩　火	142	5	2	1356658	6014.4
自　燃	662		7	30243277	33881.4
雷　击	19			338850	244.2
静　电	9	1	1	2097750	3011.0
不明确原因	1340	2	2	29794209	60474.6
放　火	267	9		5845995	4409.1
其　他	4893	13	25	69225456	98548.6
2017年合计	**16438**	**106**	**69**	**299309572**	**571272.1**
电气火灾	5123	54	21	138493474	188202.6
生产作业类火灾	945	2	5	34236504	68174.8
生活用火不慎	2914	16	24	18425304	50497.9
吸　烟	373	3	5	1483435	7006.2
玩　火	179	6	3	2320506	3445.9
自　燃	810	1	2	13313718	25369.3
雷　击	12			412650	1020.0
静　电	11			732689	1128.1
不明确原因	1060	2		30255786	122807.4
放　火	196	10	1	1532735	2703.9
其　他	4815	12	8	58102771	100916.0
2018年合计	**13064**	**77**	**70**	**271725440**	**467004.5**
电气火灾	3714	42	25	136432662	207252.9
生产作业类火灾	708	2	1	45397486	53893.6
生活用火不慎	2550	2	14	10100503	34845.7
吸　烟	303	2	1	1642360	6807.2
玩　火	184	3		1050223	3301.9
自　燃	804	2		22127143	21032.6
雷　击	5			18050	247.0
静　电	27		2	1380196	439.0
不明确原因	809			11262912	26818.6
放　火	165	4	2	2302546	6642.3
其　他	3795	20	25	40011359	105723.7

6-35　全省各市火灾事故发生起数情况

地　区	2013	2014	2015	2016	2017	2018
全　省	**22251**	**22156**	**17992**	**16923**	**16438**	**13064**
广　州	2433	3304	2696	2614	2485	2305
深　圳	2412	2019	1767	1540	2096	1613
珠　海	1449	689	569	352	233	102
汕　头	491	736	531	598	506	480
佛　山	945	1453	1371	1167	891	677
韶　关	300	705	584	747	978	888
河　源	360	511	405	238	265	225
梅　州	372	454	409	401	326	195
惠　州	1054	995	522	465	514	399
汕　尾	282	491	455	599	567	562
东　莞	3612	2566	1668	1657	1326	1029
中　山	2922	2111	1314	930	643	410
江　门	750	947	751	882	590	511
阳　江	443	524	582	491	434	420
湛　江	1109	1037	674	575	467	242
茂　名	286	379	503	705	855	652
肇　庆	487	597	505	296	302	246
清　远	530	638	774	816	1237	1113
潮　州	542	741	763	785	737	258
揭　阳	1090	899	863	774	745	537
云　浮	382	360	286	291	241	200

6-36 全省各市火灾事故死亡人数情况

地 区	2013	2014	2015	2016	2017	2018
全 省	**175**	**120**	**141**	**132**	**106**	**77**
广 州	22	20	23	22	12	15
深 圳	28	5	8	16	12	7
珠 海	3	2	5	4		
汕 头	14	6	12	15	6	7
佛 山	17	13	19	9	12	1
韶 关				1	2	
河 源		1	2	1	2	
梅 州	5	4	9	5	2	1
惠 州	4	7	8	9	4	3
汕 尾	3	5	4	2	11	6
东 莞	39	14	12	14	6	6
中 山		3	7	5	5	3
江 门	1	2	5	3	3	1
阳 江	2	2	2	6		2
湛 江	3	5		2	9	
茂 名	7	3	1	3	4	5
肇 庆	6	2			1	
清 远	6	1	4	3	4	14
潮 州	4	4	4	2	2	2
揭 阳	8	19	11	9	6	4
云 浮	3	2		1	3	

6-37 全省各市火灾事故受伤人数情况

地区	2013年	2014年	2015年	2016年	2017年	2018年
全省	**137**	**115**	**100**	**150**	**69**	**70**
广州	17	14	12	15	9	13
深圳	14	17	15	45	21	16
珠海	15	4	18	10		
汕头	6	4		4	1	
佛山	10	12	13	8	6	1
韶关	5	3	1	7	3	
河源	3	1				
梅州	4	4		5	1	
惠州		18	1	16		2
汕尾	2	1		2	3	1
东莞	25	10	3	10	5	3
中山	6	3	8	6	1	4
江门	3	4		1	1	
阳江	4	2		7		5
湛江	7	9	3	5	6	10
茂名	5	2	3	3	3	10
肇庆	5				6	
清远	4	3	2			1
潮州		6	4			
揭阳	2	10	3	6	1	3
云浮		1	1		2	1

6−38 全省各市火灾事故直接财产损失情况

单位：万元

地 区	2013年	2014年	2015年	2016年	2017年	2018年
全 省	**39383.6**	**45570.7**	**37856.9**	**40378.9**	**29931**	**27173**
广 州	9944.1	3444.2	3001.2	5485.6	3141.3	3018
深 圳	4212.1	2757.2	410.1	3037.8	1750	1648
珠 海	1447.1	1237.3	2810.7	148.1	392.9	721
汕 头	914	2277.4	1419.6	1768	679	417
佛 山	4789.8	6341.9	721.1	4984.5	4165	2004
韶 关	1078	1985.9	4280.4	990.1	1368.4	1105
河 源	494.6	712.1	3236.6	156.4	310.7	417
梅 州	660.4	458.4	1836.3	873.3	1497	495
惠 州	750.8	1768.3	1331.8	1856.9	699.1	364
汕 尾	1669.2	771.9	1593.7	1318.6	1487.5	605
东 莞	5051.8	5929.7	1888.9	6539.9	4189.7	4787
中 山	908.3	818.6	923.7	2267.5	1644.5	1494
江 门	1374.2	3597.6	638.7	3917.6	1808.3	1768
阳 江	641	1260.9	1856.8	809	551.8	540
湛 江	601.5	1939.9	422.7	588.6	1495.5	848
茂 名	629.8	1312.7	1347.6	1212.2	788.8	497
肇 庆	1820.1	2394.8	5605.1	239.6	768.1	2585
清 远	1007.6	1323.5	1579.3	1526.9	1088.9	1703
潮 州	421.9	1077.8	468.3	491.6	214.6	149
揭 阳	778.7	3824.4	2228.4	1758.9	1564.3	1237
云 浮	188.8	336.4	255.9	407.7	325.4	771

6-39 2018年省级立法情况

项目	提请省人大常委会审议法规(项)	省政府常务会议通过规章(项)
经济类立法	3	2
文化类立法		1
社会类立法	4	3
生态类立法	2	
政府自身建设类立法		4
其他	1	
总共	**10**	**10**

6-40 2014年-2018年省级行政复议情况

项目	2014	2015	2016	2017	2018
全省各级行政复议机关共收到行政复议案件（件）	18471	19397	23808	29447	33565
办理国务院行政复议裁决案件（件）				10	14
省政府本级行政复议案件（件）	457	624	673	693	598

6-41 2014年-2018年省级行政应诉情况

项　　目	2014	2015	2016	2017	2018
全省各级行政机关共办理行政应诉案件（件）	10585	12378	15273	16961	19007
省政府本级行政应诉案（件）	117	342	519	501	232

6-42 2018年全省人民调解工作情况

市　别	调解委员会总数（个）	村(居)调委会（个）	乡镇(街道)调委会（个）	企事业单位调委会（个）	社会团体和其他组织调委会（个）	调解员总数（人）	调解案件总数（件）
广东省							
广州市	3262	2712	171	252	127	15283	64332
韶关市	1696	1457	109	70	60	8877	13377
深圳市	1301	798	74	121	308	6827	110492
珠海市	405	320	24	23	38	2585	11294
汕头市	1205	1087	69	29	20	5975	2528
佛山市	1381	765	32	344	240	11309	11740
江门市	1656	1319	76	58	203	8976	16564
湛江市	2145	1930	119	40	56	13728	19253
茂名市	2140	1902	117	48	60	13050	33987
肇庆市	1833	1551	106	126	50	8384	12741
惠州市	1544	1274	74	110	36	8637	6636
梅州市	2420	1971	105	174	4	11396	19953
汕尾市	908	823	56	3	26	3595	2963
河源市	1580	1431	100	19	30	8449	6403
阳江市	914	717	38	4	83	4450	16850
清远市	1558	1219	85	121	133	7801	10214
东莞市	1262	586	32	422	840	11220	12308
中山市	773	277	24	226	246	4979	4014
潮州市	1117	1017	50	38	13	2934	5121
揭阳市	1780	1627	97	29	27	5261	9751
云浮市	1061	965	63	13	20	5384	10746
总　计	**31941**	**25748**	**1621**	**2270**	**2620**	**169100**	**401267**

6–43　2018年全省律师工作情况

市　别	律师事务所（个）	律师总数（人）	兼职律师（人）	律师辅助人员（人）	担任法律顾问（处）	民事诉讼代理（件）
广东省	**3223**	**43434**	**724**	**9733**	**77945**	**371850**
广州市	732	14069	437	2250	22181	98057
深圳市	878	13554	51	2344	19770	91709
珠海市	95	1528	25	380	2583	11797
汕头市	86	644	20	159	1701	4780
佛山市	319	3116	34	1024	6443	32956
韶关市	63	485	22	79	1048	5548
河源市	47	322	8	121	906	3579
梅州市	43	302	11	56	947	2624
惠州市	103	1304	8	553	2883	12687
汕尾市	21	91		36	205	531
东莞市	237	3016	33	1236	6941	31025
中山市	107	1310	8	530	4481	25822
江门市	82	978	8	227	2324	16481
阳江市	33	235	4	36	371	2804
湛江市	75	502	23	85	653	4822
茂名市	45	420	7	68	657	6012
肇庆市	74	426	15	221	1078	5690
清远市	73	483		146	989	6988
潮州市	47	269	9	57	738	1826
揭阳市	22	225	1	45	439	2688
云浮市	41	155		80	607	3424

6-43 续表

市 别	刑事诉讼辩护及代理（件）	行政诉讼代理（件）	非诉讼法律事务（件）	解答法律咨询和代写法律文书（件）	参加公益事业和社会活动（件）
广东省	**91827**	**18319**	**214157**	**171253**	**63640**
广州市	21961	3897	44353	18326	28204
深圳市	17912	3418	48526	35746	18435
珠海市	2905	450	4954	12187	1941
汕头市	2452	251	744	1579	919
佛山市	6068	2229	17862	8441	7769
韶关市	2361	423	502	3122	2331
河源市	1734	185	418	1883	1239
梅州市	1400	235	432	8225	2241
惠州市	1772	1569	8683	6790	4793
汕尾市	437	88	232	450	496
东莞市	6804	1286	22008	4734	6585
中山市	3621	803	39164	36683	2529
江门市	4898	781	1641	10042	3301
阳江市	682	95	578	1342	1187
湛江市	3689	584	1968	6392	2849
茂名市	3102	380	447	3857	2603
肇庆市	1434	632	15489	1849	1376
清远市	2470	491	4450	3593	2314
潮州市	1089	175	553	1743	1151
揭阳市	3207	159	755	2901	1659
云浮市	1829	188	398	1368	1229

6-44 2018年全省公证工作情况

市 别	机构	公证员	国内证	涉外证	涉港澳台证	案件总数
广州市	11	147	325961	81338	4646	411945
深圳市	9	135	297848	64279	3412	365539
珠海市	5	40	30102	9120	4888	44110
汕头市	9	38	30192	3769	427	34388
佛山市	7	68	83127	15786	2169	101082
韶关市	11	30	14564	1722	330	16616
河源市	7	19	5182	1473	526	7181
梅州市	9	35	11874	2332	1589	15795
惠州市	8	32	53724	4647	1061	59432
汕尾市	5	12	5170	1588	1456	8214
东莞市	3	38	69072	10674	4173	83919
中山市	6	32	30104	13019	3655	46778
江门市	8	33	52079	57547	6534	116160
阳江市	5	13	3392	1115	462	4969
湛江市	8	24	18772	4733	1280	24785
茂名市	6	18	11402	2994	721	15117
肇庆市	10	24	9522	3657	828	14007
清远市	9	27	9680	2978	1242	13900
潮州市	3	15	2797	1241	133	4171
揭阳市	6	24	6025	1607	610	8242
云浮市	6	18	3290	1231	586	5107
南方处	1	40	32820	29397	1411	63628
合 计	**152**	**862**	**1106699**	**316247**	**42139**	**1465085**

6-45 2018年全省司法鉴定工作情况

市 别	司 法 鉴定所 (个)	司 法 鉴定人 (人)	办理法医 类案件 (件)	办理物证 类案件 (件)	办理声像 资料类案件 (件)	办理环境 损害类案件 (件)
广东省						
广州市	41	628	66687	4862	807	
深圳市	26	398	60166	8493	865	4
珠海市	6	43	3146	295		
汕头市	7	112	5288	358		
佛山市	15	127	8213	1738		
韶关市	13	118	3286	1006		
河源市	4	37	1547	374		
梅州市	6	41	1412			
惠州市	12	101	6679	1777		
汕尾市	5	46	3234			
东莞市	10	132	12832	3215	176	
中山市	6	77	4535	190		
江门市	8	76	7043	160		
阳江市	6	40	1432			
湛江市	5	54	6894	270		
茂名市	9	52	5330			
肇庆市	6	66	1829	15		
清远市	9	54	5772	1941		
潮州市	3	13	44	33		
揭阳市	3	22	1125			
云浮市	2	18	1230	143		

6-46 2014年-2018年全省仲裁情况

项 目	2014	2015	2016	2017	2018
仲裁委员会 (个)	12	14	14	13	15
受理仲裁案件总数 (件)	10437	17808	65107	1690076	213304
涉外仲裁 (件)					
涉港案件总数	479	770	741	1018	1154
涉澳案件总数	126	168	162	272	304
涉台案件总数	137	162	166	238	188
其他案件总数	173	259	601	578	887

6-47 2018年全省法律援助工作情况

市 别	法律援助机构数(个)	法律援助机构工作人员(人)	其中有律师资格或法律职业资格(人)	经费总数(万元)	业务经费(万元)	受理案件(件)	受援人总数(人)	咨询(人次)
广东省(本级)	**1**	**19**	**9**	**5148.25**	**494**	**1755**	**1767**	**770592**
广州市	12	77	34	5858.88	3052.33	24056	24888	42738
深圳市	11	83	27	5892.58	4786.91	32272	44189	86409
珠海市	8	30	17	705.83	392.55	3687	4298	16279
汕头市	8	51	21	809.47	278.42	2268	2273	5044
佛山市	6	47	26	1897.75	1056.41	13399	13517	21250
韶关市	11	65	54	877.99	329.75	5071	5105	4415
河源市	7	33	10	441.37	207.66	3490	3530	2837
梅州市	9	43	25	544.49	201.76	2290	2340	10600
惠州市	7	31	16	721.21	429.12	7633	7633	14019
汕尾市	6	23	4	275.78	171.79	2958	2958	2374
东莞市	1	10	8	1973.31	1790.61	11975	12012	19635
中山市	1	10	3	504.37	279.04	5985	5985	3668
江门市	8	42	31	604.14	172.27	5316	5316	15651
阳江市	5	25	14	412.25	174.92	2061	3407	1751
湛江市	11	45	29	511.4	323.55	3178	3219	10236
茂名市	6	30	14	409.67	198.28	2711	2729	7803
肇庆市	9	44	19	571.62	328.74	3389	3903	7192
清远市	9	29	13	607.63	256.84	3615	3632	4867
潮州市	5	14	8	208.24	99.23	1207	1209	4637
揭阳市	6	40	22	347.5	122.29	2433	2469	1825
云浮市	6	18	9	264.59	122.89	1704	2066	4258
合 计	**153**	**809**	**413**	**29588.32**	**15269.36**	**142453**	**158445**	**1058080**

6-48 2018年人民检察院批捕、决定逮捕犯罪嫌疑人和提起公诉被告人情况

案件类别	批捕、决定逮捕		提起公诉	
	(件)	(人)	(件)	(人)
合 计	**94624**	**138559**	**118718**	**164731**
普通刑事犯罪小计	94260	138150	117333	162902
危害国家安全案	9	9	11	20
危害公共安全案	4577	4947	30334	30903
破坏社会主义市场秩序案	6871	11999	6870	12244
侵犯公民人身、民主权利案	12891	16012	13950	18074
侵犯财产案	35919	48121	33548	45602
妨害社会管理秩序案	33975	57039	32603	56037
危害国防利益案	18	23	17	22
职务犯罪小计	364	409	1385	1829
贪污贿赂案	332	371	1255	1661
渎职侵权案	32	38	130	168

6-49 2018年人民检察院提起公诉情况

单位：件

案件类别	简易程序	出庭公诉					
			一 审	二 审			再审
					上诉案	抗诉案	
合 计	**59413**	**105994**	**98701**	**7288**	**6971**	**317**	**5**
贪污贿赂案件	165	1361	1051	308	272	36	2
渎职侵权案件	19	213	124	89	76	13	
普通刑事案件	59229	104420	97526	6891	6623	268	3

6-50 2018年人民检察院办理刑事抗诉案件情况

单位：件

案件类别	提出抗诉	审判结果			
		合计	改 判	维持原判	发回重审
合 计	**457**	**328**	**155**	**114**	**59**
二审小计	422	317	147	111	59
贪污贿赂案件	27	36	17	11	8
渎职侵权案件	15	13	6	4	3
普通刑事案件	380	268	124	96	48
再审小计	21	5	4	1	
贪污贿赂案件	6	2	1	1	
渎职侵权案件					
普通刑事案件	15	3	3		
审监小计	14	6	4	2	

6-51 2018年人民检察院办理民事、行政抗诉案件情况

单位:件

案件类别	合 计		
		民事案件	行政案件
受 案	7814	5652	2162
提请抗诉	378	364	14
抗 诉	277	265	12
提出再审检察建议	90	85	5
不支持监督申请	2837	2555	282
抗诉案件再审	72	71	1
改 判	29	29	
发回重审	6	6	
调 解	3	3	
维持原判	33	32	1
和解撤诉	1	1	
其 他			

6-52 人民检察院纠正违法情况

项　目	2013	2014	2015	2016	2017	2018
书面提出纠正合计（件、人次）	9366	5620	2771	2676	3803	4538
立案监督小计	3966	2416	996	862	1954	2399
监督立案	1864	935	413	285	804	1055
监督撤案	2102	1481	583	577	1150	1344
侦查监督小计	3288	2170	1134	1301	1476	1676
审查批捕环节	2414	1456	504	712	534	605
审查起诉环节	874	714	630	589	942	1071
刑事审判监督小计	191	171	52	41	42	28
刑罚执行监督人次小计（人次）	1921	863	589	472	331	435
监管活动	691	363	378	275	228	199
超期羁押	22	9	16	6	6	26
减刑、假释、保外就医	1208	491	195	191	97	210
已纠正合计　（件、人次）	8980	5474	2610	2505	3386	4183
立案监督小计	3966	2385	996	862	1954	2399
监督立案	1864	915	413	285	804	1055
监督撤案	2102	1470	583	577	1150	1344
侦查监督小计	2931	2068	991	1156	1185	1314
审查批捕环节	2261	1419	438	635	392	465
审查起诉环节	670	649	553	521	793	849
刑事审判监督小计	166	167	42	36	36	20
刑罚执行监督人次小计（人次）	1917	854	581	451	211	450
监管活动	691	367	374	269	191	208
超期羁押	21	10	16	6	7	24
减刑、假释、保外就医	1205	477	191	176	13	218

6-53 2018年人民检察院办理申诉案件情况

单位：件

案件分类	受 案	立案复查	结 案
合 计	**1370**	**774**	**682**
不服检察机关处理决定小计	387	312	88
不服不批捕	13	10	1
不服不起诉	365	296	80
不服撤案	1	1	2
不服原免予起诉			
其 他	8	5	5
不服法院刑事判决裁定小计	983	462	594
刑罚执行中被害人申诉	257	165	105
刑罚执行中被告人申诉	384	125	293
刑罚执行完毕后被害人申诉	90	51	38
刑罚执行完毕后被告人申诉	175	81	128
其 他	77	40	30

6-54 2018年人民检察院办理控告和申诉案件情况

单位：件

案 件 类 别	受 理	处 理		
			#分送检察机关	#转其他机关
合 计	**21019**	**21095**	**13828**	**1813**
首次控告	2015	2004	739	896
首次申诉	19004	19091	13089	917

6-55　2018年人民检察院办理民事公益诉讼案件情况

单位：件

地　区	线索数	立案数	诉前程序数	起诉数
广　州	49	30	20	15
深　圳	9	5	1	1
珠　海	4	2		
汕　头	19	8	1	
佛　山	78	73	55	41
韶　关	6	7	3	5
河　源	4	2		3
梅　州	10	11	9	8
惠　州	27	8	5	2
汕　尾	2	1		
东　莞	8	8	7	4
中　山	4	5	1	1
江　门	62	14		9
阳　江				
湛　江	5	3		3
茂　名	6	6	6	5
肇　庆	3	3		3
清　远	12	11	3	8
潮　州				
揭　阳	8	6	2	1
云　浮	3	4		3
广　铁				

6-56　2018年人民检察院办理行政公益诉讼案件情况

单位：件

地　区	线索数	立案数	诉前程序数	行政机关纠正违法或履行职责数	起诉数
广　州	1684	947	924	789	
深　圳	491	553	458	103	
珠　海	41	11	7	1	
汕　头	123	136	122	65	
佛　山	147	241	166	89	
韶　关	52	50	47	35	1
河　源	33	19	14	12	
梅　州	227	222	207	106	1
惠　州	61	60	60	48	
汕　尾	2	2	1		
东　莞	80	271	245	122	
中　山	10	9	8		
江　门	238	243	207	102	
阳　江	39	37	37	28	1
湛　江	407	431	424	150	
茂　名	292	278	278	213	
肇　庆	171	139	104	24	
清　远	232	204	195	102	
潮　州	13	10	10	10	
揭　阳		1	1		
云　浮	12	10	10	6	
广　铁	5	2	1		

6-57　2018年人民检察院批准逮捕、提起公诉未成年刑事犯罪嫌疑人情况

案件类别	批准逮捕		提起公诉	
	(件)	(人)	(件)	(人)
合　计	**3185**	**4878**	**3243**	**4510**
危害国家安全案				
危害公共安全案	56	61	128	137
破坏社会主义市场经济秩序案	39	71	66	84
侵犯公民人身权利、民主权利案	566	773	634	833
妨害社会管理秩序案	878	1473	861	1274
侵犯财产案	1646	2500	1554	2182
其　他				

6-58　人民法院审理一审案件情况

单位：件

年 份	收案				结案			
		刑事	民事	行政		刑事	民事	行政
2012	622395	103542	511170	7683	621730	102497	511587	7646
2013	613053	92468	511506	9079	603943	91673	503649	8621
2014	678759	105226	560856	12677	654786	102903	539802	12081
2015	800445	129290	655124	16031	715795	122882	579042	13871
2016	828934	111081	702254	15599	811358	113829	681896	15633
2017	897205	116139	762896	18170	916700	116760	782164	17776
2018	1039261	120487	897332	21442	1031561	119862	890383	21316

6-59 人民法院刑事一审案件收案情况

单位：件

项　目	2013	2014	2015	2016	2017	2018
合　计	**92468**	**105226**	**129290**	**111081**	**116139**	**120487**
危害国家安全罪	4	5	14	7	5	15
危害公共安全罪	12149	14590	16691	20327	24662	30569
破坏社会主义市场经济秩序罪	5202	7674	12036	7580	7059	7301
侵犯公民人身权利民主权利罪	15006	16212	15113	13013	13574	14348
侵犯财产罪	33427	32751	36518	34025	35687	34114
妨害社会管理秩序罪	24852	31858	46594	34180	32697	32260
危害国防利益罪	31	26	9	25	17	20
贪污贿赂罪	1373	1744	1998	1613	1959	1484
渎职罪	281	268	283	293	338	180
其　他	143	98	34	18	141	196
合计中含自诉案件	133	197	341	490	371	454

6-60 人民法院刑事一审案件结案情况

单位：件

项　目	2013	2014	2015	2016	2017	2018
合　计	**91673**	**102903**	**122882**	**113829**	**116760**	**119862**
危害国家安全罪	4	4	8	11	11	8
危害公共安全罪	12078	14459	16352	20414	24613	30605
破坏社会主义市场经济秩序罪	5137	7267	11487	7767	6864	7115
侵犯公民人身权利民主权利罪	14928	15895	14461	13216	13732	14178
侵犯财产罪	33259	32448	34001	34684	36266	34085
妨害社会管理秩序罪	24587	30879	44957	35357	32889	31787
危害国防利益罪	30	27	7	19	24	22
贪污贿赂罪	1249	1570	1345	2038	1915	1621
渎职罪	257	255	235	301	329	226
其　他	144	99	29	22	117	215
合计中含自诉案件	125	191	303	485	368	447

6–61　人民法院判处刑事罪犯情况

单位：人

年 份	判处罪犯总数	青少年罪犯	不满18岁	18~25岁	青少年罪犯占刑事罪犯比重
2008	94823	36690	8812	27878	38.69%
2009	101260	33101	8325	24776	32.69%
2010	103460	33944	8361	25583	32.83%
2011	108099	34374	9557	24817	31.80%
2012	127507	34943	9453	25490	27.40%
2013	121070	32748	7513	25235	27.05%
2014	127785	31070	7248	23822	24.31%
2015	128695	31021	5388	25633	24.10%
2016	113807	26817	4423	22394	23.56%
2017	127224	29741	4317	25424	23.38%
2018	140463	30827	4169	26658	21.95%

6–62　人民法院婚姻家庭、继承一审案件收案情况

单位：件

项　　目	2013	2014	2015	2016	2017	2018
合　计	**60110**	**61083**	**67204**	**65609**	**67061**	**69253**
婚姻家庭	57450	58092	63338	61662	62864	64090
离　婚	48465	49213	52902	51265	51964	51887
解除非法同居关系	906	1156	1895	1788	1814	1957
登记离婚后财产纠纷	1708	1615	1966	1955	2335	2709
赡养纠纷	262	266	296	337	333	424
抚养、扶养关系纠纷	3888	3760	3889	3629	3723	3721
抚育费纠纷	1042	1108	1251	1485	1697	1968
其　他	1179	974	1139	1203	998	1424
继　承	2660	2991	3866	3947	4197	5163
法定继承	1546	1735	2150	2307	2432	2912
遗嘱继承	216	236	330	333	284	291
其　他	898	1020	1386	1307	1481	1960

6-63 人民法院婚姻家庭、继承一审案件结案情况

单位：件

项目	2013	2014	2015	2016	2017	2018
合计	**59621**	**60696**	**63318**	**64551**	**68699**	**69282**
婚姻家庭	57066	57797	59861	60774	64484	64190
离婚	48190	48930	50066	50707	53377	52383
解除非法同居关系	902	1118	1851	1792	1828	1966
登记离婚后财产纠纷	1642	1628	1707	1840	2274	2716
赡养纠纷	258	267	258	318	371	417
抚养、扶养关系纠纷	3862	3755	3720	3585	3818	3748
抚育费纠纷	1025	1125	1179	1385	1759	1924
其他	1187	974	1080	1147	1057	1036
继承	2555	2899	3457	3777	4215	5092
法定继承	1496	1679	1984	2248	2450	2884
遗嘱继承	214	236	290	309	292	298
其他	845	984	1183	1220	1473	1910

6-64 人民法院知识产权一审案件收案情况

单位：件

项目	2013	2014	2015	2016	2017	2018
合计	**24843**	**23900**	**23766**	**32205**	**58000**	**81634**
著作权	16497	16244	14700	20309	44040	65315
商标权	4419	3797	3641	5216	6153	7487
专利权	3096	3154	4589	4300	6268	5896
技术合同	53	75	90	682	207	234
发现权与发明权纠纷		3	1	22	43	5
不正当竞争	232	197	234	389	543	629
其他知识产权纠纷	546	430	511	1287	746	2068

6−65　人民法院知识产权一审案件结案情况

单位：件

项　　目	2013	2014	2015	2016	2017	2018
合　计	**24819**	**24662**	**20215**	**29771**	**56268**	**80283**
著作权	16259	16875	12834	18915	43538	64718
商标权	4551	3857	3116	4709	5697	7325
专利权	3193	3179	3491	4110	5440	6053
技术合同	52	60	91	495	329	221
发现权与发明权纠纷	1	2		14	49	3
不正当竞争	216	195	205	247	459	648
其他知识产权纠纷	547	494	478	1281	756	1315

6−66　人民法院海事海商一审案件收案情况

单位：件

项　　目	2013	2014	2015	2016	2017	2018
合　计	**1139**	**1311**	**1690**	**1584**	**1062**	**1742**
海事侵权纠纷	151	108	263	106	88	132
船舶碰撞	18	72	33	49	33	38
船舶、港口作业污染损害赔偿		3	90	3	5	3
海上人身损害赔偿	18	18	27	43	26	35
其他海事侵权纠纷	115	15	113	11	24	56
海商合同	861	1180	1387	1431	919	1513
海上货物运输合同	258	227	239	582	402	746
海员劳务合同	143	266	476	384	118	210
船舶建造、买卖合同	36	32	64	74	87	70
船舶租用合同	47	37	66	52	70	65
海上保险合同	10	18	37	21	25	21
其他海商合同	367	600	505	318	217	401
其他海事海商纠纷	127	23	40	47	55	97

6-67 人民法院海事海商一审案件结案情况

单位：件

项　　目	2013	2014	2015	2016	2017	2018
合　计	**1163**	**1397**	**1584**	**1504**	**1181**	**1664**
海事侵权纠纷	145	120	252	94	102	111
船舶碰撞	22	70	41	40	37	35
船舶、港口作业污染损害赔偿	1	5	85	5	4	4
海上人身损害赔偿	13	27	21	30	39	25
其他海事侵权纠纷	109	18	105	19	22	47
海商合同	874	1241	1296	1372	1017	1465
海上货物运输合同	286	252	204	541	484	697
海员劳务合同	148	266	440	397	128	201
船舶建造、买卖合同	34	35	58	69	81	86
船舶租用合同	45	40	61	41	77	71
海上保险合同	7	25	27	23	28	15
其他海商合同	354	623	506	301	219	395
其他海事海商纠纷	144	36	36	38	62	88

6-68 人民法院合同纠纷一审案件收案情况

单位：件

项　　目	2013	2014	2015	2016	2017	2018
合　计	**295977**	**338950**	**417957**	**469575**	**505767**	**601843**
借款合同	83529	109362	140004	150190	161679	200581
买卖合同	45469	53676	80998	84213	86198	101898
电信合同	9777	5037	1438	437	2169	1751
租赁合同	11936	13400	17413	19134	21445	27597
劳动争议	50156	49636	46349	44199	39064	44167
房地产开发经营合同	12739	17624	19315	21843	21320	27939
供用动力合同	2889	1970	930	268	284	547
建设工程合同	4800	5619	7585	8458	8934	11726
农村承包合同	2553	1581	1315	1347	1423	1337
承揽合同	5032	5973	7637	7357	7405	9367
其　他	67097	75072	94973	132129	155846	174933

6-69 人民法院合同纠纷一审案件结案情况

单位：件

项 目	2013	2014	2015	2016	2017	2018
合 计	**291567**	**320182**	**360976**	**453226**	**522558**	**593330**
借款合同	80577	100858	118702	146506	165644	199327
买卖合同	45011	50243	69169	80985	89744	100180
电信合同	9700	5096	1447	418	2218	1750
租赁合同	11704	12561	14929	18125	21631	26761
劳动争议	50090	49044	41188	43165	42091	42213
房地产开发经营合同	13069	16667	17807	20697	22312	28247
供用动力合同	2857	2003	880	254	328	557
建设工程合同	4640	5116	6436	7495	9034	11166
农村承包合同	2553	1535	1181	1424	1438	1344
承揽合同	4951	5662	6649	7152	8015	9051
其 他	66415	71397	82588	127005	160103	172734

6-70 人民法院权属、侵权纠纷及其他民事一审案件收案情况

单位：件

项 目	2013	2014	2015	2016	2017	2018
合 计	**155419**	**160823**	**169963**	**167070**	**190002**	**226236**
所有权及其相关权利	11707	12034	15039	15297	13894	17197
特别程序	39490	43976	42654	41457	52564	61930
人身权纠纷	61617	61071	65643	58535	53774	51979
#人身损害赔偿	59238	59294	63945	56829	52287	50258
特殊侵权纠纷	2775	4908	8507	11344	4419	5186
不当得利	1750	2445	2667	2362	2578	3043
无因管理	4155	3697	1213	351	569	576
票据、证券、股东权纠纷	4501	3754	6107	4810	4120	7516
其 他	29424	28938	28133	32914	58084	78809

6-71 人民法院权属、侵权纠纷及其他民事一审案件结案情况

单位：件

项 目	2013	2014	2015	2016	2017	2018
合 计	**152461**	**158924**	**154748**	**164119**	**190837**	**227771**
所有权及其相关权利	11567	11567	12826	14842	14708	17592
特别程序	39420	43634	42402	41034	51588	61904
人身权纠纷	60331	59582	59913	57952	57187	53310
#人身损害赔偿	58044	57805	58662	56145	55638	61637
特殊侵权纠纷	2618	4530	7358	10594	4574	5362
不当得利	1744	2365	2195	2449	2625	2980
无因管理	4139	3695	1154	391	591	581
票据、证券、股东权纠纷	3264	4409	5635	4516	4329	7023
其 他	29378	29142	23265	32341	55235	79019

6-72 人民法院行政一审案件收案情况

单位：件

项 目	2013	2014	2015	2016	2017	2018
合 计	**9079**	**12677**	**16031**	**15599**	**18170**	**21442**
资 源	1169	1527	1679	1319	1490	1930
公 安	606	944	1148	1164	1363	1345
城 建	621	974	1189	885	1774	1307
交 通	123	159	370	401	225	246
工 商	1111	1993	1218	749	708	542
环 保	50	73	110	86	129	216
计划生育	105	41	44	29	57	45
税 务	47	49	45	69	168	130
卫 生	40	37	46	69	164	67
乡政府	439	396	883	1079	1322	1970
劳动和社会保障	1058	1352	1561	1625	3320	3671
其 他	3710	5132	7738	8124	7450	9973

6-73 人民法院行政一审案件结案情况

单位：件

项 目	2013	2014	2015	2016	2017	2018
合 计	**8621**	**12081**	**13871**	**15633**	**17776**	**21316**
资 源	1111	1426	1583	1282	1564	1990
公 安	593	902	1025	1077	1324	1372
城 建	605	913	1019	926	1642	1309
交 通	121	142	321	421	240	236
工 商	1086	1960	957	851	719	652
环 保	51	66	105	75	123	163
计划生育	103	40	42	29	56	46
税 务	34	61	36	62	149	143
卫 生	43	32	31	86	145	70
乡政府	402	387	850	764	1310	1638
劳动和社会保障	1037	1321	1303	1543	3030	3691
其 他	3435	4831	6599	8517	7474	10006

6-74 各市人民法院各类一审案件收案情况

单位：件

地　区	2013	2014	2015	2016	2017	2018
广　州	122309	136988	144708	171998	153859	200045
深　圳	109596	134610	164197	152057	187798	208736
珠　海	18788	22542	24884	22694	22535	27295
汕　头	9105	10336	14127	14409	17822	23239
佛　山	62533	69113	84579	87351	84200	109705
韶　关	12696	14031	17051	18716	18576	20766
河　源	7084	7882	11054	12108	11240	13438
梅　州	12564	11637	13609	14083	15169	17177
惠　州	21936	26735	35484	37559	35984	48797
汕　尾	4849	5698	4893	4792	5752	6984
东　莞	59931	60099	65907	69671	70547	95625
中　山	32134	36742	51433	56131	47193	56922
江　门	32730	29169	32172	30999	31229	39669
阳　江	8995	11145	14688	13951	13082	15882
湛　江	22659	20798	24394	23376	25479	31053
茂　名	14205	16661	18788	19792	22056	22972
肇　庆	16187	17998	20708	18259	18975	23761
清　远	16213	17660	22760	23332	25187	29684
潮　州	4883	5064	6265	6540	6740	8106
揭　阳	12179	9801	10834	10501	10132	13364
云　浮	8982	10432	11819	11090	10734	11852
知　产	——	——	1866	2593	4665	3981
海　事	1845	2023	2188	1938	1144	2226
铁　路	634	904	898	4891	6001	7974

6-75 各市人民法院各类一审案件结案情况

单位：件

地区	2013	2014	2015	2016	2017	2018
广州	118067	132094	129758	165968	160875	204509
深圳	112073	127216	131065	156234	188422	205458
珠海	17466	22054	23735	22373	22776	27720
汕头	8911	9554	14003	14071	17945	23170
佛山	61004	66310	77402	87872	84879	106880
韶关	12574	13609	15435	18220	18772	20648
河源	6973	8730	10954	11907	11281	12750
梅州	12418	11732	13102	14283	15189	16765
惠州	21286	25099	32914	33508	37383	48008
汕尾	4905	5320	4450	4834	6156	6989
东莞	58000	58845	60506	68367	72486	93712
中山	33165	36251	44535	51859	49228	56052
江门	32112	29508	30697	30487	32185	39742
阳江	9264	10945	13926	13907	13935	15527
湛江	22266	19856	22738	22474	26468	31331
茂名	13933	16143	17176	19159	22897	22971
肇庆	15685	17385	20192	18027	20597	23846
清远	15582	16501	21371	21984	25811	28998
潮州	4835	4795	5544	5993	6850	7639
揭阳	12154	9657	10450	10058	10426	13282
云浮	8755	10240	11392	10674	11100	11695
知产	——	——	1433	2774	3533	4053
海事	1854	2123	2080	1850	1245	2129
铁路	644	791	875	4405	5569	7672

6-76　各市人民法院各类案件收案情况

单位：件

地　区	2013	2014	2015	2016	2017	2018
广　州	201010	228200	252974	300755	341581	383619
深　圳	174289	208752	258782	278156	384364	409368
珠　海	30225	33867	40288	47646	51570	54565
汕　头	12998	14783	19888	21709	27103	36244
佛　山	97882	110284	136222	162914	179518	213301
韶　关	19643	21038	25958	31583	33574	37457
河　源	9966	10685	15363	18047	17797	21667
梅　州	18800	17215	19745	21071	24131	28045
惠　州	32217	40874	54937	63097	70249	83818
汕　尾	5842	6830	6153	6287	8945	11731
东　莞	101363	102188	119778	146512	156639	194393
中　山	48809	55543	76147	98164	105145	109307
江　门	51216	47343	49894	56320	61860	72813
阳　江	13079	16014	22459	23253	25059	29011
湛　江	28616	28213	33603	37082	43418	51543
茂　名	19761	22459	27200	31757	36198	37535
肇　庆	21827	24538	30273	29812	34350	42069
清　远	23438	26640	35793	40449	44415	56724
潮　州	6554	6854	8925	10336	11093	13198
揭　阳	14341	12179	13753	14611	16230	18587
云　浮	13375	14868	17568	18296	19869	21870
知　产	——	——	4941	4753	9213	10085
海　事	2079	2315	3149	2562	2624	3377
铁　路	733	1138	1273	14574	20540	23061

6-77 各市人民法院各类案件结案情况

单位：件

地区	2013	2014	2015	2016	2017	2018
广州	195279	220547	230334	286156	349210	395778
深圳	175629	200720	215077	276394	375534	408643
珠海	28797	33190	36768	46306	51954	54885
汕头	12757	14006	19800	20827	26922	35970
佛山	95172	105031	125117	159760	178902	210100
韶关	19404	20555	23609	30058	33563	36640
河源	9796	11881	15123	17463	18059	20753
梅州	18549	17385	19055	21327	23869	27422
惠州	31476	39090	51844	56351	69666	83991
汕尾	5924	6396	5635	6372	9281	11741
东莞	97249	100548	111682	141085	158461	193693
中山	49029	54971	66884	84209	100502	118193
江门	49623	48174	47244	55204	63083	73140
阳江	13346	15833	21131	22702	26441	28074
湛江	28324	26859	31597	35597	44668	51457
茂名	19588	21788	24988	30358	36694	37657
肇庆	21198	23903	29004	28983	36376	41797
清远	22501	24959	33061	38039	45347	54742
潮州	6476	6524	7823	9025	10956	13294
揭阳	14302	11971	13253	13812	16439	18744
云浮	13055	14688	16801	17278	19855	21705
知产	——	——	3402	4907	7804	9407
海事	2085	2420	2894	2403	2815	3262
铁路	741	972	1276	13738	20237	22718

6-78　2018年广东省生产安全事故伤亡情况表

	合计		事故等级					
			一般事故		较大事故		重大事故	
	事故起数（起）	死亡人数（人）	事故起数（起）	死亡人数（人）	事故起数（起）	死亡人数（人）	事故起数（起）	死亡人数（人）
合　计	**6153**	**3345**	**6116**	**3175**	**36**	**158**	**1**	**12**
农、林、牧、渔业	29	32	29	32				
采矿业	9	9	9	9				
制造业	277	257	275	245	2	12		
电力、热力、燃气及水生产和供应业	17	16	17	16				
建筑业	439	434	434	406	4	16	1	12
批发和零售业	24	22	23	19	1	3		
交通运输、仓储和邮政业	5227	2448	5200	2333	27	115		
住宿和餐饮业	14	13	14	13				
信息传输、软件和信息技术服务业	5	4	5	4				
金融业	1		1					
房地产业	12	10	12	10				
租赁和商务服务业	20	19	20	19				
科学研究和技术服务业	5	4	5	4				
水利、环境和公共设施管理业	12	10	12	10				
居民服务、修理和其他服务业	53	60	51	48	2	12		
教育	4	2	4	2				
卫生和社会工作								
文化、体育和娱乐业	5	5	5	5				
公共管理、社会保障和社会组织								
国际组织								

注：表格空白处为0

6-79 2018年广东省各市生产安全事故情况表

市　别	合计		事故等级					
			一般事故		较大事故		重大事故	
	事故起数（起）	死亡人数（人）	事故起数（起）	死亡人数（人）	事故起数（起）	死亡人数（人）	事故起数（起）	死亡人数（人）
合　计	**6153**	**3345**	**6116**	**3175**	**36**	**158**	**1**	**12**
广州市	658	374	655	364	3	10		
韶关市	195	140	193	129	2	11		
深圳市	362	302	361	299	1	3		
珠海市	118	65	118	65				
汕头市	375	87	374	83	1	4		
佛山市	610	333	608	314	1	7	1	12
江门市	133	103	133	103				
湛江市	247	153	246	150	1	3		
茂名市	176	88	173	77	3	11		
肇庆市	210	129	209	126	1	3		
惠州市	249	199	246	188	3	11		
梅州市	59	46	57	37	2	9		
汕尾市	221	94	220	90	1	4		
河源市	199	86	197	79	2	7		
阳江市	195	104	193	97	2	7		
清远市	357	226	353	200	4	26		
东莞市	553	326	550	314	3	12		
中山市	591	177	590	174	1	3		
潮州市	74	52	74	52				
揭阳市	246	95	246	95				
云浮市	295	128	293	121	2	7		

注：1.各市数据不含铁路运输业、水上运输业事故数据。
　　2.表格空白处为0。

6-80　2018年广东省各类生产安全事故类型情况表

行　业	合　计		事故等级					
			一般事故		较大事故		重大事故	
	事故起数(起)	死亡人数(人)	事故起数(起)	死亡人数(人)	事故起数(起)	死亡人数(人)	事故起数(起)	死亡人数(人)
合　计	**6153**	**3345**	**6117**	**3187**	**36**	**158**	**1**	**12**
物体打击	117	112	117	112				
车辆伤害	57	51	57	51				
机械伤害	98	90	98	90				
起重伤害	35	34	35	34				
触电	102	95	102	95				
淹溺	39	62	35	40	4	22		
灼烫	4	1	4	1				
火灾	26	24	24	12	2	12		
高处坠落	370	336	369	332	1	4		
坍塌	56	78	53	66	3	12	1	12
冒顶片帮								
透水								
爆破	2	2	2	2				
火药爆炸	1	1	1	1				
瓦斯爆炸								
锅炉爆炸								
容器爆炸	2	3	2	3				
其他爆炸	9	6	9	6				
中毒和窒息	21	38	18	23	3	15		
其他伤害	56	47	56	47				
道路运输	5158	2365	5135	2272	23	93		

注：表格空白处为0

6-81 到省信访情况

指标名称	计量单位	2014	2015	2016	2017	2018
信访总数	件.人次	56188	46741	54299	51493	58261
按信访形式分类						
来信数量	件次	14308	10695	14263	15022	27865
#集体(联名)信	件次				1904	1884
来访数量	批数	5063	4443	4705	5329	7684
#集体访	批数	1103	855	822	632	727
来访人数	人次	27304	23088	21526	14920	19981
#集体访	人次	20010	16177	14438	6983	8722
网上信访数量	件次	14576	12958	18510	21551	22712
来电数量	件次					

七、民政和退役军人事务

简要说明

1. 本篇资料主要反映广东省民政事业、退役军人事业发展情况。

2. 本篇资料主要包括：

(1)全省民政、退役军人事业发展情况。

(2)地区分全省和各地级以上市。

(3)年份主要为2013—2018年数据。

3. 统计资料来源：本篇资料由省民政厅、省退役军人事务厅负责整理、审核、提供。

2018年广东民政和退役军人事业发展概述

2018年，广东民政事业和退役军人事业坚持以习近平新时代中国特色社会主义思想为指导，深入学习贯彻习近平总书记视察广东重要讲话和重要指示批示精神，转观念、抓作风、明目标、强责任、促落实，推动各项工作取得新的进展。

一是强化政策落实，底线民生保障工作达到新维度。制定实施《广东省人民政府办公厅关于进一步落实困难群众基本生活保障工作责任的通知》（粤府办〔2018〕6号），组织召开省困难群众基本生活保障工作联席会议第一次会议。列入2018年省“十件民生实事”的民政事项圆满完成。全省月人均城乡低保标准分别为730元、600元，月人均城乡低保补差分别为570元、275元；月人均城乡特困供养基本生活标准分别为1184元、980元；孤儿基本生活最低养育标准集中供养和分散供养水平分别提高到每人每月1560元和950元；全省困难残疾人生活补贴和重度残疾人护理补贴标准分别提高到每人每月157.5元、210元。出台贯彻落实关于打赢脱贫攻坚战三年行动方案的实施意见，扎实做好民政领域各项脱贫攻坚工作。全力推进流浪乞讨救助管理，全年全省救助10.5万人次，帮助3414名滞留人员寻亲成功，全省首次出现救助总量和滞留人数“双下降”的良好态势。

二是强化服务管理，民政公共服务水平再上新台阶。不断加强养老服务体系建设，养老服务质量得到提升，养老机构星级管理制度化，2018年共拨付相关资金4.5亿元，全省养老床位总数新增3万张，达到46.9万张,每千名老人养老床位数34张。拓展提升儿童保障工作，对困境儿童实行分类保障，健全留守和困境儿童关爱保障工作体系，开展孤弃儿童养育大排查，为2800多名散居孤儿发放圆梦红包，为全省近3万名孤儿购买大病商业保险。组织开展百家社会组织走近留守和困境儿童“牵手行动”，惠及6000多名困境和留守儿童。深化巩固殡葬改革成果，继续推行城乡居民殡葬基本服务由政府免费提供政策，全年全省提供免费殡葬基本服务44万宗，减免金额5.3亿元。推进婚姻登记标准化、规范化和信息化建设，在全国率先启用婚姻登记证电子证照。规范和加强福利彩票销售管理，全省销售福利彩票242.7亿元，总销量再创历史新高，连续稳居全国首位，筹集福彩公益金69.1亿元。

三是强化社会治理，共建共治共享呈现新格局。创新开展基层政权建设和城乡社区治理。指导全省加强和完善城乡社区治理和加强乡镇政府服务能力建设，城乡社区协商工作走在全国前列。印发《广东省村（居）民委员会工作职责事项指导目录》，推进村（居）民议事平台建设，深入推进社区减负工作。下拨3000万元省级福彩公益金，支持粤东西北地区实施城乡社区养老等综合服务设施示范项目建设。不断加强社会组织规范管理。各级民政部门登记注册的社会组织达6.8万个，其中全省性社会组织3345个。加强行业协会商会涉企收费清理规范，引导社会组织发挥积极作用。强化社会组织执法查处，推进“1+5+9”监管制度改革与机制创新。充分发挥社会工作专业人才作用。全省持证社工8.2万人，年投入政府购买社会工作服务资金17亿元，培育发展民办社会工作服务机构1486家，三项指标均居全国前列。继续实施广东社工“双百计划”，社工队伍立足镇街、扎根村居，服务有需要的群众、家庭、社区，打通民政服务“最后一米”。

有力推进志愿服务。全面落实志愿服务部省重点合作事项，全省志愿者注册达1005万人，志愿者组织注册2.2万个，志愿服务团体7.3万个，累计志愿服务时间2亿小时。圆满完成全省第二次全国地名普查任务，共普查地名79.82万条，地名普查成果的转化应用加快推进，行政区划优化调整工作稳妥开展。

四是强化排查整治，防范化解民政领域风险实现新突破。组织开展五大专项整治行动，集中力量整治突出问题。全省省、市、县三级民政和消防部门全部签订民政服务机构消防安全战略合作协议。深化民政服务机构普查排查，开展全省乡镇敬老院、养老机构及孤弃儿童养育专项整治工作督查。开发运行“民政服务机构信息管理系统”，系统终端实现各级全覆盖，初步实现了民政服务机构系统化、信息化管理。

五是强化固本强基，民政基层基础工作形成新态势。完善民政政策法规，省人大颁布实施《广东省养老服务条例》；省委、省政府出台《关于加强和完善城乡社区治理的实施意见》；省委办、省府办出台《关于加强乡镇政府服务能力建设的实施意见》；省府办出台《关于全面放开养老服务市场提升养老服务质量的实施意见》等。深化基层民政联系点工作，进一步夯实基层基础工作。大力推进“智慧民政”建设，积极参与配合“数字政府”建设，全面提升民政信息化管理服务水平。积极推进依法行政，组建民政智库，民政法治保障得到强化。

六是强化优抚安置，服务保障水平达到新高度。全面落实政策，进一步提高重点优抚对象优抚待遇，平均幅度提高12%，惠及服务对象42万人。推广军休服务管理机构星级评定成果，加快军休服务管理社会化，“暖心工程”有序推进，军休人员“两个待遇”落实到位。以促进就业为目的，组织9000余名退役士兵参加免费职业教育技能培训，创新自主择业干部创业培训工作，推动退役军人稳定就业和自主创业。加强指令性安排工作的政策刚性和执行力度，严格“阳光安置”，提高安置质量，移交安置工作基本完成。退役军人和其他优抚对象信息采集顺利推进，截至2018年12月31日，已信息采集183.5万人。完成光荣牌制作招标并签订制作合同，起草了《为烈属、军属和退役军人等家庭悬挂光荣牌工作实施细则》，悬挂光荣牌工作有序推进。

七是强化氛围营造，思想政治工作实现新进展。持续开展“双拥在基层”“双百拥军行”等活动，督导各地各有关部门帮助部队解决实际困难，推动双拥工作深入开展。在《南方日报》开辟“最美退役军人”专栏，积极宣传全国“最美退役军人”甘露等典型，大力弘扬社会正能量。开通厅官网，加强媒体合作，强化正面舆论宣传和政策法规宣传，引导广大退役军人保持优良作风、自觉遵纪守法。广泛组织退役军人走访慰问活动，及时疏导思想、解决问题，传递党委政府对退役军人的关心关爱。

八是强化体系建设，组织管理保障实现新提升。根据深化党和国家机构改革部署，按照边组建、边调研、边谋划，边推进业务、边维护稳定的思路，稳步推进退役军人事务机构组建。省级以下机构组建工作全面展开，21个市已全部成立退役军人事务局（筹备组），其中8个市已经挂牌，内设机构配置和人员配备工作正在加快进行。同时，在全国率先创新构建了退役军人服务体系，建立了市县镇村四级退役军人服务机构，全省建立21个市级服务中心、122个县级服务中心、约1600个镇级服务工作站、约2.6万个村级服务工作联络点，基本实现退役军人服务机构全覆盖。

撰稿：杨文超　周　卉　杨佳烨

7-1　民政事业发展情况(2013-2018年)

项　　目		2013	2014	2015	2016	2017	2018
社会工作							
提供住宿的社会服务机构床位数	(万张)	17.47	18.09	18.43	21.22	22.59	22.09
#老年及残疾人床位		15.43	16.02	16.18	18.96	20.22	20.31
智障和精神疾病床位		0.43	0.41	0.41	0.46	0.46	0.17
儿童福利和救助床位		0.47	0.49	0.49	0.57	0.64	0.64
其它床位		1.14	1.17	1.35	1.23	1.27	0.97
社区服务中心数	(个)	2523	2776	2922	1871	2126	2071
城镇居民最低生活保障人数	(万人)	33.99	31.60	29.69	25.46	22.85	17.34
农村居民最低生活保障 人数	(万人)	163.22	158.76	153.60	145.14	146.77	123.75
家庭儿童收养登记总数	(件)	1989	1789	1458	1436	1257	1115
福利彩票销售额	(亿元)	189.94	206.80	205.05	211.29	228.84	242.70
成员组织							
社会组织	(个)	41317	47680	53958	59455	63784	67940
村民委员会	(万个)	1.93	1.93	1.96	1.97	1.98	1.98
社区居委会	(万个)	0.66	0.66	0.66	0.67	0.67	0.68
其他社会服务							
办理结婚登记	(万对)	87.47	89.15	84.04	78.61	75.81	71.38
办理离婚登记	(万对)	15.06	15.16	16.75	18.64	19.38	20.32
火化遗体数	(万具)	46.54	47.42	45.06	47.32	47.19	47.26

7-2 社会服务机构基本情况(2017-2018年)

项　　目	单位数（个）		职工人数（人）	
	2017	2018	2017	2018
(一)社会工作				
提供住宿的社会服务机构	1734	1711	29645	29308
老年人与残疾人服务机构	1579	1571	23849	24834
农村特困人员救助供养机构	985	1036	5105	5733
社会福利院	137	109	6241	4627
光荣院	43	24	407	130
养老公寓等各类养老机构	335	402	11050	14344
荣誉军人康复医院	2		217	
复员军人疗养院	2		145	
军休所	75		684	
智障与精神疾病服务机构	12	1	1596	566
复退军人精神病院	9		908	
社会福利医院	3	1	688	566
儿童收养救助服务机构	46	52	1777	1799
儿童福利机构	43	44	1662	1701
未成年人救助保护中心	3	8	115	98
其他提供住宿的服务机构	97	87	2423	2109
生活无着人员救助管理站	70	74	1785	1782
其他收养机构	14	13	402	327
军供站	13		236	
不提供住宿的社会服务机构	69095	65090	247673	242172
老龄机构	36		182	
救灾储备仓库	18		104	
福利彩票发行单位	56	54	892	885
军队离退休人员管理中心	5		78	
民政部门直属康复辅具机构	2	1	68	51
烈士纪念建筑物管理单位	23		214	
社区服务机构	68919	65001	245671	240802
低保服务机构	3	3	41	41
其他事业单位	33	31	423	393
(二)成员组织和其他社会服务机构				
成员组织				
社会组织	63784	67940	687389	866008
社会团体	28648	30299	194709	252013
基金会	951	1088	3895	5337
民办非企业	34185	36553	488785	608658
自治组织	26532	26586		
居委会	6747	6794		
村委会	19785	19792		
其他社会服务				
婚姻				
婚姻登记服务机构	58	56	411	404
殡葬				
殡仪馆	87	85	4301	4103
公墓	73	70	1862	1814
骨灰堂		1		21
殡葬管理机构	83	80	877	887
二、行政机关	149	149	4389	4335

7-3 各项民政事业经费情况(2013-2018年)

单位：亿元

项目	2013	2014	2015	2016	2017	2018
民政事业经费合计	198.17	223.71	259.52	305.67	372.35	263.11
抚恤	29.61	32.07	35.81	42.05	45.57	
退役安置	20.65	22.91	29.98	30.51	34.13	
社会福利	30.84	34.92	40.89	55.33	80.64	89.25
社会救助	73.98	88.01	96.84	112.10	131.09	102.47
#城市最低生活保障	13.05	15.46	15.95	17.77	16.63	14.53
农村最低生活保障	34.01	37.81	39.35	43.94	47.67	47.82
临时救助	4.55	4.97	5.76	7.15	10.89	11.04
特困人员供养	13.05	16.89	17.69	18.77	21.46	24.44
其他社会救济	0.35	0.36	1.40	1.55	4.14	4.64
医疗救助	8.97	12.53	16.69	22.92	30.29	
自然灾害生活救助	6.88	5.16	5.11	3.74	2.71	
民政管理事务	22.04	24.71	30.15	37.04	47.93	48.84
行政事业单位离退休	3.45	3.75	4.20	5.55	6.44	4.35
其他	10.72	12.17	16.54	19.35	23.85	18.20

7-4 各市民政事业经费情况(2018年)

单位：亿元

地区	社会服务事业费	社会福利	社会救助	民政管理事务	行政事业单位离退休	其他
合计	**263.11**	**89.25**	**102.47**	**48.84**	**4.35**	**18.20**
省本级	4.21	0.93	0.16	2.10	0.42	0.61
广州	53.09	22.12	7.67	19.60	1.60	2.09
深圳	27.45	8.05	5.76	11.05	0.40	2.18
珠海	4.13	1.98	0.93	0.76	0.08	0.38
汕头	8.86	2.96	4.52	0.76	0.14	0.48
佛山	11.42	5.45	2.65	2.69	0.09	0.55
韶关	7.36	2.66	3.29	0.86	0.08	0.47
河源	9.27	3.12	5.13	0.43	0.08	0.50
梅州	13.17	4.04	7.08	1.00	0.16	0.88
惠州	11.77	3.29	4.51	1.83	0.17	1.97
汕尾	8.99	2.18	5.64	0.60	0.08	0.48
东莞	7.09	4.50	1.59	0.53	0.06	0.42
中山	6.64	1.99	1.17	0.68	0.18	2.62
江门	8.53	3.12	4.09	0.96	0.09	0.27
阳江	8.32	1.99	5.59	0.40	0.07	0.27
湛江	18.13	4.74	11.48	0.96	0.22	0.73
茂名	13.20	3.83	8.69	0.31	0.12	0.25
肇庆	9.80	2.85	5.09	1.13	0.05	0.68
清远	10.79	3.50	4.71	1.06	0.06	1.46
潮州	3.60	1.21	1.96	0.14	0.05	0.24
揭阳	11.30	2.89	7.27	0.50	0.12	0.53
云浮	5.99	1.86	3.47	0.49	0.02	0.15

7-5 各市城镇居民最低生活保障人数(2014-2018年)

单位：人

市别	2014	2015	2016	2017	2018
合计	**315969**	**296930**	**254644**	**228485**	**173417**
广州	29297	24256	22105	21723	21590
深圳	6729	6309	5916	5126	4013
珠海	3395	3546	3339	3528	2806
汕头	23108	22881	20528	20788	15919
佛山	8301	7076	6960	6864	4383
韶关	15957	14718	12231	7027	6099
河源	19979	19176	13149	9537	6788
梅州	12298	11807	10738	9827	7481
惠州	11577	10721	9681	6875	5262
汕尾	24186	25174	26674	24535	19702
东莞	5716	5466	3569	3419	2805
中山	3590	3355	2999	2778	2040
江门	9150	8796	8335	7644	4309
阳江	14270	13385	12348	11778	10226
湛江	43378	42047	21716	23948	17909
茂名	31022	28563	27788	25101	15096
肇庆	6534	5668	4955	4250	3882
清远	9831	8056	7581	6427	4571
潮州	10628	9134	7312	6121	3850
揭阳	21374	21009	20495	15123	10039
云浮	5649	5787	6225	6066	4647

7-6 各市城镇居民最低生活保障家庭数(2014-2018年)

单位：户

市 别	2014	2015	2016	2017	2018
合 计	**156836**	**151870**	**132521**	**119187**	**92686**
广 州	17029	15076	14282	14359	14392
深 圳	2787	2653	2550	2280	1861
珠 海	2046	2289	2258	2401	1954
汕 头	11811	11953	10588	10276	8280
佛 山	4484	4037	4563	4452	2559
韶 关	9351	9007	7545	4562	4030
河 源	9697	9596	6274	4568	3405
梅 州	6295	6241	5832	5428	4384
惠 州	4894	4754	4327	3245	2591
汕 尾	9498	10089	10216	9520	7887
东 莞	2771	2707	1938	1855	1515
中 山	1751	1668	1551	1341	1073
江 门	4727	4724	4627	4210	2516
阳 江	6373	6372	6143	5808	5207
湛 江	20563	20823	11028	11904	9196
茂 名	15076	13939	13477	12201	6943
肇 庆	3288	2940	2899	2631	2446
清 远	4685	4201	4136	3575	2743
潮 州	5531	4290	3783	3474	2303
揭 阳	11214	11475	11189	7802	4742
云 浮	2965	3036	3315	3295	2659

7-7　各市农村居民最低生活保障人数(2014-2018年)

单位：人

市　别	2014	2015	2016	2017	2018
合　计	**1587610**	**1536045**	**1451361**	**1467670**	**1237512**
广　州	43221	33150	26932	26193	26935
深　圳					
珠　海	4459	4137	3580	4619	3177
汕　头	88241	89959	87526	98685	80538
佛　山	22360	18992	15481	14004	8751
韶　关	60352	58882	52424	47970	40493
河　源	147699	139675	88205	77799	67220
梅　州	192916	182145	161255	144858	117055
惠　州	72314	66124	60811	52212	44630
汕　尾	78787	82246	84899	97339	81740
东　莞	13745	11961	8343	8515	5482
中　山	7841	7120	6259	6394	4556
江　门	52498	52368	50300	46837	29199
阳　江	66211	63238	56154	55649	53442
湛　江	170767	169427	207335	236850	211385
茂　名	168394	162645	149594	166160	133496
肇　庆	60629	49753	43563	39258	38005
清　远	104076	101388	95521	87684	72009
潮　州	53553	52536	45273	45072	37964
揭　阳	120422	129290	143360	146480	123122
云　浮	59125	61009	64546	65092	58313

7-8 各市农村居民最低生活保障家庭数(2014-2018年)

单位：户

市别	2014	2015	2016	2017	2018
合计	**717464**	**712017**	**606658**	**579442**	**485623**
广州	18303	14595	12068	11734	11953
深圳					
珠海	2504	2423	2154	3180	1964
汕头	37253	37972	34974	35808	27755
佛山	11283	10008	8466	7810	5127
韶关	28208	28684	24553	23157	20008
河源	66341	66642	36109	34834	28223
梅州	77382	75236	67773	61237	51701
惠州	26327	24905	23093	20332	17664
汕尾	36324	38495	33424	33242	27558
东莞	6220	5566	4090	4337	2733
中山	3116	2867	2696	2989	2345
江门	24043	24500	24071	22398	14756
阳江	28535	27543	24530	24281	23188
湛江	88010	91637	70807	78614	71229
茂名	78579	79375	60618	59302	46723
肇庆	26873	22611	20639	19388	18659
清远	42171	43097	40462	37291	30794
潮州	27099	19793	18417	19369	16512
揭阳	62619	69497	69342	51011	40817
云浮	26274	26571	28372	29128	25914

7-9 各市城市特困(“三无”)人员救助集中供养人数(2016-2018年)

单位：人

市 别	2016	2017	2018
合 计	**601**	**716**	**1299**
省本级		99	93
广 州			10
深 圳	1	138	1
珠 海	21		47
汕 头	13	19	28
佛 山	177	23	229
韶 关	35		169
河 源	32	93	53
梅 州			86
惠 州	9	11	110
汕 尾		19	83
东 莞		55	
中 山	271	10	113
江 门			139
阳 江		39	20
湛 江	10	13	12
茂 名	6	16	7
肇 庆			27
清 远		147	14
潮 州	26	15	17
揭 阳		6	12
云 浮		13	29

7-10 各市城市特困("三无")人员救助分散供养人数(2016-2018年)

单位：人

市别	2016	2017	2018
合计	**3954**	**5228**	**7481**
广州			
深圳			1
珠海	53	69	97
汕头	305	523	503
佛山	1174		918
韶关	164	261	283
河源	69	186	237
梅州		154	279
惠州	335	334	326
汕尾		673	942
东莞	993	687	687
中山		118	107
江门	144	230	384
阳江		520	612
湛江	173	61	255
茂名	101	426	506
肇庆	33	175	229
清远		202	331
潮州	365	165	185
揭阳	45	345	456
云浮		99	143

7-11 各市农村特困人员救助集中供养人数(2014-2018年)

单位：人

市　别	2014	2015	2016	2017	2018
合　计	**27417**	**26000**	**22980**	**20776**	**16413**
广　州	954	866	758	697	637
深　圳					
珠　海	272	265	239	257	144
汕　头	519	469	388	342	176
佛　山	1134	1037	937	816	596
韶　关	1755	1682	1593	1424	1380
河　源	1821	1784	1364	977	884
梅　州	2342	2229	2180	2148	1665
惠　州	757	721	656	591	574
汕　尾	752	741	653	529	255
东　莞	619	611	602	543	556
中　山	662	626	539	447	399
江　门	1295	1274	1226	1170	1041
阳　江	1431	1267	1094	1039	1002
湛　江	4080	4444	3991	3556	2240
茂　名	2462	2428	1862	1495	1215
肇　庆	1974	1446	1318	1107	954
清　远	1804	1814	1643	1521	1306
潮　州	319	278	189	195	166
揭　阳	1232	861	699	966	348
云　浮	1233	1157	1049	956	875

7-12 各市农村特困人员救助分散供养人数(2014-2018年)

单位：人

市别	2014	2015	2016	2017	2018
合计	**211498**	**214147**	**208983**	**205274**	**203789**
广州	3511	3600	3696	3717	3682
深圳					
珠海	771	764	755	723	738
汕头	2927	2849	3286	3437	3441
佛山	1396	1335	1318	1282	888
韶关	4903	5061	5068	5217	5285
河源	14695	14778	15270	13750	13093
梅州	11534	12092	12540	12595	14055
惠州	7776	7831	7723	7282	6996
汕尾	11068	11547	12228	11780	10966
东莞	234	222	222	220	226
中山	443	389	346	309	278
江门	6072	6282	6470	6728	7523
阳江	13542	13672	13744	13458	13477
湛江	39433	38853	34783	33516	32684
茂名	31562	31775	29402	28343	27330
肇庆	11567	11865	12117	12722	13237
清远	19187	18904	18040	18063	17708
潮州	3967	4074	3692	4345	4430
揭阳	11950	13181	13237	13129	13892
云浮	14960	15073	15046	14658	13860

7-13 各市孤儿人数(2014-2018年)

单位：人

市别	2014	2015	2016	2017	2018
合计	**41711**	**38845**	**35807**	**29408**	**24097**
省本级	60	58	125	50	49
广州	3080	3029	2105	1942	1860
深圳	1273	1181	1147	1141	1086
珠海	313	284	303	216	191
汕头	664	633	578	516	498
佛山	670	636	614	567	502
韶关	981	801	698	596	469
河源	2421	2292	2080	1868	556
梅州	2454	2371	1545	1081	887
惠州	698	666	629	579	430
汕尾	3029	2944	2902	2315	1667
东莞	925	925	807	747	695
中山	627	594	568	474	432
江门	880	800	726	624	543
阳江	2443	2271	1920	1500	1302
湛江	7469	6832	5943	4935	4221
茂名	6729	5952	5759	4655	4063
肇庆	1268	1106	1066	981	597
清远	1386	1328	2378	1062	986
潮州	336	316	289	258	200
揭阳	2718	2624	2513	2283	1959
云浮	1287	1202	1112	1018	904

7-14 各市收养登记件数(2014-2018年)

单位：件

市别	2014	2015	2016	2017	2018
合计	**1789**	**1458**	**1436**	**1257**	**1115**
省本级	481	446	336	293	221
广州	63	53	51	71	28
深圳	53	42	49	27	39
珠海	34	34	25	20	25
汕头	14	13	6	10	6
佛山	56	39	20	20	16
韶关	194	97	135	60	54
河源	30	32	22	22	17
梅州	41	42	28	21	29
惠州	34	34	52	36	34
汕尾	30	19	14	7	26
东莞	29	27	23	70	41
中山	70	46	50	51	24
江门	116	124	126	75	68
阳江	122	74	80	62	26
湛江	40	45	35	20	33
茂名	32	31	39	59	22
肇庆	79	32	36	35	31
清远	111	91	148	167	192
潮州	7	9	7	2	
揭阳	13	12	19	15	44
云浮	140	116	135	114	139

7-15 各市提供住宿的社会服务机构数(2014-2018年)

单位：个

市别	2014	2015	2016	2017	2018
合计	**1637**	**1588**	**1643**	**1734**	**1711**
省本级	9	9	9	9	5
广州	222	205	204	193	173
深圳	31	29	34	39	38
珠海	32	27	26	24	26
汕头	48	41	37	34	27
佛山	64	70	73	77	76
韶关	95	98	101	126	123
河源	113	113	113	112	108
梅州	74	89	93	125	126
惠州	95	92	93	93	90
汕尾	66	59	59	56	52
东莞	40	40	40	44	44
中山	25	25	25	25	25
江门	96	94	92	102	106
阳江	37	58	57	66	66
湛江	29	51	72	79	68
茂名	91	60	85	93	134
肇庆	142	130	130	136	135
清远	94	97	98	94	94
潮州	26	26	26	33	28
揭阳	139	105	97	98	92
云浮	69	70	79	76	75

注：根据民政部《社会服务统计制度》，“收养性单位”修改为“提供住宿的社会服务机构”。

7-16 各市提供住宿的社会服务机构床位数(2014-2018年)

单位：张

市　别	2014	2015	2016	2017	2018
合　计	**180910**	**184339**	**212206**	**225942**	**220919**
省本级	2598	2605	2607	2099	1429
广　州	51468	54071	54732	56779	52490
深　圳	7481	7404	8334	9068	10012
珠　海	3424	3451	3403	3985	4129
汕　头	2357	2259	4610	3780	3433
佛　山	11548	13371	14731	16819	17222
韶　关	5922	6252	6862	9122	8854
河　源	6835	6943	7098	9108	8933
梅　州	3930	4544	6822	8500	8746
惠　州	8593	8562	9896	9814	8209
汕　尾	2820	3470	3481	3242	3115
东　莞	5696	5877	6165	5593	5768
中　山	4206	5138	5128	5053	5141
江　门	11681	11094	12160	13482	14551
阳　江	3834	4648	4811	6539	6689
湛　江	4719	5251	6726	6673	5902
茂　名	8723	6157	13567	15522	17409
肇　庆	9358	10332	10448	11184	9565
清　远	5881	7099	7104	7712	7739
潮　州	1305	1292	1374	2418	2331
揭　阳	14860	10845	16834	14169	14820
云　浮	3671	3674	5313	5281	4432

7-17 各市提供住宿的社会服务机构年末在院人数(2014-2018年)

单位：人

市别	2014	2015	2016	2017	2018
合计	**82616**	**82329**	**86701**	**89887**	**88172**
省本级	1167	1179	1168	970	396
广州	26621	26405	26287	26480	27615
深圳	3026	3272	3635	4235	4597
珠海	1553	1534	1621	1572	1413
汕头	954	825	756	741	590
佛山	8347	8990	9265	10045	10031
韶关	3134	3085	3188	3954	3739
河源	3087	2813	2849	2626	2487
梅州	2259	2308	2435	3293	3257
惠州	2261	2381	2532	2320	2107
汕尾	1520	1316	1241	632	474
东莞	2724	2745	2745	2839	2905
中山	2033	2290	2313	2078	2346
江门	6278	5175	5250	6050	6838
阳江	1983	3076	2808	3100	2832
湛江	1332	1977	2511	2094	1959
茂名	4174	2859	6240	7170	6012
肇庆	3329	2957	3064	2883	2640
清远	2468	2941	3160	3073	2803
潮州	398	359	289	271	315
揭阳	2220	2100	1549	1757	1253
云浮	1748	1742	1795	1704	1563

7-18 各市救助类单位数(2014-2018年)

单位：个

市别	2014	2015	2016	2017	2018
合计	**76**	**75**	**74**	**73**	**82**
省本级	3	3	3	3	3
广州	6	6	6	6	6
深圳	3	3	3	3	4
珠海	2	2	2	2	2
汕头	4	4	4	4	4
佛山	1	1	1	1	1
韶关	1	1	1	1	4
河源	2	2	2	1	1
梅州	7	7	6	5	4
惠州	5	5	5	5	5
汕尾	5	5	5	5	5
东莞	1	1	1	1	1
中山	1	1	1	1	1
江门	6	6	6	6	6
阳江	1	1	1	1	1
湛江	6	5	6	7	8
茂名	5	5	5	5	5
肇庆	2	2	2	2	3
清远	4	4	3	3	6
潮州	2	2	2	2	2
揭阳	4	4	4	4	5
云浮	5	5	5	5	5

7-19 各市救助类单位床位数(2014-2018年)

单位：张

市别	2014	2015	2016	2017	2018
合计	**8087**	**8204**	**7687**	**7520**	**7837**
省本级	1150	1150	1150	600	481
广州	1664	1664	1274	1634	1550
深圳	850	850	800	671	984
珠海	388	388	388	388	388
汕头	417	417	250	250	192
佛山	150	150	150	150	200
韶关	210	210	210	92	165
河源	182	182	182	160	160
梅州	234	234	226	525	522
惠州	424	491	411	320	337
汕尾	240	260	275	360	311
东莞	322	406	406	448	448
中山	50	50	40	50	50
江门	384	265	291	277	277
阳江	120	120	120	120	132
湛江	234	224	219	221	255
茂名	177	177	158	158	191
肇庆	111	111	111	46	54
清远	259	334	324	346	435
潮州	94	94	94	94	94
揭阳	362	362	543	462	463
云浮	65	65	65	148	148

7-20 各市救助类单位在站救助人次数(2014-2018年)

单位：人次

市　别	2014	2015	2016	2017	2018
合　计	**154027**	**173845**	**169642**	**140635**	**92837**
省本级	1848	1714	1823	1471	1766
广　州	39429	44736	45861	40351	16853
深　圳	22085	21881	20933	8505	15528
珠　海	2694	2626	2646	1634	1436
汕　头	3712	3870	2793	2993	2012
佛　山	3198	3757	3044	2739	2511
韶　关	4025	3247	3276	2507	2246
河　源	4308	10652	9792	4393	2526
梅　州	5276	6887	6700	6390	1847
惠　州	16265	10480	10229	9244	6899
汕　尾	8833	10430	11578	12751	5759
东　莞	9263	10900	8559	5445	5477
中　山	2782	2751	1737	1386	1357
江　门	3653	5104	5266	5098	4199
阳　江	1925	2515	1859	2794	2279
湛　江	6525	10037	7966	8876	5615
茂　名	4610	5254	5737	5241	3430
肇　庆	2517	3061	5362	2808	1735
清　远	3784	4149	4471	5312	3679
潮　州	945	1791	1808	2405	1607
揭　阳	5236	5613	5412	6552	3389
云　浮	1114	2390	2790	1740	687

7-21 各市救助类单位年末在站人数(2014—2018年)

单位：人

市　别	2014	2015	2016	2017	2018
合　计	**1764**	**2129**	**2175**	**3238**	**3066**
省本级	458	420	446	404	362
广　州	380	627	500	1403	1266
深　圳	564	541	618	487	571
珠　海	33	29	30	30	30
汕　头	59	57	59	74	131
佛　山	13	15	33	66	34
韶　关	16	16	48	66	78
河　源					
梅　州	7	6	7	8	8
惠　州	71	65	63	73	73
汕　尾		38	53	95	60
东　莞	80	251	251	277	193
中　山	9	9	23	24	18
江　门	51	13	2	43	34
阳　江			6	5	1
湛　江	17	19	26	36	37
茂　名	4	4	7	5	10
肇　庆				15	5
清　远		1		76	95
潮　州		2			
揭　阳	2	16	3	49	60
云　浮				2	

7-22 各市老年人福利人数

单位：人

市别	享受高龄补贴的老年人数	享受护理补贴的老年人数	享受养老服务补贴的老年人数
合计	**2974089**	**14497**	**327533**
广州	686188	421	269762
深圳	114340		8430
珠海	20338	193	1988
汕头	106353		
佛山	230846	564	6196
韶关	72078		24000
河源	96180		3020
梅州	128342		1853
惠州	364560		104
汕尾	53814	35	40
东莞	144250	10235	11277
中山	37010	263	863
江门	105905		
阳江	66025	251	
湛江	156539		
茂名	156620	2527	
肇庆	109839	8	
清远	92702		
潮州	54429		
揭阳	121087		
云浮	56644		

7-23 各市残疾人福利人数(2017-2018年)

单位：人

市别	困难残疾人生活补贴人数		重度残疾人护理补贴人数	
	2017	2018	2017	2018
合计	**405832**	**376759**	**672880**	**743646**
广州	70083	53859	79655	85741
深圳	661	592	16085	18142
珠海	16739	18240	8867	9488
汕头	20302	18546	35646	39760
佛山	5898	4668	20008	22444
韶关	15902	15759	27424	30729
河源	27141	22167	37830	42639
梅州	36772	35780	59071	64216
惠州	20427	18587	19179	20099
汕尾	13151	13580	26658	32199
东莞	4606	3312	2849	2656
中山	3063	2821	7572	8075
江门	14747	10290	31459	32578
阳江	12895	14124	25085	27500
湛江	36470	40184	51669	60009
茂名	24114	23301	52794	62193
肇庆	17096	16770	33777	37279
清远	21395	19826	49350	50625
潮州	10681	11738	20081	22623
揭阳	18301	16636	43589	48342
云浮	15388	15979	24232	26309

7-24 各市临时救助次数(2016-2018年)

单位：户次、人次

市　别	2016(户次)	2017(户次)	2018(人次)
合　计	**153380**	**185299**	**133847**
广　州	3240	3014	3312
深　圳	3109	1885	1535
珠　海	505	577	2102
汕　头	28317	23214	8176
佛　山	8416	5500	4050
韶　关	6939	5814	3513
河　源	17190	27957	19963
梅　州	4101	4629	4389
惠　州	5742	7822	8095
汕　尾	16180	17722	12229
东　莞	640	637	518
中　山	7229	25516	6575
江　门	3186	3498	2507
阳　江	4322	4281	6554
湛　江	18199	25834	24362
茂　名	2463	4439	4251
肇　庆	3351	2618	3360
清　远	3892	2703	2080
潮　州	3810	8255	4720
揭　阳	10130	4957	7485
云　浮	2419	4427	4071

7-25 各市社区服务中心数(2014-2018年)

单位：个

市别	2014	2015	2016	2017	2018
合计	**2776**	**2922**	**1871**	**2126**	**2071**
广州	194	173	157	158	184
深圳	538	668	670	672	683
珠海	20	50	20	25	25
汕头	142	147	70	65	66
佛山	116	126	127	130	130
韶关	4	4	45	61	61
河源	16	4	4	3	4
梅州	72	75	7	73	73
惠州	766	764	73	73	73
汕尾	14	17	20	91	91
东莞	52	51	51	51	51
中山	2	2	2	2	2
江门	111	112	109	138	101
阳江	40	39	30	48	48
湛江	19	19	20	17	17
茂名	85	86	88	101	85
肇庆	105	105	105	104	104
清远	231	231	31	84	83
潮州	48	48	48	46	45
揭阳	200	200	193	183	144
云浮	1	1	1	1	1

7-26 各市社区服务站数(2014-2018年)

单位：个

市　别	2014	2015	2016	2017	2018
合　计	**12992**	**13284**	**20097**	**21793**	**22850**
广　州	1305	1131	1114	1937	2028
深　圳				659	659
珠　海	197	311	318	319	303
汕　头	323	428	1076	1086	1088
佛　山	539	556	558	578	779
韶　关	151	173	1399	1114	1114
河　源	150	3	1061	1064	1421
梅　州	96	96	2252	2164	2162
惠　州	2675	2675	1275	1278	1278
汕　尾	4	4	871	779	807
东　莞	1122	1117	1117	1117	982
中　山	335	335	286	286	286
江　门	1316	772	1363	1143	1324
阳　江	1080	1080	827	930	977
湛　江	144	137	1814	1911	1911
茂　名	57	57	55	55	54
肇　庆	606	1554	1554	1554	1554
清　远	982	981	1235	1096	1096
潮　州	81	81	81	60	137
揭　阳	1711	1713	1723	1698	1925
云　浮	118	80	118	965	965

7-27 各市其他社区服务机构和设施数(2014-2018年)

单位：个

市 别	2014	2015	2016	2017	2018
合 计	**39606**	**40902**	**44709**	**45000**	**40080**
广 州	878	899	963	829	1117
深 圳	7619	7936	8183	7451	7535
珠 海	420	1139	970	783	769
汕 头	56	56	566	602	632
佛 山	11348	11761	12091	12073	6650
韶 关	1553	1566	1846	1897	1908
河 源	2		25	26	7
梅 州	100	83	95	107	109
惠 州	2564	2567	4663	4698	4698
汕 尾	370	445	482	157	162
东 莞	2628	2612	2683	2683	2540
中 山	253	253	55	258	219
江 门	919	968	785	746	944
阳 江	912	894	1304	1363	1402
湛 江	2229	2214	2235	2224	2216
茂 名	52	90	81	72	101
肇 庆	3292	3009	3200	3203	3323
清 远	1626	1631	1623	1716	1719
潮 州	296	292	292	1039	934
揭 阳	1404	1403	1492	1985	2006
云 浮	1085	1084	1075	1088	1089

7−28　社会组织情况(2014−2018年)

指　　标	年末实有单位数 (个)	负责人 (人)	#女性 (人)
2014年			
社会团体	22,132	51220	16834
民办非企业单位	24,990	29816	11275
基金会	558	1278	514
2015年			
社会团体	24,904	54204	18783
民办非企业单位	28,377	31651	12108
基金会	677	1470	655
2016年			
社会团体	27,077	60098	7139
民办非企业单位	31,574	36749	12986
基金会	804	481	321
2017年			
社会团体	28,648	65917	13162
民办非企业单位	34,185	42378	16938
基金会	951	1713	726
2018年			
社会团体	30,299	84983	9737
民办非企业单位	36,553	52906	21606
基金会	1088	1315	54

7-29 各市社会团体单位数(2014-2018年)

单位：个

市 别	2014	2015	2016	2017	2018
合 计	**22132**	**24904**	**27077**	**28648**	**30299**
省本级	1570	1733	1894	1979	2037
广 州	1937	2255	2711	3015	3261
深 圳	2752	3280	3708	4130	4471
珠 海	751	894	926	1031	1095
汕 头	1053	1143	1195	1264	1275
佛 山	1775	1966	2131	2300	2418
韶 关	888	930	1005	1071	1133
河 源	523	601	661	714	764
梅 州	1221	1289	1324	1278	1319
惠 州	945	1039	1151	1194	1314
汕 尾	345	387	448	481	515
东 莞	561	739	847	912	997
中 山	522	573	634	662	691
江 门	2564	2837	2766	2569	2531
阳 江	464	498	546	575	653
湛 江	669	718	776	844	899
茂 名	774	845	915	967	1043
肇 庆	741	818	867	913	958
清 远	561	669	741	801	873
潮 州	506	568	597	628	655
揭 阳	574	632	726	790	839
云 浮	436	490	508	530	558

7-30 各市民办非企业单位数(2014-2018年)

单位：个

市别	2014	2015	2016	2017	2018
合计	**24990**	**28377**	**31574**	**34185**	**36553**
省本级	642	759	753	807	825
广州	3632	3989	4277	4535	4536
深圳	3818	4260	4772	5148	5482
珠海	829	1040	1170	1265	1320
汕头	861	954	1117	1228	1293
佛山	1773	1994	2230	2425	2555
韶关	616	662	728	776	773
河源	649	797	902	952	1027
梅州	474	567	674	787	898
惠州	1216	1361	1533	1557	1696
汕尾	365	399	435	418	563
东莞	2512	2985	3276	3482	3622
中山	1389	1491	1567	1550	1616
江门	893	990	1052	1112	1134
阳江	481	610	652	754	846
湛江	1483	1632	1811	2006	2180
茂名	499	648	752	940	1171
肇庆	716	764	876	947	1111
清远	676	804	968	1155	1285
潮州	529	585	624	721	823
揭阳	678	789	1049	1216	1364
云浮	259	297	356	404	433

7-31 各市基金会单位数(2014-2018年)

单位：个

市别	2014	2015	2016	2017	2018
合计	**558**	**677**	**804**	**951**	**1088**
省本级	380	411	428	467	480
广州	10	17	26	42	64
深圳	127	182	251	300	354
珠海		2	4	8	10
汕头	4	5	8	12	16
佛山	3	5	6	12	19
韶关				1	2
河源	1	1	1	3	4
梅州	4	7	9	13	16
惠州	5	7	8	8	10
汕尾		1	1	1	2
东莞	3	9	23	30	37
中山		2	2	3	3
江门	2	2	2	2	2
阳江	1	1	2	3	4
湛江			1	4	7
茂名	4	5	5	5	6
肇庆					
清远	1	1	2	2	3
潮州		3	3	7	9
揭阳	9	12	16	21	29
云浮	4	4	6	7	11

7-32 各市居委会单位数(2014-2018年)

单位：个

市别	2014	2015	2016	2017	2018
合计	**6586**	**6609**	**6702**	**6747**	**6794**
广州	1516	1494	1540	1549	1568
深圳	795	798	801	810	810
珠海	189	196	196	197	197
汕头	519	522	526	529	529
佛山	411	411	431	439	453
韶关	220	223	222	225	228
河源	171	172	179	182	184
梅州	194	195	195	194	194
惠州	210	219	220	224	227
汕尾	143	149	149	150	150
东莞	247	247	243	242	242
中山	127	127	127	127	127
江门	268	272	274	275	274
阳江	116	116	117	117	122
湛江	298	298	307	307	307
茂名	270	274	274	274	274
肇庆	293	293	293	296	296
清远	183	185	187	187	189
潮州	120	122	122	124	124
揭阳	178	178	181	181	181
云浮	118	118	118	118	118

7-33 各市村委会单位数(2014—2018年)

单位：个

市 别	2014	2015	2016	2017	2018
合 计	**19347**	**19632**	**19734**	**19785**	**19792**
广 州	1144	1144	1144	1144	1144
深 圳					
珠 海	122	122	122	122	122
汕 头	549	549	549	557	557
佛 山	328	328	327	327	326
韶 关	1205	1205	1205	1205	1205
河 源	1251	1251	1251	1251	1251
梅 州	2045	2042	2042	2042	2042
惠 州	1043	1043	1043	1043	1043
汕 尾	726	721	722	723	723
东 莞	350	350	350	350	350
中 山	150	150	150	150	150
江 门	1051	1051	1051	1050	1050
阳 江	709	710	710	710	710
湛 江	1500	1526	1628	1636	1636
茂 名	1622	1628	1628	1628	1628
肇 庆	1255	1255	1255	1255	1255
清 远	1112	1371	1371	1406	1413
潮 州	893	893	893	893	894
揭 阳	1445	1446	1446	1446	1446
云 浮	847	847	847	847	847

7-34 婚姻登记情况(2014-2018年)

指标	单位	2014	2015	2016	2017	2018
(一)登记结婚件数	对	891457	840411	786123	758123	713814
(二)登记结婚人数	人	1782914	1680822	1572246	1516246	1427628
1.按居住地分类						
(1)内地居民登记结婚件数	对	883056	832694	777990	750392	704411
内地居民登记结婚人数	人	1764438	1665442	1556826	1500502	1408874
(2)涉外及华侨、港澳台居民登记结婚件数	对	8401	7717	8133	7731	9403
内地居民	人	8329	7676	8077	7648	9163
其中：女性	人	5977	5324	5368	4619	4214
香港居民	人	2630	2436	2802	2682	2189
澳门居民	人	948	827	809	677	650
台湾居民	人	887	840	780	695	680
华侨	人	1825	1526	1272	873	768
外国人	人	2183	2129	2526	2887	5356
2.按婚前状况分类						
初婚人数	人	1620113	1501835	1365312	1304060	1223100
再婚人数	人	162801	178987	206934	212186	204528
其中：女性	人	76146	85208	99589	106202	103424
恢复结婚件数	对	19607	27356	33170	35137	34048
3.按年龄分类						
其中： 20～24	人	550911	490868	431319	396826	345681
25～29	人	758750	718631	655385	638100	603260
30～34	人	241158	230655	228708	225529	231485
35～39	人	91820	90905	99803	98622	95447
40以上	人	140275	149763	157031	157169	151755
(三)离婚登记	对	151645	167544	186406	193846	203181
1.内地居民登记离婚	对	150151	166142	185025	192514	201791
2.涉外及华侨、港澳台居民登记离婚	对	1494	1402	1381	1332	1390
其中：外国人	人	264	290	403	408	417

7-35　各市登记结婚人数(2014-2018年)

单位：人

市　别	2014	2015	2016	2017	2018
合　计	**1782914**	**1680822**	**1572246**	**1516246**	**713814**
广　州	195172	185338	175738	171636	77818
深　圳	121044	120182	121652	125096	65640
珠　海	26760	25722	24368	24434	12168
汕　头	98184	91986	84128	83262	39642
佛　山	79314	79092	70888	66770	30403
韶　关	59848	55774	50696	48198	21993
河　源	65284	62350	55644	52688	24515
梅　州	104350	97882	88190	82858	37835
惠　州	65432	64100	60924	58406	28781
汕　尾	72308	68178	64286	61294	28268
东　莞	37750	36540	35428	34356	16874
中　山	33572	30680	29044	29002	13027
江　门	69006	63920	59994	58340	27538
阳　江	51672	49512	44830	42690	19549
湛　江	164070	149256	143302	136850	64564
茂　名	154774	142016	128700	120224	55355
肇　庆	75812	72172	65834	63510	29090
清　远	82028	78130	74718	68580	31734
潮　州	41504	40846	38968	37932	17762
揭　阳	132962	119426	110602	108216	51731
云　浮	52068	47720	44312	41904	19527

7-36　各市内地居民结婚登记人数(2014-2018年)

单位：人

市　别	2014	2015	2016	2017	2018
合　计	**1764438**	**1665442**	**1556826**	**1500502**	**1427628**
广　州	192816	183310	173812	169520	155636
深　圳	119448	118744	120064	123578	131280
珠　海	25756	24822	23596	23856	24336
汕　头	96350	91790	83926	83048	79284
佛　山	78750	78536	70318	66194	60806
韶　关	59556	55522	50472	47988	43986
河　源	65082	62136	55422	52518	49030
梅　州	103824	97422	87770	82508	75670
惠　州	64874	63634	60420	57804	57562
汕　尾	70490	66372	62406	59220	56536
东　莞	37468	36202	35110	34016	33748
中　山	33062	30194	28586	28576	26054
江　门	64534	59972	55902	54682	55076
阳　江	51380	49250	44608	42252	39098
湛　江	163502	148732	142806	136314	129128
茂　名	154406	141630	128324	119946	110710
肇　庆	75472	71866	65556	63214	58180
清　远	81714	77806	74374	68252	63468
潮　州	41416	40794	38904	37812	35524
揭　阳	132688	119182	110374	107606	103462
云　浮	51850	47526	44076	41598	39054

7-37 各市涉外及华侨、港澳台居民登记结婚件数(2014-2018年)

单位：对

市 别	2014	2015	2016	2017	2018
合 计	**8401**	**7717**	**8133**	**7731**	**9403**
广 州	1178	1014	963	1090	918
深 圳	798	719	794	759	839
珠 海	502	450	386	289	337
汕 头	91	105	101	112	152
佛 山	282	278	285	288	258
韶 关	146	126	112	105	118
河 源	101	109	111	85	113
梅 州	263	250	210	175	243
惠 州	279	233	252	301	300
汕 尾	909	903	1359	1037	763
东 莞	141	169	159	170	154
中 山	255	243	229	213	188
江 门	2234	1974	2046	1829	1896
阳 江	146	131	111	219	526
湛 江	286	262	248	268	621
茂 名	184	193	188	139	324
肇 庆	170	153	139	148	164
清 远	157	162	172	164	515
潮 州	33	26	36	60	295
揭 阳	137	120	114	127	225
云 浮	109	97	118	153	454

7-38 各市香港居民登记结婚人数(2014-2018年)

单位：人

市 别	2014	2015	2016	2017	2018
合 计	**2630**	**2436**	**2802**	**2682**	**2189**
广 州	190	172	153	390	167
深 圳	258	233	274	232	273
珠 海	37	28	26	20	23
汕 头	20	27	22	38	22
佛 山	78	97	80	91	62
韶 关	85	40	30	46	20
河 源	45	56	57	38	46
梅 州	59	60	51	52	62
惠 州	138	130	142	185	171
汕 尾	828	840	1308	960	668
东 莞	60	54	49	58	61
中 山	35	46	35	34	32
江 门	359	306	284	278	292
阳 江	54	56	26	21	44
湛 江	121	60	57	54	50
茂 名	58	45	43	35	56
肇 庆	57	55	51	45	42
清 远	55	44	39	38	34
潮 州	12	3	4	1	
揭 阳	38	46	33	31	25
云 浮	43	38	38	35	39

7-39 各市离婚登记件数(2014-2018年)

单位：对

市　别	2014	2015	2016	2017	2018
合　计	**151645**	**167544**	**186406**	**193846**	**203181**
广　州	23277	24722	29223	25998	23275
深　圳	15578	22664	24998	25449	27806
珠　海	3753	4189	4580	4578	5341
汕　头	2799	3476	4054	4524	4738
佛　山	9512	9439	10180	10832	11268
韶　关	7456	7552	8033	8695	8997
河　源	6994	7424	8122	8538	9051
梅　州	7985	8709	9571	9988	10566
惠　州	6298	6914	7341	7855	8569
汕　尾	4020	4699	5622	5536	5824
东　莞	3694	3672	3987	4622	5578
中　山	3774	3991	4020	4522	5045
江　门	7197	7319	8115	8454	8816
阳　江	4515	4680	5119	5706	6143
湛　江	9422	10386	10891	12209	13135
茂　名	8243	9049	10131	11418	12283
肇　庆	7805	7830	8108	8744	9263
清　远	8753	9025	11134	11547	11738
潮　州	1699	1947	2223	2477	2769
揭　阳	4488	5348	5916	6543	7060
云　浮	4383	4509	5038	5611	5916

7-40 各市婚姻登记服务机构数(2014-2018年)

单位：个

市别	2014	2015	2016	2017	2018
合计	**133**	**133**	**60**	**58**	**56**
广州	9	9	9	8	8
深圳	2	2	2	2	2
珠海	4	4	4	4	4
汕头	7	7		1	1
佛山	4	4	3	3	2
韶关	8	9	2	1	1
河源	6	6	6	5	5
梅州	8	8	1	1	1
惠州	3	3	2	1	1
汕尾	7	7	4	4	3
东莞	1	1	1	1	1
中山	1	1	1	1	1
江门	7	7	3	3	3
阳江	4	4	3	3	3
湛江	8	8	5	6	6
茂名	5	5	4	4	4
肇庆	9	9	2	3	2
清远	3	3	1	1	2
潮州	4	4	3	2	2
揭阳	30	29	2	2	2
云浮	3	3	2	2	2

注：2014和2015年婚姻登记服务机构数包含未登记的婚姻登记服务机构，2016年起不统计未登记的婚姻登记服务机构。

7-41 各市殡葬服务机构数(2014-2018年)

单位：个

市　别	2014	2015	2016	2017	2018
合　计	**315**	**314**	**242**	**243**	**236**
广　州	22	19	19	19	20
深　圳	28	29	10	10	9
珠　海	4	4	3	3	3
汕　头	10	10	9	9	9
佛　山	35	35	15	15	13
韶　关	18	19	19	18	18
河　源	10	10	10	10	10
梅　州	17	18	20	23	22
惠　州	6	6	6	6	6
汕　尾	14	14	10	10	10
东　莞	6	6	5	5	3
中　山	3	3	3	3	3
江　门	21	21	19	19	19
阳　江	10	10	9	9	9
湛　江	14	14	14	15	15
茂　名	19	19	9	9	8
肇　庆	23	23	20	20	20
清　远	19	19	17	15	15
潮　州	5	5	5	5	5
揭　阳	20	19	9	9	8
云　浮	11	11	11	11	11

7-42　各市火化炉数(2014-2018年)

单位：个

市　别	2014	2015	2016	2017	2018
合　计	**409**	**419**	**432**	**445**	**445**
广　州	48	44	44	44	44
深　圳	13	13	13	13	13
珠　海	9	9	9	9	9
汕　头	18	18	18	18	18
佛　山	37	37	37	37	37
韶　关	28	33	33	33	33
河　源	18	19	19	20	19
梅　州	23	24	24	26	28
惠　州	17	18	18	18	20
汕　尾	13	13	13	13	13
东　莞	10	10	10	10	10
中　山	8	8	8	8	8
江　门	31	32	32	32	32
阳　江	12	12	12	12	14
湛　江	19	23	25	24	24
茂　名	11	11	11	13	13
肇　庆	24	25	26	32	30
清　远	24	24	25	25	25
潮　州	12	11	11	12	11
揭　阳	20	20	29	29	29
云　浮	14	15	15	17	15

7-43 各市全年处理遗体数(2014-2018年)

单位：具

市别	2014	2015	2016	2017	2018
合计	**474196**	**450619**	**473186**	**471898**	**472643**
广州	59389	58351	60809	61195	62576
深圳	15031	15001	15743	16084	16488
珠海	7019	6706	7524	7694	7842
汕头	26642	21546	27622	26709	27417
佛山	28104	27314	28359	28594	28403
韶关	17778	16671	17090	15553	17362
河源	16831	14054	14636	15870	16094
梅州	30035	29823	31247	29887	30342
惠州	16355	15637	16968	17295	17700
汕尾	8861	9486	10662	10974	11778
东莞	15534	15522	16214	16195	16508
中山	12192	12020	12604	12582	12641
江门	30043	29421	30949	30348	30624
阳江	14670	14142	15165	14679	14701
湛江	39072	38004	38241	38933	29083
茂名	19259	18219	18422	18558	19263
肇庆	25031	23088	23383	24240	23711
清远	23554	22666	23150	23695	24784
潮州	17678	16921	17445	16715	17094
揭阳	36208	31348	31905	31211	33286
云浮	14910	14679	15048	14887	14946

7-44 历年社会服务事业费支出

单位：亿元

年份	民政事业费总支出	抚恤费	军队、离退休费	社会福利费	城市居民最低生活保障事业费	农村及其他社会救济费	自然灾害	地方离、退休人员费	其他
2003	34.18	5.60	3.36	6.49	2.92	3.49	1.56	0.93	7.64
2004	38.62	7.02	4.44	8.75	3.34	5.41	1.01	1.32	7.33
2005	48.34	8.27	5.00	7.87	3.92	8.35	3.53	1.08	10.32
2006	63.59	9.94	6.33	9.39	4.24	11.80	9.73	1.15	11.02

年份	民政事业费总支出	抚恤费	军队、离退休费	社会福利费	城市居民最低生活保障事业费	农村及其他社会救济费	其他城镇社会救济	自然灾害	行政事业单位离退休	其他
2007	72.01	11.33	10.13	10.48	5.38	11.43	2.03	3.35	1.87	16.02

年份	民政事业费总支出	抚恤	退役安置	城市居民最低生活保障	农村最低生活保障	农村社会救济	其他城镇社会救济	社会福利	自然灾害生活救助	行政事业单位离退休	其他
2008	83.45	14.15	9.89	6.97	12.95	4.88	3.05	9.03	4.43	2.21	15.88
2009	102.11	16.27	13.52	8.01	16.31	5.71	3.38	13.67	2.20	2.44	20.61
2010	115.43	17.47	15.08	7.97	16.48	6.31	3.53	10.18	4.60	2.53	31.28
2011	148.07	21.04	18.60	9.74	24.74	7.67	3.81	17.21	2.85	2.71	39.69

年份	民政事业费总支出	抚恤	退役安置	社会福利	城市最低生活保障	农村最低生活保障	其他社会救济	医疗救助	自然灾害生活救助	离退休人员费	其他
2012	166.90	25.11	21.15	27.65	10.59	29.39	13.98	6.85	3.00	3.15	26.03
2013	198.17	29.61	20.65	30.84	13.05	34.01	17.95	8.97	6.88	3.45	32.76
2014	223.71	32.07	22.91	34.92	15.46	37.81	22.22	12.53	5.16	3.75	36.88
2015	259.52	35.81	29.98	40.89	15.95	39.35	24.85	16.69	5.11	4.20	46.68
2016	305.67	42.05	30.51	55.33	17.77	43.94	27.47	22.92	3.74	5.55	56.39
2017	372.35	45.57	34.13	80.64	16.63	47.67	36.50	30.29	2.71	6.44	71.78

年份	民政事业费总支出	社会福利	城市最低生活保障	农村最低生活保障	临时救助	特困人员供养	其他社会救济	民政管理事务	行政事业单位离退休	其他
2018	263.11	89.25	14.53	47.82	11.04	24.44	4.64	48.84	4.35	18.20

注：往年其他支出包含民政管理事务支出，从18年起民政管理事务支出单独统计。

7-45 历年民政基本建设投资

单位：万元、个、平方米

年份	计划总投资	本年完成投资						本年施工项目个数
			国家投资	国内贷款	自筹		其他	
						#福利彩票公益金		
2003	34496	40810	15334	962	20761	1912	3752	196
2004	25194	23512	8578	678	11224	3039	3031	282
2005	25253	14421	4474	20	7919	3734	2007	104

年份	计划总投资	本年完成投资								本年施工项目个数
			国家预算内投资	国内贷款	利用外资	自筹			其他	
							#福利彩票公益金	其他自筹资金		
2006	21137	15584	4094	851		6837	2081	4757	3802	121
2007	24734	20192	10179	1600	800	6385	3438	2947	1228	82
2008	16645	19871	3397	100		13685	3655	10030	2689	244
2009	18299	15981	8432			7374	3674	3700	175	95

年份	本年计划投资	本年实际完成投资						在建项目数/在建项目规模	本年完工项目规模
			国家预算内投资	国内贷款	利用外资	福利彩票公益金	其他		
2010	46477	41242	11511	2619		6869	20243	247	
2011	97643	94506	54425	600		10920	28561	238	
2012	60869	61620	28131	2009		13743	17737	244	
2013	88915	78522	36663			29521	12339	240	
2014	95278	88695	55326	310	80	21852	11128	184	
2015	102436	97290	56688			32341	8261	881554	
2016	174596	174956	62997			33905	78054	1313698	
2017	111063	111010	56353			34153	20504	1708971	217926
2018	147603	128237	67245			25174	35819	1901061	295852

7-46　历年社会捐赠

单位：万元、万件

年份	社会捐赠款物合计	社会捐赠款	社会捐赠其他物资折款	接收社会捐赠衣被数量
2003	13596.3	13037.7	558.6	1184.7
2004	22238.2	21791	447.2	958.4
2005	69603	68405.1	1197.9	1071
2006	209355.7	203208.7	6147	1026.1
2007	133271.7	131099	2172.7	1419.7
2008	625668.6	611318.6	14350	2209.1
2009	79419.6	78321.6	1098	159.3
2010	277828.6	275547.1	2281.5	166.6
2011	215517.8	214417.6	1100.2	180
2012	185106.1	183215	1891.1	205.5
2013	177739.7	175933	1806.7	1717.8
2014	117854.4	116588.6	1265.8	3194.4
2015	80066.4	79246.9	819.5	670.2
2016	14813.3	14042.1	771.2	84.6
2017	2602.2	2106.5	495.7	46

7-47 各省社会服务事业费支出水平(2018)

地 区	2018年			2017年		
	民政事业费支出(亿元)	每万人民政事业费支出(万元/万人)及排名		民政事业费支出(亿元)	每万人民政事业费支出(万元/万人)及排名	
全 国	**4076.93**	**292.17**	—	**5932.68**	**426.79**	—
部本级	12.87	—	—	26.93	—	—
北 京	141.08	654.93	2	283.04	1303.90	1
天 津	72.36	464.00	8	97.61	626.91	5
河 北	126.73	167.72	30	249.10	331.28	28
山 西	96.54	259.66	24	142.80	385.73	22
内蒙古	122.90	485.03	6	153.01	605.04	7
辽 宁	134.59	308.75	17	200.04	457.86	14
吉 林	83.31	308.08	18	122.94	452.50	15
黑龙江	101.67	269.45	21	162.17	428.03	18
上 海	144.04	594.27	4	177.40	733.67	4
江 苏	254.17	315.71	15	325.23	405.05	19
浙 江	142.34	248.11	25	210.02	371.26	23
安 徽	165.42	261.60	23	220.58	352.64	25
福 建	81.30	206.28	28	103.86	265.56	31
江 西	143.63	309.05	16	186.88	404.32	20
山 东	157.06	156.32	31	339.46	339.26	26
河 南	176.23	183.48	29	260.69	272.72	30
湖 北	177.69	300.30	19	256.41	434.45	17
湖 南	170.70	247.44	26	275.91	402.19	21
广 东	263.11	231.89	27	372.35	333.38	27
广 西	130.12	264.16	22	178.54	365.48	24
海 南	30.00	321.07	14	29.96	323.58	29
重 庆	109.18	351.99	13	156.33	508.39	11
四 川	248.98	298.50	20	366.36	441.29	16
贵 州	136.32	378.66	10	173.40	484.37	13
云 南	179.99	372.68	11	240.44	500.82	12
西 藏	22.12	643.32	3	27.33	811.09	3
陕 西	138.56	358.55	12	209.91	547.35	10
甘 肃	125.45	475.66	7	149.01	567.44	8
青 海	40.49	671.28	1	57.76	965.85	2
宁 夏	37.57	546.04	5	42.64	625.23	6
新 疆	110.39	443.92	9	134.57	550.38	9

注：1.全国数据包括中国人民解放军现役军人数，但不包括香港、澳门特别行政区和台湾地区数据；分省数据中未包括中国人民解放军现役军人数。
2.数据根据年度人口抽样调查推算。

7-47 续表

地区	2016年			2015年		
	民政事业费支出(亿元)	每万人民政事业费支出(万元/万人)及排名		民政事业费支出(亿元)	每万人民政事业费支出(万元/万人)及排名	
全　国	**5440.15**	**393.44**	—	**4926.44**	**358.39**	—
部本级	16.57	—	—	15.59	—	—
北　京	255.89	1177.66	1	222.06	1022.86	1
天　津	89.51	572.98	8	76.91	497.15	8
河　北	211.53	283.17	28	180.52	243.12	28
山　西	129.15	350.77	22	120.14	327.89	21
内蒙古	140.05	555.74	9	141.01	561.58	4
辽　宁	184.55	421.55	15	184.45	420.94	11
吉　林	104.13	380.99	19	105.74	384.10	17
黑龙江	152.68	401.86	17	150.46	394.70	14
上　海	153.23	633.25	4	96.65	400.20	13
江　苏	287.23	359.09	21	260.56	326.67	22
浙　江	189.94	339.79	23	167.47	302.34	25
安　徽	197.05	318.06	26	181.22	294.96	26
福　建	104.17	268.90	30	90.32	235.26	31
江　西	171.73	373.95	20	157.19	344.25	19
山　东	304.88	306.52	27	287.14	291.60	27
河　南	246.96	259.09	31	229.26	241.84	29
湖　北	242.33	411.77	16	226.98	387.87	15
湖　南	271.64	398.18	18	230.55	339.90	20
广　东	305.67	277.91	29	259.52	239.21	30
广　西	157.80	326.16	25	149.29	311.29	24
海　南	30.07	327.91	24	29.66	325.60	23
重　庆	129.97	426.35	13	114.65	380.02	18
四　川	348.64	421.98	14	315.25	384.26	16
贵　州	160.27	450.82	12	147.23	417.09	12
云　南	234.88	492.37	11	231.09	487.33	9
西　藏	23.58	713.45	3	17.50	540.23	6
陕　西	202.07	530.00	10	184.79	487.18	10
甘　肃	163.13	625.03	5	136.76	526.01	7
青　海	49.23	829.55	2	46.26	786.68	2
宁　夏	42.09	623.61	6	40.98	595.65	3
新　疆	139.53	581.85	7	129.24	547.61	5

注：1.全国数据包括中国人民解放军现役军人数，但不包括香港、澳门特别行政区和台湾地区数据；分省数据中未包括中国人民解放军现役军人数。
2.数据根据年度人口抽样调查推算。

7-48 各市社会服务事业费支出水平(2018)

地区	2018年			2017年		
	民政事业费支出(亿元)	每万人民政事业费支出(万元/万人)	排名	民政事业费支出(亿元)	每万人民政事业费支出(万元/万人)	排名
全　省	**263.1**	**231.90**	—	**372.3**	**333.38**	—
省本级	4.2	—	—	7.7	—	—
珠三角	139.9	222.05	—	192.5	409.51	—
广　州	53.1	356.17	1	86.4	595.93	1
深　圳	27.4	210.70	13	29.2	232.92	17
珠　海	4.1	218.36	12	6.7	381.28	4
佛　山	11.4	144.50	19	16.8	219.64	19
惠　州	11.8	243.63	9	15.2	317.69	11
东　莞	7.1	84.51	21	9.4	112.42	21
中　山	6.6	200.73	15	4.9	148.90	20
江　门	8.5	185.49	17	11.5	251.70	15
肇　庆	9.8	235.98	11	12.5	303.22	14
粤东西北	119.0	235.85	—	172.2	343.13	—
汕　头	8.9	157.20	18	13.9	248.26	16
韶　关	7.4	245.64	8	10.6	357.01	9
河　源	9.3	299.48	5	13.0	419.60	3
梅　州	13.2	300.78	3	19.7	450.86	2
汕　尾	9.0	300.32	4	11.3	378.85	5
阳　江	8.3	325.59	2	9.6	378.13	6
湛　江	18.1	247.21	7	27.5	376.33	7
茂　名	13.2	209.14	14	19.2	308.98	12
清　远	10.8	278.51	6	13.7	354.59	10
潮　州	3.6	135.34	20	5.9	220.88	18
揭　阳	11.3	185.63	16	18.7	307.43	13
云　浮	6.0	237.09	10	9.1	364.69	8

7-48 续表

地区	2016年			2015年		
	民政事业费支出(亿元)	每万人民政事业费支出(万元/万人)	排名	民政事业费支出(亿元)	每万人民政事业费支出(万元/万人)	排名
全省	**305.7**	**277.91**	—	**259.5**	**239.21**	—
省本级	5.7	—	—	4.6	—	—
珠三角	159	265.14	—	134.8	229.41	—
广州	71.2	507.26	1	60.5	448.04	1
深圳	20.9	175.4	18	17.9	157.52	17
珠海	6.1	363.5	3	3.6	220.03	12
佛山	12.1	162.57	19	10.7	144.08	19
惠州	15.4	322.85	5	14	294.18	4
东莞	8.3	100.84	21	7.6	91.71	21
中山	4.8	149.53	20	4	124.29	20
江门	9.4	206.98	15	8.2	181.55	15
肇庆	10.7	262.31	13	8.3	204.24	13
粤东西北	140.9	281.86	—	120.1	241.45	—
汕头	11.3	202.1	16	8.7	157.49	18
韶关	8.4	285.2	9	7	238.7	10
河源	12.7	411.59	2	10.7	349.03	2
梅州	14.8	338.64	4	13.8	318.98	3
汕尾	8.9	293.91	7	7.7	255.52	7
阳江	7.3	290.36	8	7	277.15	5
湛江	22.9	315.27	6	19.4	268.31	6
茂名	16.9	275.7	11	14.7	242.1	9
清远	10.4	269.99	12	9.1	236.72	11
潮州	5.2	197.86	17	5	189.27	14
揭阳	15.1	248.23	14	10.7	177.25	16
云浮	7	280.91	10	6.2	250.1	8

7-49 各市社会组织发展指数(2018)

地区	2018年			2017年		
	社会组织数(个)	每万人拥有社会组织数量(个/万人)	排名	社会组织数(个)	每万人拥有社会组织数量(个/万人)	排名
全　省	**67940**	**5.99**	—	**63784**	**5.71**	—
省本级	3342	—	—	3253	—	—
珠三角	41307	6.56	—	39152	8.33	—
广　州	7861	5.27	13	7592	5.24	11
深　圳	10307	7.91	3	9578	7.65	3
珠　海	2425	12.82	1	2304	13.05	1
佛　山	4992	6.31	6	4737	6.19	6
惠　州	3020	6.25	7	2759	5.78	7
东　莞	4656	5.55	12	4424	5.3	9
中　山	2310	6.98	4	2215	6.79	4
江　门	3667	7.97	2	3683	8.07	2
肇　庆	2069	4.98	15	1860	4.52	15
粤东西北	23291	4.62	—	21379	4.26	—
汕　头	2584	4.58	16	2504	4.46	16
韶　关	1908	6.37	5	1848	6.2	5
河　源	1795	5.8	9	1669	5.4	8
梅　州	2233	5.1	14	2078	4.75	14
汕　尾	1080	3.61	20	900	3.02	21
阳　江	1503	5.88	8	1332	5.24	10
湛　江	3086	4.21	17	2854	3.91	17
茂　名	2220	3.52	21	1912	3.08	20
清　远	2161	5.58	11	1958	5.07	13
潮　州	1487	5.6	10	1356	5.12	12
揭　阳	2232	3.67	19	2027	3.33	19
云　浮	1002	3.97	18	941	3.76	18

7-49 续表

地区	2016年			2015年		
	社会组织数（个）	每万人拥有社会组织数量（个/万人）	排名	社会组织数（个）	每万人拥有社会组织数量（个/万人）	排名
全　省	**59224**	**5.38**	—	**53,958**	**4.97**	—
省本级	1606	—	—	2,903	—	—
珠三角	50893	8.48	—	33,501	5.7	
广　州	13285	9.46	10	6,261	4.64	8
深　圳	10846	9.11	3	7,722	6.79	3
珠　海	1860	11.1	1	1,936	11.85	1
佛　山	6284	8.42	6	3,965	5.34	6
惠　州	4966	10.4	7	2,407	5.06	7
东　莞	6300	7.63	9	3,733	4.52	10
中　山	3933	12.18	4	2,066	6.44	4
江　门	2446	5.38	2	3,829	8.47	2
肇　庆	973	2.38	15	1,582	3.9	14
粤东西北	6725	1.34	—	17,554	3.53	—
汕　头	890	1.6	16	2,102	3.79	16
韶　关	2225	7.53	5	1,592	5.43	5
河　源	230	0.75	8	1,399	4.55	9
梅　州	315	0.72	13	1,863	4.29	13
汕　尾	199	0.66	20	787	2.6	19
阳　江	342	1.35	11	1,109	4.42	11
湛　江	188	0.26	17	2,350	3.25	17
茂　名	256	0.42	21	1,498	2.46	20
清　远	1251	3.25	14	1,474	3.84	15
潮　州	134	0.51	12	1,156	4.38	12
揭　阳	623	1.02	19	1,433	2.37	21
云　浮	72	0.29	18	791	3.21	18

7-50 各市社工发展指数(2018)

地区	2018年			2017年		
	持证社工人数(人)	每万人中持证社工人数(人/万人)	排名	持证社工人数(人)	每万人中持证社工人数(人/万人)	排名
全省	**82160**	**7.09**	—	**65275**	**5.84**	—
省本级	1684	—	—	1631	—	—
珠三角	70180	11.14	—	56017	9.11	—
广州	18283	12.27	5	14622	10.09	4
深圳	16082	12.35	4	11863	9.47	5
珠海	2589	13.69	2	2048	11.60	2
佛山	8904	11.26	6	7039	9.19	6
惠州	6413	13.28	3	5460	11.43	3
东莞	8011	9.55	8	6872	8.24	7
中山	4933	14.90	1	4272	13.10	1
江门	3539	7.70	9	2778	6.09	9
肇庆	1426	3.43	11	1063	2.58	11
粤东西北	10296	2.04	—	7627	1.52	—
汕头	1205	2.14	13	971	1.73	12
韶关	2965	9.89	7	2434	8.17	8
河源	382	1.23	16	254	0.82	16
梅州	658	1.50	14	433	0.99	15
汕尾	294	0.98	17	215	0.72	17
阳江	675	2.64	12	436	1.71	13
湛江	482	0.66	21	282	0.39	20
茂名	548	0.87	19	284	0.46	19
清远	1854	4.79	10	1402	3.63	10
潮州	248	0.93	18	164	0.62	18
揭阳	788	1.29	15	661	1.09	14
云浮	197	0.78	20	91	0.36	21

7-50 续表

地区	2016年			2015年		
	持证社工人数（人）	每万人中持证社工人数（人/万人）	排名	持证社工人数（人）	每万人中持证社工人数（人/万人）	排名
全省	**59224**	**5.39**	—	**43100**	**3.97**	—
省本级	1606	—	—	1867	—	—
珠三角	50893	8.49	—	36789	6.26	—
广州	13285	9.47	4	10248	7.59	3
深圳	10846	9.13	5	8190	7.2	4
珠海	1860	11.1	2	1323	8.1	2
佛山	6284	8.43	6	4439	5.97	5
惠州	4966	10.4	3	2617	5.5	7
东莞	6300	7.64	7	4889	5.92	6
中山	3933	12.18	1	2969	9.25	1
江门	2446	5.38	9	1573	3.48	9
肇庆	973	2.38	11	541	1.33	11
粤东西北	6725	1.34	—	4444	0.89	—
汕头	890	1.6	12	730	1.31	12
韶关	2225	7.53	8	1510	5.15	8
河源	230	0.75	15	154	0.5	15
梅州	315	0.72	16	158	0.36	17
汕尾	199	0.66	17	141	0.47	16
阳江	342	1.35	13	187	0.74	13
湛江	188	0.26	21	139	0.19	20
茂名	256	0.42	19	184	0.3	19
清远	1251	3.25	10	803	2.09	10
潮州	134	0.51	18	89	0.34	18
揭阳	623	1.02	14	313	0.52	14
云浮	72	0.29	20	36	0.15	21

7-51 主要年份广东民政事业费支出情况

单位：万元

年份	民政事业费总支出	城市居民最低生活保障支出	农村居民最低生活保障支出
1978			
1980	8,337		
1990	21,863		
2000	144,461	11,460	7,874
2010	1,154,287	79,665	164,825
2015	2,595,187	159,530	393,493
2016	3,056,715	177,732	439,407
2017	3,723,481	166,329	476,739
2018	2,631,090	145,315	478,191

7-52 主要年份广东省低保水平情况对比

年份	城市居民最低生活保障			农村居民最低生活保障支出			农村特困人员救助供养		
	人数（万人）	总支出（亿元）	人均支出（元）	人数（万人）	总支出（亿元）	人均支出（元）	人数（万人）	总支出（亿元）	人均支出（元）
1978							12.3296	0.0602	48.83
1980							12.5965	0.0811	64.38
1990							15.6768	0.8084	515.67
2000	14.9422	1.146	766.95	23.1331	0.78744	340.4	10.6508	1.7582	1650.77
2010	40.6502	7.96652	1959.77	184.0053	16.4825	895.76	25.4467	5.39767	2121.17
2015	29.693	15.95299	5372.64	153.6045	39.34925	2561.73	24.0147	17.25801	7186.44
2016	25.4644	17.77322	6979.63	145.1361	43.9407	3027.55	23.1963	18.16224	7829.8
2017	22.8485	16.6329	7279.65	146.767	47.67387	3248.27	22.605	20.84036	9219.36
2018	17.3417	14.53149	8379.51	123.7512	47.81913	3864.13	22.0202	23.23475	10551.56

7-53 主要年份广东低保人数基本情况

年 份	城乡居民最低生活保障人数（万人）	#城镇	农村
1998	26.2	7.9	18.3
2000	38	14.9	23.1
2001	45.7	17.2	28.5
2002	86.8	30.3	56.5
2003	102.4	35.3	67.1
2004	116.3	37.8	78.5
2005	167.5	42.1	125.4
2006	172.8	38.9	133.9
2007	176.1	37.8	138.3
2008	200.3	39.7	160.6
2009	212.1	40.9	171.2
2010	224.7	40.7	184
2011	224.1	40	184.1
2012	215	37.2	177.8
2013	197.2	34	163.2
2014	190.4	31.6	158.8
2015	183.3	29.7	153.6
2016	170.6	25.5	145.1
2017	169.6	22.8	146.8
2018	141.1	17.3	123.8
1979—2017年年平均增长(%)			
2013—2017年年平均增长(%)	-0.04	-0.08	-0.03

7-54 各市退役军人社会服务机构单位数(2018年)

单位：个

市　别	光荣院	荣誉军人康复医院	复员军人疗养院	军休所	复退军人精神病院	军供站	军队离退休人员管理中心	烈士纪念建筑物管理单位
合　计	**30**	**4**	**1**	**68**	**8**	**13**	**3**	**45**
广　州		1	1	27		4		2
深　圳						1	1	1
珠　海	1						1	3
汕　头				3		1		4
佛　山	1	1		2				1
韶　关				3	1	1		11
河　源	4			1		1		10
梅　州	5	1		3		1		4
惠　州	2			1	2			
汕　尾				3	1	1		5
东　莞	1			1		1		
中　山	1							
江　门				3				
阳　江				2	1			
湛　江	5			9	1	1	1	1
茂　名	3			5				1
肇　庆	3	1		1	1	1		
清　远								2
潮　州				2				
揭　阳	2			2	1			
云　浮	2							

7−55 各市抚恤、补助优抚对象总人数(2018年)

单位：人

市别	抚恤、补助优抚对象总人数	定期抚恤人数				定期补助人数合计	伤残人员合计
		定期抚恤人数合计	烈属	因公牺牲军人遗属	病故军人遗属		
合计	421997	5083	2939	768	1376	389723	27191
广州	22023	291	135	52	104	18209	3523
深圳	4187	82	34	12	36	2498	1607
珠海	3287	44	22	8	14	2838	405
汕头	29941	259	114	66	79	27366	2316
佛山	11393	182	123	20	39	10380	831
韶关	16354	188	91	30	67	15338	828
河源	20144	252	138	37	77	18319	1573
梅州	27397	377	192	56	129	25604	1416
惠州	15962	152	68	29	55	14864	946
汕尾	15133	641	570	18	53	13566	926
东莞	9408	76	48	6	22	8887	445
中山	8157	62	35	11	16	7784	311
江门	21547	228	127	41	60	20336	983
阳江	17388	150	82	26	42	16620	618
湛江	40921	551	304	92	155	37443	2927
茂名	40194	366	175	69	122	37835	1993
肇庆	22228	155	75	31	49	21260	813
清远	22443	189	100	27	62	21551	703
潮州	21034	148	57	38	53	19742	1144
揭阳	37429	577	395	80	102	34535	2317
云浮	15427	113	54	19	40	14748	566

7–56 退役军人社会服务事业经费情况(2018年)

单位：万元

市　别	社会服务事业费总计	抚恤和生活补助经费	优抚事业单位经费	军休服务管理机构补助经费	自主就业退役士兵一次性经济补助经费
合　计	**702563**	**547375**	**37673**	**5648**	**111867**
省本级	17634	2419	15155	60	
广　州	86529	54248	60	3121	29100
深　圳	29460	19757	511	365	8828
珠　海	10013	7093	40	143	2737
汕　头	31369	27693	110	124	3442
佛　山	40484	31613	94	103	8675
韶　关	18058	14234	1228	196	2400
河　源	32356	29288	430	54	2584
梅　州	49949	41938	3847	119	4045
惠　州	26780	15803	2346	229	8402
汕　尾	29183	24499	2242	50	2392
东　莞	19032	11891	55	45	7042
中　山	13487	10110	105	13	3259
江　门	31938	28868	143	109	2818
阳　江	29322	22048	4576	88	2610
湛　江	42209	34820	1448	493	5448
茂　名	52615	47791	251	98	4476
肇　庆	35737	31918	839	68	2912
清　远	28889	26279	145	14	2451
潮　州	19238	17110	30	86	2012
揭　阳	37854	29470	3790	58	4536
云　浮	20427	18488	229	12	1698

主要统计指标解释

民政经费 包括民政事业费实际支出、民政事业基本建设投资、社会福利基金三部分。其中民政事业费实际支出包括社会福利、社会救助、民政管理事务、行政事业单位离退休和其他款项用于民政支出。

社会福利院 是指不以盈利为目的提供食宿的，主要收养城市中无亲属子女赡养、无生活来源、无劳动能力的孤老、孤儿和残疾人为对象的综合性社会福利事业单位。

农村特困人员供养机构 是指已经在编办或者民政部门登记，为农村特困老年人等提供 24 小时集中居住和收留抚养照料服务的机构。

儿童福利院 是指民政部门设立的，主要为依法由民政部门担任监护人的未成年人提供收留抚养等服务的机构。

未成年人救助保护中心 是指对生活无着流浪乞讨未成年人实施救助，提供基本生活照料和教育、心理疏导、行为矫治等服务的专门机构。

生活无着人员救助管理站 是指救助生活无着流浪乞讨人员的专门单位。

社区服务中心 是指建设在乡、镇、街道层面，以“一站式”服务为特点的社区服务中心。街道办事处及社区组织依托社区服务中心，组织开展就业服务和职业培训、社区救助、社区治安、社区卫生和计划生育、社区环境和文化、教育、体育等公共服务。特别是针对老年人、残疾人、优抚对象和其他特殊群体开展救助帮扶、护理照料、拥军优属等专项服务。

社区服务站 是指在社区层面，建设功能为社区居家养老服务，重点发展面向老年人及其家庭的商品递送、医疗保健、家庭保洁、日间照料、陪伴等服务的设施和综合性、多功能的社区服务站。居委会及其他各类基层社区组织，应在市、区政府和街道办事处的指导下，依托社区服务站及其他社区公共服务设施，组织居民参与文化、教育、科技、体育、卫生、环境、法律、安全等进社区活动，保障各种公共服务延伸到社区全体居民，增强社区的凝聚力、归属感和安全感。组织动员驻区单位和社区居民开展邻里互助等群众性自我服务活动。社区服务站的基本条件：①有一定的场所（建筑面积在 100 平方米以上）；②有固定的管理人员；③所提供的服务项目必须在两项以上。

城市（农村）最低生活保障 是指国家对家庭人均收入低于当地政府公告的最低生活标准的人口给予一定现金资助，以保证该家庭成员基本生活所需的社会保障制度。城市（农村）最低生活保障指在报告期末纳入城市（农村）最低生活保障的居民数。

孤儿 是指失去父母或查找不到生父母的未满 18 周岁、由地方县级以上民政部门依据有关规定和条件认定的、并已经领取了孤儿基本生活费的未成年人。

儿童收养登记 是指中国公民以及外国人在中国境内收养子女和协议解除收养关系，在县级及以上民政部门办理的收养登记和解除收养关系登记。

抚恤、补助优抚对象总人数 包括定期抚恤人数、定期补助人数、伤残人员三部分，其中定期抚恤人数包括烈属、因公牺牲军人遗属、病故军人遗属。

退役军人社会服务事业经费 包括抚恤和生活补助经费、优抚事业单位经费、军体服务管理机构补助经费、自主就业退役士兵一次性经济补助经费四部分。

退役军人社会服务事业经费 包括抚恤和生活补助经费、优抚事业单位经费、军体服务管理机构补助经费、自主就业退役士兵一次性经济补助经费四部分。

八、体育

简要说明

1. 本篇资料主要反映广东省体育事业发展情况。

2. 本篇资料主要包括：

(1)全省体育运动情况。

(2)地区分全省和各地级以上市。

(3)年份主要为 2013—2018 年数据。

3. 统计资料来源：本篇资料由广东省体育局负责整理、审核、提供。

2018 年广东体育事业发展概述

2018 年，广东深化体育体制机制改革创新，全民健身蔚然成风，群众体育活动蓬勃发展，竞技体育和体育产业互动发展,体育事业发展生机勃勃。

群众体育蓬勃开展，全民健身体系不断健全。截至 2018 年底，各级民政部门登记备案的体育社会组织约 3300 个，全省社会体育指导员人数达 28 万，位居全国前列。据不完全统计，2018 年全年举办各级各类群众性体育竞赛与活动达 4700 多项次，参与人数超过 4300 万人次，近 3674 个学校体育场馆实现对外开放。

青少年体育基础扎实。截止 2018 年全省目前共有各级业余体校 132 所，在训人数约 32726 人。省市两级传统校 1211 所（含国家级 22 所），在训人数约 1327360 人。以省体校、广州、深圳为龙头，建立了 2 个省级示范基地和 140 个重点单项人才基地，鼓励人才流动、资源共享。扶持创建 32 所国家高水平体育后备人才基地。2018 年，广东省青少年体育联合会成功组织了广东青少年帆船比赛、摔跤比赛、击剑比赛、跆拳道比赛、棒球比赛、游泳比赛等赛事。

竞技体育实力增强。2018 年广东体育健儿共 26 人次获世界冠军、151 项次全国冠军；破 4 项世界纪录、6 项亚洲纪录、12 项次全国纪录，赢得社会各界的广泛赞誉。在第十八届雅加达亚运会，广东运动员获得 32 金、14 银、10 铜，实现了参赛人数、金牌数、奖牌数均位居全国第一的新突破。广东运动员刘湘打破世界纪录、苏炳添破亚运会纪录成为本届赛事突出亮点。

体育产业规模不断壮大。广东已有国家体育产业示范基地 2 个，国家体育产业示范单位 4 个，文化产业发展专项资金重大项目资助 2 个，国家体育旅游示范基地 1 个，国家体育旅游精品赛事 1 个，国家特色体育小镇试点项目 5 个，2018 年获得全国优选体育产业项目名录 10 个。体博会改革进一步深入，办展规模和水平逐年提升，已成为国内第二的体育用品博览会。广东幸福导向型体育产业体系已初步形成，健身娱乐、竞赛表演、休闲旅游等产业不断繁荣，体育用品制造业的层次和市场份额不断提升，大型体育场馆经营改革也初显成效。

体育产业政策体系不断深化完善。广东陆续制定实施了《广东省人民政府关于加快发展体育产业促进体育消费的实施意见》、《广东省人民政府办公厅关于加快发展健身休闲产业的实施意见》、《广东省体育产业示范基地、示范单位、示范项目评选及管理办法》等。下一步，将在深入贯彻《国务院办公厅关于加快发展体育竞赛表演产业的指导意见》以及体育总局国家发展改革委《进一步促进体育消的行动计划（2019—2020 年）》要求的框架下，着手研究制订《广东省体育产业三年行动计划》、《广东省体育产业空间布局规划》等，不断深化完善全省体育产业政策体系。

撰稿：区　欣

8-1 体育系统分行政级别机构数（2010-2018年）

单位：个

年 份	合计			省级		
	小计	独立	合并	小计	独立	合并
2010	398	370	28	10	10	
2011	370	344	26	10	10	
2012	370	333	37	9	9	
2013	417	343	74	21	21	
2014	394	362	32	21	21	
2015	396	347	49	20	20	
2016	391	338	53	20	20	
2017	394	324	70	21	21	
2018	376	312	64	21	21	

8-1 续表

单位：个

年 份	地级			县级		
	小计	独立	合并	小计	独立	合并
2010	178	176	2	200	174	26
2011	148	146	2	210	187	23
2012	151	147	4	210	177	33
2013	127	122	5	269	198	71
2014	128	123	5	245	218	27
2015	130	124	6	246	203	43
2016	127	121	6	244	197	47
2017	185	180	5	188	123	65
2018	127	122	5	228	169	59

8-2 体育系统分单位类型机构数(2013-2018年)

单位：个

指 标	2013			2014			2015		
	小计	独立	合并	小计	独立	合并	小计	独立	合并
合 计	**417**	**343**	**74**	**394**	**362**	**32**	**381**	**328**	**52**
体育行政机关	171	97	74	171	102	69	136	84	52
运动项目管理部门	18			15			7		
职业、运动技术学院	3			2			2		
体育运动学校	19			18			18		
竞技体校							1		
业余体校	59			54			46		
单项运动学校	3			8			4		
训练基地	7			7			7		
体育场馆	59			55			55		
体育科研机构	2			2			2		
其他事业单位	72			58			100		
其他机构	4			3			3		

8-2 续表

单位：个

指 标	2016			2017			2018		
	小计	独立	合并	小计	独立	合并	小计	独立	合并
合 计	**391**	**338**	**53**	**394**	**324**	**70**	**376**	**312**	**64**
体育行政机关	157	104	53	149	79	70	142	78	64
运动项目管理部门	7			6	6		7	7	
职业、运动技术学院	2			2	2		2	2	
体育运动学校	18			20	20		20	20	
竞技体校	1								
业余体校	41			52	52		56	56	
单项运动学校	4			5	5		5	5	
训练基地	7			7	7		6	6	
体育场馆	55			54	54		53	53	
体育科研机构	2			2	2		2	2	
其他事业单位	95			94	94		79	79	
其他机构	4			3	3		4	4	

8-3 体育系统人员情况(2013-2018年)

指　标	2017	2018
合　计	**10675**	**10186**
体育行政机关	2054	2022
运动项目管理部门	2240	2589
职业、运动技术学院	564	662
体育运动学校	1445	1272
竞技体校		
业余体校	1070	1033
单项运动学院	147	126
训练基地	344	108
体育场馆	1587	1277
体育科研机构	61	66
其他事业单位	1152	1019
其他机构	11	12

8-4 体育国际交流情况（2011-2018年）

单位：起、人

交流层次	交流性质			交流类型		交流类型		交流形式	
	合计	来访	出访	世界	洲际	双边	其他	政府间	民间
2011年									
合 计	**200**	**26**	**174**	**58**	**36**	**35**	**71**	**142**	**58**
国家(起数)	3	1	2	1		1	1	2	1
省级(起数)	89	4	85	37	27	24	1	88	1
地级(起数)	108	21	87	20	9	10	69	52	56
合 计	**4020**	**2838**	**1182**	**674**	**311**	**416**	**2679**	**1095**	**2925**
国家(人次)	32	31	1	31		1		1	31
省级(人次)	719	326	393	390	270	59		705	14
地级(人次)	3269	2481	788	253	41	356	2679	389	2880
2012年									
合 计	**191**	**4**	**187**	**141**		**50**		**164**	**27**
国家(起数)	150	4	146	120		30		135	15
省级(起数)	41		41	21		20		29	12
地级(起数)									
合 计	**1433**	**170**	**1263**	**1256**		**177**		**1045**	**388**
国家(人次)	737		737	659		78		457	280
省级(人次)	696	170	526	597		99		588	108
地级(人次)									
2013年									
合 计	**124**		**124**	**86**	**12**	**26**			**124**
国家(起数)	91		91	71	12	8			91
省级(起数)	33		33	15		18			33
地级(起数)									
合 计	**562**		**562**	**326**	**31**	**205**			**562**
国家(人次)	309		309	261	31	17			309
省级(人次)	253		253	65		188			253
地级(人次)									
2014年									
合 计	**175**	**6**	**169**	**67**	**52**	**56**		**164**	**11**
国家(起数)	113	3	110	53	30	30		107	6
省级(起数)	62	3	59	14	22	26		57	5
地级(起数)									
合 计	**935**	**120**	**815**	**720**	**102**	**113**		**720**	**215**
国家(人次)	633	43	590	475	70	88		475	158
省级(人次)	302	77	225	245	32	250		245	57
地级(人次)									

8-4 续表

单位：起、人

交流层次	交流性质			交流类型		交流类型		交流形式	
	合计	来访	出访	世界	洲际	双边	其他	政府间	民间
2015年									
合　计	**185**	**23**	**162**	**120**	**7**	**58**		**175**	**10**
国家(起数)	127	4	123	95	7	8		4	
省级(起数)	58	19	39	25		50		171	10
地级(起数)									
合　计	**2811**	**1848**	**963**	**1750**	**120**	**941**		**2461**	**350**
国家(人次)	1272	547	725	1540	95	187		547	
省级(人次)	1539	1301	238	210	25	754		1914	350
地级(人次)									
2016年									
合　计	**170**	**6**	**164**	**70**	**26**	**27**	**35**	**165**	**5**
国家(起数)	106	4	102	55	22	6	33	106	
省级(起数)	64	2	62	14	4	21	2	59	5
地级(起数)				1					
合　计	**2500**	**1511**	**989**	**552**	**328**	**459**	**1161**	**2220**	**280**
国家(人次)	499	255	244	156	236	22	85	499	
省级(人次)	1751	1006	745	146	92	437	1076	1721	280
地级(人次)	250	250		250					
2017年									
合　计	**195**	**10**	**185**	**88**	**39**	**29**	**39**	**192**	**3**
国家(起数)	121	5	116	72	35	13	1	121	
省级(起数)	74	5	69	16	4	16	38	71	3
地级(起数)									
合　计	**3469**	**2555**	**914**	**884**	**117**	**557**	**1909**	**3041**	**428**
国家(人次)	1219	951	268	769	76	371	1	1219	
省级(人次)	2250	1604	646	115	41	186	1908	1822	428
地级(人次)									
2018年									
合　计	**283**	**9**	**274**	**123**	**45**	**36**	**39**	**192**	**3**
国家(起数)	176	1	175	86	40	18	1	121	
省级(起数)	107	8	99	37	5	18	38	71	3
地级(起数)									
合　计	**2288**	**1110**	**1178**	**1127**	**183**	**667**	**1909**	**3041**	**545**
国家(人次)	505	10	495	896	109	478	1	1219	
省级(人次)	1783	1100	683	231	74	189	1908	1822	545
地级(人次)									

8-5 运动员当年发展情况（2013-2018年）

单位：人

项 目	合计		国际级		国家级		一级		二级	
	合计	女	合计	女	合计	女	合计	女	合计	女
2013	2253	892	10	5	148	57	428	135	1667	695
2014	4387	1958			24	6	269	99	4094	1853
2015	2446	1038	18	10	178	66	571	218	1679	744
2016	1916	877	1	1	2	1	737	279	1176	596
2017	3329	1426			77	14	892	417	2360	995
2018	4368	1765	12	5	123	52	1010	415	3223	1293

8-6 当年裁判员情况（2013-2018年）

单位：人

项 目	合计		一级		二级	
	合计	女	合计	女	合计	女
2013	2312	618			2312	618
2014	8556	2516	341	12	8215	2504
2015	1852	542	19	2	1833	540
2016	1842	486	314	71	1528	415
2017	1863	585	73	13	1790	572
2018	4428	1159	1162	327	3266	832

8-7 等级公益性社会体育指导员发展情况（2011-2018年）

单位：人

指　标	本年度认证人数	截至年末认证总人数	本年参加指导员的培训人数
2011合计	**19550**	**76545**	**20834**
国家级	28	83	37
一级	350	1580	362
二级	3618	13666	3708
三级	15554	61216	16727
2012合计	**19736**	**96281**	**19862**
国家级	3	86	8
一级	301	1881	320
二级	2918	16584	3003
三级	16514	77730	16531
2013合计	**78571**	**174852**	**60498**
国家级	174	260	
一级	3585	3466	858
二级	10742	27326	6147
三级	64070	143800	53493
2014合计	**30365**	**205217**	**30593**
国家级	68	328	80
一级	802	4268	915
二级	3717	31043	3730
三级	25778	169578	25868
2015合计	**19264**	**224481**	**19872**
国家级		328	
一级	31	4299	100
二级	3798	34841	3850
三级	15435	185013	15922
2016合计	**19836**	**244317**	**21274**
国家级	268	596	281
一级	1213	5512	1320
二级	5165	40006	5620
三级	13190	198203	14053
2017合计	**20056**	**264373**	**21078**
国家级	32	628	45
一级	707	6219	738
二级	4054	44060	4113
三级	15263	213466	16182
2018合计	**18821**	**283194**	**19560**
国家级	101	729	123
一级	688	6907	963
二级	3685	47925	3816
三级	14347	227633	14658

8-8 国民体质监测站点基本情况（2015-2018年）

单位：个、人

指 标	2015				2016			
	合计	国家	省	县区	合计	国家	省	县区
总站(点)数			1				1	
组建测试队			2				2	
测试工作人员数			40				60	
累计受测人员数			81469				91892	
本年度受测人员数			3161				10423	
本年度测试达标人数			2981				9881	
本年度测试达标(%)			94.3				94.8	

8-8 续表

单位：个、人

指 标	2017				2018			
	合计	国家	省	县区	合计	国家	省	县区
总站(点)数			2				2	
组建测试队			4				4	
测试工作人员数			80				90	
累计受测人员数			99744				109570	
本年度受测人员数			7852				9826	
本年度测试达标人数			7255				9197	
本年度测试达标(%)			92.40%				93.6	

8-9 体育比赛和体育活动情况（2013-2018年）

指　　标		2013	2014	2015
体育比赛成绩				
破世界纪录	(项)	2	3	1
获世界冠军	(人次)	27	17	27
破亚洲纪录	(项)		2	4
破全国纪录	(项次)	5	5	5
获得全国冠军	(项次)	143.5	138	124
体育活动开展情况				
举办全民健身活动次数	(次)	4231	4886	5000

8-9 续表

指　　标		2016	2017	2018
体育比赛成绩				
破世界纪录	(项)	2	1	4
获世界冠军	(人次)	19	21	26
破亚洲纪录	(项)	1	1	6
破全国纪录	(项次)	4	3	12
获得全国冠军	(项次)	111	148	151
体育活动开展情况				
举办全民健身活动次数	(次)	5350	4680	4700

8-10 政府援建体育场地情况（2009-2018年）

单位：万元、m²

年份/级次	场地设施数量					
	合计	健身路径（条）	篮球场（个）	乒乓球台（个）	小篮板（个）	其他
2009年合计	**16704**	**2080**	**7276**	**6820**	**479**	**49**
国家						
省级	6412	59	4325	1698	330	
地级	347	66	32	195	50	4
县级	9945	1955	2919	4927	99	45
2010年合计	**23335**	**2589**	**8432**	**8687**	**1755**	**1872**
国家						
省级	9375	84	4279	4669	343	
地级	732	186	62	385	50	49
县级	13228	2319	4091	3633	1362	1823
2011年合计	**9454**	**1776**	**6445**	**863**		**370**
国家						
省级	4		1	3		
地级	3594	147	2917	270		260
县级	5856	1629	3527	590		110
2012年合计	**9338**	**1652**	**710**	**576**		**6400**
国家						
省级	6617	531		17		6069
地级	1009	498	62	267		182
县级	1712	623	648	292		149
2013年合计						
国家						
省级		163		5110		38
地级						
县级						

8-10 续表1

单位：万元、m²

年份/级次	投入(万元)			场地规模(m²)	
	财政拨款	体彩公益金	其他	占地面积	场地面积
2009年合计	**18959**	**6710**	**9587**	**1901432**	**1245998**
国家					
省级	150	2800			
地级	7	410		113604	99354
县级	18802	3500	9587	1787828	1146644
2010年合计	**6766**	**8478**	**3369**	**5339246**	**3306210**
国家					
省级	150	3430		2308190	1160495
地级	200	1919	20	124640	112224
县级	6416	3129	3349	2906416	2033491
2011年合计	**26158**	**5863**	**7511**	**3017403.2**	**2422317.8**
国家					
省级	181	550		16100	7296
地级	643	1953	401	828769	645848
县级	25333	3360	7110	2172534.2	1769173.8
2012年合计	**6684**	**14611**	**10304**	**2188031**	**1823505**
国家					
省级	790	3627	60	217604	222614
地级		5369	1411	260376	205186
县级	5894	5615	8833	1710051	1395705
2013年合计					
国家					
省级		3485		545828	234199.6
地级					
县级					

8-10 续表2

单位：万元、m²

年份/级次	场地设施数量					
	合计	健身路径(条)	篮球场(个)	乒乓球台(个)	小篮板(个)	其他
2014年合计						
国家						
省级		358	150	9293		38
地级						
县级						
2015年合计						
国家						
省级	4981	655	1000	3288		38
地级						
县级						
2016年合计						
国家						
省级	7805	1712	2947	2921	100	125
地级						
县级						
2017年合计						
国家						
省级		50				57
地级						
县级						
2018年合计						
国家						
省级		2658				
地级						
县级						

8-10 续表3

单位：万元、m²

年份/级次	投入(万元)			场地规模(m²)	
	财政拨款	体彩公益金	其他	占地面积	场地面积
2014年合计					
国家					
省级	900	5370		589733	516487.74
地级					
县级					
2015年合计					
国家					
省级		5620		770380	510880
地级					
县级					
2016年合计					
国家					
省级		6600		3293992	1963426
地级					
县级					
2017年合计					
国家					
省级		197.43		72000	49900
地级					
县级					
2018年合计					
国家					
省级		4762.16		398700	398700
地级					
县级					

8-11 彩票公益金使用情况(2013-2018年)

单位：万元

指标名称	2013	2014	2015	2016	2017	2018
彩票公益金收入			198617.00	192614.00	200914.23	195374.28
其中：本年彩票公益金			169362.73	161634.00	165840.52	169588.34
上年结余			29254.27	30980.00	35073.71	25785.94
彩票公益金支出			123519.84	159987.00	162334.83	170773.47
其中：用于体育事业的彩票公益金			126053.19	157825.00	162334.83	
1.体育设施	20454.20	7400.00	34096.33	40490.00	37538.14	44406.76
其中：体育设施建设			15680.93	20000.00	18195.53	22394.46
其中：全民健身场地设施建设			7342.82	8490.00	9941.81	7606.86
其他体育设施建设			5013.98	6949.00	3384.70	9999.85
体育设施维护和运行			10426.06	8988.00	15966.18	14645.68
2.群众体育	26216.70	8717.00	30240.11	37419.00	49214.09	45952.22
其中：资助全民健身活动			14179.94	19681.00	24995.14	23292.73
资助全民健身组织			2876.89	2558.00	2728.52	3095.93
开展科学健身指导			1726.14	2009.00	2180.23	3284.31
3.竞技体育	33769.50	11860.00	46206.21	65038.00	54257.94	51535.80
其中：体育训练与竞赛			37970.70	54146.00	42155.68	39168.69
运动员保障			2962.31	4204.00	4328.47	3385.75
4.青少年体育	5980.70	5443.00	7040.32	9746.00	11311.82	17992.99
其中：资助青少年体育活动			1878.78	1591.00	3970.13	6296.74
资助青少年体育组织			3465.51	1713.00	2069.44	1004.21
资助体育后备人才培养					3644.10	7258.20
5.其他(含体育扶贫)			8470.22	5130.00	10012.84	10885.70
用于非体育事业支出	2882.80		2533.35	2162.00		

8-12　体育系统单位财务状况表(2013-2018年)

单位：万元

指标名称	2013	2014	2015	2016	2017	2018
1.固定资产原价	515354	209292.87	3438569.11	974054	1147958.82	1269475.96
2.收入合计	465703.5	126700.17	1948636.3	719287	1007379.08	902666.14
其中：事业收入	93415	3900	454062.32	199449	196834.86	224238.84
经营收入	14990.8	5522	53543.24	14714	14598.05	14128.65
3.支出合计	404874.6	95736.5	1847710.5	761774	1014394.85	913609.67
其中：工资福利支出	105620.1	34228.6	413071.14	135754	203843.25	219065.41
其中：基本工资		5269.52				
奖金		8106.92				
津贴		3871.66				
社会保险		955.79				
其他		2776.15				
商品和服务支出	145078	17898.14	649755.33	263291	381618.87	381912.04
其中：办公费		355.4				
福利费	2223.2	516.5	4970.71	1423	1667.38	1669.57
劳务费	9830.3	1393.65	47423.71	16819	30337.83	49855.50
取暖费	376.3		277.36	176	77.20	6.50
差旅费	11213.9	3865.78		12370	14229.90	10970.37
对个人和家庭补助支出	50492	23728.36	223126.88	83072	123924.70	80961.22
其中：助学金	6611.7	73.31		6539	7794.39	8577.81
抚恤金和生活补助	1633.5	286.44	8414.31	1411	801.88	2982.39
其他资本性支出	2901.5	11838.49				
4.收支结余		30963.67	100925.8			
5.经营税金	1488.4	104.61	6411.8	1313	1355.56	1156.25
6.行政事业单位增加值						

8-13 体育科技情况(2010-2018年)

指标名称	合 计	体育行政机关	运动项目管理部门	本科院校	职业、运动技术学院	体育运动学校
2010年						
科研课题						
课题数 (个)	2		1			
课题经费 (万元)	30		15			
科研成果						
获奖 (项)	6					6
著作 (部)	2					
论文 (篇)	138		5			63
其他 (篇)	30					
2011年						
科研课题						
课题数 (个)	15	1				1
课题经费 (万元)	32	10				0.5
科研成果						
获奖 (项)	12	5				6
著作 (部)						
论文 (篇)	112	1				14
其他 (篇)	51					
2012年						
科研课题						
课题数 (个)	3	1				2
课题经费 (万元)	13	12				1
科研成果						
获奖 (项)	3	1				2
著作 (部)	1					
论文 (篇)	76	38				8
其他 (篇)	55					
2013年						
科研课题						
课题数 (个)	54			1	18	
课题经费 (万元)	350.7			20	30	
科研成果						
获奖 (项)	10				1	
著作 (部)	8				1	1
论文 (篇)	163				30	46
其他 (篇)	19					

8-13 续表1

指标名称	竞技体校	业余体校	单项运动学校	体育传统项目学校	体育科研机构	其他事业单位	其他机构
2010年							
科研课题							
课题数（个）		1					
课题经费（万元）		15					
科研成果							
获奖（项）							
著作（部）							
论文（篇）		70					
其他（篇）							
2011年							
科研课题							
课题数（个）		13					
课题经费（万元）		21.5					
科研成果							
获奖（项）					1		
著作（部）							
论文（篇）		75			22		
其他（篇）							
2012年							
科研课题							
课题数（个）							
课题经费（万元）							
科研成果							
获奖（项）							
著作（部）							
论文（篇）		7			23		
其他（篇）							
2013年							
科研课题							
课题数（个）				5	11	17	2
课题经费（万元）				5	236.5	40.8	18.4
科研成果							
获奖（项）					4	5	
著作（部）					6		
论文（篇）		47			27	12	1
其他（篇）					19		

8-13 续表2

指标名称		合计	体育 行政机关	运动项目 管理部门	本科院校	职业、运动 技术学院	体育 运动学校
2014年							
科研课题							
课题数	(个)	107			65	28	
课题经费	(万元)	154.2			58.2	63	
科研成果							
获奖	(项)						
著作	(部)						
论文	(篇)	14				2	
其他	(篇)						
2015年							
科研课题							
课题数	(个)	39				26	3
课题经费	(万元)	188				65	5
科研成果							
获奖	(项)						
著作	(部)	2					
论文	(篇)	150				54	23
其他	(篇)						
2016年							
科研课题							
课题数	(个)	96				54	
课题经费	(万元)	346				27	
科研成果							
获奖	(项)	1					
著作	(部)	2					
论文	(篇)	179				86	15
其他	(篇)	8					
2017年							
科研课题							
课题数	(个)	76			5	35	3
课题经费	(万元)	441.35			1.8	83.25	5.3
科研成果							
获奖	(项)	1				1	
著作	(部)	9			3	3	
论文	(篇)	135			13	22	27
其他	(篇)	18				5	
2018年							
科研课题							
课题数	(个)	196				32	5
课题经费	(万元)	697.07				422.37	10.2
科研成果							
获奖	(项)	4					
著作	(部)	5				2	
论文	(篇)	101				40	7
其他	(篇)	10					

8-13 续表3

指标名称	竞技体校	业余体校	单项运动学校	体育传统项目学校	体育科研机构	其他事业单位	其他机构
2014年							
科研课题							
课题数 (个)					14		
课题经费 (万元)					33		
科研成果							
获奖 (项)							
著作 (部)							
论文 (篇)					12		
其他 (篇)							
2015年							
科研课题							
课题数 (个)		1		3	5	1	
课题经费 (万元)		2		6	108	2	
科研成果							
获奖 (项)							
著作 (部)				2			
论文 (篇)		54			15	4	
其他 (篇)							
2016年							
科研课题							
课题数 (个)					42		
课题经费 (万元)					319		
科研成果							
获奖 (项)					1		
著作 (部)					2		
论文 (篇)		36			37	5	
其他 (篇)					8		
2017年							
科研课题							
课题数 (个)					17	15	1
课题经费 (万元)					299	32	20
科研成果							
获奖 (项)							
著作 (部)			1		2		
论文 (篇)		1			28	44	
其他 (篇)					10	3	
2018年							
科研课题							
课题数 (个)					26	133	
课题经费 (万元)					144.4	120.1	
科研成果							
获奖 (项)				3	1		
著作 (部)					3		
论文 (篇)				10	21	23	
其他 (篇)					10		

8-14 体育社团组织、运动项目组织数（2010-2018年）

单位：个

年份	单项运动项目组织					综合运动项目组织				
	合计	国家级	省级	地级	县级	合计	国家级	省级	地级	县级
2010	1414	13	29	444	928	226	3	13	31	179
2011	1253		29	413	811	165		13	35	117
2012	1307		30	435	842	178		15	38	125
2013	32		32			19		19		
2014	32		32			21		21		
2015	34		34			24		24		
2016	39		39			27		27		
2017	43		43			33		33		
2018	44		44			33		33		

8-14 续表

单位：个

年份	体育社团组织				
	合计	国家级	省级	地级	县级
2010			42		
2011			42		
2012			45		
2013			51		
2014			53		
2015			58		
2016			66		
2017			76		
2018			77		

主要统计指标解释

体育场 是指有400米跑道(中心含足球场)，有固定跑道6条以上，并有固定看台的室外田径场地。以看台容纳观众人数分：甲级25000人以上，乙级15001～25000人，丙级5000～15000人，丁级5000人以下。

等级裁判员 是指经考核正式批准授予等级裁判员称号的裁判员。裁判员等级分为国际裁判、国家级裁判、一级裁判、二级裁判、三级裁判。

全民健身活动设施 是指国家体育总局统一组织，将各级体育行政部门的体育彩票公益金作为启动资金，捐赠给城市社区和乡镇的受赠单位，由受赠单位兴建，旨在开展全民健身活动的公益性体育场地设施，包括设在健身公园、广场、室内的体育设施和青少年体育俱乐部。

九、广播电影电视、新闻出版、档案

简要说明

1. 本篇资料主要反映广东省广播电影电视行业的基本情况。

2. 本篇资料主要包括：

(1)全省电影放映情况，全省广播电视从业人员和总收入，广播电视播出情况，广播电视节目制作情况，广播电视台(站)情况，有线电视用户数量，广播电视覆盖情况等。

(2)地区分全省和21个地级以上市。

(3)年份有当年、近5年和1978年以来连续年份。

3. 统计资料来源：本篇资料由广东省委宣传部、广东省广电局、广东省档案局负责整理、审核、提供。

9-1 广播电影电视综合情况

指　　标		合 计
广播电台	(座)	22
电视台	(座)	24
县、市广播电视台	(座)	79
有线广播电视用户数	(万户)	1844.92
数字电视用户数	(万户)	1760.68
从业人员	(人)	71127
总收入	(万元)	4522088.58
资产总额	(万元)	10093245.86
广播影视节目制作经营机构	(家)	1462
在册放映单位	(个)	2589
院线	(家)	45
座位数	(个)	1030042
放映场次	(万场次)	1376.75
观众人数	(万人次)	26486
放映收入	(万元)	847316

注：1.因机构改革，电影相关职能已划转至省委宣传部。
　　2.院线(家)含外省在我省经营有影院的院线数。

9-2　电影基本情况

指　　标	在册放映单位（个）	座位数（个）	放映场次（万场次）	观众人数（万人次）	放映收入（万元）
合　计	**2,589**	**1,030,042**	**1,376.75**	**26,486**	**847,316**
农　村	1,278		26.75	3,373	
城　市	1,311	1,030,042	1,350.00	23,113.00	847,316
其中：中影南方新干线	787	575,953	848.04	12,832.00	419,869
金逸珠江院线	129	104,222	150	2,639.00	87,582
广东大地	68	45,196	177.27	2,893.31	95,659

注：1．农村在册放映单位指流动放映队，没有座位数统计指标。
　　2．城市指院线的电影放映情况，未含院线外的电影放映情况。

9-3　广播电视从业人员和收入情况

指　标	从业人员（人）	编播人员	本年总收入（万元）	广告收入	网络收入
合 计	**71127**	**9411**	**4,522,088.58**	**1,139,336.11**	**809,181.77**
省 级	14940	1115	1,017,428.57	174,611.50	508,705.21
地市级	27244	4673	2,026,305.06	626,463.38	211,763.39
县 级	28943	3623	1,478,354.95	338,261.23	88,713.17

9-4 各市广播电视从业人员和收入情况

市别	从业人员（人）	编播人员	本年总收入（万元）	广告收入	网络收入
合计	**71127**	**9411**	**4522088.58**	**1139336.11**	**809181.77**
省级	14940	1115	1017428.57	174611.5	508705.21
广州	18646	1406	1604351.27	272993.18	101911.04
深圳	15085	1610	1407259.25	565369.48	133699
珠海	1028	71	48387.5	4468.79	
汕头	1512	244	60207.38	7829.26	3591.44
佛山	1860	602	51671.74	23836.05	
韶关	990	246	17210.29	3705.11	2839.29
河源	700	137	11238.77	1789.13	2340.23
梅州	1722	528	24693.59	7473.84	6682.9
惠州	1329	468	30961.18	11370.03	
汕尾	526	126	7477.22	973.52	
东莞	1288	426	43857.5	14450.77	
中山	860	313	30018.54	5785.23	
江门	1450	196	27463.53	10835.91	9949.63
阳江	1398	153	9227.21	1774.18	1343.68
湛江	2325	532	27898.81	4036.53	6672.57
茂名	907	164	20821.6	2853.42	7610.21
肇庆	923	268	14182.24	1488.3	1180.94
清远	1223	316	31589.03	11002.03	10799.92
潮州	580	116	14868.7	7209.21	5749
揭阳	1361	258	13166.69	3718.6	3413.99
云浮	474	116	8107.97	1762.04	2692.72

9-5 各市广播电视从业人员情况

单位：人

市别	2004	2005	2006	2007	2008	2009	2010	2011
合计	**37161**	**37306**	**41382**	**42988**	**45042**	**45152**	**54291**	**52718**
省级	4391	3978	4885	5873	6523	5830	15349	16661
广州	4397	3886	4078	4178	4162	4303	5219	5152
深圳	4390	4810	6434	6329	7312	7372	8866	9481
珠海	940	962	926	887	882	946	697	696
汕头	1085	1042	1132	1063	1061	1169	1232	568
佛山	2438	2634	2742	2455	2610	2260	2565	1026
韶关	1321	1263	1420	1340	1337	1358	1202	1229
河源	767	771	833	857	950	957	957	961
梅州	1564	1594	1589	1685	1660	1592	1604	1557
惠州	1466	1559	1917	1864	1915	2065	1818	1974
汕尾	257	257	1110	881	911	929	912	779
东莞	1776	1776	1669	1656	1667	1901	566	594
中山	467	498	1307	1258	1283	1515	983	827
江门	1728	1680	1794	1617	1614	1697	1625	1650
阳江	769	954	921	900	981	969	1069	1062
湛江	2205	2150	2122	2145	2131	2183	1972	1911
茂名	1244	1217	1322	1341	1404	1530	1370	1438
肇庆	1397	1430	1461	1511	1495	1559	1439	1522
清远	1001	1129	1254	1186	1285	1118	1151	1132
潮州	796	819	523	961	750	733	628	618
揭阳	2091	2202	2233	2259	2335	2335	2349	1199
云浮	671	695	710	742	774	831	718	681

9-5 续表

单位：人

市别	2012	2013	2014	2015	2016	2017	2018
合计	**53095**	**49730**	**51862**	**53547**	**52320**	**80475**	**71127**
省级	14850	15401	16771	19468	17915	14070	14940
广州	3929	3684	5402	4241	5006	18250	18646
深圳	11655	7439	9174	11234	10511	17937	15085
珠海	1234	757	620	640	561	1208	1028
汕头	958	720	486	466	453	593	1512
佛山	1382	1129	828	1083	1438	3872	1860
韶关	1102	1261	1295	1647	1148	883	990
河源	880	836	893	776	768	934	700
梅州	1422	1603	1548	1150	1452	1728	1722
惠州	2190	2131	1405	1032	950	2194	1329
汕尾	769	743	739	660	660	705	526
东莞	629	1942	1881	639	619	3692	1288
中山	817	781	874	832	660	1772	860
江门	1620	1635	1676	1696	1693	2100	1450
阳江	1011	988	707	631	797	1770	1398
湛江	1914	1880	1840	2157	2182	2396	2325
茂名	1334	1527	949	882	1025	1060	907
肇庆	1539	1513	841	820	818	1285	923
清远	1385	1310	1022	810	981	888	1223
潮州	627	637	609	635	638	720	580
揭阳	1167	1192	1705	1536	1530	1756	1361
云浮	681	621	597	512	515	662	474

9–6 各市广播电视总收入情况

单位：万元

市别	2004	2005	2006	2007	2008	2009	2010	2011
合计	**834870**	**858152**	**1000812**	**1093798**	**1251271**	**1368363.19**	**1737425.10**	**1982906.36**
省级	260385	252526	284354	352735	401465	396436.47	610925.40	820247.73
广州	122528	129262	138200	145289	168317	191880.83	270397.03	267245.55
深圳	166774	181981	238978	238537	263429	300607.93	436081.29	538217.83
珠海	21664	20224	18529	24319	26953	27624.74	23107.64	16001.29
汕头	20445	20582	21098	22926	21621	24355.40	27609.26	18627.00
佛山	57402	57427	64976	70950	79710	87946.14	74390.96	39319.00
韶关	12230	14018	15186	14755	16131	15105.96	15550.02	15029.29
河源	3726	5483	6329	7388	9611	9161.00	9990.92	9615.63
梅州	8574	8915	9973	10857	12621	13618.76	15467.66	16429.95
惠州	18469	18626	18993	18469	22721	29446.91	26208.47	32819.26
汕尾	2269	3069	5321	5034	5868	6709.50	6738.90	6890.80
东莞	32345	30764	27415	33458	53547	83140.35	49728.38	33383.11
中山	17723	12788	26819	25799	29850	29896.83	24782.06	21370.21
江门	24221	26776	28268	30595	35530	39532.27	35246.12	33422.00
阳江	3572	6950	6149	7788	8876	11230.28	11394.50	12556.47
湛江	10361	15624	15399	17017	17915	19496.88	17990.40	17352.50
茂名	9036	9789	10718	13055	15047	13925.09	13218.04	15409.88
肇庆	13818	14626	15068	16469	19090	19777.56	19558.41	21167.58
清远	8552	12146	13138	13786	16823	20456.40	19490.00	20707.80
潮州	8523	9496	7552	8269	8314	8995.00	9354.00	8816.96
揭阳	7827	9437	9330	10631	10946	12057.79	12822.24	10987.96
云浮	4426	4643	5307	5673	6887	6961.10	7373.40	7288.56

9-6 续表

单位：万元

市别	2012	2013	2014	2015	2016	2017	2018
合　计	**2144604.14**	**2364525.70**	**2491126.24**	**2612822.59**	**2686502.53**	**4160559.756**	**4522088.58**
省　级	919329.90	1101335.97	1193656.67	1346098.53	1408209.02	956734.89	1017428.57
广　州	229653.14	246306.65	311026.20	158387.18	231160.36	1162169.85	1604351.27
深　圳	598928.47	606774.91	625726.75	770883.47	727788.18	1345041.66	1407259.25
珠　海	15868.81	14078.45	14749.93	13805.97	14005.32	49689.82	48387.50
汕　头	26919.40	22547.10	15745.94	12005.94	11424.24	10835.48	60207.38
佛　山	48690.00	49296.00	41501.73	36536.38	35980.86	117057.70	51671.74
韶　关	15528.28	18252.98	19584.65	23667.98	18099.47	14866.13	17210.29
河　源	10122.66	11191.54	10186.40	10972.72	12192.86	18432.65	11238.77
梅　州	17474.43	17520.05	21583.88	22622.20	15264.15	27568.25	24693.59
惠　州	43969.10	40937.97	19805.69	14232.45	14841.76	59974.51	30961.18
汕　尾	5370.00	7048.00	7528.47	6669.80	6591.79	7100.21	7477.22
东　莞	27673.80	26124.66	22707.77	17784.40	14818.23	117174.61	43857.50
中　山	26829.22	25216.51	21577.75	24674.74	19838.03	56226.98	30018.54
江　门	34728.84	34649.56	34422.56	32563.47	31453.08	46423.07	27463.53
阳　江	13591.69	12507.09	11711.72	11634.86	13160.14	20224.42	9227.21
湛　江	17939.19	20727.26	18321.69	31486.88	22349.95	35138.59	27898.81
茂　名	16260.59	29818.12	20457.42	15411.24	20716.58	21856.57	20821.60
肇　庆	21593.42	21605.46	18678.89	13886.73	13562.17	23800.23	14182.24
清　远	24138.62	28810.61	24055.90	18608.09	21423.44	21066.73	31589.03
潮　州	9028.35	9770.36	10159.32	9371.99	10409.57	17173.13	14868.70
揭　阳	13499.08	12738.72	18814.79	13624.53	15199.4	22162.87	13166.69
云　浮	7467.15	7267.73	9122.12	7893.04	8013.93	9841.40	8107.97

9–7 各市广播电视广告收入情况

单位：万元

市别	2004	2005	2006	2007	2008	2009	2010	2011
合计	**457179**	**478666**	**567514**	**571014**	**607401**	**610611.45**	**727374.91**	**823765.35**
省级	136355	151567	200240	200254	210162	200665.87	232831.45	299310.38
广州	68032	65034	64126	68430	73900	68180.45	110370.83	87331.72
深圳	106938	117285	132859	131587	146314	162125.41	183342.26	234580.35
珠海	12773	7964	7650	9978	10469	10629.86	12138.98	13873.19
汕头	13046	13620	11973	13490	11712	14029.5	17380.36	17901
佛山	32930	29004	33879	37308	38432	32662.53	41543.9	36301
韶关	4964	5195	5638	4744	4885	3560.05	4551.1	4749.25
河源	1159	1503	1596	1938	1973	1966	1482.95	1547.76
梅州	3715	3643	4512	4455	4711	4876.49	6051.77	6577.41
惠州	8099	9924	10096	9516	10689	10821.1	11558.84	11815.75
汕尾	893	893	2310	1633	1888	2027	1961.6	2034
东莞	20949	18976	21962	25432	28027	31925.51	30640.14	31051.94
中山	9244	9050	14948	15666	16458	14952.42	16487.96	17526.26
江门	12652	12840	12641	13954	14886	16211.6	14821	15791
阳江	1614	2522	2283	2202	2122	2199.7	2760.3	2534.16
湛江	5641	6078	5376	6509	6508	7456.7	7564.9	6689.7
茂名	3096	3240	2763	3942	3170	2848.83	3315.74	3065.31
肇庆	3049	5465	4999	5486	5797	5533.16	6299.64	7076.27
清远	2954	3069	3437	3525	4475	6029.8	6776.3	8074.6
潮州	3619	4139	4379	4718	4412	4949	7215	7215.92
揭阳	4270	4303	4459	4489	4629	5225.28	6255.68	6862.01
云浮	1187	1784	1676	1760	1782	1735.19	2024.21	1856.37

9–7 续表

单位：万元

市别	2012	2013	2014	2015	表	2017	2018
合计	**896412.27**	**931328.88**	**933288.26**	**821529.55**	**620078.29**	**843989.26**	**1139336.11**
省级	341852.66	354020.54	389319.78	381736.61	222345.79	193273.14	174611.50
广州	93760.67	122190.93	90023.81	35864.78	46494.36	110308.63	272993.18
深圳	255544.66	258301.4	278726.38	264191.9	239561.41	403795.84	565369.48
珠海	13031.23	11549.2	10770.53	10151.3	10181.59	13345.03	4468.79
汕头	19070	15917.4	13273.22	9904.55	8833.63	8076.04	7829.26
佛山	42912	42693	38102.74	28136.39	20928.80	22928.65	23836.05
韶关	4817.13	5587.8	3831.82	4307.54	2086.03	2367.29	3705.11
河源	2162.78	1845.03	1816.9	2014.98	1802.08	2139.32	1789.13
梅州	7017.03	7237.74	8511.43	8686.23	1786.35	6557.71	7473.84
惠州	9886.85	10533.67	8113.14	6264.92	5915.98	10757.16	11370.03
汕尾	1702	1967.6	1431.09	1416.36	853.57	996.15	973.52
东莞	26085.96	24896.9	19957.66	14529.11	10791.05	13864.31	14450.77
中山	17480.65	16701.16	11870.76	10915.87	5544.79	9929.85	5785.23
江门	15902.3	13327.26	12885	11837.11	10785.80	10989.00	10835.91
阳江	2877.43	2720.87	2574.19	3024.14	1962.55	1566.80	1774.18
湛江	6467.46	5540.84	4900.26	1198.15	3378.02	3613.68	4036.53
茂名	3421.47	4286.14	3081.42	1297.84	3326.92	3640.79	2853.42
肇庆	7866.94	6942.2	5354.12	5135.47	3927.58	2871.73	1488.30
清远	8767.9	9730.8	7579.7	7410.96	7490.06	10395.60	11002.03
潮州	6971.24	6973.67	12558.7	5439.68	5623.08	5404.10	7209.21
揭阳	6937.5	6332.3	6580.4	6085.4	5574.80	5507.64	3718.60
云浮	1876.41	2032.43	2025.21	1980.26	884.05	1660.79	1762.04

9-8 各市广播电视网络收入情况

单位：万元

市　别	2004	2005	2006	2007	2008	2009	2010	2011
合　计	**180400**	**216617.00**	**285767.00**	**313716.00**	**387517.00**	**461008.90**	**499800.77**	**567012.62**
省　级	23535	24585.00	31659.00	30219.00	41209.00	43047.99	138962.89	264611.03
广　州	28015	29671.00	44350.00	42879.00	62684.00	69862.50	86948.44	87888.24
深　圳	31534	44850.00	70715.00	75961.00	83271.00	93066.59	103760.55	116951.29
珠　海	4722	7083.00	9412.00	12242.00	14862.00	16245.50	7941.39	851.30
汕　头	5919	5538.00	8155.00	8702.00	8777.00	9255.80	7527.35	
佛　山	19802	21500.00	28746.00	31644.00	36673.00	44292.16	26261.68	
韶　关	6163	6894.00	7216.00	8689.00	9259.00	9349.71	8743.90	7293.23
河　源	2304	2455.00	3145.00	3752.00	6109.00	5076.00	5062.22	5034.25
梅　州	2963	5068.00	4289.00	5092.00	5058.00	6251.26	6047.55	5796.70
惠　州	3548	4098.00	4665.00	5384.00	6194.00	16535.60	11537.95	8013.70
汕　尾	940	1740.00	1958.00	2689.00	3028.00	2898.00	3152.00	2934.00
东　莞	8197	8638.00	7260.00	15242.00	25183.00	49521.53	15844.82	
中　山	2715	2426.00	7757.00	9734.00	10349.00	12636.04	7566.68	
江　门	7658	10959.00	13402.00	15263.00	18722.00	22261.20	19572.90	16147.00
阳　江	2820	3667.00	2878.00	3633.00	4279.00	5151.79	6276.57	7615.29
湛　江	3323	5903.00	7819.00	7938.00	9786.00	10619.58	6822.00	8121.90
茂　名	3433	4080.00	5398.00	5723.00	8464.00	7739.54	6958.97	8053.10
肇　庆	7357	7054.00	7365.00	7973.00	9080.00	10391.86	9510.33	10939.74
清　远	4415	8184.00	8569.00	8967.00	10876.00	13029.00	10980.70	9498.20
潮　州	4372	5011.00	2869.00	3382.00	3629.00	3714.00	1689.00	1151.51
揭　阳	4458	4031.00	4311.00	5071.00	5429.00	5787.77	4969.34	1944.75
云　浮	2205	3170.00	3514.00	3536.00	4595.00	4275.48	3663.54	4167.39

9-8 续表

单位：万元

市 别	2012	2013	2014	2015	2016	2017	2018
合 计	**654750.67**	**759604.32**	**793468.90**	**777571.72**	**755637.67**	**795896.61**	**809181.77**
省 级	305713.64	366471.00	430240.88	440127.97	485256.56	476612.04	508705.21
广 州	102594.23	109489.04	111724.14	105692.30	36879.62	110334.06	101911.04
深 圳	120994.76	135784.52	135301.65	133166.20	135371.45	136505.41	133699.00
珠 海	3435.54	4446.81					
汕 头	4664.00	4157.33					3591.44
佛 山							
韶 关	8984.73	10581.40	10029.42	9864.62	5751.43	5312.07	2839.29
河 源	5346.00	5097.41	4951.70	5195.70	5240.33	2431.99	2340.23
梅 州	6610.37	6393.30	8021.87	8754.35	8356.90	5511.50	6682.90
惠 州	19179.18	21590.27	5532.42	431.10			
汕 尾	1784.00	2403.00	3005.00	2159.00	2341.27	1698.00	
东 莞							
中 山				136.86			
江 门	16961.35	20001.00	19370.40	18647.63	18573.63	11289.07	9949.63
阳 江	8085.74	7023.99	6870.69	2918.84	10593.65	6574.75	1343.68
湛 江	8830.45	9653.78	9362.38	17384.67	13245.53	8648.27	6672.57
茂 名	9269.07	21293.44	14286.42	11418.21	10675.46	9824.26	7610.21
肇 庆	9718.71	10104.78	4183.31	2553.38	2360.50	1731.05	1180.94
清 远	13004.90	15507.10	13527.60	7873.44	10370.40	6555.00	10799.92
潮 州	1495.65	1887.18	6621.17	2392.15	2606.05	5630.00	5749.00
揭 阳	3789.69	2897.90	4709.80	4153.10	3499.50	3574.73	3413.99
云 浮	4288.66	4821.07	5730.05	4702.20	4515.39	3664.41	2692.72

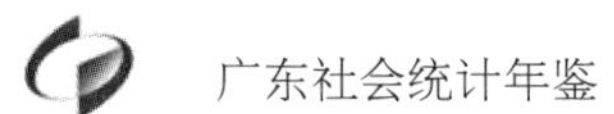

9-9 广播电视基本情况

年 份	从业人员(人)	编播人员	本年总收入(万元)	广告收入	网络收入
2000	24716	5820	402611.00	220915.00	
2001	25562	5826	446595.00	230836.00	
2002	28032	6268	565974.00	307525.00	116723.00
2003	30352	6826	649639.00	361327.00	137661.00
2004	37161	7058	834870.00	457179.00	180400.00
2005	37306	7250	858152.00	478666.00	216617.00
2006	41382	7403	1000812.00	567514.00	285767.00
2007	42988	7595	1093798.00	571014.00	313716.00
2008	45042	7639	1251271.00	607401.00	387517.00
2009	45152	8247	1368363.19	610611.45	461008.90
2010	54291	8890	1737425.10	727374.91	499800.77
2011	52718	8460	1982906.36	823765.35	567012.62
2012	53095	8560	2144604.14	896412.27	654750.67
2013	49730	8362	2364525.70	931328.88	759604.32
2014	51862	7092	2491126.24	933288.26	793468.90
2015	53547	8345	2612822.59	821529.55	777571.72
2016	52320	8792	2686502.53	620078.29	755637.67
2017	80475	10302	4160559.76	843989.26	795896.61
2018	71127	9411	4522088.58	1139336.11	809181.77

9-10　广播电视播出情况

指　　标	广播节目套数（套）	全年公共广播节目播出时间（小时）	电视节目套数（套）	全年公共电视节目播出时间（小时）
合　　计	**135**	**808415**	**159**	**848494**
省　　级	9	77567	13	99434
地 市 级	56	368597	62	397292
县　　级	70	362251	84	351768

9-11　各市广播电视播出情况

市　　别	广播节目套数（套）	全年公共广播节目播出时间（小时）	电视节目套数（套）	全年公共电视节目播出时间（小时）
合　　计	**135**	**808415**	**159**	**848494**
省　　级	9	77567	13	99434
广　　州	7	54145	13	103809
深　　圳	5	32789	11	87627
珠　　海	4	30601	3	15394
汕　　头	6	40304	6	35989
佛　　山	6	52560	5	33001
韶　　关	6	20357	10	40863
河　　源	7	25503	7	25623
梅　　州	8	31541	7	34536
惠　　州	7	45862	7	43881
汕　　尾	5	33075	5	27192
东　　莞	3	23725	2	12774
中　　山	2	14600	3	19710
江　　门	8	53291	10	58415
阳　　江	3	21339	6	18323
湛　　江	7	32835	8	24248
茂　　名	7	22502	8	38279
肇　　庆	9	60585	9	31820
清　　远	9	41479	8	30396
潮　　州	5	26134	7	25506
揭　　阳	7	39380	6	24351
云　　浮	5	28241	5	17323

9-12 各市公共广播节目播出时间情况

单位：小时

市别	2004	2005	2006	2007	2008	2009	2010	2011
合计	**682715**	**704912**	**746528**	**753474**	**755343**	**778520**	**764901**	**772551**
省级	57981	77460	77460	77460	62971	75177	75177	77600
广州	36596	38426	40347	50975	52228	52684	47583	50992
深圳	28573	30002	31502	34087	42119	42400	40818	42680
珠海	18175	19084	20038	21437	20805	20622	20805	18241
汕头	31922	33518	35194	35198	35213	38015	40515	26280
佛山	41640	43722	45908	50917	51934	44153	32560	35370
韶关	41750	43837	46029	33066	29178	30627	30542	24945
河源	29953	31450	33023	32908	30567	37038	37045	36050
梅州	28788	30228	31739	33682	41617	37149	35330	36690
惠州	32581	34210	35921	37519	32777	35365	35233	39298
汕尾	13826	14517	15243	16684	17240	23139	22931	24870
东莞	14331	15048	15800	15790	16912	17520	17520	17520
中山	9195	9655	10138	12409	7697	9901	7838	14600
江门	41815	43906	46101	46191	47274	47930	48783	49093
阳江	18192	19102	20057	17878	19909	19902	19902	20430
湛江	41362	43430	45602	45600	45356	41660	46868	46777
茂名	36204	38014	39915	39809	39835	39957	40241	33137
肇庆	49410	51880	54474	54620	54651	53961	53961	53960
清远	32298	33913	35609	34604	35212	38965	38469	37595
潮州	17712	18597	19527	12730	21603	25178	25585	25863
揭阳	21274	22338	23455	26235	26439	25130	25126	38083
云浮	21261	22324	23440	23667	23801	22040	22065	22474

9-12 续表

单位：小时

市　别	2012	2013	2014	2015	2016	2017	2018
合　计	**798898**	**767484**	**766093**	**747116**	**815619**	**783086**	**808415**
省　级	77600	78080	78387	78388	65622	73797	77567
广　州	54840	55676	54088	54186	66691	52583	54145
深　圳	39840	34912	37345	36394	46124	37547	32789
珠　海	18241	18606	6095	29565	30625	13893	30601
汕　头	18080	27526	26280	26280	24132	24132	40304
佛　山	31172	52560	52560	52560	52560	52560	52560
韶　关	36310	32950	31383	19117	24777	22744	20357
河　源	32867	18205	27541	17884	22082	25002	25503
梅　州	38641	38305	36707	37531	42467	30958	31541
惠　州	41224	41869	48694	47834	48474	47926	45862
汕　尾	24870	24870	24890	24890	20934	27903	33075
东　莞	17520	19084	23725	23768	3925	23725	23725
中　山	19620	14600	14600	14600	15229	14620	14600
江　门	49145	46939	46939	46538	48528	53466	53291
阳　江	20430	6971	6971	6972	19364	20192	21339
湛　江	47434	39655	40378	33030	42277	32854	32835
茂　名	36247	25969	26016	19812	33480	39784	22502
肇　庆	53528	52799	52768	52082	57069	59316	60585
清　远	36256	36174	36622	36536	47837	35552	41479
潮　州	32879	32548	32761	32839	36630	26132	26134
揭　阳	38801	38083	38078	39428	40095	40091	39380
云　浮	33349	31096	23262	16882	26697	28309	28241

9-13 各市公共电视节目播出时间情况

单位：小时

市　别	2004	2005	2006	2007	2008	2009	2010	2011
合　计	**450713**	**499719**	**612264**	**643134**	**653263**	**678278**	**662706**	**781663**
省　级	76207	83693	101732	110452	104043	115326	100017	135682
广　州	53262	55925	58721	60153	63587	64896	63644	70260
深　圳	57433	60305	63320	68927	72344	79934	79422	79137
珠　海	12559	13187	13846	14906	14811	14495	14768	23388
汕　头	21080	22134	23241	24176	24797	25735	27913	25276
佛　山	33369	35037	36789	31720	34132	33309	34404	36497
韶　关	32354	33971	35670	25021	30336	30430	30017	31668
河　源	11503	12078	12682	39330	37601	44447	40353	35442
梅　州	31546	33123	34779	43588	43559	37968	35313	43845
惠　州	28160	29568	31046	32409	29364	28093	27202	32086
汕　尾	10204	10714	11250	8540	8600	9109	9833	10658
东　莞	11918	12514	13140	13140	13480	12719	9635	10159
中　山	10391	10910	11456	12900	10086	12708	13201	20415
江　门	23549	24727	25963	27364	32838	33042	33042	35021
阳　江	11572	12150	12758	16373	13798	11283	10607	28087
湛　江	18872	19815	20806	19701	19992	30136	32236	32642
茂　名	19692	20676	21710	18331	18496	18613	20948	23416
肇　庆	10924	11470	12044	12045	11680	11497	11489	12407
清　远	10594	11124	11680	7151	11840	12715	13025	28947
潮　州	13010	13661	14344	11132	18696	18746	19059	19211
揭　阳	10866	11410	11980	12718	12684	21891	22588	18143
云　浮	30206	31716	33302	33053	26494	11181	13986	29273

9-13 续表

单位：小时

市别	2012	2013	2014	2015	2016	2017	2018
合计	**744564**	**703381**	**751274**	**728129**	**740089**	**803502**	**848494**
省级	119051	113995	115391	61849	88996	96805	99434
广州	49871	67223	97623	98352	84877	101803	103809
深圳	91273	86610	110890	102649	114027	109414	87627
珠海	14595	14601	243	15634	13095	16030	15394
汕头	31543	24122	21920	22103	22164	22103	35989
佛山	33897	28730	32825	33368	33489	34303	33001
韶关	23273	19843	22598	14034	15096	20758	40863
河源	30007	24763	42014	24926	24313	26768	25623
梅州	42569	42124	31990	28940	35200	35445	34536
惠州	33449	33410	28073	28200	28484	38187	43881
汕尾	15740	15740	15762	15761	15747	12006	27192
东莞	10159	13140	13140	13140	11576	12410	12774
中山	19534	13224	17368	19710	13910	19710	19710
江门	42210	45031	39957	49636	52761	58818	58415
阳江	26789	10725	10725	13730	21891	14180	18323
湛江	34495	28268	28335	17171	17639	34057	24248
茂名	24440	20361	20467	22573	37640	39538	38279
肇庆	12410	12410	12410	13140	13140	13140	31820
清远	31941	29378	22192	80741	40670	32030	30396
潮州	17746	20612	20626	20161	19991	25488	25506
揭阳	19150	18115	18046	19658	20851	23007	24351
云浮	20417	20950	28672	12653	14532	17502	17323

9-14 广播电视播出情况

年 份	广播节目套数（套）	全年公共广播节目播出时间（小时）	电视节目套数（套）	全年公共电视节目播出时间（小时）
2000	114	654,810	118	460,560
2001	117	673,060	125	499,668
2002	118	678,170	119	428,844
2003	118	674,520	118	436,696
2004	114	682,715	115	450,713
2005	123	704,912	123	499,719
2006	120	746,528	125	612,264
2007	125	753,474	139	643,134
2008	125	755,343	152	653,263
2009	125	778,520	152	678,278
2010	125	764,901	143	662,706
2011	129	772,551	143	781,663
2012	129	798,898	134	744,564
2013	129	767,484	134	703,381
2014	148	766,093	163	751,274
2015	206	747,116	222	728,129
2016	132	815,619	142	740,089
2017	131	783,086	154	803,502
2018	135	808,415	159	848,494

9－15　广播电视节目制作情况

指　标	全年制作广播节目时间 (小时)	全年制作电视节目时间 (小时)
合　计	**603454**	**257035**
省　级	70149	15258
地 市 级	326896	108365
县　级	206409	133412

9－16　各市广播电视节目制作情况

市　别	全年制作广播节目时间 (小时)	全年制作电视节目时间 (小时)
合　计	**603454**	**257035**
省　级	70149	15258
广　州	54958	31349
深　圳	38522	103622
珠　海	30183	4292
汕　头	27507	3833
佛　山	64158	3333
韶　关	5557	9248
河　源	10392	2893
梅　州	15389	4043
惠　州	29097	2258
汕　尾	21617	8938
东　莞	23732	911
中　山	17239	9282
江　门	43474	10914
阳　江	19165	621
湛　江	14131	3194
茂　名	10612	16860
肇　庆	39470	7239
清　远	13776	5918
潮　州	14082	2373
揭　阳	24931	5963
云　浮	15313	4693

9-17 各市制作广播节目时间情况

单位：小时

市　别	2004	2005	2006	2007	2008	2009	2010	2011
合　计	**395048**	**467003**	**446025**	**499438**	**489136**	**471586**	**539670**	**514492**
省　级	37367	41104	40540	40565	41481	73908	72479	73278
广　州	33459	36805	38645	42381	43789	35178	51358	42282
深　圳	23730	26103	27408	32809	40131	35150	40005	40101
珠　海	11162	12278	12892	19758	17755	17065	15671	17876
汕　头	5818	6400	6720	27810	28421	26837	27107	18788
佛　山	34058	37464	39337	34044	40125	25461	32560	28968
韶　关	13930	15323	16089	13917	8178	8027	9532	8417
河　源	6411	7052	7405	10631	11204	12989	12401	10292
梅　州	10549	11604	12184	14683	6270	18164	15884	15739
惠　州	22074	24282	25496	18170	19716	19506	24850	22462
汕　尾	8284	9112	9568	16315	15065	12261	16262	16680
东　莞	12009	13210	13870	13932	14863	16145	17520	17520
中　山	8777	9655	10138	12409	6697	9024	6861	8400
江　门	32029	35231	36993	34463	37311	32682	38165	39256
阳　江	6021	6623	6954	6416	6309	6456	7956	7544
湛　江	26872	29559	31037	32237	32631	27636	30215	20663
茂　名	9750	10725	11261	17228	16053	14154	17296	8564
肇　庆	32114	35326	37092	39480	38145	27781	37791	39073
清　远	16780	18458	19381	25425	18224	18810	24169	25625
潮　州	9292	10221	10732	8667	11031	10899	11376	11620
揭　阳	11570	12727	13363	19065	16715	16555	15975	25852
云　浮	16381	18019	18920	19033	19022	9898	14237	15492

9-17 续表

单位：小时

市别	2011	2012	2013	2014	2015	2016	2017	2018
合计	**514492**	**535125**	**612439**	**607735**	**678389**	**620866**	**595865**	**603454**
省级	73278	73867	77256	78673	79554	65215	47791	70149
广州	42282	41278	77017	84609	84244	67679	51638	54958
深圳	40101	35669	29653	32619	34631	55965	37505	38522
珠海	17876	17508	18111	5034	56030	39690	55036	30183
汕头	18788	15633	27117	25871	25872	12240	12240	27507
佛山	28968	31172	40573	52560	51533	52561	52584	64158
韶关	8417	8188	16601	14456	26529	11963	14478	5557
河源	10292	10268	13880	13872	11261	12090	10525	10392
梅州	15739	17832	16272	20310	13296	6437	15838	15389
惠州	22462	25521	27173	34728	31873	29463	33437	29097
汕尾	16680	16680	16680	16700	16700	14860	12536	21617
东莞	17520	17520	19084	23725	23768	10415	23737	23732
中山	8400	16886	16768	15564	15436	22616	7171	17239
江门	39256	39161	39360	39408	40593	38869	41048	43474
阳江	7544	7544	7104	7104	7105	12461	18762	19165
湛江	20663	20111	28449	28468	29444	27458	11120	14131
茂名	8564	13952	21820	3229	7024	17343	44575	10612
肇庆	39073	39231	38867	36341	38902	40116	38661	39470
清远	25625	24161	24134	21532	25865	30645	21912	13776
潮州	11620	13395	12881	12992	13013	19918	12835	14082
揭阳	25852	25564	19535	23024	23568	16578	25561	24931
云浮	15492	23984	24097	16910	22148	16284	6875	15313

9-18 各市制作电视节目时间情况

单位：小时

市别	2004	2005	2006	2007	2008	2009	2010	2011
合计	**88732**	**106478**	**138422**	**132211**	**124308**	**114538**	**126595**	**148701**
省级	23424	28108	36541	33896	33404	27319	28789	42409
广州	11033	13240	17212	15926	11744	12370	10072	11797
深圳	13903	16684	21689	28061	30360	28768	36067	34523
珠海	5635	6762	8791	2042	2664	2618	1874	1874
汕头	1388	1665	2165	2171	2365	2528	2411	2411
佛山	4226	5071	6592	5421	5650	2899	2922	4568
韶关	2524	3029	3938	5583	5779	5018	4956	3906
河源	417	500	650	3514	2976	2163	2351	3231
梅州	1886	2263	2942	3654	2197	4100	5583	6090
惠州	3506	4208	5470	3407	1597	1927	2164	2340
汕尾	965	1158	1505	1870	1524	1487	3255	3254
东莞	1186	1423	1850	2023	3018	2840	3031	3070
中山	1227	1472	1914	1903	1596	1578	1826	1244
江门	2383	2860	3718	3980	2369	2239	4109	6914
阳江	1669	2002	2603	2463	2128	1047	1514	1572
湛江	2303	2764	3593	3602	3727	3306	3814	3750
茂名	2148	2578	3351	2670	3325	3348	3696	1946
肇庆	822	986	1282	1282	580	1414	1489	1338
清远	2230	2676	3479	3217	1629	1677	2033	2757
潮州	508	609	792	845	1185	1600	1790	1109
揭阳	896	1075	1398	2070	1781	2114	2082	1851
云浮	4453	5344	6947	2611	2710	2178	2767	3747

9-18 续表

单位：小时

市别	2012	2013	2014	2015	2016	2017	2018
合计	**173771**	**175785**	**192757**	**334711**	**317897**	**252812**	**257035**
省级	37563	35536	34296	155649	20931	10965	15258
广州	18228	11807	14334	13155	102626	69047	31349
深圳	62022	43884	44642	46603	97659	54046	103622
珠海	1985	2012	3252	3616	11865	2650	4292
汕头	2342	3580	1408	1117	1128	1112	3833
佛山	3361	5180	2940	2718	2572	2813	3333
韶关	5910	5271	4225	7966	4879	12513	9248
河源	3690	3749	4076	3296	2399	2210	2893
梅州	6851	5926	7577	4868	3849	5342	4043
惠州	2665	2674	3832	3994	2684	1832	2258
汕尾	3254	3254	3274	3274	3344	6460	8938
东莞	3070	3558	3268	2680	1315	1931	911
中山	1584	2200	2578	2484	2362	768	9282
江门	5923	6548	8930	11310	20255	17620	10914
阳江	1649	1672	1698	1797	1598	588	621
湛江	3323	2964	3015	2942	2930	4456	3194
茂名	1576	1757	1709	2729	10181	25375	16860
肇庆	1026	1673	3008	1845	1894	8650	7239
清远	2015	2804	2495	53597	12544	13872	5918
潮州	1280	3775	1109	1147	2488	1403	2373
揭阳	2575	2682	2906	2877	3443	5923	5963
云浮	2879	3274	3792	5047	4951	3236	4693

9-19 广播电视制作情况

年 份	全年制作广播节目时间（小时）	全年制作电视节目时间（小时）
2000	513160	75822
2001	471641	106173
2002	485671	76220
2003	511631	84003
2004	395048	88732
2005	467003	106478
2006	446025	138422
2007	499438	132211
2008	489136	124308
2009	471586	114538
2010	539670	126595
2011	514492	148701
2012	535125	173771
2013	612439	175785
2014	607735	192757
2015	678388	334711
2016	620866	317897
2017	595865	252812
2018	603454	257035

9-20 广播电视有线传输情况

年 份	有线广播电视用户数（万户）	数字电视用户数（万户）
2000	785	
2001	810.4	
2002	931.8	
2003	986.8	
2004	1094.7	33.8
2005	1121.9	100.6
2006	1248.3	195.6
2007	1345.7	355.9
2008	1493.8	517.2
2009	1570.17	701.97
2010	1701.53	950.45
2011	1825.03	1116.93
2012	1913.01	1432.87
2013	1960	1571.11
2014	1970	1550.01
2015	1972.78	1487.43
2016	2017.083	1755.87
2017	1798.13	1691.66
2018	1844.92	1760.68

9-21 广播电视覆盖情况

单位：%

年　份	广播综合人口覆盖率	电视综合人口覆盖率
1980	21.7	44.7
1981	30	68
1982	69	73
1983	69.8	74.5
1984	69.8	74.5
1985	70.3	80
1986	71.5	82
1987	75	82
1988	78	84
1989	82.4	86.3
1990	90.1	90.6
1991	90.3	90.8
1992	90.4	90.9
1993	90.4	91
1994	90.6	91
1995	90.6	91
1996	92	92.4
1997	92	92.4
1998	92	92.4
1999	96	96.4
2000	96	96.4
2001	96	96.4
2002	96	96.4
2003	96	96.4
2004	96.1	96.4
2005	96.1	96.4
2006	96.4	96.7
2007	97	97.3
2008	97.1	97.4
2009	97.5	97.7
2010	98	98
2011	98	98
2012	99.9	99.9
2013	99.9	99.9
2014	99.9	99.9
2015	99.9	99.9
2016	99.9	99.9
2017	99.9	99.9
2018	99.9	99.9

9−22 图书、杂志、报纸出版数量

项 目	2004	2005	2006	2007	2008	2009	2010
图书出版							
种数 (种)	5245	5908	5800	5646	6318	5881	6354
总印数 (万册)	25732	22600	26993	23234	28005	23101	23133
总印张数（千印张）	1629856	1514191	1901857	1575820	2036526	1746376	1597299
杂志出版							
种数 (种)	379	366	379	379	380	381	381
总印数 (万册)	19941	20371	23558	25969	24608	22594	21201
总印张数（千印张）	901843	1116814	1344451	1495214	1393465	1332364	1251752
报纸出版							
种数 (种)	100	102	101	101	101	100	100
总印数 (万份)	438528	398152	434279	426039	439352	455781	455912
总印张数（千印张）	29196999	28996964	29576392	28371149	39628060	42461585	43788152

注：2000年开始报纸出版统计不包校报、院报。

9−22 续表

项目	2011	2012	2013	2014	2015	2016	2017	2018
图书出版								
种数 (种)	7257	9851	10355	9495	10089	10840	9868	11033
总印数 (万册)	32637	29622	33022	29867	31287	31195	30202	35257
总印张数（千印张）	2354474	2228062	2524984	2326580	2434970	2419143	2316856	2635074
杂志出版								
种数 (种)	381	381	381	381	382	381	381	380
总印数 (万册)	20403	18572	17460	15520	14458	12270	11428	10753
总印张数（千印张）	1238767	1121048	1080030	917005	844427	663517	607564	562385
报纸出版								
种数 (种)	99	101	101	101	100	99	99	99
总印数 (万份)	457530	453166	436021	389869	327660	298845	274299	221184
总印张数（千印张）	42884951	41319185	38654745	31458182	20081573	16595386	14268079	9991560

注：2000年开始报纸出版统计不包校报、院报。

9-23 报纸出版情况(2018年)

项目	种数(种)	平均每期印数(万份)	总印数(万份)	总印张(千印张)	定价总金额(万元)
合计	**99**	**805**	**221184**	**9991560**	**366040**
综合报	49	594	194000	8696048	305751
专业报	33	135	20756	1077338	44186
生活服务报	11	18	891	88785	4736
读者对象报	5	47	4454	96902	9201
文摘报	1	11	1083	32487	2166
1.省级	32	412	104227	5512650	201169
综合	5	292	87969	4484626	162584
专业报	17	94	14266	917525	32485
生活服务报	9	17	838	87431	4543
读者对象报	1	8	1153	23068	1557
文摘报					
2.地市级	67	393	116958	4478911	164872
综合报	44	301	106031	4211422	143167
专业报	16	41	6490	159813	11701
生活服务报	2	1	53	1354	193
读者对象报	4	39	3301	73834	7644
文摘报	1	11	1083	32487	2166
3.县级					
综合报					
专业报					
生活服务报					
读者对象报					
文摘报					

9-24 期刊出版情况(2018年)

项目	种数(种)	平均(万册)	总印数(万册)	总印张数(千印张)	总金额(万元)
合计	**380**	**508.05**	**10753.06**	**562384.66**	**91672.7**
综合	27	21.87	352.84	22234.3	4474.22
哲学、社会科学	96	227.4	4923.7	249666.82	35022.65
自然科学、技术	179	181.29	3965.69	197997.76	32913.76
文化、教育	47	59.36	1252.29	71440.76	15522.04
文学、艺术	31	18.13	258.54	21045.02	3740.03
其中：少儿读物	10	52.61	1476.18	44715.62	11208.11
画刊	3	4.02	56.68	4832.54	1078

9-25 图书出版情况(2018年)

项目	种数(种)			租型图书	总印数(万册、张)			
	合计	新出	重印	种数(种)	合计	新出	重印	租型
合　计	**11031**	**5793**	**5238**	**155**	**35254**	**5735**	**21226**	**8292**
马克思主义、列宁主义、毛泽东思想	23	7	16		4.19	1.23	2.96	
哲学	184	140	44		84.43	51.67	32.76	
社会科学总论	98	53	45		37.13	23.98	13.15	
政治、法律	368	296	72		383.44	160.64	222.80	
军事	19	10	9		10.04	5.69	4.34	
经济	599	383	216		271.07	176.98	94.09	
文化	5643	1986	3657	155	31599.98	3686.24	19621.36	8292.38
语言	290	155	135		191.28	86.62	104.66	
文学	1562	1175	387		1604.00	858.80	745.21	
艺术	633	522	111		359.85	232.76	127.09	
历史、地理	478	356	122		223.60	159.43	64.18	
自然科学总论	6	6			2.10	2.10		
数理科学、化学	65	24	41		11.50	5.72	5.78	
天文学、地球科学	41	32	9		8.58	7.63	0.96	
生物科学	63	44	19		43.47	26.63	16.84	
医药卫生	353	241	112		131.52	77.36	54.16	
农业科学	68	49	19		23.31	14.69	8.62	
工业技术	371	184	187		151.78	109.73	42.05	
交通运输	28	14	14		50.43	3.38	47.05	
航空、航天	1		1		0.20		0.20	
环境科学	39	22	17		24.62	10.54	14.08	
综合性图书	99	94	5		37.39	33.51	3.88	

注：不包含不适用《中国标准书号》部分。

9-25 续表

项　　目	总印张(千印张)				定价总金额(万元)			
	合计	新出	重印	租型	合计	新出	重印	租型
合　计	**2634929**	**502992**	**1511583**	**620355**	**463910**	**159736**	**243025**	**61149**
马克思主义、列宁主义、毛泽东思想	297.35	169.40	127.95		197.90	156.08	41.82	
哲学	11364.42	7057.41	4307.01		3936.10	2482.38	1453.72	
社会科学总论	4779.13	2666.22	2112.91		1430.98	941.37	489.61	
政治、法律	37568.42	20787.49	16780.93		10149.81	6784.92	3364.89	
军事	1520.00	873.46	646.54		405.13	255.70	149.43	
经济	40837.04	28797.03	12040.01		13801.29	10476.10	3325.19	
文化	2279326.21	278679.88	1380291.59	620354.74	333081.13	66903.33	205028.59	61149.21
语言	21852.20	8528.30	13323.90		6127.85	2746.79	3381.06	
文学	127568.76	80445.81	47122.96		40935.79	27280.73	13655.07	
艺术	25830.02	19018.89	6811.12		17579.78	14793.51	2786.27	
历史、地理	26665.47	19044.36	7621.11		12775.07	10365.77	2409.30	
自然科学总论	163.30	163.30			85.81	85.81		
数理科学、化学	1653.63	720.36	933.27		391.75	208.96	182.80	
天文学、地球科学	558.83	452.82	106.01		395.18	354.40	40.78	
生物科学	2839.52	2204.63	634.89		1595.92	945.18	650.75	
医药卫生	14949.55	9155.53	5794.02		6376.64	4293.82	2082.82	
农业科学	2069.86	1512.94	556.91		894.93	673.57	221.36	
工业技术	23426.52	17444.04	5982.48		8350.45	6731.66	1618.79	
交通运输	5989.86	379.75	5610.10		1944.81	171.86	1772.95	
航空、航天	12.00		12.00		3.20		3.20	
环境科学	1542.65	1044.14	498.51		661.78	364.09	297.70	
综合性图书	4114.26	3845.94	268.32		2788.33	2719.74	68.59	

9-26 电子出版物出版情况(2018年)

单位：种、万张

	合计		#新版	
	种数	数量	种数	数量
总 计	**270**	**588.49**	**75**	**18.58**
CD-ROM	212	573.48	44	8.58
DVD-ROM	45	9.57	19	5.07
CD-I及其他	13	5.44	12	4.93

9-27 录像制品出版情况(2018年)

单位：种、万盒(张)

	合计		#新版	
	种数	数量	种数	数量
总 计	**291**	**68.51**	**272**	**44.36**
VT				
VCD	4	1.8221		
DVD-V	270	62.49	255	40.16

9-28 录音制品出版情况(2018年)

单位：种、万盒(张)

	合计		#新版	
	种数	数量	种数	数量
总 计	**688**	**1201.33**	**473**	**270.6**
AT	99	82.08	1	0.49
CD	469	1108.25	368	260.05
DVD-A				

9-29 档案机构基本情况(2018)

指　　标		各级各类档案馆
机构数	(个)	187
从业人员	(人)	1960
专职		1925
一、馆藏档案情况		
全宗	(个)	19407
案卷	(卷)	40509485
以件为保管单位档案	(件)	20422875
电子档案		
其中：数码照片GB		108283
数字录音、数字录像GB		127022
实物档案	(件)	151340
档案数字化成果		
纸质档案		
案卷	(卷)	23290169
以件为保管单位档案	(件)	14539610
二、档案利用情况		
1.已开放档案		
案卷	(卷)	3108813
以件为保管单位档案	(件)	515082
2.开放档案目录		
案卷级	(万条)	834
文件级	(万条)	97619
3.本年利用档案		
人次	(人次)	3867066
卷(件)次		5607792

9-30 各级各类档案馆基本情况(2018)

指标	档案馆（个）	从业人员（人）	馆藏档案	
			全宗（个）	案卷（卷）
合计	**178**	**1841**	**18855**	**38656302**
广州	15	312	1954	13908072
深圳	12	61	713	1899066
珠海	5	69	647	2575692
汕头	10	62	1008	483155
佛山	7	136	1532	2141476
韶关	12	112	1327	846668
河源	8	68	777	393396
梅州	12	98	1024	581552
惠州	8	96	1012	933307
汕尾	6	18	355	161416
东莞	3	31	370	502947
中山	3	85	247	6932743
江门	12	108	902	2763997
阳江	6	87	618	424618
湛江	14	108	1105	1113849
茂名	7	82	876	513454
肇庆	10	82	1016	736060
清远	10	89	1644	1032221
潮州	6	34	527	227084
揭阳	6	44	434	148693
云浮	6	59	767	336836

注：本表不包省直数据。

主要统计指标解释

广播(电视)节目套数 是指用固定的频率(频道)自办广播(电视)节目，并编排有整套节目时间表，定期向听众(观众)播放节目名称和播出时间。

广播综合人口覆盖率 是指广播综合覆盖的人口与总人口的比率。

电视综合人口覆盖率 是指电视综合覆盖人口与总人口的比率。

图书 是指不少于 49 页并在“古籍”范围以外的图书。少儿读物、连环画 49 页以上的按图书统计，48 页以下的按小册子统计到“其他”类中。

报刊 报纸是指刊登当前实践的专题或综合新闻，每周至少出版一张并按年、月、日出版的定期或不定期的一种连续出版物。

档案利用卷次 按当年每日提供案卷的数量累计填报。一个利用者上、下午利用同一案卷，按 1 卷次计算；一个利用者连续若干天利用同一案卷，用 1 天计算 1 卷次；一个案卷外借若干天，按 1 卷次计算。

十、社会参与

简要说明

1. 本篇资料主要反映广东省工会、共青团、注册志愿者、妇联、残联、人大、政协、宗教、扶贫等情况。

2. 本篇资料主要包括：

(1)工会数量、会员人数及构成：共青团组织数量、团干部及团员数量；志愿者组织数量及分布、注册志愿者参与状况；妇联组织数量及分布、妇女参与状况；残疾人康复与发展、残疾人就业；人大代表和政协委员数量及构成；宗教活动场所、宗教教职人员等。

(2)地区分全省和各地级以上市。

(3)年份主要为当年、近 5 年和 1978 年以来数据。

3. 计资料来源：本篇资料由省总工会、共青团广东省委员会、省妇女联合会、省残疾人联合会、省人民代表大会、中国人民政治协商会议广东省委员会、省民族宗教事务委员会、省文联负责整理、审核、提供。

10-1 工会基层组织建设状况

分组	基层工会（个）	独立基层工会（个）	联合基层工会（个）	基层工会涵盖单位（个）	职工（人）	女性（人）
总　计	**257100**	**244212**	**12888**	**743383**	**31430448**	**13902614**
国有企业(仅指非公司制企业，不包括国有独资公司、国有控股公司)	5808	5632	176	23721	1256981	419277
集体企业	5335	4886	449	15881	599207	246860
股份合作企业	1960	1875	85	9244	422880	186424
联营企业	378	339	39	3427	105593	42859
国有独资公司	1021	993	28	2010	247730	74106
其他有限责任公司	15705	15468	237	21303	1727105	768271
股份有限公司中的国有控股公司	1199	1161	38	2494	561788	205829
其他股份有限公司	2474	2392	82	5877	650757	276764
私营企业	154796	147863	6933	388563	13441466	5918459
其他内资企业	1173	966	207	6632	290190	131944
港澳台商投资企业	13771	13626	145	21095	3661486	1760414
外商投资企业	9079	8989	90	10539	2389453	1153016
财政拨款的事业单位	11770	11121	649	23408	1331210	691386
其他事业单位	7985	6945	1040	61513	1399346	676131
机关	9767	9111	656	27839	1261724	467180
个体经济组织	12056	10988	1068	65963	800961	349020
社会团体	768	328	440	32019	621611	230384
民办非企业单位	886	854	32	1295	88799	55876
基金会	5	4	1	14	2181	956
其他组织	1164	671	493	20546	569980	247458

10-1 续表

分　组			工会会员（人）			
	农民工（人）	女性农民工（人）		女性（人）	农民工（人）	女性农民工（人）
总　计	**19830163**	**8615056**	**29665300**	**13280873**	**19009946**	**8274662**
国有企业(仅指非公司制企业，不包括国有独资公司、国有控股公司)	386043	106549	1178430	397224	356608	98693
集体企业	343853	144752	562277	233343	327391	138113
股份合作企业	296839	125115	384135	172331	269806	113768
联营企业	73911	27773	96835	39643	67011	25424
国有独资公司	57862	13050	221933	70800	53581	11490
其他有限责任公司	1120411	483354	1632107	734764	1074604	465486
股份有限公司中的国有控股公司	133284	42083	531848	195980	123936	39469
其他股份有限公司	408655	160918	612817	260012	390896	148880
私营企业	9459693	4113808	12756854	5674291	9129992	3968472
其他内资企业	182850	72528	269483	123634	173393	69131
港澳台商投资企业	2893894	1365977	3423428	1661758	2773587	1313056
外商投资企业	1777753	838409	2252534	1106115	1713830	808883
财政拨款的事业单位	259819	90980	1288036	672731	251743	87031
其他事业单位	695635	309406	1334718	657894	681793	304828
机关	467159	186468	1208098	447421	444646	174700
个体经济组织	487035	197269	776889	342970	481245	195083
社会团体	328991	135162	515404	199071	260809	120114
民办非企业单位	44786	28168	76403	49208	39019	24792
基金会	192	40	2181	956	192	40
其他组织	411498	173247	540890	240727	395864	167209

10-2 工会基层组织建设状况

分　组	专职工会工作人员（人）	女性（人）	专职工会工作人员年龄构成 35岁及以下（人）	36-50岁（人）	51岁及以上（人）
总　计	**44033**	**18234**	**19934**	**19034**	**5065**
国有企业(仅指非公司制企业，不包括国有独资公司、国有控股公司)	3141	1462	720	1697	724
集体企业	860	405	319	409	132
股份合作企业	482	225	221	213	48
联营企业	55	31	28	20	7
国有独资公司	584	276	141	283	160
其他有限责任公司	3482	1223	1865	1346	271
股份有限公司中的国有控股公司	1078	506	262	580	236
其他股份有限公司	771	312	413	285	73
私营企业	17653	7377	9498	6915	1240
其他内资企业	430	96	195	201	34
港澳台商投资企业	2941	1065	1352	1369	220
外商投资企业	2863	1011	1579	1050	234
财政拨款的事业单位	2595	1127	798	1244	553
其他事业单位	2234	1010	704	1139	391
机关	2964	1175	805	1569	590
个体经济组织	487	286	291	164	32
社会团体	338	164	193	117	28
民办非企业单位	460	217	265	162	33
基金会	6	1		3	3
其他组织	609	265	285	268	56

10-2 续表

分　组	专职工会工作人员文化程度构成				
	研究生（人）	大学本科（人）	大专（人）	高中（中专、中技）（人）	初中及以下（人）
总　计	**1201**	**14947**	**16306**	**9287**	**2292**
国有企业(仅指非公司制企业，不包括国有独资公司、国有控股公司)	133	1386	1047	503	72
集体企业	4	277	316	227	36
股份合作企业	10	118	182	124	48
联营企业		23	18	14	
国有独资公司	43	349	147	43	2
其他有限责任公司	85	1152	1124	818	303
股份有限公司中的国有控股公司	81	557	316	101	23
其他股份有限公司	21	305	265	159	21
私营企业	285	4974	6935	4460	999
其他内资企业	2	137	197	86	8
港澳台商投资企业	92	575	1159	930	185
外商投资企业	54	861	1001	617	330
财政拨款的事业单位	182	1330	783	228	72
其他事业单位	74	969	803	346	42
机关	108	1228	1215	317	96
个体经济组织	7	206	178	83	13
社会团体	6	136	150	46	
民办非企业单位	12	162	198	75	13
基金会		1	4	1	
其他组织	2	201	268	109	29

10-3 工会基层组织建设状况

分　组	兼职工会工作人员（人）	女性（人）	有女职工的工会数（个）	女职工组织的覆盖率
总计	**705596**	**276311**	**252113**	**97.33%**
国有企业(仅指非公司制企业，不包括国有独资公司、国有控股公司)	25407	10113	5653	94.69%
集体企业	14005	5161	5213	97.60%
股份合作企业	5920	2077	1939	96.75%
联营企业	1614	554	373	97.86%
国有独资公司	6014	2898	1015	92.71%
其他有限责任公司	45482	18256	15592	97.81%
股份有限公司中的国有控股公司	11249	5043	1199	95%
其他股份有限公司	8576	3555	2453	97.68%
私营企业	356440	133141	150944	97.57%
其他内资企业	4585	1784	1157	99.39%
港澳台商投资企业	45954	17603	13620	98.19%
外商投资企业	29429	11424	8955	96.33%
财政拨款的事业单位	48530	22784	11687	96.11%
其他事业单位	28852	12788	7841	97.36%
机关	38874	15403	9686	94.92%
个体经济组织	21443	7052	12002	98.60%
社会团体	3591	1676	752	91.49%
民办非企业单位	4019	2460	886	96.61%
基金会	10	5	5	100%
其他组织	5602	2534	1141	98.25%

10-3 续表

分组	本级工会建立女职工组织			本级工会女职工工作人员	
	建立女职工委员会	仅设立女职工委员	未建立	专职(人)	兼职(人)
总计	**194381**	**51013**	**11706**	**12962**	**330587**
国有企业(仅指非公司制企业，不包括国有独资公司、国有控股公司)	3884	1469	455	905	9208
集体企业	3917	1171	247	329	6593
股份合作企业	1497	379	84	119	2709
联营企业	289	76	13	16	553
国有独资公司	690	251	80	123	2044
其他有限责任公司	12139	3112	454	756	21612
股份有限公司中的国有控股公司	897	242	60	211	2900
其他股份有限公司	1842	554	78	247	3665
私营企业	118420	28851	7525	6139	180511
其他内资企业	893	257	23	224	1781
港澳台商投资企业	10558	2816	397	671	20634
外商投资企业	7215	1411	453	600	13190
财政拨款的事业单位	8402	2830	538	646	20041
其他事业单位	6219	1415	351	730	12662
机关	6846	2348	573	736	13676
个体经济组织	8668	3166	222	224	13234
社会团体	609	79	80	79	1621
民办非企业单位	573	283	30	80	1840
基金会	5			5	10
其他组织	818	303	43	122	2103

10-4　2014-2018年共青团有关统计数据对比表

类　　别	2014年	2015年	2016年	2017年	2018年
基层团委数	12072	12062	10378	9186	9293
基层团工委数	576	669	561	547	554
团总支数	11058	11626	10610	8999	6853
团支部数	182084	185285	177817	192383	231923
团员数	5289467	5051944	4747278	4208196	4644880
专职团干部数	7501	5359	3535	4322	6506
兼职团干部数	269198	256879	192993	227654	364231

10-5 2018年共青团有关信息统计(汇总)表

领域	团组织				团员			团干部	
	基层团委数	基层团工委数	团总支数	团支部数	团员数	保留团籍的党员数	新发展团员数	专职团干部数	兼职团干部数
全省合计	**9293**	**554**	**6853**	**231923**	**4644880**	**187830**	**349469**	**6506**	**364231**
公办学校									
高校	750	2	1346	52588	1530099	64185	17095	1438	95184
中学	2452	8	1863	71070	1394423	6937	219658	775	89866
中职	380		599	27358	409324	2560	40145	125	34716
民办学校									
高校	96		131	8434	270025	5481	2727	168	15325
中学	406		380	9512	137194	1063	32146	158	10941
中职	4		1	64	732	5	134	21	68
国有企业	1377	7	704	9970	160964	19177	4514	323	22544
非公企业	192	5	124	6759	65650	5742	8898	78	8931
机关事业单位	2618	442	826	14569	233973	32775	9696	3341	41492
社会组织	28	6	16	918	9548	824	1018		9
农村	42		350	18632	161964	25554	7303	8	27557
城市社区	539	15	278	4799	86704	13116	3281	4	11050
小学	20		13	727	8444	915	252	11	1194
集体企业	75		16	348	4985	471	150	19	1158
其他	314	69	206	6175	170851	9025	2452	37	4196

10-6 2014-2018年全省志愿服务数据对比表

	2014年	2015年	2016年	2017年	2018年
累计注册志愿者人数	4422721	5791306	6411605	8604076	10129700
累计志愿服务组织及团体数	35804	44041	49641	71677	85313
志愿服务组织及团体年平均开展志愿服务活动数	0.94	0.75	1.37	2.5	3.53
注册志愿者年人均服务时长(小时)	5.51	4.61	5.04	5.9	4.66
注册志愿者证申请量				900088	2087288

10-7 2018年各地市志愿服务数据分类统计表

地市	性别分布			年龄分布				
	男	女	未知	14岁以下	14-18岁	19-22岁	23-30岁	31-40岁
广州	1043157	1332730	616	41519	168469	554742	915923	420799
深圳	801942	849851		13737	138360	134359	379218	408487
珠海	154275	188013	122	2353	14545	78978	138444	55539
汕头	422872	446870	60	24855	114044	157643	155986	191819
佛山	333814	364983		9527	72065	163265	247285	104009
韶关	167005	194358	1	22093	41000	84494	106005	48811
河源	64508	80168	4	1839	18090	47417	38153	23224
梅州	110507	129841	7	945	16425	73818	82236	31338
惠州	66538	88690	13	2635	35988	61242	36815	11322
汕尾	123952	121603	14	7792	33646	52231	79652	33820
东莞	496486	524511	49	20183	49507	130873	277947	325361
中山	86703	99371	35	5809	38924	59905	52094	17049
江门	176759	162277		4418	28375	57655	85243	55251
阳江	88266	93969	11	6551	32364	48373	48432	37020
湛江	189340	212784	24	10085	50668	170610	124244	22703
茂名	169748	176902	23	1988	48992	121632	100674	32374
肇庆	300214	304154	86	17068	56233	145909	179501	104061
清远	198582	215509	20	9125	40615	90930	138122	67354
潮州	50019	82537	23	1473	15552	38593	61278	9284
揭阳	271190	247026	49	8497	78466	138792	101847	74982
云浮	78385	79460	5	763	7467	38227	48051	26897

10-7 续表1

地市	年龄分布					政治面貌分布	
	41-50岁	51-60岁	61-70岁	70岁以上	未知	党员	团员
广州	162773	70612	30351	11099	216	100788	1081350
深圳	236136	86764	29651	222125	2956	293790	380535
珠海	29175	14734	6040	2555	47	11445	109556
汕头	123871	65353	28370	7568	293	81535	186298
佛山	64815	26092	7809	3861	69	33466	252093
韶关	34004	19493	4096	1240	128	31132	143197
河源	11882	3651	363	35	26	15188	68897
梅州	20490	10834	3306	916	47	21303	97634
惠州	5060	1645	466	61	7	5956	108617
汕尾	19149	15723	2905	596	55	29204	67935
东莞	155417	49260	10076	2380	42	51576	256846
中山	7614	2949	1305	442	18	7218	101744
江门	40536	23245	9247	3202	31864	55625	163492
阳江	6268	2024	761	443	10	3867	59113
湛江	13991	6089	2049	1665	44	15951	181230
茂名	26307	12255	2198	215	38	29540	192568
肇庆	61247	30231	7874	2187	143	37068	139538
清远	34762	19592	7619	5933	59	14922	96316
潮州	4146	1821	372	51	9	5600	65377
揭阳	55737	38451	17257	4198	38	39278	119717
云浮	16482	11800	5565	2569	29	3786	38100

10-7 续表2

地　市	政治面貌分布		星级志愿者分布					
	民主党派	其他	一星	二星	三星	四星	五星	其他
广　州	2143	1192222	98959	16440	4527	1734	4424	2250419
深　圳	664	976804	63522	30149	5345	4854	10946	1536977
珠　海	228	221181	14472	6618	5469	3488	14519	297844
汕　头	1385	600584	24703	3945	956	534	1570	838094
佛　山	40847	372391	14169	3538	1007	604	1069	678410
韶　关	585	186450	49030	9043	2581	1076	1041	298593
河　源	106	60489	18367	3920	1414	788	1250	118941
梅　州	414	121004	3675	805	473	169	262	234971
惠　州	88	40580	2329	386	183	73	126	152144
汕　尾	242	148188	9043	2727	1071	470	882	231376
东　莞	229	712395	29119	7781	3174	1593	1396	977983
中　山	169	76978	2969	474	154	86	282	182144
江　门	515	119404	17034	1998	474	184	282	319,064
阳　江	110	119156	3649	862	375	184	285	176891
湛　江	288	204679	5411	3361	295	88	906	392087
茂　名	299	124266	7022	1977	996	437	573	335668
肇　庆	515	427333	86680	17768	6917	2407	3349	487333
清　远	149	302724	8771	3083	900	1142	844	399371
潮　州	86	61516	3283	1009	253	134	379	127521
揭　阳	495	358775	3737	929	452	292	909	511946
云　浮	34	115930	2612	676	447	131	245	153739

注：各地市注册志愿者部分存在交叉。

10-8　2018年各地市志愿服务数据情况统计表

地　　市	注册 志愿者人数 （人）	志愿服务 组织数 （个）	志愿服务 团体数 （个）	2018年累计 服务时长 （小时）
广　　州	2376503	488	6599	8819841.52
深　　圳	1651793	27	12582	8298615
珠　　海	342410	119	1958	1044415.22
汕　　头	869802	156	4466	7942888.38
佛　　山	698797	139	1477	2674622.55
韶　　关	361364	142	2217	6573351.58
河　　源	144680	72	1605	5169664.22
梅　　州	240355	88	917	815437.05
惠　　州	155241	96	857	588846.95
汕　　尾	245569	44	2445	4239142.93
东　　莞	1021046	220	6838	3099656.32
中　　山	186109	70	578	619412.03
江　　门	339036	10	5055	2859562
阳　　江	182246	67	504	718108.47
湛　　江	402148	116	3616	978395.7
茂　　名	346673	112	2121	1837881.5
肇　　庆	604454	97	2089	4488581.03
清　　远	414111	83	1737	1084223.62
潮　　州	132579	57	692	624146.67
揭　　阳	518265	91	2423	1640137.43
云　　浮	157850	44	1421	1084330.45

注：各地市注册志愿者部分存在交叉。

10-9 广东省妇联组织和主要活动情况

单位：个

项 目		2013年	2014年	2015年	2016年	2017年	2018年
一、妇联组织							
市、县、乡(镇)社区、街道		21	21	21	21	21	21
县妇联		121	121	119	119	121	142
乡(镇)妇联		1131	1131	1139	1139	1143	1142
村妇联(2016年由村妇代会改为村妇联)		16759	16759	18368	17971	19319	19420
街道妇联		444	448	448	446	468	467
社区妇联		5668	5668	1321	1968	6575	6586
二、高等院校妇女组织							
中央直属高校中妇女组织		2	2	2	2	2	2
省属高校中妇女组织		26	26	26	26	26	26
市属高校中妇女组织		32	32	32	32	32	32
民办高校中妇女组织		6	6	6	6	6	6
三、非公有制经济组织中妇女组织							
个体劳动者协会中的妇女组织		158	158	158	158	158	158
专业市场中的妇女组织		71	71	71	71	71	71
私营企业中的妇女组织		10420	10420	10420	10426	10426	10426
三资企业中的妇女组织		860	860	860	865	865	865
四、机关事业单位妇女组织							
直属机关妇委会	(妇工委)	22	22	22	22	22	22
部门机关妇委会	(妇工委)	1376	1376	1376	1376	1376	1376
事业单位妇委会	(妇工委)	4821	4821	4821	4821	4821	4821
五、民主党派妇女组织							
民主党派妇委会		71	71	71	71	71	71
六、妇女儿童社会活动基本情况							
妇女之家数	(个)		24116	25256	26516	26492	27450
儿童之家数	(个)		2757	9479	12463	17779	20801
家长学校数	(万个)		42130	40985	38883	32743	31800
家长学校培训人次	(万人次)		7852277	11182594	10248606	9529300	5640000
广东省巾帼志愿者	(万人)		299130	267554	272058	394557	400756
七、妇女儿童权益保护基本情况							
妇联干部任人民陪审员数	(人)		445	468	497	365	397
由妇联系统创办的维权服务机构数	(个)		379	159	145	127	132
受暴妇女儿童救助(庇护)机构数	(个)		66	100	61	58	70
受救助(庇护)的妇女儿童人次数	(人次)		109	156	104	51	388
为妇女儿童提供信访、热线咨询等服务数	(万件次)		31924	30174	26615	2.626	2.725
为妇女儿童提供法律援助案件数	(件)		1007	1038	1128	1000	1000
八、团体会员							
民政部门登记注册的妇女社团		623	623	623	623	623	594

10-10 2018年残疾人数量情况

项　　目	数量 (万人)	比重 (%)
合　计	**539.9**	**100.0**
1.按残疾类别分		
视力残疾	75.3	14.0
听力残疾	136.1	25.1
言语残疾	11.5	2.1
肢体残疾	121.6	22.5
智力残疾	27.2	5.0
精神残疾	52.5	9.7
多重残疾	115.7	21.4
2.按性别构成分		
男性	272.2	50.4
女性	267.7	49.6
3.按年龄构成分		
0～14岁	40.1	7.4
15～64岁	220.7	40.9
65岁及以上	279.1	51.7
4.按城乡分布分		
城镇	171.5	31.8
农村	368.4	68.2
5.学龄残疾儿童受教育情况		
不识字	9.5	39.0
未上过学	0.2	0.9
小学程度	13.2	54.4
初中程度	1.4	5.7
6.15岁以上残疾人口的婚姻状况		
未婚	67.8	13.6
在婚有配偶	276	55.2
离婚及丧偶	155.9	31.2

注：1. 2006年广东省第二次全国残疾人抽样调查结果显示，全省共有残疾人539.9万，占广东总人口的5.86%。
　　2. 学龄残疾儿童指6～14岁学龄残疾儿童。
　　3. 5、6、7项为合计数的其中项。

10-11　2018年残疾人口地区分布及构成

市　别	残　疾 现患率 (%)	推算的残 疾人口数 (万人)	各种类别残疾构成(%)						
			视力	听力	言语	肢体	智力	精神	多重
合　计	**5.9**	**539.9**	**14.0**	**25.2**	**2.1**	**22.5**	**5.0**	**9.7**	**21.4**
广　州	5.3	52.1	11.7	21.7	2.0	23.2	4.9	13.6	22.9
深　圳	4.2	36.0	4.1	46.4	1.0	22.7	5.2	8.3	12.4
珠　海	5.3	7.9	10.9	27.5	1.7	19.5	5.2	11.6	23.5
汕　头	4.4	22.8	19.8	14.9	1.3	24.4	4.9	12.7	22.1
佛　山	6.5	19.8	13.7	21.2	2.7	27.0	5.8	10.6	19.0
韶　关	5.8	35.1	10.9	29.8	1.9	14.1	2.7	16.5	24.2
河　源	6.1	42.6	12.4	18.2	3.1	33.8	3.8	10.2	18.6
梅　州	6.7	28.5	11.8	29.5	0.7	20.3	4.0	9.0	24.8
惠　州	5.8	35.3	13.8	24.9	2.5	19.7	5.2	7.7	26.1
汕　尾	6.3	24.2	15.5	37.1	1.0	20.6	1.5	5.8	18.5
东　莞	5.9	22.9	10.3	22.0	3.3	25.2	0.5	5.6	33.2
中　山	5.8	25.0	14.4	26.5	5.9	19.8	6.9	7.7	18.8
江　门	5.8	16.9	23.3	20.2	1.6	20.4	4.4	9.3	20.9
阳　江	7.1	20.6	20.9	21.9	1.6	20.9	7.9	3.2	23.7
湛　江	6.5	15.8	4.0	31.7	0.5	24.1	9.4	9.8	20.5
茂　名	8.2	30.9	9.2	37.7	1.8	19.1	3.7	11.0	17.5
肇　庆	4.0	27.6	13.0	26.8	0.9	23.3	5.1	9.8	21.2
清　远	5.7	14.6	8.7	36.2	2.3	5.1	17.4	11.5	18.8
潮　州	6.1	16.1	22.9	31.4	0.9	11.7	1.4	6.7	25.1
揭　阳	5.2	30.3	13.6	12.6	3.1	34.4	5.8	13.0	17.5
云　浮	6.2	15.1	18.5	19.7	1.7	26.4	3.9	7.3	22.5

注：根据2006年广东省第二次全国残疾人抽样调查结果推算。

10-12 2018年各市持证残疾人数

市 别	持证残疾人总数（万人）	残疾类别						
		视力	听力	言语	肢体	智力	精神	多重
合 计	**1374840**	**122953**	**115088**	**24416**	**644573**	**143761**	**239927**	**84122**
广 州	142139	10789	19813	1297	63655	15883	24260	6442
深 圳	23242	1310	2504	300	9060	2777	5967	1324
珠 海	18103	1603	3078	192	7975	1819	2922	514
汕 头	57279	3307	4250	726	22627	8704	14081	3584
佛 山	62587	4686	8538	1028	28641	8227	9499	1968
韶 关	59692	6039	3826	1057	29916	6743	8780	3331
河 源	90779	10666	8576	2733	43586	7845	13251	4122
梅 州	105157	9680	5644	1823	47416	11587	20054	8953
惠 州	41967	3325	3290	490	20682	5967	5738	2475
汕 尾	41743	2425	2165	933	18181	6064	8617	3358
东 莞	40211	4338	5342	1015	19681	3370	5689	776
中 山	13953	754	1475	352	5701	1835	3049	787
江 门	55149	4796	3379	544	25504	5713	11328	3885
阳 江	52238	4420	2828	884	26970	3487	10278	3371
湛 江	116298	10614	5658	2274	59829	12146	19703	6074
茂 名	119981	11421	6599	2292	62089	9591	19984	8005
肇 庆	95577	12811	14818	1896	40158	7507	12993	5394
清 远	89295	8749	5283	1223	45058	8344	14612	6026
潮 州	29479	2348	1419	685	13172	3630	6200	2025
揭 阳	72506	5443	4231	2082	31528	8512	12370	8340
云 浮	47465	3429	2372	590	23144	4010	10552	3368

注：数据截止至2018年12月31日各市已办证数据。

10-13 残联组织建设情况(2014-2018)

项目		2014	2015	2016	2017	2018
省级						
1.省级残联数	(个)	1	1	1	1	1
2.残联机关工作人员总数	(人)	51	51	52	52	52
#残疾人干部人数	(人)	6	6	7	7	5
3.所属事业单位单位个数	(个)	5	5	5	5	5
工作人员总数	(人)	326	276	276	276	213
#残疾人数	(人)	40	15	15	15	9
4.举办干部培训班	(期)	5	5	5	5	
#培训人次	(人次)	150	150	150	150	
5.举办残疾人干部培训班	(期)	1	1	1	1	
#培训人次	(人次)	30	30	30	30	
地市级						
1.地市级残联数	(个)	21	21	21	21	21
2.残联机关工作人员总数	(人)	331	326	332	334	336
#残疾人干部人数	(人)	27	24	21	21	25
3.所属事业单位个数	(个)	76	77	75	76	76
工作人员总数	(人)	2392	2521	2595	2672	2784
#残疾人数	(人)	98	97	102	103	102
4.举办干部培训班	(期)	129	121	122	119	37
#培训人次	(人次)	2939	1981	1900	1901	1548
5.举办残疾人干部培训班	(期)	15	13	12	13	4
#培训人次	(人次)	589	596	498	739	583
县市区						
1.县(市、区)残联数	(个)	136	138	137	137	137

10-13 续表

项　　目		2014	2015	2016	2017	2018
2.残联机关工作人员总数	(人)	1106	1138	1172	1188	1188
#残疾人干部人数	(人)	61	62	63	55	54
3.所属事业单位单位个数	(个)	185	184	182	180	183
工作人员总数	(人)	1065	1099	1098	1100	871
#残疾人数	(人)	58	54	53	57	58
4.举办干部培训班	(期)	212	219	220	236	195
#培训人次	(人次)	8612	8130	8525	9437	5283
乡镇街道						
1.应建残联数	(个)	1620	1637	1640	1648	1649
2.已建残联数	(个)	1616	1624	1634	1640	1644
3.残联机关实有工作人员	(人)	2147	1977	2030	2092	2221
4.专职残联理事长数	(人)	419	381	412	390	459
5.兼职残联理事长数	(人)	656	651	365	345	282
6.残疾人专职委员	(人)	1642	1683	2123	2069	2325
7.举办干部培训班	(期)	829	859	878	1014	1019
#培训人次(人次)		7744	7659	7543	9954	6917
村	(社区)					
1.村(含农村社区)残疾人组织建设						
#应建残协数	(个)	19294	19320	19330	19292	19311
#已建残协数	(个)	18407	18378	18444	18772	18661
#残疾人专职委员数	(人)	19254	19422	19425	18577	17739
2.社区残疾人组织建设						
#应建残协数	(个)	5365	5399	5530	5570	5259
#已建残协数	(个)	4966	4974	5106	5157	4845
#残疾人专职委员数	(人)	3819	3927	4041	4011	3812

10−14 残疾人康复情况(2014−2018)

项　　目		2014	2015	2016	2017	2018
视力残疾康复						
1.视力残疾康复机构	(个)	78	71	73	72	115
2.康复服务	(人)	114063	118528	7992	13144	16916
听力言语残疾康复						
1.听力言语残疾康复机构	(个)	68	50	65	76	127
2.康复服务	(人)	2496	2520	6058	7125	15565
精神残疾康复						
1.精神残疾康复机构数	(个)	299	264	244	96	191
2.康复服务	(人)	71020	54157	45138	63985	113223
孤独症儿童康复						
1.孤独症儿童康复训练机构	(个)	123	132	136	195	224
2.康复服务	(人)	3559	4374	3488	4063	4960
肢体残疾康复						
1.肢体残疾康复机构	(个)	257	269	261	181	302
2.康复服务	(人)	37971	43544	32894	76381	116614
智力残疾康复						
1.智力残疾康复机构	(个)	261	244	226	201	281
2.康复服务	(人)	12293	14747	8625	10699	23394

注：2016年开始，17岁以上各项残疾人康复工作仅统计持证残疾人。

10−15 残疾人扶贫与托养(2014−2018)

项　　目		2014	2015	2016	2017	2018
残疾人扶贫						
1.残疾人扶贫基地	(个)	94	106	109	103	67
2.安置残疾人就业	(人)	3666	3903	3317	3291	2000
3.贫困残疾人危房改造完成	(户)	1324	6118	2106	3656	2195
4.危房改造项目受益残疾人	(人)	1377	6946	2204	3956	2523
残疾人托养						
1.残疾人托养机构总数	(个)	462	524	606	1017	1169
2.机构托养残疾人数	(人)	13535	17908	20362	41132	36350
3.享受居家托养服务的残疾人数	(人)	17671	15815	15935	14273	8208

注：2017年托养机构中新增康园中心为主的日间照料托养机构

10-16 残疾人教育情况(2014-2018)

项目		2014	2015	2016	2017	2018
学前康复教育阶段						
1.残疾人事业专项彩票公益金助学项目资助	(人)	550	613	446	1403	1255
2.其他残疾儿童学前教育助学项目资助	(人)	397	147	189	119	552
义务阶段教育						
1.未入学学龄残疾儿童少年	(人)	3693	3024	7101	5108	2540
视力残疾儿童少年	(人)	113	90	153	107	31
听力残疾儿童少年	(人)	122	95	207	131	65
言语残疾儿童少年	(人)	149	105	370	261	117
肢体残疾儿童少年	(人)	987	766	2219	1190	689
智力残疾儿童少年	(人)	1251	954	1823	1645	872
精神残疾儿童少年	(人)	377	333	755	634	236
多重残疾儿童少年	(人)	694	681	1574	1136	518
高中阶段教育						
1.特殊教育普通高中机构数(盲校与聋校)	(个)	8	10	8	6	6
2.特殊教育普通高中的在校学生数	(人)	151	596	543	462	444
3.残疾人中等职业教育机构数	(个)	9	6	8	10	11
4.残疾人中等职业教育在校学生数	(人)	848	879	1116	1547	1307
高等教育						
1.高等特殊教育学院录取残疾人数	(人)	66	75	85	76	76
本科录取人数	(人)					
专科(高职)	(人)	66	75	85	76	76
2.普通高等院校录取残疾人数	(人)	352	296	485	550	565
本科及以上录取人数	(人)	72	88	167	185	177
专科(高职)录取人数	(人)	255	208	318	365	387

10−17 残疾人宣传与文化活动(2014−2018)

项目		2014		2015		2016	
		省级	地市级	省级	地市级	省级	地市级
宣传							
1.报刊报纸专版	(个)	4	57	4	50	//	//
2.广播电台残疾人专题节目	(个)	1	10	1	11	1	11
3.电视手语栏目	(个)	1	9	1	9	1	9
文化							
1.盲文书架及盲人有声读物图书室	(个)	2	40	2	27	1	13
2.残疾人文化周	(场次)	4	79	4	72	3	73
3.残疾人文化艺术类的比赛及展览	(次)	4	31	5	42	5	35
4.残疾人艺术团队	(个)	1	12	1	22	1	22

10−17 续表

项目		2017		2018	
		省级	地市级	省级	地市级
宣传					
1.报刊报纸专版	(个)				
2.广播电台残疾人专题节目	(个)	1	14	1	14
3.电视手语栏目	(个)	1	11	1	11
文化					
1.盲文书架及盲人有声读物图书室	(个)	1	17	1	17
2.残疾人文化周	(场次)	4	76	3	91
3.残疾人文化艺术类的比赛及展览	(次)	5	39	4	50
4.残疾人艺术团队	(个)	1	34	1	39

10-18 各市未入学学龄残疾儿童少年总数

单位：人

市别	2014	2015	2016	2017	2018
广东省	**3693**	**3024**	**7101**	**5108**	**2547**
广州市	191	156	262	349	508
韶关市	479	301	179	151	13
深圳市	142	129	156	193	9
珠海市	20	32	48	50	19
汕头市	360	451	726	672	13
佛山市	238	36		20	3
江门市	205	101	93	47	14
湛江市	140	147	502	197	343
茂名市	464	133	592	285	76
肇庆市	156	80	115	145	76
惠州市	240	24	18	50	6
梅州市	291	619	1046	504	33
汕尾市	55	54	727	688	680
河源市	74	69	727	195	220
阳江市	27	108	339	217	16
清远市	197	9	352	283	13
东莞市	194	26	88	78	61
中山市	23	21	21	18	23
潮州市	5	201	18	125	26
揭阳市	133	276	813	718	306
云浮市	59	51	279	123	89

10-19 省十三届人民代表大会代表构成情况统计(2018年度)

单位：人，%

代表构成	数量	代表构成	数量
代表总数	**786**	工农	
性别		人数	178
男		比重	22.65
人数	524	解放军	
比重	66.67	人数	33
女		比重	4.2
人数	262	党政领导干部	
比重	33.33	人数	162
民族		比重	20.61
汉族		归侨侨眷	
人数	766	人数	35
比重	97.46	比重	4.45
少数民族		中共党员	
人数	20	人数	505
比重	2.54	比重	64.25

10-20 政协第十二届委员会委员情况(2018年)

单位：人

委员情况	数量	委员情况	数量
委员总数	**789**	学 历	
基本情况		研究生	477
中共党员	305	大学本科	226
非中共党员(其中民主党派)	484(207)	大学专科	48
女	157	职 称	
少数民族	19	初级以下	
宗教人士	11	中级	
非公有制经济人士	186	高级	
新社会阶层		年龄	
港澳台人士		35岁及以下	6
香港人士	100	35～45岁	90
澳门人士	35	46～54岁	332
台籍人士	7	55～60岁	297
		61～69岁	61
		70岁以上	3

10－21　各市宗教活动场所(2013)

单位：处

市　别	寺观教堂					固定处所				
	佛教	道教	伊斯兰教	天主教	基督教	佛教	道教	伊斯兰教	天主教	基督教
合　计	**1082**	**131**	**7**	**313**	**574**	**475**	**88**	**3**	**64**	**204**
广　州	18	6	4	4	15	6	2		3	19
深　圳	4		1	5	18	2			5	9
珠　海	2							1		7
汕　头	197	3		43	67	131	3		5	12
佛　山	8	4		6	12					2
韶　关	15	4		7	13	5				10
河　源	39	20		21	77	15	8			13
梅　州	193	9		32	74	110	13		3	45
惠　州	28	15		7	9	43	23	1	5	26
汕　尾	44	10		68	33	27	6		3	7
东　莞	19	6		1	8	19		1		6
中　山	7	1		2	7	1				2
江　门	9	3		11	32	8			1	4
阳　江	12			1	2	3				3
湛　江	193	2		14	32	38	1		1	4
茂　名	18	22		2	5	18	25			2
肇　庆	8		2	7	8	7	1			5
清　远	11	10		3	25	1				10
潮　州	112			26	52	15				4
揭　阳	126	14		45	73	19	6		38	10
云　浮	10			2	4	7				3
顺　德	8	1		6	6					1
省佛协	1									
省道协		1								
省伊协										
省天主教两会										
省基督教两会					2					

10−22 各市宗教活动场所(2014)

单位：处

市别	寺观教堂					固定处所				
	佛教	道教	伊斯兰教	天主教	基督教	佛教	道教	伊斯兰教	天主教	基督教
合　计	**1083**	**134**	**7**	**315**	**579**	**493**	**95**	**3**	**62**	**208**
广　州	18	8	4	4	15	6			3	22
深　圳	4		1	5	18	2	1		5	12
珠　海	3							1		7
汕　头	197	3		43	67	132	3		5	12
佛　山	8	4		6	11					3
韶　关	15	4		7	13	5				10
河　源	39	20		21	77	19	9			13
梅　州	193	10		33	79	109	13		2	38
惠　州	28	15		7	9	46	23	1	5	28
汕　尾	42	10		68	33	31	6		3	7
东　莞	19	6		1	8	19		1	1	7
中　山	7	1		2	7	1				2
江　门	9	3		11	32	8			1	4
阳　江	10			1	2	2				4
湛　江	197	2		15	32	32	3			5
茂　名	18	22		2	5	18	27			2
肇　庆	8		2	6	8	8	3			4
清　远	11	10		3	25	2				11
潮　州	112			26	52	16				4
揭　阳	126	14		46	73	21	7		37	10
云　浮	10			2	4	16				3
顺　德	8	1		6	7					
省佛协	1									
省道协		1								
省伊协										
省天主教两会										
省基督教两会					2					

10-23 各市宗教活动场所(2015)

单位：处

市　别	寺观教堂					固定处所				
	佛教	道教	伊斯兰教	天主教	基督教	佛教	道教	伊斯兰教	天主教	基督教
合　计	**1093**	**133**	**7**	**315**	**571**	**519**	**100**	**4**	**63**	**219**
广　州	17	6	4	4	15	6	2	1	3	23
深　圳	5	1	1	5	11	1			5	19
珠　海	2					1		1	1	7
汕　头	197	3		43	67	132	3		5	12
佛　山	9	4		6	11					3
韶　关	15	4		7	13	5				10
河　源	39	20		21	77	22	11			14
梅　州	200	9		33	78	115	13		2	38
惠　州	28	15		7	9	48	24	1	5	28
汕　尾	42	10		68	33	34	6		3	7
东　莞	19	6		1	8	19		1	1	7
中　山	7	1		2	7	1				2
江　门	10	3		11	32	8			1	5
阳　江	10			1	2	4				4
湛　江	193	3		15	33	39	2			4
茂　名	18	21		2	5	19	28			2
肇　庆	8		2	6	8	9	3			4
清　远	11	10		3	25	2				12
潮　州	113			27	52	16				4
揭　阳	131	14		45	73	22	8		37	10
云　浮	10			2	4	16				3
顺　德	8	2		6	6					1
省佛协	1									
省道协		1								
省伊协										
省天主教两会										
省基督教两会					2					

10–24 各市宗教活动场所(2016)

单位：处

市别	寺观教堂					固定处所				
	佛教	道教	伊斯兰教	天主教	基督教	佛教	道教	伊斯兰教	天主教	基督教
合计	**1094**	**131**	**7**	**316**	**565**	**552**	**108**	**3**	**63**	**228**
广州	17	6	4	5	15	6	3		3	23
深圳	7		1	5	10		1		5	21
珠海	2					1		1	1	7
汕头	197	3		43	64	135	3		5	17
佛山	17	5		12	17		1			4
#顺德	8	1		6	6	1	1			1
韶关	15	4		7	13	5				10
河源	39	20		21	77	24	11			15
梅州	200	9		33	78	119	13		2	38
惠州	28	15		7	9	53	24	1	5	28
汕尾	42	10		68	33	38	7		3	7
东莞	19	6		1	8	22		1	1	7
中山	7	1		2	7	1				2
江门	11	3		11	32	8			1	4
阳江	10			1	2	6				4
湛江	193	3		15	33	39	2			5
茂名	18	21		2	5	20	31			2
肇庆	7		2	7	7	11	3			4
清远	11	10		3	25	2				12
潮州	113			26	51	20				5
揭阳	130	14		45	73	25	9		37	10
云浮	10			2	4	17				3
省佛协	1									
省道协		1								
省伊协										
省天主教两会										
省基督教两会					2					

10-25 各市宗教活动场所(2017)

单位：处

市别	寺观教堂					固定处所				
	佛教	道教	伊斯兰教	天主教	基督教	佛教	道教	伊斯兰教	天主教	基督教
合　计	**1092**	**128**	**7**	**311**	**567**	**574**	**114**	**5**	**70**	**229**
广　州	16	5	4	5	15	19	4	2	4	21
深　圳	4		1	5	11	3	1		5	19
珠　海	2					1		1	1	7
汕　头	197	3		43	64	135	4		5	17
佛　山	17	4		12	17		2			4
韶　关	15	4		7	13	5				10
河　源	39	20		21	77	25	11			15
梅　州	200	9		32	78	119	13		2	38
惠　州	28	15		7	9	53	23	1	5	28
汕　尾	42	10		68	33	41	9		5	7
东　莞	19	6		1	8	24		1	1	8
中　山	7	1		2	7	1				2
江　门	11	3		11	32	8			1	4
阳　江	10			1	2	8				4
湛　江	194	2		11	33	39	5		4	6
茂　名	18	21		2	5	20	30			2
肇　庆	8		2	7	7	8	3			8
清　远	11	10		3	25	2				12
潮　州	113			26	52	21				4
揭　阳	130	14		45	73	25	9		37	10
云　浮	10			2	4	17				3
省佛协	1									
省道协		1								
省伊协										
省天主教两会										
省基督教两会					2					

10–26 各市宗教活动场所(2018)

单位：处

市　别	寺观教堂					固定处所				
	佛教	道教	伊斯兰教	天主教	基督教	佛教	道教	伊斯兰教	天主教	基督教
合　计	**1097**	**130**	**7**	**305**	**563**	**565**	**113**	**3**	**79**	**224**
广　州	15	5	4	4	15	20	4		7	21
深　圳	4		1	5	11	5	1		6	18
珠　海	2							1	1	7
汕　头	211	4		43	71	122	4		4	9
佛　山	16	5		12	17	1	1			4
韶　关	15	4		7	13	5				10
河　源	39	20		21	72	25	12			14
梅　州	200	9		34	78	120	13		3	38
惠　州	28	15		7	9	53	22	1	5	28
汕　尾	36	10		62	28	38	9		10	9
东　莞	19	6		1	8	24		1	1	8
中　山	8	1		2	7	1				2
江　门	11	3		11	32	8			1	4
阳　江	10			1	2	9	1			4
湛　江	194	2		11	32	38	4		4	7
茂　名	18	21		2	5	23	30			4
肇　庆	6		2	6	7	8	3			8
清　远	10	10		3	25	2				12
潮　州	113			26	52	21				4
揭　阳	131	14		45	73	25	9		37	10
云　浮	10			2	4	17				3
省佛协	1									
省道协		1								
省伊协										
省天主教两会										
省基督教两会					2					

10-27 各市宗教教职人员(2013)

单位：人

市别	佛教		道教		伊斯兰教	天主教				基督教			小计
	僧	尼	乾道	坤道	阿訇	主教	神父	执事	修女	牧师	长老	传道	
合计	**2761**	**2835**	**606**	**319**	**17**	**5**	**72**		**116**	**249**	**135**	**553**	**7668**
广州	143	38	53		9	1	7		22	26		23	322
深圳	137		4		1		10		8	14	5	15	194
珠海	37				1					6		3	47
汕头	334	321	5	8		1	8		4	30	13	37	761
佛山	81	20	30	2			2		2	2		11	150
韶关	345	152	21	1			1		2	3	6	13	544
河源	16	6	66	68			2			10	18	32	218
梅州	322	413	42	40		1	8		15	25	38	85	989
惠州	99	37	95	5	1		4		6	15	3	25	290
汕尾	94	95	19	36			5		8	3	7	22	289
东莞	55	33	24	2	1		1		2	6	3	10	137
中山	46	18	8	1			1			15		13	102
江门	56	42	17	5		1	2		15	17	1	23	179
阳江	32	12							1	1		9	55
湛江	354	1231	24	8		1	5		14	12	4	14	1667
茂名	77	36	113	8						1		2	237
肇庆	41	15	1	4	1		1		2	1	1	12	79
清远	42	13	24	10			1			5	3	43	141
潮州	90	98					3		1	10	9	32	243
揭阳	209	209	40	105			9		10	29	22	104	737
云浮	46	18					1		2	1		4	72
顺德	50	28	4	5			1		2	2	1	13	106
光孝寺	55												55
圆玄道观			16	11									27
省伊协					3								3
省天主教两会													
省基督教两会										15	1	8	24

注：以上数据为教职人员资格已认定备案数。下同。

10-28 各市宗教教职人员(2014)

单位：人

市别	佛教		道教		伊斯兰教	天主教				基督教			小计
	僧	尼	乾道	坤道	阿訇	主教	神父	执事	修女	牧师	长老	传道	
合　计	**2268**	**2138**	**551**	**184**	**19**	**5**	**58**		**113**	**275**	**154**	**529**	**6294**
广　州	166	29	39		10	1	7		22	27		21	322
深　圳	138	1	9		2					15	7	22	194
珠　海	36				1					6		2	45
汕　头	226	282	2	5		1	3		5	32	13	34	603
佛　山	71	17	21	2			1			5	1	4	122
韶　关	301	134	21	1			1		2	3	8	9	480
河　源	17	6	51	34	1		2			12	26	70	219
梅　州	165	234	75	23		1	7		15	33	44	37	634
惠　州	99	37	95	5	1		5		6	11	3	17	279
汕　尾	146	104	19	36			5		8	5	10	21	354
东　莞	47	33	14	1	1		2		2	6	4	9	119
中　山	46	18	5	1			1			14		12	97
江　门	37	31	17	5		1	2		13	14	1	25	146
阳　江	28	12							2	1		11	54
湛　江	148	811	11	1		1	6		15	13	6	26	1038
茂　名	76	38	113	7						2		4	240
肇　庆	45	3	4		1		1		3	1	1	15	74
清　远	31	13	16	7			1		2	5	4	42	121
潮　州	102	92					4		1	16	10	23	248
揭　阳	194	204	35	51			8		13	35	16	99	655
云　浮	43	14					1		2	3		6	69
顺　德	50	25	4	5			1		2	1		12	100
光孝寺	56												56
圆玄道观													
省伊协					2								2
省天主教两会													
省基督教两会										15		8	23

10-29 各市宗教教职人员(2015)

单位：人

市别	佛教		道教		伊斯兰教	天主教				基督教			小计
	僧	尼	乾道	坤道	阿訇	主教	神父	执事	修女	牧师	长老	传道	
合　计	**2379**	**2304**	**642**	**292**	**18**	**6**	**82**	**7**	**123**	**264**	**131**	**593**	**6841**
广　州	85	41	39		9	1	10		15	25		37	262
深　圳	120	1			2		9		8	17	8	22	187
珠　海	36				1		1			6		6	50
汕　头	226	282	2	5		1	8		4	30	13	37	608
佛　山	112	72	30	7			2		4	5	2	24	258
韶　关	301	134	21	1			1		2	3	6	12	481
河　源	15	1	51	34	1		2			11	23	71	209
梅　州	313	314	36	21		1	7		19	25	36	89	861
惠　州	96	34	111	9	1	1	4		7	10	1	20	294
汕　尾	164	117	26	38			5		7	5	7	13	382
东　莞	47	33	15	1	1		1		2	7	3	9	119
中　山	26	11	6				1			16		12	72
江　门	40	36	17	5	2	1	2		14	14	1	33	165
阳　江	23	12					1		2	1		9	48
湛　江	189	823	26	1		1	12		25	12		13	1106
茂　名	92	35	170	25			1			2		3	328
肇　庆	58	3	15		1		1		3	1	1	15	98
清　远	32	13	21	7			1			5	4	42	125
潮　州	62	75					3			17	8	35	200
揭　阳	187	196	39	124			8	7	7	31	13	65	677
云　浮	43	14					1		2	3		7	70
顺　德	50	57	4	5			1		2	2	1	11	133
光孝寺	62												62
圆玄道观			13	9									
省伊协													22
省天主教两会													
省基督教两会										16		8	24

10–30 各市宗教教职人员(2016)

单位：人

市别	佛教		道教		伊斯兰教	天主教				基督教			小计
	僧	尼	乾道	坤道	阿訇	主教	神父	执事	修女	牧师	长老	传道	
合计	**2513**	**2390**	**639**	**289**	**36**	**5**	**80**		**120**	**305**	**140**	**670**	**7187**
广州	85	42	39		10	1	12		22	25		37	273
深圳	116	1	10		10		12		8	24	8	24	213
珠海	61				1		1			6		9	78
汕头	226	282	2	5		1	5		4	36	11	34	606
佛山	128	81	31	7			1		1	7	2	21	279
韶关	301	134	21	1			3		2	3	6	12	483
河源	15	2	51	34	1		3		2	12	23	69	212
梅州	313	331	35	21		1	7		12	34	45	132	931
惠州	94	42	111	9	1		4		7	12	2	20	302
汕尾	181	126	26	38			4		7	6	7	23	418
东莞	50	33	14	1	10		2		1	11	3	10	135
中山	28	11	7				2		2	16		10	76
江门	34	37	14	4		1	1		12	14	1	32	150
阳江	29	12							2	1		15	59
湛江	189	823	30	8		1	6		15	12	5	18	1107
茂名	108	38	170	25						2		3	346
肇庆	45	3	14		1		1		3	1		19	87
清远	34	11	20	7			1		2	4	4	54	137
潮州	136	105					4		1	17	9	38	310
揭阳	187	196	40	124			8		15	39	13	65	687
云浮	43	14					1		2	3		7	70
顺德	53	66	4	5			2			3	1	10	144
省佛协	57												57
圆玄道观													
省伊协					2								2
省天主教两会													
省基督教两会										17		8	25

10-31 各市宗教教职人员(2017)

单位：人

市别	佛教		道教		伊斯兰教	天主教				基督教			小计
	僧	尼	乾道	坤道	阿訇	主教	神父	执事	修女	牧师	长老	传道	
合　计	**2443**	**2396**	**653**	**299**	**37**	**5**	**79**	**7**	**114**	**317**	**135**	**654**	**7139**
广　州	126	55	38		11	1	11		22	27		47	338
深　圳	116	1	10		10		12		8	24	8	24	213
珠　海	42				1		1			6		13	63
汕　头	226	282	2	5		1	8		4	36	11	34	609
佛　山	114	82	31	3			2		2	7	2	21	264
韶　关	326	142	21	1			3		2	4	7	10	516
河　源	40	17	51	34	1	1	3			14	23	67	251
梅　州	313	350	34	36			7		14	27	39	114	934
惠　州	104	50	126	9	1		4		8	17	2	23	344
汕　尾	192	120	26	38			4		7	6	7	23	423
东　莞	51	33	15	2	10		2		4	11	3	14	145
中　山	28	11	7				1		2	16		12	77
江　门	58	41	13	4	2	1	1		14	24	1	20	179
阳　江	29	12					1		2	1		15	60
湛　江	189	823	33	10		1	5		14	14	6	13	1108
茂　名	49	41	174	26			1			2		3	296
肇　庆	59	5	16		1		1		2	1		21	106
清　远	40	12	16	7			1			4	4	54	138
潮　州	111	109					2			17	9	46	294
揭　阳	187	196	40	124			8	7	7	39	13	65	686
云　浮	43	14					1		2	3		7	70
省佛协													
圆玄道观													
省伊协													
省天主教两会													
省基督教两会										17		8	25

10-32 各市宗教教职人员(2018)

单位：人

市别	佛教		道教		伊斯兰教	天主教				基督教			小计
	僧	尼	乾道	坤道	阿訇	主教	神父	执事	修女	牧师	长老	传道	
合计	**2635**	**2522**	**680**	**308**	**40**	**5**	**72**	**15**	**123**	**292**	**134**	**672**	**7498**
广州	238	85	51		11	1	14		23	29		48	500
深圳	263	1	8	1	13				10	26	8	46	376
珠海	51				1		1			6		13	72
汕头	235	302	5	8		1	6	1	3	33	10	49	653
佛山	87	99	33	3			2		2	7	2	28	263
韶关	326	142	21	1			3		2	4	7	10	516
河源	41	17	70	40	1		3		2	12	25	68	279
梅州	335	407	13	21		1	6	1	11	19	38	92	944
惠州	120	52	130	9	1		5		8	17	2	25	369
汕尾	156	111	28	39			4		6	6	7	22	379
东莞	58	33	15	13	10			4	5	13	3	15	169
中山	22	10	6	2			1		1	16		18	76
江门	60	36	11	2	1	1	8	2	21	21	1	25	189
阳江	29	12	1						2	2		14	60
湛江	65	823	34	8		1	6		15	14	6	9	981
茂名	87	47	167	24						2		2	329
肇庆	78	4	19		2		1		3	1		20	128
清远	39	14	28	13			1			5	4	53	157
潮州	89	114					2			17	8	43	273
揭阳	187	196	40	124			8	7	7	39	13	65	686
云浮	69	17					1		2	3		7	99

10-33 省级艺术家会员情况表

指标名称	计量单位	2017年	2018年
一、戏剧家协会会员人数	人	2668	2686
其中：男性	人	1764	1776
女性	人	904	910
戏剧家协会会员人数性别比	女性为100	195.13	195.16
二、电视艺术家协会会员人数	人	1354	1365
其中：男性	人	1078	1085
女性	人	276	280
电视艺术家协会会员人数性别比	女性为100	390.58	387.5
三、电影家协会会员人数	人	819	872
其中：男性	人	627	663
女性	人	192	209
电影家协会会员人数性别比	女性为100	326.56	317.22
四、音乐家协会会员人数	人	4176	4300
其中：男性	人	2403	2520
女性	人	1773	1780
音乐家协会会员人数性别比	女性为100	135.53	141.57
五、舞蹈家协会会员人数	人	872	911
其中：男性	人	243	255
女性	人	629	656
舞蹈家协会会员人数性别比	女性为100	38.63	38.87
六、美术家协会会员人数	人	3796	3902
其中：男性	人	3105	3185
女性	人	691	717
美术家协会会员人数性别比	女性为100	449.35	444.21

10-33 续表

指标名称	计量单位	2017年	2018年
七、书法家协会会员人数	人	4885	5227
其中：男性	人	4492	4797
女性	人	393	430
书法家协会会员人数性别比	女性为100	1143	1115.58
八、民间文艺家协会会员人数	人	2071	2120
其中：男性	人	1756	1787
女性	人	315	333
民间文艺家协会会员人数性别比	女性为100	557.46	536.64
九、文艺评论家协会会员人数	人	490	513
其中：男性	人	366	383
女性	人	124	130
文艺评论家协会会员人数性别比	女性为100	295.16	294.62
十、摄影家协会会员人数	人	5507	6126
其中：男性	人	4678	5092
女性	人	829	1034
摄影家协会会员人数性别比	女性为100	564.29	492.46
十一、杂技家协会会员人数	人	807	827
其中：男性	人	425	435
女性	人	382	392
杂技家协会会员人数性别比	女性为100	111.26	110.97
十二、曲艺家协会会员人数	人	1313	1333
其中：男性	人	808	821
女性	人	505	512
曲艺家协会会员人数性别比	女性为100	160	160.35

主要统计指标解释

基层团组织 是指企业、农村、机关、学校、科研院所、街道社区、社会组织和其他基层单位的团组织，含乡镇团委。

基层团组织 是指企业、农村、机关、学校、科研院所、街道社区、社会团体、社会中介组织、人民解放军连队、人民武装警察部队中队和其他基层单位的团组织。

机关事业单位团组织、团干部 含乡镇、街道团组织、团干部。

农村团员 不含学生团员、企业团员、外出务工团员。

企业团员 含外来务工团员。

中专学校列入中职学校类别统计。

专职团干部 是指专门从事共青团工作，不兼任其他工作的人员；兼职团干部指既从事共青团工作，又兼任其他工作的人员。

专职团干部 是指由单位正式工作人员担任的、职级待遇根据团的岗位确定、以团的工作为主要任务的团干部；兼职团干部是指以团的工作为辅，在团内兼职的团干部。

宗教教职人员 是对各宗教专门从事教务活动人员的通称，就我国五大宗教而言，主要是指：汉传佛教的比丘、比丘尼，藏传佛教的活佛、喇嘛、觉姆，南传佛教的大佛爷、小佛爷；道教的道士、道姑(全真派称乾道、坤道)；伊斯兰教的阿訇、伊玛目、专职哈提甫；基督教的主教、牧师、长老；天主教的主教、司铎、修士、修女。

十一、基本公共服务主要指标

简要说明

1. 本篇资料主要反映广东省基本公共服务等情况。

2. 篇资料主要包括：

(1)基本公共教育、劳动就业服务、社会保险、基本社会服务、医疗卫生服务、住房保障、文化体育等。

(2)地区为全省。

(3)年份主要为2013—2018年。

3. 统计资料来源：本篇资料由省委宣传部、省卫计委、省教育厅、省财政厅、省人力资源社会保障厅、省住房和城乡建设厅、省文化厅、省民政厅、省广电局、省扶贫办负责整理、审核、提供。

11-1 基本公共教育

指　标	单位	2012年	2013年	2014年
九年义务教育				
生师比城乡比	乡村=1	1.15	1.22	1.22
生均教学及辅助用房面积城乡比	乡村=1	0.65	0.63	0.63
义务教育免费住宿学生数	万人			
义务教育学生营养改善计划受益学生数	万人	3.67	3.67	10.73
初中毕业生升学率	%	91.4	92.62	91
九年义务教育巩固率	%	90.59	95.5	92.8
高中阶段教育				
普通高中家庭经济困难学生受资助学生数	万人	20.4	21.3	21.23
中等职业教育师生比	教师=1	142.38	31	28.36
中等职业教育双师型教师比重	%	32.11	34.11	37.02
中等职业教育免费学生数	万人	40.96	69.92	73.23
中等职业教育与普通高中在校学生数之比	普通高中=1	0.66	0.64	0.6
学前教育				
公办幼儿园在园幼儿数占全部在园幼儿数比重	%	37.01	38.76	36.7
学前三年毛入园率	%	95	95.49	95.67

注：1.2010 年城乡区划分类为城市、县镇、农村，从2011年起重新调整城乡区划分类为城区、镇区和乡村。
2.义务教育学生营养改善计划2016年增加了广州市奖补资金，导致2016年比2015年增加较大。
3.中等职业教育免费学生数由于2012 年调整统计口径，导致2012 年比2011 年增加较大。
4.义务教育免费住宿学生数暂时没有数据。

11-1 续表

指　标	单位	2015年	2016年	2017	2018
九年义务教育					
生师比城乡比	乡村=1	1.21	1.19	1.16	1.13
生均教学及辅助用房面积城乡比	乡村=1	0.63	0.71	0.75	0.78
义务教育免费住宿学生数	万人				
义务教育学生营养改善计划受益学生数	万人	10.73	20.41	23.57	29.07
初中毕业生升学率	%	93.78	93.95	97.99	98.12
九年义务教育巩固率	%	93.74	94.37	93.42	94.71
高中阶段教育					
普通高中家庭经济困难学生受资助学生数	万人	20.91	20.27	19.7	21.49
中等职业教育师生比	教师=1	26.06	23.8	21.99	19.66
中等职业教育双师型教师比重	%	40.92	41.72	40.94	41.51
中等职业教育免费学生数	万人	73.63	71.89	71.89	67.86
中等职业教育与普通高中在校学生数之比	普通高中=1	0.57	0.54	0.53	0.47
学前教育					
公办幼儿园在园幼儿数占全部在园幼儿数比重	%	35.1	33.58	32.1	30.3
学前三年毛入园率	%	100.97	105	109.08	112.46

注：1.2010 年城乡区划分类为城市、县镇、农村，从2011年起重新调整城乡区划分类为城区、镇区和乡村。
　　2.义务教育学生营养改善计划2016年增加了广州市奖补资金，导致2016年比2015年增加较大。
　　3.中等职业教育免费学生数由于2012 年调整统计口径，导致2012 年比2011 年增加较大。
　　4.义务教育免费住宿学生数暂时没有数据。

11-2 基本劳动就业服务

指标	单位	2012 年	2013 年	2014 年	2015 年	2016年	2017年	2018年
就业服务和管理								
接受职业指导人数	万人						75.8	84.32
接受创业服务人数	万人						10.68	18.62
实现就业的就业困难人数	万人	20	20	19	18	17	17.26	16.8
本年消除的零就业家庭户数	户	811	649	489	353	201	266	217
职业技能培训								
参加职业技能培训人数	万人	730	678	649	675	631.7	635	638
职业技能鉴定考核人数	万人	173.99	174.77	165.55	168.38	131.2832	104.54	74.23
劳动权益保护								
劳动保障监察投诉案件结案率	%	99.85	99.93	99.98	100	100	99.98	99.99
劳动人事争议仲裁结案率	%	92.3	93.9	94.4	93.9	93.4	93.47	92.63

11-3 基本社会保险

指标	单位	2013 年	2014 年	2015 年	2016年	2017年	2018年
基本养老保险							
城镇职工基本养老保险参保人数	万人	4183	4809.5	5086.5	5392.4	5287.1	4919.7
城乡居民基本养老保险参保人数	万人	2351.6	2433.7	2499.7	2543.2	2586.7	2656.5
企业退休人员月人均基本养老金	元	1934.4	2257.5	2349.3	2431.7	2532.7	2581.7
基本医疗保险							
城镇职工基本医疗保险参保人数	万人	3473	3647.1	3711.8	3814.1	3962.6	
城镇(城乡)居民基本医疗保险参保人数	万人	6402	6368	6424.2	6336.1	6402.4	
新型农村合作医疗参合人数	万人						
城镇居民基本医疗保险年人均财政补助水平	元/人年	280	320	380	420	450	
失业、工伤和生育保险							
失业保险参保人数	万人	2705.1	2840.2	2930.1	3020.1	3163.7	3361.7
工伤保险参保人数	万人	3057.3	3092.6	3122.7	3246.2	3402	3592.5
生育保险参保人数	万人	2711.6	2801.3	3081.8	3161.9	3300.9	
社会保险服务保障							
社会保障卡持卡人数	万人	8899	9589	9805	9916	10105	10305

11-4 基本社会服务(2013-2018年)

指　　标	单位	2013	2014	2015	2016	2017	2018
社会救助							
城乡居民最低生活保障人数	万人	197.2	190.4	183.3	170.6	169.6	141.1
农村特困人员救助供养人数(农村五保供养人数)	万人	24.3	23.9	24.0	23.2	22.6	22.0
农村五保集中供养平均标准与农村居民家庭人均消费支出之比	农居家庭人均消费支出=1	0.80	0.81	0.76	0.77	0.74	
直接医疗救助补助人次数	万人次						
参保参合医疗救助补助人数	万人						
社会福利							
每千老年人口养老床位数	张	16.5	21.6	28.6	30.4	32.9	34.5
养老服务机构收留抚养老年人数	万人	6.8	6.7	6.6	7.1	7.4	7.6
儿童收养救助服务机构床位数	万张	0.5	0.5	0.5	0.6	0.6	0.6
提供住宿的社会服务机构年末在院(站)儿童数	万人	0.9	0.9	0.9	0.9	0.8	0.9
优抚安置							
享受国家抚恤补助的优抚对象人数	万人						
优抚对象年均抚恤水平	元/人年						
社会服务保障							
每千人口社会服务机构床位数	张	1.85	2.07	2.26	3.25	4.01	4.18
每万人口拥有社会工作专业人才数	人	2.30	3.11	3.97	5.39	5.84	7.09

11-5　基本医疗卫生和人口计划生育

指　标	单位	2013年	2014年	2015年	2016年	2017年	2018年
公共卫生服务							
城乡居民健康档案规范化电子建档率	%	83.2	84.1	90.03	89.93	84.56	81.25
7岁以下儿童健康管理率	%	95.54	95.84	95.92	95.5	95.34	94.45
孕产妇系统管理率	%	90.75	90.97	91.84	92.11	92.01	91.87
甲乙类法定报告传染病发病率	1/10万	317.12	360.75	313.19	320.16	346.7	310.94
人均基本公共卫生服务补助经费	元	33.9	35.4	42.3	50.2	56.63	60.17
医疗服务							
每万人口全科医生数	人	1.11	1.34	1.41	1.73	2.12	2.46
每千人口基层医疗卫生机构执业(助理)医师数	人	0.74	0.75	0.78	0.82	0.86	0.93
每千人口基层医疗卫生机构床位数	张	0.56	0.57	0.59	0.6	0.61	0.62
乡镇卫生院基础设施建设达标率	%						
中医服务							
每千人口中医类别执业(助理)医师数	人	0.26	0.28	0.3	0.33	0.36	0.38
人口和计划生育							
农村部分计划生育家庭奖励扶助人数	万人	17.26	8.84	19.78	19.92	21.38	24.01

注：本表仅包含以妇幼保健院(所、站)为第一名称的机构，不包含与其他类别医院署办公的妇幼保健院。

11-6 基本住房保障

指标	单位	2013年	2014年	2015年	2016年	2017年	2018年
公共租赁住房(廉租住房)							
公共租赁住房(廉租住房)新开工套数	万套	5.7566	4.6119	5.2848			
公共租赁住房(廉租住房)实物保障户数(在保)	万户	13.984	20.3316	28.9639	35.8242	46.0382	49.9897
住房租赁补贴户数(在保)	万户	3.0577	2.9263	3.06	4.1411	2.994	2.8919
棚户区改造							
实际开工的各类棚户区改造住房套数（含货币安置户数）	万套	2.1086	3.6753	8.7865	8.1783	3.8367	3.45
农村危房改造							
农村危房改造户数	万户	10	10	12.82	12.0864	7.9607	5.7316

注：“农村危房改造户数”2013年和2014年数据为省扶贫办完成的任务数。

11-7 公共文化体育（2014-2018年）

指标	单位	2014	2015	2016	2017	2018
公益性文化						
每万人口拥有公共文化设施建筑面积	平方米	1112	1189	1281.5	1194.52	1325.86
人均拥有公共图书馆藏量	册	0.59	0.65	0.72	0.78	0.84
文化馆(站)服务人次	万人次	5922.84	6725.89	5826.9	5355.5	6664.46
博物馆参观人次数	万人次	4021	4252	4727	5112	5512
广播影视						
农村广播节目综合人口覆盖率	%	99.9	99.9	99.9	99.9	99.9
农村电视节目综合人口覆盖率	%	99.9	99.9	99.9	99.9	99.9
农村有线广播电视用户数比重	%	88.98	90.38	89.44	79.73	71.09
全年农村公益电影放映场次	万场	28.68	27.7	27.14	28.13	26.75
新闻出版						
国民综合阅读率	%					
农村农家书屋数	个	20106	20106	20106	20106	20106
全年出版盲文图书品种数	种					
群众体育						
平均每万人拥有社会体育指导员数(人)	人	20	22	24	26	26
全省经常参加体育锻炼人数占常住人口的比例(抽样调查结果)	%	37.20	37.80	38.40	39.00	39.10

11-8 药监基本情况

	单位	2011年	2012年	2013年	2014年
一、每万人口食品药品监管人员数	人			0.39	0.62
二、食品药品检测检验机构县(市、区)级覆盖率	%			25.6	27.3
三、每百万人口药品不良反应报告数	份	388	401	427	478
四、食品抽检率	批次				
五、食品抽检合格率	%				
六、受理药品投诉	件	3008	4130	3259	4488
七、受理医疗器械投诉	件	346	568	702	1345
八、受理化妆品投诉	件	295	760	1336	3066
九、查处药品案件	件	5022	8002	5636	4532
十、查处医疗器械案件	件	428	818	595	547
十一、查处化妆品案件	件		-	-	564

11-8 续表

	单位	2015年	2016年	2017年	2018年
一、每万人口食品药品监管人员数	人	0.8	1.14	0.95	1.18
二、食品药品检测检验机构县(市、区)级覆盖率	%	30.6	32.2	32.2	33.9
三、每百万人口药品不良反应报告数	份	536	597	693	854
四、食品抽检率	批次		230368	447350	554201
五、食品抽检合格率	%		96.3	97.3	97.6
六、受理药品投诉	件	3939	4691	7239	6152
七、受理医疗器械投诉	件	1183	1436	1878	2266
八、受理化妆品投诉	件	7466	8150	8385	11825
九、查处药品案件	件	4245	5950	8332	5438
十、查处医疗器械案件	件	331	614	706	714
十一、查处化妆品案件	件	783	1223	1432	1483

注：2014年之前还未开展对违法化妆品案件查处情况统计。

11-9 扶贫情况表

	2013	2014	2015	2016	2017	2018
建档立卡省定贫困村数	2571	2571	2571	2277	2277	2277
建档立卡贫困人口数 (万人)	90.6	90.6	90.6	176.5	176.5	161.5
其中：建档立卡一般贫困人口(万人)				58.66	58.66	60.9
建档立卡低保人口 (万人)				117.87	117.87	81.8
建档立卡五保人口 (万人)				-	-	18.8
未脱贫人口数 (万人)						11.5
贫困发生率 (%)				4.75	4.75	0.3
当年脱贫人数 (万人)	30	60	90.6	54.75	62.26	33.02
全省选派驻镇驻村干部人数 (万人)	0.7886	0.7986	0.7986	4.28	4.28	4.54

十二、分县（区）和 全国各地区部分指标

简要说明

1. 本篇资料主要反映广东省分县区和全国各地区学校、医院等情况。

2. 篇资料主要包括：

(1)学校数、在校生数、专任教师数；各县区医院数、床位数、卫生技术人员数；各县区交通事故、火灾事故。

(2)地区分全省各县区和全国各地区。

(3)年份主要为2018年。

3. 统计资料来源：本篇资料由省教育厅、省卫健委、省民政厅负责整理、审核、提供。

12-1 广东省卫生机构、床位、人员数(2018)

地 区	机构数（个）	床位（张）	卫生人员（人）	卫生技术人员（人）	执业(助理)医师（人）	注册护士（人）
广东省	**51527**	**516973**	**921703**	**757840**	**277362**	**335037**
广州市	4598	95134	188695	156497	54134	71740
荔湾区	220	6810	12163	10286	3751	4700
越秀区	370	24141	50317	42607	13390	19963
海珠区	307	10431	20055	16721	5619	7824
天河区	709	12345	29879	24282	8841	11209
白云区	709	19937	26885	21808	7507	10183
黄埔区	323	4078	8029	6351	2250	2624
番禺区	372	6421	13920	11730	4466	5100
花都区	481	3755	10264	8681	3172	3808
南沙区	222	1410	3483	2841	1075	1231
从化区	351	2560	5127	4051	1412	1834
增城区	534	3246	8573	7139	2651	3264
韶关市	2118	18183	26882	21892	7684	10190
武江区	189	5437	7115	5586	1630	3057
浈江区	159	1984	2807	2439	907	1122
曲江区	141	1480	2369	1957	774	830
始兴县	161	939	1576	1311	524	511
仁化县	146	753	1316	1112	417	425
翁源县	252	1148	3013	2476	878	1169
乳源县	141	582	1211	955	333	399
新丰县	192	1042	1659	1280	457	526
乐昌市	376	3371	3067	2551	918	1153
南雄市	361	1447	2749	2225	846	998

注：本表数据含村卫生室数。

12-1 续表1

地　区	机构数（个）	床位（张）	卫生人员（人）	卫生技术人员（人）	执业(助理)医师（人）	注册护士（人）
深圳市	4380	43215	114866	93643	36309	40301
罗湖区	314	5730	15675	11964	4387	5557
福田区	679	8376	23080	19149	7394	8459
南山区	540	5327	16485	13123	5132	5701
宝安区	995	8061	20621	17118	6588	6917
龙岗区	1057	8535	22025	18013	7088	7684
盐田区	75	561	1675	1443	603	552
龙华区	356	3270	7136	5919	2472	2333
坪山区	104	1168	2977	2497	965	1066
光明区	260	2187	5192	4417	1680	2032
珠海市	838	9899	22168	18430	7090	8152
香洲区	516	7178	16214	13512	5221	5897
斗门区	204	1873	3507	2889	1091	1334
金湾区	118	848	2447	2029	778	921
汕头市	1492	18985	29648	24987	10469	10123
龙湖区	186	1519	2871	2423	963	1025
金平区	287	9727	13429	11743	4597	5297
濠江区	64	1020	1415	1219	524	498
潮阳区	377	2541	4717	4046	1925	1378
潮南区	237	2524	3651	2930	1276	1051
澄海区	292	1538	3133	2326	1057	783
南澳县	49	116	432	300	127	91
佛山市	1932	37227	64931	55398	20001	25444
禅城区	294	11809	18032	14874	5012	6959
南海区	605	9303	18554	16422	6145	7632
顺德区	668	11247	19079	16423	6008	7605
三水区	219	2976	5708	4735	1663	1989
高明区	146	1892	3558	2944	1173	1259

注：本表数据含村卫生室数。

12-1 续表2

地 区	机构数（个）	床位（张）	卫生人员（人）	卫生技术人员（人）	执业(助理)医师（人）	注册护士（人）
江门市	1652	23482	36201	30479	10298	13941
蓬江区	209	8003	11077	9304	2932	4509
江海区	94	657	1073	940	373	411
新会区	271	4467	6890	5760	2039	2531
台山市	378	4261	6300	5508	1815	2467
开平市	229	2880	4610	3716	1194	1731
鹤山市	252	1832	3545	3033	1138	1321
恩平市	219	1382	2706	2218	807	971
湛江市	3478	36692	50869	40620	13651	18265
赤坎区	228	4055	6723	5508	1932	2460
霞山区	274	7029	10112	8588	2746	4249
坡头区	131	984	1438	1152	420	494
麻章区	333	2216	3400	2693	937	1162
遂溪县	480	3515	4681	3661	1215	1542
徐闻县	202	3130	4174	3181	967	1400
廉江市	710	5127	7763	6112	2018	2808
雷州市	706	7262	7526	5845	2026	2484
吴川市	414	3374	5052	3880	1390	1666
茂名市	4084	34947	43202	35193	13993	15629
茂南区	371	7783	10478	9176	3344	4462
电白区	789	7435	8097	6480	2803	2639
高州市	1123	8655	10563	8580	3362	4047
化州市	630	5667	7224	5667	2315	2322
信宜市	1171	5407	6840	5290	2169	2159

注：本表数据含村卫生室数。

12-1 续表3

地　区	机构数（个）	床位（张）	卫生人员（人）	卫生技术人员（人）	执业(助理)医师（人）	注册护士（人）
肇庆市	3111	17347	32254	25032	8140	10903
端州区	329	5781	9270	7594	2476	3625
鼎湖区	134	584	1121	852	320	326
高要区	574	2241	4590	3543	1265	1445
广宁县	385	1374	3289	2403	758	1067
怀集县	781	3544	5237	3795	993	1507
封开县	328	901	2161	1642	488	710
德庆县	264	1069	2258	1748	591	767
四会市	316	1853	4328	3455	1249	1456
惠州市	2764	21452	41399	34800	13339	15454
惠城区	865	9501	19280	16314	6142	7380
惠阳区	505	3758	7710	6717	2679	3169
博罗县	571	3794	5719	4688	1966	1911
惠东县	595	3341	6454	5257	1888	2265
龙门县	228	1058	2236	1824	664	729
梅州市	3053	18845	30628	24908	9546	9653
梅江区	259	6151	8981	7677	2344	3520
梅县区	414	1950	3605	2947	1105	1264
大埔县	369	1084	2653	1985	901	605
丰顺县	343	1761	2804	2214	825	796
五华县	562	3622	5405	4461	2005	1354
平远县	174	722	1443	1238	495	510
蕉岭县	162	848	1282	1089	428	414
兴宁市	770	2707	4455	3297	1443	1190

注：本表数据含村卫生室数。

12-1 续表4

地 区	机构数 (个)	床位 (张)	卫生人员 (人)	卫生技术人员 (人)	执业(助理)医师 (人)	注册护 (人)
汕尾市	1625	9951	16060	12187	5316	4235
城 区	251	2145	4014	3278	1482	1229
海丰县	592	4029	5074	3921	1827	1311
陆河县	197	969	1430	1148	538	363
陆丰市	585	2808	5542	3840	1469	1332
河源市	2037	15882	21999	17612	5992	7519
源城区	314	5528	7147	6038	2049	2851
紫金县	427	2302	3405	2614	897	968
龙川县	399	3991	4610	3792	1394	1560
连平县	261	1419	2277	1790	565	727
和平县	298	1265	2341	1774	607	751
东源县	338	1377	2219	1604	480	662
阳江市	1804	14200	20990	16429	5631	6809
江城区	497	5366	8720	7100	2499	3031
阳东区	229	2000	2812	2373	833	911
阳西县	263	1692	2838	2150	681	794
阳春市	815	5142	6620	4806	1618	2073
清远市	2435	17825	26883	22248	7858	10040
清城区	524	6775	9344	7674	2839	3530
清新区	396	1227	2945	2453	1101	1028
佛冈县	214	988	2035	1671	580	719
阳山县	289	1389	2132	1708	577	799

注：本表数据含村卫生室数。

12-1 续表5

地　区	机构数（个）	床位（张）	卫生人员（人）	卫生技术人员（人）	执业(助理)医师（人）	注册护士（人）
连山县	86	418	732	595	201	256
连南县	95	448	861	665	186	307
英德市	577	3945	5856	4969	1599	2185
连州市	254	2635	2978	2513	775	1216
东莞市	2722	31059	64349	54317	19516	25452
中山市	894	15802	28069	24419	8800	11636
潮州市	2290	6682	13666	10131	4597	3389
湘桥区	519	3222	5769	4753	1917	1820
潮安区	1110	2103	4884	3529	1863	988
饶平县	661	1357	3013	1849	817	581
揭阳市	2910	19956	30937	24951	10373	10329
榕城区	620	5618	8007	6503	2585	2861
揭东区	512	3463	4513	3539	1629	1308
揭西县	399	1755	3972	3208	1340	1256
惠来县	536	2084	4040	3148	1281	1194
普宁市	843	7036	10405	8553	3538	3710
云浮市	1310	10208	17007	13667	4625	5833
云城区	273	2460	4168	3565	1242	1552
云安区	204	458	996	715	315	248
新兴县	173	1749	3478	2859	944	1226
郁南县	212	1260	2143	1766	520	694
罗定市	448	4281	6222	4762	1604	2113

注：本表数据含村卫生室数。

12-2 全国各地区医疗机构床位情况(2018)

单位：张

地　区	医疗机构床位数	医院床位数	每千常住人口医疗卫生机构床位数
北　京	123626	116397	5.74
天　津	68247	60337	4.38
河　北	421916	320739	5.58
山　西	208305	163584	5.6
内蒙古	159006	126378	6.27
辽　宁	314440	265968	7.21
吉　林	166994	140384	6.18
黑龙江	250129	209578	6.63
上　海	139029	120787	5.74
江　苏	491522	387981	6.11
浙　江	332086	293690	5.79
安　徽	328123	253595	5.19
福　建	192473	148012	4.88
江　西	249490	172843	5.37
山　东	608459	460703	6.06
河　南	608519	455677	6.34
湖　北	393514	281455	6.65
湖　南	482439	346350	6.99
广　东	516973	416282	4.56
广　西	255940	173207	5.2
海　南	44800	35863	4.79
重　庆	220104	162147	7.1
四　川	598898	442215	7.18
贵　州	245639	189167	6.82
云　南	291194	223272	6.03
西　藏	16787	12604	4.88
陕　西	253711	204359	6.57
甘　肃	162737	126147	6.17
青　海	39146	32521	6.49
宁　夏	41005	35698	5.96
新　疆	178881	141848	7.19

12-3 2017-2018主要教育综合指标在全国排位

项目		2017			2018		
		全国水平	广东	排位	全国水平	广东	排位
按常住人口计算	**(人)**						
每万人口普通本专科在校生		199.14	175.09	26	203.66	175.77	27
每万人口成人本专科在校生		39.35	59.38	2	42.51	67.08	2
每万人口高中阶段教育在校生		262.44	262.43	18	258.19	242.13	20
#每万人中等职业教育学校在校生		90.71	90.36	15	87.31	77.65	18
每万人口普通高中在校生		171.73	172.08	18	170.88	164.49	20
每万人口普通初中在校生		321.26	323.76	17	334.7	333.48	16
每万人口小学在校生		729.99	856.4	9	743.79	884.92	8
每万人口幼儿园在园儿童		332.69	401.32	6	334.98	402.11	7
按户籍人口计算	**(人)**						
每万人口普通本专科在校生		197.8	210.13	12	202.92	210.71	12
每万人口成人本专科在校生		39.09	71.26	3	42.36	80.41	3
每万人口高中阶段教育在校生		260.67	314.95	6	257.25	290.27	7
#每万人中等职业教育学校在校生		90.1	108.44	6	86.99	93.08	12
每万人口普通高中在校生		170.57	206.51	6	170.26	197.18	7
每万人口普通初中在校生		319.08	388.55	5	333.48	399.78	5
按户籍人口计算	**(人)**						
每万人口小学在校生		725.05	1027.79	1	741.08	1060.84	2
每万人口幼儿园在园儿童		330.44	481.64	2	333.75	482.04	2
小学教师达标率	(%)	99.96	99.99	3	99.97	99.99	7
小学教师专科以上学历的比重	(%)	95.26	97.41	9	96.49	98.14	8
普通初中教师达标	(%)	99.83	99.96	3	99.86	99.97	6
普通高中教师达标	(%)	98.15	99.02	7	98.41	99.23	7
普通高校教师高职称比	(%)	42.8	40.58	20	43.2	40.87	18
普通高校学校数	(所)	2631	151	2	2663	152	2
成人高校学校数	(所)	282	14	6	277	14	5
普通本专科招生数	(人)	7614893	558417	2	7909931	573287	2
成人本专科招生数	(人)	2175302	254854	1	2733119	326377	1
普通本专科在校生数	(人)	27535869	1925775	3	28310384	1963170	3
成人本专科在校生数	(人)	5441429	653103	1	5909878	749161	1
研究生在校生数	(人)	2639561	119987	8	2703411	126871	7

注：每万人口高中阶段教育在校生数中的技工学校学生数，是采用上年度技工学校在校学生数。

12-4 各地区高等学校普通本、专科学生数(2018)

地　区	学校数（所）	招生数（人）	本　科	专　科	在校学生数（人）	本　科
全　国	**2663**	**7909931**	**4221590**	**3688341**	**28310348**	**16973343**
北　京	92	151952	130060	21892	594933	520899
天　津	56	142116	89100	53016	523349	350646
河　北	122	386504	200178	186326	1342631	774678
山　西	83	201497	122038	79459	765580	502932
内蒙古	53	122156	62764	59392	455284	258781
辽　宁	115	256017	168364	87653	963208	692619
吉　林	62	175543	120125	55418	658327	486973
黑龙江	81	197866	133899	63967	732082	527986
上　海	64	135825	95786	40039	517796	383459
江　苏	167	478683	271837	206846	1806277	1121239
浙　江	108	267993	150858	117135	1019449	624707
安　徽	119	306990	163886	143104	1139112	664949
福　建	89	221725	125233	96492	772361	505489
江　西	102	296321	141845	154476	1054400	544906
山　东	145	553743	258168	295575	2040793	1068178
河　南	139	622240	279947	342293	2140780	1140778
湖　北	128	406772	214554	192218	1438242	876771
湖　南	124	381644	183895	197749	1326828	723763
广　东	152	573287	282802	290485	1963170	1133292
广　西	75	282938	125196	157742	942227	491574
海　南	20	54468	29218	25250	189179	114041
重　庆	65	213681	113922	99759	762811	462559
四　川	119	453510	230169	223341	1564710	913215
贵　州	72	217176	91829	125347	687530	342790
云　南	79	210134	104914	105220	764659	440003
西　藏	7	9491	6123	3368	35717	24691
陕　西	95	282961	167402	115559	1054808	674094
甘　肃	49	136920	72845	64075	483620	293062
青　海	12	20465	10762	9703	70288	39448
宁　夏	19	35027	21150	13877	125253	81028
新　疆	50	114286	52721	61565	374944	193793

注：学校数为普通高校数。学生数包括成人高校的普通本专科学生数。教育部公布的招生数不含专升本的学生数。

12-4 续表

地区	专科(人)	毕(结)业生数(人)	本科	专科	授予学位数(个)
全国	**11337005**	**7533087**	**3868358**	**3664729**	**3807417**
北京	74034	149183	120258	28925	118827
天津	172703	138789	78461	60328	76338
河北	567953	338771	171447	167324	170031
山西	262648	216596	117525	99071	116119
内蒙古	196503	122929	58014	64915	56633
辽宁	270589	275875	177461	98414	176259
吉林	171354	166174	113143	53031	111529
黑龙江	204096	200701	124946	75755	123964
上海	134337	132508	85832	46676	84519
江苏	685038	491268	260106	231162	253898
浙江	394742	280634	149271	131363	147887
安徽	474163	335182	154074	181108	152293
福建	266872	204271	120998	83273	120490
江西	509494	310976	126875	184101	125677
山东	972615	585871	239609	346262	238320
河南	1000002	559882	262013	297869	257927
湖北	561471	375447	203965	171482	199243
湖南	603065	347641	164199	183442	161013
广东	829878	523936	253961	269975	252319
广西	450653	213788	97498	116290	95712
海南	75138	49281	24856	24425	24128
重庆	300252	199727	105300	94427	102550
四川	651495	393689	186361	207328	182096
贵州	344740	159724	69877	89847	66588
云南	324656	188092	95714	92378	93754
西藏	11026	9297	5609	3688	5303
陕西	380714	311010	169633	141377	167464
甘肃	190558	122347	70587	51760	69388
青海	30840	17414	8331	9083	8169
宁夏	44225	30799	17892	12907	17159
新疆	181151	81285	34542	46743	31820

注：学校数为普通高校数。学生数包括成人高校的普通本专科学生数。教育部公布的招生数不含专升本的学生数。

12-5 各地区普通高中基本情况(2018)

地　区	学校数（所）	招生数（人）	在校学生数（人）	毕业生数（人）	教职工数（人）	
						专任教师
全　国	**13737**	**7927063**	**23753709**	**7792443**	**6936288**	**1812584**
北　京	309	47355	155478	51065	88974	20892
天　津	189	50162	159889	53731	55168	16606
河　北	655	448898	1334876	401065	370348	99859
山　西	512	207013	679268	247611	221868	63893
内蒙古	299	133263	421384	146323	132939	36316
辽　宁	414	191108	608554	206402	202928	51811
吉　林	248	129106	408494	133057	135841	30775
黑龙江	366	173135	548421	180948	178631	42686
上　海	260	52330	158181	51942	87124	18350
江　苏	578	352082	980758	312440	366213	95624
浙　江	591	254912	769236	253335	254461	70365
安　徽	661	358860	1074716	369152	303994	78595
福　建	538	210816	633906	206080	182054	51144
江　西	480	344664	1008384	304483	223466	58415
山　东	620	544536	1642050	550112	515123	137946
河　南	852	726544	2100552	660798	545867	131102
湖　北	531	277436	823519	275641	248406	66010
湖　南	626	406744	1175466	364539	325006	79968
广　东	1013	604224	1837141	646488	613113	149931
广　西	468	368036	1035827	295808	229949	59520
海　南	119	56996	170078	57018	55794	13435
重　庆	256	201397	607678	204087	134116	39298
四　川	768	461665	1389515	479939	405209	99647
贵　州	466	337279	1007791	330559	228661	66598
云　南	519	302529	864850	257036	218567	59147
西　藏	34	22682	61702	19133	17266	5740
陕　西	471	232057	722663	263301	197466	57414
甘　肃	381	172624	549305	201083	149236	45730
青　海	105	42551	126705	39125	33839	9727
宁　夏	65	50880	147599	52262	35871	11304
新　疆	343	165179	549723	177880	178790	44736

注：教职工数为普通高中和普通初中之和。

12-6 各地区中等职业学校(机构)学生情况(2017)

地　区	招生数(人)	应届毕业生	初中毕业生	在校学生数(人)	毕业生数(人)	获得职业资格证书	预计毕业生数
全　国	**4285024**	**3879007**	**3778260**	**12136280**	**3969770**	**2997739**	**4056047**
北　京	14373	11881	11347	62299	26037	13351	24645
天　津	27516	24484	23922	90666	32446	25017	34868
河　北	275767	231104	221129	724282	230532	167024	250355
山　西	100471	89328	84014	302107	111831	96798	110896
内蒙古	57496	53054	52301	181488	60611	34780	61604
辽　宁	80526	72248	69946	286095	98698	54666	103160
吉　林	35090	30538	27715	120897	41718	20633	44160
黑龙江	51549	37319	35898	180400	69211	44729	65358
上　海	33372	30783	30584	102575	34707	29441	34312
江　苏	199204	185407	184292	626012	212599	179215	206745
浙　江	177634	172305	171514	526120	170376	163466	174245
安　徽	294300	266264	254104	752810	257212	202218	271030
福　建	122939	109170	107048	335832	107814	97232	117466
江　西	122524	112600	112422	355042	108660	102514	111134
山　东	245355	228546	226779	750142	250210	180701	262149
河　南	391987	358904	350041	1101602	314036	229460	358846
湖　北	127901	124556	123725	369424	116775	89694	117684
湖　南	229118	222773	220641	658221	204504	159255	212530
广　东	297190	282459	270630	867254	318470	231492	265408
广　西	247944	189971	180771	677550	185663	111712	215660
海　南	44177	36600	36109	119241	33132	9817	35329
重　庆	109202	107066	106177	299909	99289	72003	92909
四　川	325773	279011	267374	820060	327834	292927	315884
贵　州	166564	151349	149440	472182	152670	107925	152504
云　南	185565	175759	173375	505415	142093	91732	158284
西　藏	9690	9411	9038	22817	5228	545	6683
陕　西	82498	77714	75992	233336	84877	63690	74453
甘　肃	72657	68815	68124	189046	58873	50991	60322
青　海	28694	17386	17064	76979	20654	12870	20940
宁　夏	27156	26539	26356	72820	24527	14721	23258
新　疆	100792	95663	90388	253657	68483	47120	73226

注：中等职业学校数据不含技工数。

12−7 各地区普通初中基本情况(2017)

地　区	学校数(所)	招生数(人)	在校学生数(人)	毕业生数(人)	专任教师(人)
全　国	**51982**	**16025931**	**46525854**	**13677686**	**3638999**
北　京	335	100984	278971	70258	35643
天　津	347	95920	280205	75672	27469
河　北	2367	1003677	2831535	776095	199852
山　西	1787	393473	1137656	338439	108356
内蒙古	691	216570	636615	195725	58263
辽　宁	1522	329132	985317	302287	98947
吉　林	1175	224225	660635	179914	65808
黑龙江	1418	272754	932812	244380	88978
上　海	573	132770	432531	84272	40996
江　苏	2187	802344	2257619	623537	190762
浙　江	1742	542475	1614623	467918	127488
安　徽	2833	699936	2091690	636719	158888
福　建	1246	451718	1287133	371387	101846
江　西	2160	740582	2069873	576420	128769
山　东	3051	1098090	3457221	934463	281957
河　南	4519	1598631	4518810	1336283	314329
湖　北	2066	557084	1587795	452823	129756
湖　南	3331	842633	2404647	724883	175418
广　东	3614	1320273	3724667	1093338	286437
广　西	1743	737510	2126353	639584	137395
海　南	401	127434	352801	102476	26250
重　庆	866	368892	1045616	311410	77861
四　川	3716	923732	2618120	782139	204939
贵　州	2002	615151	1808436	628476	128242
云　南	1679	612524	1861533	613940	132323
西　藏	99	46306	129405	41795	10772
陕　西	1601	375779	1085454	336482	98478
甘　肃	1467	296588	870014	283211	79952
青　海	265	76512	222833	67663	16362
宁　夏	244	100596	290451	88856	20473
新　疆	935	321636	924483	296841	85990

12-8 各地区小学基本情况(2017)

地　区	学校数(所)	招生数(人)	在校学生数(人)	毕业生数(人)	专任教师(人)
全　国	**161811**	**18672970**	**103392541**	**16164927**	**6091908**
北　京	970	184339	913216	124610	66894
天　津	879	127340	673188	98898	44785
河　北	11545	1218551	6588456	1020043	380333
山　西	5445	400913	2284991	401470	168018
内蒙古	1655	235740	1341863	217005	100652
辽　宁	3280	342134	1954825	329880	136984
吉　林	3871	201272	1201872	226423	106603
黑龙江	1469	221795	1318982	276053	110544
上　海	721	182522	800222	150256	56803
江　苏	4103	1022294	5604407	816171	316063
浙　江	3301	661772	3605686	567318	210407
安　徽	7908	817793	4568379	682282	249323
福　建	5189	608371	3213945	456957	172012
江　西	7578	701928	4212208	731576	234662
山　东	9674	1296436	7259706	1115188	430702
河　南	18622	1735639	9945951	1607018	547153
湖　北	5396	672176	3665794	552516	203576
湖　南	7335	930488	5219847	832334	274527
广　东	10308	1888110	9883724	1372693	530291
广　西	8054	859697	4767771	730996	257750
海　南	1377	152947	831869	128460	50730
重　庆	2893	341190	2095361	357142	126513
四　川	5730	952217	5554589	919381	329927
贵　州	6951	675210	3717297	605043	207839
云　南	10900	664394	3795120	619175	228365
西　藏	809	59777	326334	48929	22446
陕　西	4714	513552	2656120	375999	164159
甘　肃	5785	344889	1896471	300842	143260
青　海	731	90992	486026	74705	27483
宁　夏	1250	99979	581495	101825	34487
新　疆	3368	468513	2426826	323739	158617

12—9 各地区特殊教育基本情况(2017)

地区	学校数(所)	招生数(人)	在校学生数(人)	毕业生数(人)	教职工数(人)	
						专任教师
全国	**2152**	**123514**	**665942**	**81017**	**68087**	**58656**
北京	21	998	6407	1454	1226	966
天津	20	667	4491	540	795	634
河北	162	4089	20670	2011	3950	3422
山西	76	2721	14398	1883	2096	1752
内蒙古	45	2071	11757	1383	1714	1504
辽宁	79	1579	11835	1602	2775	2085
吉林	50	1867	9649	1094	1937	1662
黑龙江	72	2298	13990	1307	2248	1920
上海	30	1076	7435	1515	1641	1286
江苏	102	4774	31151	3830	4104	3527
浙江	85	3479	19526	3046	2869	2589
安徽	73	5009	31450	1970	1942	1748
福建	72	3978	25140	3872	2384	2147
江西	94	6212	33788	5188	1779	1571
山东	149	5240	30473	4322	6076	5352
河南	149	9946	43875	2406	4383	3997
湖北	84	2850	16177	1515	2099	1799
湖南	85	7288	36544	4730	2479	2202
广东	135	9055	47912	4502	5892	4842
广西	81	7474	33594	2662	1969	1656
海南	11	684	2952	300	436	330
重庆	38	3872	21405	2459	1093	995
四川	128	10298	56851	10094	3293	2970
贵州	77	6147	31068	3311	2075	1839
云南	65	7274	36925	7349	1884	1661
西藏	5	833	4715	488	267	246
陕西	65	3071	16399	1976	1727	1408
甘肃	43	3050	15769	1524	1128	921
青海	15	1241	6634	658	238	194
宁夏	13	964	6004	697	430	407
新疆	28	3409	16958	1329	1158	1024

12-10 各县区中等职业教育基本情况(2018)

地　区	学校数 (所)	毕业生数 (人)	招生数 (人)	在校生数 (人)	教职工数 (人)	专任教师数 (人)
广东省	**445**	**318470**	**297190**	**867254**	**56750**	**44105**
广州市	**83**	**67910**	**66026**	**184094**	**11391**	**7866**
荔湾区	5	3233	2998	9239	640	400
越秀区	10	10473	7126	22891	977	727
海珠区	13	12070	12549	32339	2059	1432
天河区	27	21102	22926	62253	3707	2390
白云区	13	10273	9955	27766	1792	1240
黄埔区	3	1698	1894	5314	258	189
番禺区	3	2838	3152	8789	584	472
花都区	4	2042	1844	4834	461	297
南沙区	1	419	598	1557	113	100
从化区	1	805	615	2307	221	144
增城区	3	2957	2369	6805	579	475
韶关市	**14**	**7584**	**10028**	**25979**	**1919**	**1504**
武江区	2	2038	1869	5020	506	273
浈江区	4	2728	3493	9578	496	401
曲江区	1	406	474	1236	141	114
始兴县	1	432	568	1588	108	104
仁化县	1	256	403	840	77	65
翁源县	1	363	928	1933	104	101
乳源瑶族自治县	1	225	378	1093	136	118
新丰县	1	441	468	1211	89	82
乐昌市	1	546	799	2058	144	137
南雄市	1	149	648	1422	118	109
深圳市	**15**	**12743**	**12875**	**38922**	**3505**	**2694**
罗湖区	2	2617	2159	7035	520	428
福田区	3	2262	2061	6659	620	524
南山区	1	1327	985	2831	272	211
宝安区	5	4121	4938	14594	1105	825
龙岗区	3	1752	1990	5615	786	515
盐田区	1	664	742	2188	202	191

12-10 续表1

地　区	学校数（所）	毕业生数（人）	招生数（人）	在校生数（人）	教职工数（人）	专任教师数（人）
珠海市	**8**	**6803**	**6217**	**18962**	**1135**	**932**
香洲区	5	6262	5257	15581	963	825
斗门区	3	481	905	3139	172	107
金湾区		60	55	242		
汕头市	21	12638	11095	38299	2204	1732
龙湖区	8	5305	3740	12250	672	466
金平区	7	3250	3248	9815	801	643
濠江区	1	619	679	1431	153	126
潮阳区	2	1424	1380	4809	265	238
潮南区	1	763	1491	7566	133	126
澄海区	1	1261	557	2396	165	121
南澳县	1	16		32	15	12
佛山市	**33**	**22664**	**18527**	**60002**	**4809**	**3865**
禅城区	4	2157	1881	6182	466	383
南海区	11	9503	6499	23178	1850	1197
顺德区	13	8125	8119	23955	2016	1907
三水区	3	2058	1479	4887	341	266
高明区	2	821	549	1800	136	112
江门市	**19**	**13632**	**11576**	**36898**	**2379**	**2151**
蓬江区	6	4885	3791	12815	681	611
江海区	1	2288	1191	4922	149	135
新会区	2	2178	1574	5683	404	348
台山市	4	1226	1751	4219	357	326
开平市	2	1323	1269	3874	361	337
鹤山市	2	1142	1435	3767	253	230
恩平市	2	590	565	1618	174	164
湛江市	**53**	**19241**	**18473**	**59927**	**3311**	**2453**
赤坎区	10	5427	6618	20273	741	521

12-10 续表2

地 区	学校数 (所)	毕业生数 (人)	招生数 (人)	在校生数 (人)	教职工数 (人)	专任教师数 (人)
霞山区	8	1821	1839	6357	491	381
坡头区	2	51		59	23	23
麻章区	12	7840	6706	22382	1017	727
遂溪县	5	505	440	1599	255	147
徐闻县	1	394	548	1388	112	112
廉江市	6	1789	980	3526	319	231
雷州市	1	756	679	2316	184	168
吴川市	8	658	663	2027	169	143
茂名市	**18**	**15244**	**23529**	**57808**	**3216**	**2828**
茂南区	3	1727	2600	7004	364	295
电白区	2	2369	2197	6009	470	411
高州市	7	5725	10998	23777	1172	993
化州市	4	1112	3303	6932	562	514
信宜市	2	4311	4431	14086	648	615
肇庆市	**18**	**17521**	**18346**	**53771**	**3322**	**2662**
端州区	12	13290	15094	43618	2414	1894
鼎湖区						
高要区	1	219		354	51	43
广宁县	1	1083	518	1810	133	117
怀集县	1	1043	905	2219	206	169
封开县	1	863	437	1808	192	164
德庆县	1	228	108	458	61	44
四会市	1	795	1284	3504	265	231
惠州市	**25**	**16959**	**17398**	**51440**	**2695**	**1990**
惠城区	15	12243	11401	35597	1734	1219
惠阳区	4	1316	1962	4970	318	226
博罗县	4	2445	2634	7592	388	305

12-10 续表3

地 区	学校数（所）	毕业生数（人）	招生数（人）	在校生数（人）	教职工数（人）	专任教师数（人）
惠东县	1	674	1109	2484	173	173
龙门县	1	281	292	797	82	67
梅州市	**21**	**10375**	**8716**	**27308**	**1857**	**1478**
梅江区	7	4899	5419	15891	876	656
梅县区	5	882	645	2444	209	176
大埔县	1	733	516	2209	159	141
丰顺县	1	514	344	1172	117	101
五华县	1	1702	355	1134	120	120
平远县	1	255	382	649	48	39
蕉岭县	1	309	71	636	102	93
兴宁市	4	1081	984	3173	226	152
汕尾市	**13**	**3380**	**5203**	**11965**	**964**	**836**
城 区	4	886	1435	3864	313	242
海丰县	2	686	1153	2323	151	127
陆河县	1	569	773	1744	120	116
陆丰市	6	1239	1842	4034	380	351
河源市	**13**	**7193**	**7276**	**20992**	**1409**	**1100**
源城区	7	5982	6161	17722	919	728
紫金县	1	557	455	1588	129	113
龙川县	1	280	105	455	69	56
连平县	1	59	45	145	87	75
和平县	1	124	364	564	141	86
东源县	2	191	146	518	64	42
阳江市	**5**	**5057**	**4072**	**13766**	**729**	**575**
江城区	2	1985	1878	6038	374	256
阳东区	1	399	522	1419	101	90
阳西县	1	117	204	487	53	42
阳春市	1	2556	1468	5822	201	187

12-10 续表4

地区	学校数（所）	毕业生数（人）	招生数（人）	在校生数（人）	教职工数（人）	专任教师数（人）
清远市	**14**	**9621**	**10035**	**29023**	**1860**	**1616**
清城区	4	3581	3945	10214	581	508
清新区	1	1770	1741	5585	258	240
佛冈县	2	120	80	460	161	139
阳山县	1	743	556	1651	138	120
连山壮族瑶族自治县	1	108	125	332	87	61
连南瑶族自治县	1	75	50	184	28	28
英德市	2	1787	2087	6246	423	364
连州市	2	1437	1451	4351	184	156
东莞市	**21**	**17189**	**20433**	**58459**	**4142**	**2830**
	21	17189	20433	58459	4142	2830
中山市	**11**	**7426**	**8315**	**23243**	**1834**	**1570**
	11	7426	8315	23243	1834	1570
潮州市	**10**	**3068**	**3164**	**9248**	**888**	**758**
湘桥区	4	2172	2487	6878	437	353
潮安区	2	244	304	832	219	192
饶平县	4	652	373	1538	232	213
揭阳市	**16**	**34794**	**9748**	**27277**	**2010**	**1670**
榕城区	4	3495	3560	10662	587	450
揭东区	4	2369	381	1276	414	368
揭西县	2	386	107	521	140	128
惠来县	2	18779	104	448	225	163
普宁市	4	9765	5596	14370	644	561
云浮市	**14**	**7428**	**6138**	**19871**	**1171**	**995**
云城区	2	1225	1005	3163	205	185
云安区	1				24	23
新兴县	6	2110	2683	7554	378	294
郁南县	1	521	348	1254	138	111
罗定市	4	3572	2102	7900	426	382

12−11 各县区普通高中基本情况(2017)

地 区	学校数（所）	毕业生数（人）	招生数（人）	在校生数（人）	教职工数（人）	专任教师数（人）
广东省	**1013**	**646488**	**604224**	**1837141**	**260118**	**149931**
广州市	**118**	**58514**	**52401**	**163838**	**25609**	**14522**
荔湾区	8	5182	4895	15271	2146	1268
越秀区	18	8962	8450	26252	4677	2289
海珠区	11	4565	4236	13313	2161	1097
天河区	12	4480	4690	13845	3305	1387
白云区	13	5683	4873	16641	2190	1438
黄埔区	7	2785	2282	7500	1369	674
番禺区	14	8523	8087	24577	2980	2077
花都区	9	5346	4324	13228	2028	1167
南沙区	7	2358	2215	6429	1189	626
从化区	8	3931	3213	10541	1443	874
增城区	11	6699	5136	16241	2121	1625
韶关市	**24**	**18909**	**16622**	**50541**	**5684**	**4289**
武江区	4	2859	2756	8344	1037	617
浈江区	2	2474	1699	5307	518	464
曲江区	3	1889	1778	5295	502	412
始兴县	2	1400	1191	3593	461	377
仁化县	2	1296	1099	3589	488	335
翁源县	3	1736	1500	4602	715	376
乳源瑶族自治县	1	819	896	2609	240	212
新丰县	1	1412	1225	3834	346	312
乐昌市	3	2348	2295	6718	666	596
南雄市	3	2676	2183	6650	711	588
深圳市	**82**	**41331**	**46037**	**131102**	**29656**	**11505**
罗湖区	8	4587	4165	12167	2684	1202
福田区	13	7511	8393	23958	4633	2044
南山区	9	4491	5034	14665	3319	1296
宝安区	22	10648	12188	35621	10203	2959
龙岗区	17	9370	11204	30344	5658	2587
盐田区	2	955	928	2867	347	288
龙华区	9	2490	2899	7590	2083	791
坪山区	2	1279	1226	3890	729	338

注：中学学校教职工数含初级中学、九年一贯制学校、职业初中、完全中学、高级中学、十二年一贯制学校。

12-11 续表1

地　区	学校数（所）	毕业生数（人）	招生数（人）	在校生数（人）	教职工数（人）	专任教师数（人）
珠海市	**19**	**9651**	**10388**	**30588**	**3504**	**2518**
香洲区	12	5297	5505	16515	2186	1397
斗门区	3	2429	2357	7464	617	603
金湾区	4	1925	2526	6609	701	518
汕头市	**96**	**47769**	**44699**	**136527**	**20526**	**10532**
龙湖区	10	5463	5189	16045	1937	1261
金平区	16	6953	6512	19096	3088	1586
濠江区	8	4651	3626	11808	1678	943
潮阳区	29	15881	14967	46701	7317	3445
潮南区	18	9924	9832	29347	4199	2015
澄海区	14	4501	4377	12767	2166	1153
南澳县	1	396	196	763	141	129
佛山市	**59**	**38391**	**40922**	**118529**	**13083**	**9141**
禅城区	11	5373	6114	17369	2582	1405
南海区	18	14848	16101	46861	3849	3156
顺德区	22	13415	13590	39803	4815	3427
三水区	4	2977	3403	9559	937	721
高明区	4	1778	1714	4937	900	432
江门市	**48**	**24322**	**26568**	**76002**	**8686**	**5922**
蓬江区	6	3698	3918	11648	1134	878
江海区	2	1082	1138	3175	417	220
新会区	13	5688	6072	17227	2280	1281
台山市	8	4264	4479	12885	1504	1050
开平市	8	4772	5690	15763	1551	1256
鹤山市	5	2393	2661	7734	831	638
恩平市	6	2425	2610	7570	969	599
湛江市	**68**	**56243**	**42552**	**139252**	**20372**	**11567**
赤坎区	7	4744	3989	12947	1981	1091

12-11　续表2

地　区	学校数（所）	毕业生数（人）	招生数（人）	在校生数（人）	教职工数（人）	专任教师数（人）
霞山区	10	7113	6380	20860	2672	1603
坡头区	4	2033	1647	5261	812	483
麻章区	8	2915	3732	10553	1459	770
遂溪县	7	6321	3653	13208	1817	1240
徐闻县	4	4358	3115	10200	1166	855
廉江市	7	9628	6797	21829	3338	1954
雷州市	10	10008	6838	22372	3397	1860
吴川市	11	9123	6401	22022	3730	1711
茂名市	**64**	**59191**	**51056**	**162880**	**19107**	**13453**
茂南区	6	5638	6443	18570	1961	1480
电白区	13	12618	11609	36865	4318	2959
高州市	16	14392	11678	37832	4765	3671
化州市	17	13586	11550	37996	4802	2628
信宜市	12	12957	9776	31617	3261	2715
肇庆市	**32**	**26067**	**23570**	**72363**	**9289**	**5756**
端州区	7	4289	4440	12603	2054	1007
鼎湖区	4	1036	1136	3253	571	334
高要区	4	3918	3511	10958	1298	975
广宁县	2	2185	1677	5653	557	446
怀集县	4	5841	4269	14495	1618	1146
封开县	3	3274	2558	8506	1062	653
德庆县	3	2323	1579	5617	548	406
四会市	5	3201	4400	11278	1581	789
惠州市	**42**	**29781**	**30551**	**91095**	**11571**	**6852**
惠城区	18	10836	10791	32387	5138	2503
惠阳区	6	6803	6303	19249	1872	1271
博罗县	8	5081	6434	18140	2336	1472

12-11 续表3

地　区	学校数（所）	毕业生数（人）	招生数（人）	在校生数（人）	教职工数（人）	专任教师数（人）
惠东县	7	5391	5372	16337	1642	1176
龙门县	3	1670	1651	4982	583	430
梅州市	**63**	**31441**	**26452**	**84086**	**13595**	**8017**
梅江区	8	5047	4883	14530	1921	1181
梅县区	9	2981	2499	7996	1936	833
大埔县	8	2550	2285	7290	1264	723
丰顺县	9	3259	2973	9367	1718	868
五华县	12	9723	7017	22927	2741	2000
平远县	3	1308	918	3111	503	453
蕉岭县	2	1215	1055	3431	473	403
兴宁市	12	5358	4822	15434	3039	1556
汕尾市	**37**	**22755**	**17831**	**56995**	**7988**	**4461**
城　区	8	5029	3784	12142	1906	1003
海丰县	12	5509	4666	14586	2542	1238
陆河县	5	2904	2016	6917	1002	611
陆丰市	12	9313	7365	23350	2538	1609
河源市	**32**	**19727**	**21316**	**62477**	**7674**	**5314**
源城区	10	3577	4375	12379	1829	1020
紫金县	7	4040	3828	12009	1454	975
龙川县	5	4769	5020	14524	1543	1256
连平县	3	1916	1749	5190	535	465
和平县	4	2266	2661	7814	1245	700
东源县	3	3159	3683	10561	1068	898
阳江市	**17**	**15477**	**15000**	**44216**	**5290**	**3580**
江城区	6	4206	4056	11897	1533	1018
阳东区	4	3099	3334	9358	1269	655
阳西县	2	2608	2582	7882	765	731
阳春市	5	5564	5028	15079	1723	1176

12-11 续表4

地　区	学校数（所）	毕业生数（人）	招生数（人）	在校生数（人）	教职工数（人）	专任教师数（人）
清远市	**32**	**22106**	**21764**	**67151**	**8139**	**5419**
清城区	11	6309	6623	20879	2969	1626
清新区	6	3503	3731	11001	1497	844
佛冈县	2	1572	1522	4555	447	377
阳山县	3	1943	1454	4714	686	442
连山壮族瑶族自治县	1	510	449	1425	236	145
连南瑶族自治县	1	876	925	2504	203	187
英德市	6	5663	5444	17004	1535	1374
连州市	2	1730	1616	5069	566	424
东莞市	**42**	**26034**	**27956**	**82710**	**14191**	**5974**
	42	26034	27956	82710	14191	5974
中山市	**19**	**15932**	**15447**	**46218**	**7044**	**3629**
	19	15932	15447	46218	7044	3629
潮州市	**35**	**18491**	**16287**	**49160**	**6437**	**4474**
湘桥区	8	5264	4679	14415	1431	1165
潮安区	15	7324	6774	20466	2718	1758
饶平县	12	5903	4834	14279	2288	1551
揭阳市	64	49442	41672	126054	17244	9657
榕城区	13	8563	7397	22176	2517	2079
揭东区	11	6682	6555	19482	2464	1463
揭西县	10	6705	4659	14791	1795	1255
惠来县	8	7921	5688	18885	2653	1460
普宁市	22	19571	17373	50720	7815	3400
云浮市	**20**	**14914**	**15133**	**45357**	**5429**	**3349**
云城区	4	2329	2120	6867	1034	534
云安区	1	819	969	2663	328	176
新兴县	4	3108	2699	8436	923	694
郁南县	3	1986	1995	5822	711	467
罗定市	8	6672	7350	21569	2433	1478

12-12 各县区普通初中基本情况(2017)

地　区	学校数(所)	毕业生数(人)	招生数(人)	在校生数(人)	教职工数(人)	专任教师数(人)
广东省	**3614**	**1093338**	**1320273**	**3724667**	**352995**	**286437**
广州市	**409**	**101062**	**122121**	**350590**	**37915**	**28997**
荔湾区	32	7084	8608	24116	2437	2110
越秀区	16	9269	10711	32332	1386	2788
海珠区	26	9702	10269	30642	2462	2472
天河区	39	10975	11928	35488	3448	2823
白云区	61	13096	15670	44912	4259	3577
黄埔区	28	6631	8176	23183	2724	1978
番禺区	56	13845	16671	47729	6268	3766
花都区	70	11865	15815	44032	6383	3326
南沙区	18	4911	5686	16588	1379	1356
从化区	18	4901	6810	18763	1798	1771
增城区	45	8783	11777	32805	5371	3030
韶关市	**124**	**30777**	**36222**	**106296**	**9752**	**8198**
武江区	9	4060	5005	14407	778	972
浈江区	12	2572	3769	10854	1259	838
曲江区	11	2691	3612	10288	859	753
始兴县	10	2357	2364	7312	643	610
仁化县	13	2071	2385	6969	893	639
翁源县	15	3537	4089	11951	739	810
乳源瑶族自治县	7	2031	2583	7477	668	588
新丰县	9	2245	2513	7223	677	601
乐昌市	22	4864	5328	15943	1884	1271
南雄市	16	4349	4574	13872	1352	1116
深圳市	**308**	**82775**	**118051**	**316902**	**45336**	**24039**
罗湖区	23	9113	10785	31041	2319	2262
福田区	23	11004	13840	39974	3044	3162
南山区	31	9429	12529	34287	5112	2748
宝安区	75	22088	33976	88402	11854	6193
龙岗区	100	19758	29507	77062	15271	6138
盐田区	5	1341	1747	5065	542	450
龙华区	36	7736	11351	30145	5238	2175
坪山区	15	2306	4316	10926	1956	911

12-12 续表1

地　区	学校数 (所)	毕业生数 (人)	招生数 (人)	在校生数 (人)	教职工数 (人)	专任教师数 (人)
珠海市	**56**	**17737**	**22818**	**64395**	**6565**	**4690**
香洲区	28	11086	13680	39330	4023	2829
斗门区	19	4253	5874	16410	1772	1192
金湾区	9	2398	3264	8655	770	669
汕头市	**209**	**69651**	**78601**	**224709**	**18077**	**17697**
龙湖区	18	6162	7709	21860	1818	1622
金平区	28	10656	12311	35442	2285	2598
濠江区	8	3538	3383	10487	600	975
潮阳区	65	24034	25080	72769	5545	6027
潮南区	67	17414	20089	56264	5918	4186
澄海区	19	7491	9622	26707	1664	2061
南澳县	4	356	407	1180	247	228
佛山市	**144**	**62239**	**78341**	**224004**	**19654**	**16103**
禅城区	16	8129	9536	28270	1808	1882
南海区	54	22455	29322	82267	8859	6064
顺德区	43	22205	27451	78336	5534	5712
三水区	23	6241	7490	22045	2536	1541
高明区	8	3209	4542	13086	917	904
江门市	**146**	**41801**	**48234**	**138265**	**11631**	**10304**
蓬江区	25	7774	9605	26473	2720	1864
江海区	9	2233	2805	8094	747	524
新会区	29	8558	10018	28168	2129	2303
台山市	30	6908	7837	22929	2201	1819
开平市	23	7759	8127	24179	1737	1655
鹤山市	12	4548	5408	15348	1195	1034
恩平市	18	4021	4434	13074	902	1105
湛江市	**240**	**84777**	**90310**	**261919**	**18514**	**21044**
赤坎区	12	5500	6174	17387	1295	1262

12-12 续表2

地　区	学校数（所）	毕业生数（人）	招生数（人）	在校生数（人）	教职工数（人）	专任教师数（人）
霞山区	22	9082	10518	30206	2556	2075
坡头区	11	2424	2384	6880	681	791
麻章区	16	5334	6105	16954	1339	1171
遂溪县	36	8804	8669	25437	2069	2290
徐闻县	32	7165	8074	23028	2075	2022
廉江市	58	17320	19365	55385	3742	4272
雷州市	35	16190	17707	51658	3713	4305
吴川市	18	12958	11314	34984	1044	2856
茂名市	**198**	**91659**	**93591**	**277313**	**19481**	**20954**
茂南区	31	12761	13688	40583	3457	2918
电白区	39	19571	18731	57503	4147	4326
高州市	55	21155	22601	65608	5537	5674
化州市	33	21513	21797	64149	2418	4167
信宜市	40	16659	16774	49470	3922	3869
肇庆市	**152**	**49897**	**53756**	**156036**	**12051**	**10987**
端州区	15	6286	6306	18211	1284	1334
鼎湖区	10	1595	2207	5804	491	415
高要区	24	6858	8218	22980	1839	1768
广宁县	21	4121	4985	14265	1314	975
怀集县	25	14826	14081	42261	2848	2951
封开县	16	6423	5256	16963	1175	1344
德庆县	13	4002	4967	14207	894	821
四会市	28	5786	7736	21345	2206	1379
惠州市	**229**	**56570**	**81600**	**217033**	**21921**	**14949**
惠城区	62	16901	25217	67472	6448	4510
惠阳区	51	13203	18347	49782	5409	3149
博罗县	48	12109	18343	47713	4576	3343

12-12 续表3

地　区	学校数(所)	毕业生数(人)	招生数(人)	在校生数(人)	教职工数(人)	专任教师数(人)
惠东县	50	11605	15392	41096	4158	3035
龙门县	18	2752	4301	10970	1330	912
梅州市	**167**	**44984**	**51314**	**149026**	**12228**	**14329**
梅江区	12	5669	6467	18909	1143	1541
梅县区	17	4009	5227	15087	1006	1400
大埔县	19	3901	4519	12962	940	1175
丰顺县	24	5476	5987	17192	1356	1829
五华县	41	14098	15480	45750	3486	3860
平远县	14	1881	2187	6203	707	642
蕉岭县	12	1573	1835	5198	741	676
兴宁市	28	8377	9612	27725	2849	3206
汕尾市	**127**	**37636**	**41302**	**117054**	**10007**	**9356**
城　区	15	5894	5676	16460	1038	1520
海丰县	28	8646	11491	31207	2537	2371
陆河县	11	3817	3793	11291	984	1139
陆丰市	73	19279	20342	58096	5448	4326
河源市	**161**	**36119**	**46669**	**127383**	**13637**	**10861**
源城区	25	7796	11524	29799	3347	2148
紫金县	29	8073	10054	28041	1918	2195
龙川县	35	8913	10662	29613	3400	2796
连平县	21	3314	3848	10859	1203	1030
和平县	23	4216	5862	15644	2121	1401
东源县	28	3807	4719	13427	1648	1291
阳江市	**96**	**25672**	**33572**	**92276**	**10324**	**7132**
江城区	29	8103	9830	27588	4133	2173
阳东区	27	4415	6680	17446	2319	1547
阳西县	19	4389	5309	14963	1563	1144
阳春市	21	8765	11753	32279	2309	2268

12-12 续表4

地　区	学校数（所）	毕业生数（人）	招生数（人）	在校生数（人）	教职工数（人）	专任教师数（人）
清远市	**149**	**39606**	**48242**	**135165**	**11691**	**10120**
清城区	30	9431	12895	35334	3166	2392
清新区	19	7930	8396	24202	1392	1623
佛冈县	12	2927	4113	11201	820	777
阳山县	21	2851	4060	10781	1256	1089
连山壮族瑶族自治县	8	845	1033	3048	430	323
连南瑶族自治县	10	1596	1742	5030	619	456
英德市	33	10608	11315	32659	2820	2573
连州市	16	3418	4688	12910	1188	887
东莞市	**198**	**62096**	**95860**	**249653**	**30824**	**15628**
	198	62096	95860	249653	30824	15628
中山市	**84**	**31560**	**39727**	**113181**	**11108**	**7762**
	84	31560	39727	113181	11108	7762
潮州市	**104**	**25409**	**27495**	**80307**	**7164**	**7012**
湘桥区	23	6002	6999	19597	1944	1711
潮安区	52	10822	11653	34369	2861	2666
饶平县	29	8585	8843	26341	2359	2635
揭阳市	230	74047	80196	231177	18605	18888
榕城区	45	10494	12703	35406	4183	3398
揭东区	44	9368	10336	29908	2373	2522
揭西县	33	8918	7987	24327	2413	2377
惠来县	34	13636	16378	45949	3019	3163
普宁市	74	31631	32792	95587	6617	7428
云浮市	**83**	**27264**	**32251**	**91983**	**6510**	**7387**
云城区	11	3894	5090	14073	756	963
云安区	10	2075	2499	7395	963	905
新兴县	15	4276	4909	14035	1076	1158
郁南县	20	4089	4548	12995	1209	1240
罗定市	27	12930	15205	43485	2506	3121

12-13　各县区小学基本情况(2018)

地　区	学校数（所）	毕业生数（人）	招生数（人）	在校生数（人）	教职工数（人）	专任教师数（人）
广东省	**10308**	**1372693**	**1888110**	**9883724**	**462976**	**530291**
广州市	**965**	**139039**	**206514**	**1058455**	**50233**	**57160**
荔湾区	51	8855	12178	62561	2756	3287
越秀区	50	9493	12475	70281	3262	3529
海珠区	82	12454	16628	88931	4724	4929
天河区	70	15352	22656	114607	4699	6201
白云区	177	22467	30389	161204	9249	8444
黄埔区	64	8013	14710	67601	3385	3844
番禺区	134	18631	29580	147955	6677	8139
花都区	104	18748	25315	143091	5709	7703
南沙区	61	5915	10020	47309	2199	2507
从化区	67	6479	11349	53010	2998	2828
增城区	105	12632	21214	101905	4575	5749
韶关市	**196**	**35737**	**48337**	**248414**	**12551**	**14024**
武江区	22	4001	5862	30499	1545	1551
浈江区	23	3559	5005	26371	1130	1360
曲江区	19	3953	4346	24624	1465	1513
始兴县	16	2401	3335	16729	939	1007
仁化县	14	2415	3554	17823	883	1118
翁源县	16	4091	5896	29213	1477	1557
乳源瑶族自治县	13	2665	3404	17106	951	974
新丰县	15	2593	3510	17654	1079	1029
乐昌市	29	5465	7423	38086	1415	2002
南雄市	29	4594	6002	30309	1667	1913
深圳市	**344**	**130388**	**206327**	**1027969**	**32665**	**55160**
罗湖区	45	12110	16227	85159	4183	4736
福田区	53	13818	21203	105467	5144	6192
南山区	38	13482	21690	104444	3622	6127
宝安区	71	38331	60423	308450	7276	15433
龙岗区	78	31656	51413	250756	6819	13896
盐田区	10	1758	2496	13202	833	820
龙华区	31	14760	24673	123005	3235	5847
坪山区	18	4473	8202	37486	1553	2109

注：小学教职工数只含小学、教学点数，不含九年一贯制和十二年一贯制学校小学部分数据。

12-13 续表1

地　区	学校数（所）	毕业生数（人）	招生数（人）	在校生数（人）	教职工数（人）	专任教师数（人）
珠海市	**124**	**23449**	**32644**	**172071**	**7828**	**8825**
香洲区	67	14500	19593	105486	4714	5414
斗门区	39	5811	7894	41714	1762	2062
金湾区	18	3138	5157	24871	1352	1349
汕头市	**745**	**80010**	**100787**	**545223**	**23513**	**27205**
龙湖区	64	8626	11517	62752	2559	3007
金平区	70	11215	13909	76036	2996	3315
濠江区	39	3011	4029	22182	1153	1235
潮阳区	246	24433	30753	167076	7855	8819
潮南区	213	21152	26585	139166	5047	6961
澄海区	109	11066	13280	74445	3565	3550
南澳县	4	507	714	3566	338	318
佛山市	**413**	**78789**	**113894**	**580066**	**28619**	**30233**
禅城区	73	10225	15759	82107	4422	4588
南海区	133	27911	46556	223596	11394	11952
顺德区	149	28480	35026	188743	8837	9409
三水区	34	7381	9944	51610	2396	2715
高明区	24	4792	6609	34010	1570	1569
江门市	**324**	**48861**	**64395**	**337381**	**15019**	**16685**
蓬江区	47	9508	12475	64610	2763	3400
江海区	19	3242	5075	24234	755	995
新会区	65	10029	12690	66463	2762	3299
台山市	53	7736	9911	52466	2480	2804
开平市	58	8490	9864	54820	2772	2722
鹤山市	42	5355	7210	38252	1674	1749
恩平市	40	4501	7170	36536	1813	1716
湛江市	**807**	**90276**	**130776**	**672313**	**36188**	**37471**
赤坎区	13	4698	8133	39320	1324	1934

注：小学教职工数只含小学、教学点数，不含九年一贯制和十二年一贯制学校小学部分数据。

12-13 续表2

地　区	学校数（所）	毕业生数（人）	招生数（人）	在校生数（人）	教职工数（人）	专任教师数（人）
霞山区	26	9589	14236	74161	2511	3633
坡头区	20	2700	6117	27417	1794	1817
麻章区	22	5018	9149	43642	1883	2339
遂溪县	132	9364	13877	70760	4234	4236
徐闻县	75	8355	12666	64853	3407	3472
廉江市	198	19473	26466	139420	8117	7819
雷州市	163	19292	23581	128012	8129	7578
吴川市	158	11787	16551	84728	4789	4643
茂名市	**1383**	**92491**	**120189**	**646820**	**34910**	**35863**
茂南区	94	14134	18452	99104	5005	5387
电白区	211	20055	28028	145142	8382	8673
高州市	292	19899	24548	133597	7045	7131
化州市	403	21467	27797	152451	8264	7982
信宜市	383	16936	21364	116526	6214	6690
肇庆市	**228**	**54382**	**70714**	**385169**	**18517**	**20174**
端州区	22	6417	9176	46622	1978	2363
鼎湖区	10	1962	3309	16934	777	877
高要区	46	8186	11941	64696	3101	3196
广宁县	23	5186	6281	37629	1988	2126
怀集县	43	14107	16315	89427	4844	4884
封开县	21	5348	6615	36057	1913	1998
德庆县	28	5025	6123	35320	1969	1894
四会市	35	8151	10954	58484	1947	2836
惠州市	**468**	**83954**	**112594**	**584251**	**23313**	**28903**
惠城区	133	27162	38131	196620	7510	9630
惠阳区	111	16815	25012	124027	4223	5769
博罗县	104	19088	22847	123668	5310	6242

注：小学教职工数只含小学、教学点数，不含九年一贯制和十二年一贯制学校小学部分数据。

12-13 续表3

地　区	学校数 (所)	毕业生数 (人)	招生数 (人)	在校生数 (人)	教职工数 (人)	专任教师数 (人)
惠东县	96	16480	20838	109313	4980	5671
龙门县	24	4409	5766	30623	1290	1591
梅州市	**450**	**50232**	**64736**	**354868**	**19202**	**19971**
梅江区	29	4973	6701	36166	1767	1782
梅县区	37	5552	9053	45295	2358	2481
大埔县	47	4501	5206	29990	1824	1891
丰顺县	79	6089	8114	44770	2517	2710
五华县	159	15290	17546	98179	5039	5187
平远县	19	2154	2822	15439	935	937
蕉岭县	17	1840	2663	13769	903	940
兴宁市	63	9833	12631	71260	3859	4043
汕尾市	**452**	**41106**	**50234**	**263472**	**15207**	**15843**
城　区	59	5660	7522	38927	2577	2306
海丰县	104	11495	15455	80420	4118	4309
陆河县	76	3710	4548	24362	1613	1514
陆丰市	213	20241	22709	119763	6899	7714
河源市	**364**	**45498**	**53681**	**307634**	**17519**	**19665**
源城区	51	10776	14246	76895	3301	4348
紫金县	77	9291	11100	64530	4442	4414
龙川县	82	10372	10858	65498	4105	4270
连平县	73	4292	5287	30397	1785	1692
和平县	15	5936	6849	40030	1977	2767
东源县	66	4831	5341	30284	1909	2174
阳江市	**150**	**33564**	**45701**	**245787**	**11786**	**14486**
江城区	40	10022	13235	70713	2976	4431
阳东区	33	6370	8963	47476	2420	3290
阳西县	20	5396	6919	37273	2227	2416
阳春市	57	11776	16584	90325	4163	4349

注：小学教职工数只含小学、教学点数，不含九年一贯制和十二年一贯制学校小学部分数据。

12-13 续表4

地 区	学校数（所）	毕业生数（人）	招生数（人）	在校生数（人）	教职工数（人）	专任教师数（人）
清远市	**337**	**47607**	**72588**	**367865**	**18665**	**19974**
清城区	60	11757	20036	96495	4014	4783
清新区	63	8756	10855	61111	3273	3269
佛冈县	35	4141	5984	33370	1643	1614
阳山县	29	4122	6119	31257	1996	2152
连山壮族瑶族自治县	9	1043	1879	9478	453	522
连南瑶族自治县	31	1871	2871	14567	853	901
英德市	64	11127	18287	88008	4822	4815
连州市	46	4790	6557	33579	1611	1918
东莞市	**328**	**111340**	**158396**	**803482**	**29911**	**37894**
	328	111340	158396	803482	29911	37894
中山市	**208**	**42965**	**59426**	**311717**	**13269**	**15941**
	208	42965	59426	311717	13269	15941
潮州市	**608**	**29766**	**35475**	**203516**	**10563**	**10363**
湘桥区	93	6415	8794	46777	2476	2333
潮安区	280	14301	16879	97285	4506	4716
饶平县	235	9050	9802	59454	3581	3314
揭阳市	**1241**	**80655**	**95004**	**522235**	**29225**	**30452**
榕城区	131	13329	16779	91232	4494	4933
揭东区	131	10283	12887	70509	4035	4020
揭西县	222	8192	9668	55066	3590	4001
惠来县	280	17434	18908	102349	6037	6368
普宁市	477	31417	36762	203079	11069	11130
云浮市	**173**	**32584**	**45698**	**245016**	**14273**	**13999**
云城区	28	5178	8580	42241	2336	2275
云安区	22	2549	4162	20180	1199	1311
新兴县	59	5055	6664	37931	2487	2287
郁南县	24	4727	6905	36803	2306	2340
罗定市	40	15075	19387	107861	5945	5786

注：小学教职工数只含小学、教学点数，不含九年一贯制和十二年一贯制学校小学部分数据。

12-14 各县区学前教育基本情况(2017)

地　区	学校数(所)	毕业生数(人)	招生数(人)	在校生数(人)	教职工数(人)	专任教师数(人)
广东省	**18953**	**1802791**	**2008699**	**4491112**	**549904**	**292853**
广州市	**1846**	**172588**	**191685**	**498127**	**73617**	**35401**
荔湾区	108	8802	8047	27007	3987	1983
越秀区	117	10404	11867	30730	4852	2339
海珠区	159	14272	15837	41924	6687	3216
天河区	209	15875	17520	46570	7461	3612
白云区	330	33402	33217	90561	12815	6072
黄埔区	109	10264	13960	30458	4396	2213
番禺区	320	28230	28797	86258	12899	6259
花都区	116	12364	11829	33362	4721	2194
南沙区	106	8427	8151	26974	3818	1925
从化区	82	10048	10862	27372	3280	1621
增城区	190	20500	31598	56911	8701	3967
韶关市	**562**	**47101**	**42690**	**119502**	**13700**	**7001**
武江区	69	4334	3299	13122	1740	879
浈江区	74	4976	4096	14004	2003	1025
曲江区	47	4428	4052	10970	1166	601
始兴县	49	3528	2974	9614	977	521
仁化县	40	3642	3129	8369	992	503
翁源县	57	6225	6744	16257	1649	855
乳源瑶族自治县	38	3213	2971	8351	1014	519
新丰县	41	3525	3118	8330	1075	573
乐昌市	85	7237	6704	16228	1645	805
南雄市	62	5993	5603	14257	1439	720
深圳市	**1771**	**189124**	**193675**	**524193**	**78890**	**38431**
罗湖区	150	13204	12670	36209	5825	3022
福田区	154	17250	18404	47966	7740	3887
南山区	208	18742	21536	54472	8712	4204
宝安区	445	56854	50895	150931	21647	10437
龙岗区	491	48323	49006	136406	21142	10228
盐田区	30	2595	2879	7083	1108	524
龙华区	221	25938	30302	72169	9987	4855
坪山区	72	6218	7983	18957	2729	1274

12-14　续表1

地　区	学校数（所）	毕业生数（人）	招生数（人）	在校生数（人）	教职工数（人）	专任教师数（人）
珠海市	**337**	**27734**	**29861**	**79055**	**12201**	**6137**
香洲区	188	15569	15651	44868	7299	3672
斗门区	88	7697	7268	20591	2821	1438
金湾区	61	4468	6942	13596	2081	1027
汕头市	**932**	**71366**	**80222**	**184649**	**22754**	**14565**
龙湖区	132	8978	6757	25576	3519	2053
金平区	181	10417	9460	30141	3801	2450
濠江区	62	2729	2478	10684	1305	855
潮阳区	120	19477	24381	40369	3628	2562
潮南区	211	15741	22656	38557	4987	3359
澄海区	215	12739	13147	36933	5271	3138
南澳县	11	1285	1343	2389	243	148
佛山市	**960**	**108141**	**112895**	**304035**	**43282**	**22034**
禅城区	144	15404	16235	45420	6607	3214
南海区	372	43843	48719	123241	17628	8867
顺德区	331	33745	32258	97503	13764	7375
三水区	73	8826	8561	22467	3256	1500
高明区	40	6323	7122	15404	2027	1078
江门市	**597**	**54589**	**45591**	**141283**	**17768**	**9447**
蓬江区	111	9533	8127	26079	3903	1939
江海区	46	3050	3018	8316	1283	613
新会区	142	9388	6692	24566	3430	1775
台山市	74	9817	8422	23709	2440	1449
开平市	99	9093	7608	25385	2842	1603
鹤山市	82	7011	5599	19907	2586	1330
恩平市	43	6697	6125	13321	1284	738
湛江市	**2043**	**141588**	**179880**	**338065**	**32430**	**19778**
赤坎区	126	5817	6125	17404	2345	1424

12−14 续表2

地　区	学校数（所）	毕业生数（人）	招生数（人）	在校生数（人）	教职工数（人）	专任教师数（人）
霞山区	182	9614	10784	30520	3789	1853
坡头区	51	7007	7756	13785	1130	599
麻章区	154	9339	8871	23192	2478	1232
遂溪县	256	16560	27778	39308	3806	2421
徐闻县	211	13257	16412	32186	3388	2084
廉江市	403	29199	33577	68004	6201	4230
雷州市	395	30108	47235	71521	4850	3338
吴川市	265	20687	21342	42145	4443	2597
茂名市	**1578**	**138121**	**206027**	**312547**	**28753**	**18565**
茂南区	382	18727	18892	43222	5811	3768
电白区	272	31790	41550	69953	6291	3767
高州市	354	32364	45447	65522	5839	3579
化州市	398	34024	58417	73920	6063	4390
信宜市	172	21216	41721	59930	4749	3061
肇庆市	**606**	**67640**	**70163**	**157943**	**17089**	**8807**
端州区	130	8630	6400	24584	4009	2095
鼎湖区	29	2685	2905	8020	833	445
高要区	111	11053	12544	23916	2625	1345
广宁县	86	6213	5112	15374	1912	977
怀集县	86	16069	16852	35300	2611	1342
封开县	41	7746	9053	14534	947	461
德庆县	40	6928	7719	13072	1119	665
四会市	83	8316	9578	23143	3033	1477
惠州市	**728**	**102242**	**102913**	**224216**	**26949**	**13938**
惠城区	305	33482	35767	82995	11115	5639
惠阳区	158	21841	17532	47078	5738	3015
博罗县	132	21762	24473	43857	5211	2790

12-14 续表3

地　区	学校数（所）	毕业生数（人）	招生数（人）	在校生数（人）	教职工数（人）	专任教师数（人）
惠东县	98	18622	19554	37712	3705	1891
龙门县	35	6535	5587	12574	1180	603
梅州市	**816**	**70385**	**88463**	**156837**	**14639**	**8791**
梅江区	87	6526	6238	15738	2189	1198
梅县区	127	8452	8558	20792	2450	1360
大埔县	57	5773	6028	12225	1097	683
丰顺县	99	7665	9384	18027	2014	1228
五华县	181	22299	31586	43328	2543	1711
平远县	39	3780	4728	7650	644	460
蕉岭县	52	2662	2357	7449	732	436
兴宁市	174	13228	19584	31628	2970	1715
汕尾市	**324**	**43807**	**61984**	**81573**	**7556**	**4480**
城　区	40	5981	7813	11728	1336	832
海丰县	121	11175	18642	23012	2767	1430
陆河县	30	6054	9159	10049	966	666
陆丰市	133	20597	26370	36784	2487	1552
河源市	561	57254	58460	122057	12643	6717
源城区	121	12325	11010	30658	4046	2111
紫金县	78	13555	16753	23822	2023	1112
龙川县	161	13047	11574	27770	2398	1483
连平县	76	5608	5625	13335	1475	644
和平县	65	7138	7066	13970	1342	714
东源县	60	5581	6432	12502	1359	653
阳江市	**603**	**48133**	**51209**	**105968**	**13254**	**7211**
江城区	153	12448	9932	28279	4184	2213
阳东区	155	9402	11263	22935	3244	1857
阳西县	69	7197	7707	17012	1915	1035
阳春市	226	19086	22307	37742	3911	2106

12-14 续表4

地 区	学校数 (所)	毕业生数 (人)	招生数 (人)	在校生数 (人)	教职工数 (人)	专任教师数 (人)
清远市	**753**	**71861**	**69683**	**173774**	**19453**	**10254**
清城区	179	17171	21044	46402	5906	2968
清新区	101	11928	12419	30596	3130	1722
佛冈县	72	6121	4749	14159	1729	883
阳山县	58	5811	6076	14074	1670	900
连山壮族瑶族自治县	23	1936	1851	4720	469	267
连南瑶族自治县	17	3143	3456	6467	517	288
英德市	240	18908	13219	42528	4302	2336
连州市	63	6843	6869	14828	1730	890
东莞市	**1125**	**135790**	**137320**	**355587**	**49921**	**24407**
	1125	135790	137320	355587	49921	24407
中山市	**533**	**50795**	**50047**	**143555**	**18457**	**9325**
	533	50795	50047	143555	18457	9325
潮州市	**676**	**36547**	**43444**	**102650**	**12002**	**7297**
湘桥区	146	7428	12259	24165	2856	1878
潮安区	389	17114	13758	51781	6981	4038
饶平县	141	12005	17427	26704	2165	1381
揭阳市	**1156**	**112205**	**136422**	**251614**	**22792**	**13738**
榕城区	286	15464	14786	43637	5296	3017
揭东区	211	12957	15007	36133	3868	2481
揭西县	110	17178	20114	29539	1786	1199
惠来县	230	22678	24736	45356	4168	2671
普宁市	319	43928	61779	96949	7674	4370
云浮市	**446**	**55780**	**56065**	**113882**	**11754**	**6529**
云城区	110	9479	7468	22558	3021	1894
云安区	33	5382	6346	9545	743	412
新兴县	64	8844	8330	17952	1935	1091
郁南县	63	8515	10361	17881	1502	759
罗定市	176	23560	23560	45946	4553	2373

12–15 各省社会组织发展指数(2018)

地 区	2018年			2017年		
	社会组织数(个)	每万人拥有社会组织数量(个/万人)	排名	社会组织数(个)	每万人拥有社会组织数量(个/万人)	排名
全 国	**817360**	**5.86**	—	**761571**	**5.48**	—
部本级	2300	—	—	2344	—	—
北 京	12530	5.82	12	12164	5.6	12
天 津	5148	3.3	30	5048	3.24	29
河 北	26427	3.5	29	21928	2.92	30
山 西	15535	4.18	26	13652	3.69	26
内蒙古	16677	6.58	10	15116	5.98	10
辽 宁	23299	5.34	15	22946	5.25	14
吉 林	13066	4.83	24	11112	4.09	24
黑龙江	18698	4.96	21	15839	4.18	23
上 海	16208	6.69	9	14929	6.17	9
江 苏	93061	11.56	1	87024	10.84	1
浙 江	55298	9.64	4	51368	9.08	4
安 徽	30777	4.87	23	28067	4.49	22
福 建	29457	7.47	7	27959	7.15	7
江 西	24921	5.36	14	22610	4.89	19
山 东	51269	5.1	19	48727	4.87	20

12-15 续表1

地区	2018年			2017年		
	社会组织数（个）	每万人拥有社会组织数量（个/万人）	排名	社会组织数（个）	每万人拥有社会组织数量（个/万人）	排名
河 南	40270	4.19	25	33378	3.49	28
湖 北	29933	5.06	20	29469	4.99	17
湖 南	35561	5.15	18	33611	4.9	18
广 东	**67940**	**5.99**	**11**	**63784**	**5.71**	**11**
广 西	25935	5.26	16	24567	5.03	16
海 南	7287	7.8	6	6873	7.42	6
重 庆	17343	5.59	13	16824	5.47	13
四 川	43835	5.26	17	42282	5.09	15
贵 州	13413	3.73	27	12700	3.55	27
云 南	23723	4.91	22	23184	4.83	21
西 藏	612	1.78	31	604	1.79	31
陕 西	28410	7.35	8	24725	6.45	8
甘 肃	27028	10.25	2	27079	10.31	2
青 海	6028	9.99	3	5291	8.85	5
宁 夏	6300	9.16	5	6548	9.6	3
新 疆	9071	3.65	28	9819	4.02	25

12-15 续表2

地 区	2016年			2015年			2014年		
	社会组织数(个)	每万人拥有社会组织数量(个/万人)	排名	社会组织数(个)	每万人拥有社会组织数量(个/万人)	排名	社会组织数(个)	每万人拥有社会组织数量(个/万人)	排名
全 国	**702405**	**5.07**	—	**662425**	**4.82**	—	**606047**	**4.43**	—
部本级	2339	—	—	2316	—	—	2251	—	—
北 京	10754	4.95	13	9721	4.48	17	9083	4.22	17
天 津	5062	3.24	28	5137	3.32	27	4729	3.12	27
河 北	20916	2.8	30	19328	2.6	30	17642	2.39	30
山 西	13004	3.53	25	12511	3.41	25	12330	3.38	24
内蒙古	13664	5.42	10	13248	5.28	9	11790	4.71	11
辽 宁	21039	4.81	16	20669	4.72	15	20137	4.59	13
吉 林	10669	3.9	23	10606	3.85	23	10521	3.82	21
黑龙江	14401	3.79	24	13567	3.56	24	12479	3.26	25
上 海	14181	5.86	8	13355	5.53	8	12365	5.1	8
江 苏	84094	10.51	1	80385	10.08	1	71571	8.99	1
浙 江	47536	8.5	4	43784	7.9	2	39844	7.23	2
安 徽	25708	4.15	21	24630	4.01	22	22549	3.71	22
福 建	26154	6.75	6	23956	6.24	5	21357	5.61	5
江 西	15813	3.44	26	15358	3.36	26	14236	3.13	26
山 东	45963	4.62	19	43411	4.41	19	41165	4.21	18

12-15 续表3

地区	2016年			2015年			2014年		
	社会组织数(个)	每万人拥有社会组织数量(个/万人)	排名	社会组织数(个)	每万人拥有社会组织数量(个/万人)	排名	社会组织数(个)	每万人拥有社会组织数量(个/万人)	排名
河南	29328	3.08	29	29472	3.11	28	27572	2.92	28
湖北	28498	4.84	15	27605	4.72	14	26560	4.57	14
湖南	30361	4.45	20	27766	4.09	20	24011	3.56	23
广东	**59455**	**5.41**	**11**	**53958**	**4.97**	**12**	**47680**	**4.45**	**16**
广西	23928	4.95	14	22196	4.63	16	20321	4.27	18
海南	6293	6.86	5	5357	5.88	7	4847	5.37	8
重庆	16199	5.31	12	15360	5.09	11	14387	4.81	10
四川	39448	4.77	17	40011	4.88	13	37800	4.64	13
贵州	11848	3.33	27	10533	2.98	29	9424	2.69	29
云南	22552	4.73	18	21128	4.46	18	19207	4.07	20
西藏	627	1.9	31	572	1.77	31	600	1.89	31
陕西	20758	5.44	9	19699	5.19	10	18050	4.78	11
甘肃	22763	8.72	2	18730	7.2	3	14400	5.56	6
青海	3658	6.16	7	3633	6.18	6	3362	5.77	5
宁夏	5751	8.52	3	4857	7.06	4	4324	6.53	3
新疆	9641	4.02	22	9566	4.05	21	9453	4.11	19

12−16 各省社工发展指数(2018年)

地区	2018年			2017年		
	持证社工人数(人)	每万人中社工人数(人/万人)	排名	持证社工人数(人)	每万人中社工人数(人/万人)	排名
全国	439266	3.15	—	327013	2.35	—
北京	32296	14.99	1	26841	12.37	1
天津	9104	5.84	6	7240	4.65	6
河北	6537	0.87	27	5044	0.67	26
山西	5161	1.39	19	3734	1.01	20
内蒙古	3975	1.57	18	2533	1	21
辽宁	16534	3.79	8	12433	2.85	8
吉林	9137	3.38	10	6353	2.34	10
黑龙江	6718	1.78	16	5026	1.33	17
上海	22605	9.33	2	16912	6.99	2
江苏	55683	6.92	5	42656	5.31	4
浙江	48276	8.41	3	26414	4.67	5
安徽	10779	1.7	17	8463	1.35	16
福建	13512	3.43	9	10358	2.65	9
江西	4292	0.92	24	3491	0.76	23
山东	21227	2.11	14	15393	1.54	14
河南	8343	0.87	26	6459	0.68	11
湖北	12922	2.18	13	9384	1.59	5
湖南	9548	1.38	20	7040	1.03	8
广东	**82160**	**7.24**	**4**	**65275**	**5.84**	**1**
广西	4665	0.95	23	3889	0.80	9
海南	692	0.74	29	468	0.51	14
重庆	9170	2.96	11	6459	2.10	3
四川	17120	2.05	15	11850	1.43	6
贵州	2009	0.56	30	1334	0.37	15
云南	4138	0.86	28	3139	0.65	13
西藏	46	0.13	31	32	0.09	16
陕西	15056	3.90	7	12780	3.33	2
甘肃	2806	1.06	22	1783	0.68	10
青海	537	0.89	25	401	0.67	12
宁夏	1726	2.51	12	1150	1.69	4
新疆	3119	1.25	21	2679	1.10	7

12-16 续表

地区	2016年			2015年			2014年		
	持证社工人数（人）	每万人中社工人数（人/万人）	排名	持证社工人数（人）	每万人中社工人数（人/万人）	排名	持证社工人数（人）	每万人中社工人数（人/万人）	排名
全国	**288185**	**2.08**	—	**206183**	**1.50**	—	**158954**	**1.16**	—
北京	25082	11.54	1	20723	9.55	1	17964	8.35	1
天津	6566	4.20	5	4754	3.07	5	3370	2.22	6
河北	4566	0.61	24	3652	0.49	24	2950	0.40	24
山西	3143	0.85	20	2149	0.59	20	1633	0.45	23
内蒙古	2012	0.80	21	1178	0.47	26	794	0.32	26
辽宁	10823	2.47	8	6993	1.60	8	5393	1.23	8
吉林	5882	2.15	10	4185	1.52	9	3067	1.11	9
黑龙江	4495	1.18	17	3457	0.91	15	2779	0.73	11
上海	14569	6.02	2	9412	3.90	3	7388	3.05	3
江苏	37590	4.70	4	27830	3.49	4	21155	2.66	4
浙江	22456	4.02	6	16134	2.91	6	12753	2.32	5
安徽	7517	1.21	16	5606	0.91	14	4229	0.70	15
福建	9109	2.35	9	6523	1.70	7	4929	1.30	7
江西	3151	0.69	23	2488	0.54	22	2085	0.46	22
山东	12943	1.30	14	9078	0.92	13	6948	0.71	13
河南	5734	0.60	26	4454	0.47	25	3719	0.39	26
湖北	7954	1.35	13	5450	0.93	12	4140	0.71	14
湖南	6172	0.90	19	4471	0.66	18	3390	0.50	20
广东	**59224**	**5.38**	**3**	**43100**	**3.97**	**2**	**33359**	**3.11**	**4**
广西	3545	0.73	22	2674	0.56	21	2184	0.46	25
海南	410	0.45	29	299	0.33	29	207	0.23	29
重庆	5683	1.86	11	3594	1.19	11	2468	0.83	13
四川	10412	1.26	15	6931	0.84	16	4968	0.61	16
贵州	1147	0.32	30	818	0.23	30	627	0.18	30
云南	2766	0.58	27	1851	0.39	27	1252	0.27	28
西藏	25	0.08	31	17	0.05	31	10	0.03	31
陕西	10014	2.63	7	5068	1.34	10	2666	0.71	15
甘肃	1484	0.57	28	980	0.38	28	742	0.29	27
青海	360	0.61	25	290	0.49	23	268	0.46	24
宁夏	920	1.36	12	443	0.64	19	322	0.49	22
新疆	2431	1.01	18	1581	0.67	17	1195	0.52	19